王渭川

川派中医药名家系列丛书

魏绍斌 主编

中国中医药出版社

·北 京·

图书在版编目（CIP）数据

川派中医药名家系列丛书. 王渭川 / 魏绍斌主编 . —北京：中国中医药出版社，
2018.12

ISBN 978 – 7 – 5132 – 5021 – 4

Ⅰ . ①川… Ⅱ . ①魏… Ⅲ . ①王渭川（1898–1988）—生平事迹 ②中医
临床—经验—中国—现代 Ⅳ . ① K826.2 ② R249.7

中国版本图书馆 CIP 数据核字（2018）第 108078 号

中国中医药出版社出版

北京市朝阳区北三环东路 28 号易亨大厦 16 层
邮政编码 100013
传真 010-64405750
廊坊市祥丰印刷有限公司印刷
各地新华书店经销

开本 710×1000 1/16 印张 21.25 彩插 0.5 字数 353 千字
2018 年 12 月第 1 版 2018 年 12 月第 1 次印刷
书号 ISBN 978 – 7 – 5132 – 5021 – 4

定价 89.00 元
网址 www.cptcm.com

社 长 热 线 010-64405720
购 书 热 线 010-89535836
维 权 打 假 010-64405753

微信服务号 zgzyycbs
微商城网址 https://kdt.im/LIdUGr
官 方 微 博 http://e.weibo.com/cptcm
天猫旗舰店网址 https://zgzyycbs.tmall.com

如有印装质量问题请与本社出版部联系（010-64405510）

王渭川

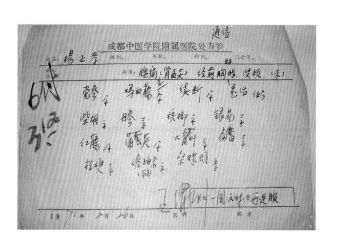

王渭川处方手稿

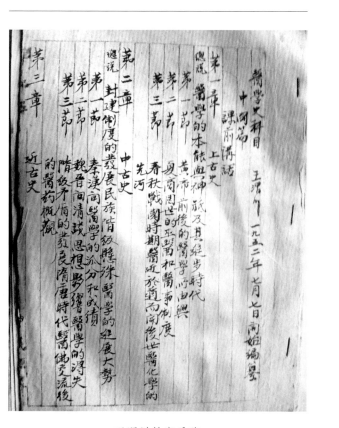

王渭川教案手稿

《王渭川临床经验选》

《王渭川妇科治疗经验》

和任彦秋

读罢瑶章鹜句工，唐音宋
格仗飞鸿。东山丝竹清猶
昔，西蜀烟霞夕照中。万里
云天凭作客，千秋彩笔接
长虹。何时再识春风面，
夜雨联床话重翁。

　　附原作　多年远隔忽来鸿，惊喜翻疑
在梦中。老手一篇聊自遣，望从千里与谁同，
欣看金榜登群彦，独对兰台失重翁。
自是辋川诗兴好，扬州蜀道句猶工。

王渭川诗词手稿《和任应秋》

赠黄德彰 前诗改订

江上蝉鸣两岸柳，差池雁影去无痕。
新疏直逼汉庐诂，旧笔重徵史佳偷。
朴学曾经瞋有余，郑笺今幸重君门。
清秋正喜消炎暑，更把鸿篇动客魂。

王渭川诗词手稿《赠黄德彰》（注：黄德彰院长在暑假中写
"扁鹊仓公合传疏正"一文成，委校稿，赋诗记事）

为卓启墀书扇 草堂观梅

千载草堂映碧畦，绿杨高与白云齐。
寺中晚春为海，池上风微浪作梯。
墨洒醉泼烟松柏里，诗从梅竹影边题。

王渭川诗词手稿《为卓启墀书扇 草堂观梅》

王渭川诗词手稿《曹吉勋教授指正》

王渭川诗词手稿《游宝光寺题壁诗》

总序————加强文化建设，唱响川派中医

四川，雄居我国西南，古称巴蜀，成都平原自古就有天府之国的美誉，天府之土，沃野千里，物华天宝，人杰地灵。

四川号称"中医之乡、中药之库"，巴蜀自古出名医、产中药，据历史文献记载，自汉代至明清，见诸文献记载的四川医家有 1000 余人，川派中医药影响医坛 2000 多年，历久弥新；川产道地药材享誉国内外，业内素有"无川（药）不成方"的赞誉。

医派纷呈　源远流长

经过特殊的自然、社会、文化的长期浸润和积淀，四川历朝历代名医辈出，学术繁荣，医派纷呈，源远流长。

汉代以涪翁、程高、郭玉为代表的四川医家，奠定了古蜀针灸学派。郭玉为涪翁弟子，曾任汉代太医丞。涪翁为四川绵阳人，曾撰著《针经》，开巴蜀针灸先河，影响深远。1993 年，在四川绵阳双包山汉墓出土了最早的汉代针灸经脉漆人；2013 年，在成都老官山再次出土了汉代针灸漆人和 920 支医简，带有"心""肺"等线刻小字的人体经穴髹漆人像是我国考古史上首次发现，应是迄今

我国发现的最早、最完整的经穴人体医学模型，其精美程度令人咋舌！又一次证明了针灸学派在巴蜀的渊源和影响。

四川山清水秀，名山大川遍布。道教的发祥地青城山、鹤鸣山就坐落在成都市。青城山、鹤鸣山是中国的道教名山，是中国道教的发源地之一，自东汉以来历经 2000 多年，不仅传授道家的思想，道医的学术思想也因此启蒙产生。道家注重炼丹和养生，历代蜀医多受其影响，一些道家也兼行医术，如晋代蜀医李常在、李八百，宋代皇甫坦，以及明代著名医家韩懋（号飞霞道人）等，可见丹道医学在四川影响深远。

川人好美食，以麻、辣、鲜、香为特色的川菜享誉国内外。川人性喜自在休闲，养生学派也因此产生。长寿之神——彭祖，号称活了 800 岁，相传他经历了尧舜夏商诸朝，据《华阳国志》载，"彭祖本生蜀"，"彭祖家其彭蒙"，由此推断，彭祖不但家在彭山，而且他晚年也落叶归根于此，死后葬于彭祖山。彭祖山坐落在成都彭山县，彭祖的长寿经验在于注意养生锻炼，他是我国气功的最早创始人，他的健身法被后人写成《彭祖引导法》；他善烹饪之术，创制的"雉羹之道"被誉为"天下第一羹"，屈原在《楚辞·天问》中写道："彭铿斟雉，帝何飨？受寿永多，夫何久长？"反映了彭祖在推动我国饮食养生方面所做出的贡献。五代、北宋初年，著名的道教学者陈希夷，是四川安岳人，著有《指玄篇》《胎息诀》《观空篇》《阴真君还丹歌注》等。他注重养生，强调内丹修炼法，将黄老的清静无为思想、道教修炼方术和儒家修养、佛教禅观会归一流，被后世尊称为"睡仙""陈抟老祖"。现安岳县有保存完整的明代陈抟墓，有陈抟的《自赞铭》，这是全国独有的实物。

四川医家自古就重视中医脉学，成都老官山出土的汉代医简中就有《五色脉诊》（原有书名）一书，其余几部医简经初步整理暂定名为《敝昔医论》《脉死候》《六十病方》《病源》《经脉书》《诸病症候》《脉数》等。学者经初步考证推断极有可能为扁鹊学派已经亡佚的经典书籍。扁鹊是脉学的倡导者，而此次出土的医书中脉学内容占有重要地位，一起出土的还有用于经脉教学的人体模型。唐代杜光庭著有脉学专著《玉函经》3卷，后来王鸿骥的《脉诀采真》、廖平的《脉学辑要评》、许宗正的《脉学启蒙》、张骥的《三世脉法》等，均为脉诊的发展做出了贡献。

昝殷，唐代四川成都人。昝氏精通医理，通晓药物学，擅长妇产科。唐大中年间，他将前人有关经、带、胎、产及产后诸症的经验效方及自己临证验方共378首，编成《经效产宝》3卷，是我国最早的妇产科专著。加之北宋时期的著名妇产科专家杨子建（四川青神县人）编著的《十产论》等一批妇产科专论，奠定了巴蜀妇产学派的基石。

宋代，以四川成都人唐慎微为代表撰著的《经史证类备急本草》，集宋代本草之大成，促进了本草学派的发展。宋代是巴蜀本草学派的繁荣发展时期，陈承的《重广补注神农本草并图经》，孟昶、韩保昇的《蜀本草》等，丰富、发展了本草学说，明代李时珍的《本草纲目》正是在此基础上产生的。

宋代也是巴蜀医家学术发展最活跃的时期。四川成都人、著名医家史崧献出了家藏的《灵枢》，校正并音释，名为《黄帝素问灵枢经》，由朝廷刊印颁行，为中医学发展做出了不可估量的贡献，可以说，没有史崧的奉献就没有完整的《黄帝内经》。虞庶撰著的《难经注》、杨康侯的《难经续演》，为医经学派的发展奠定了基础。

史堪，四川眉山人，为宋代政和年间进士，官至郡守，是宋代士人而医的代表人物之一，与当时的名医许叔微齐名，其著作《史载之方》为宋代重要的名家方书之一。同为四川眉山人的宋代大文豪苏东坡，也有《苏沈内翰良方》（又名《苏沈良方》）传世，是宋人根据苏轼所撰《苏学士方》和沈括所撰《良方》合编而成的中医方书。加之明代韩懋的《韩氏医通》等方书，一起成为巴蜀医方学派的代表。

四川盛产中药，川产道地药材久负盛名，以回阳救逆、破阴除寒的附子为代表的川产道地药材，既为中医治病提供了优良的药材，也孕育了以附子温阳为大法的扶阳学派。清末四川邛崃人郑钦安提出了中医扶阳理论，他的《医理真传》

《医法圆通》《伤寒恒论》为奠基之作，开创了以运用附、姜、桂为重点药物的温阳学派。

清代西学东进，受西学影响，中西汇通学说开始萌芽，四川成都人唐宗海以敏锐的目光捕捉西学之长，融汇中西，撰著了《血证论》《医经精义》《本草问答》《金匮要略浅注补正》《伤寒论浅注补正》，后人汇为《中西汇通医书五种》，成为"中西汇通"的第一种著作，也是后来人们将主张中西医兼容思想的医家称为"中西医汇通派"的由来。

名医辈出　学术繁荣

中华人民共和国成立后，历经沧桑的中医药，受到党和国家的高度重视，在教育、医疗、科研等方面齐头并进，一大批中医药大家焕发青春，在各自的领域里大显神通，中医药事业欣欣向荣。

四川中医教育的奠基人——李斯炽先生，在 1936 年创立了"中央国医馆四川分馆医学院"，简称"四川国医学院"。该院为国家批准的办学机构，虽属民办但带有官方性质。四川国医学院也是成都中医学院（现成都中医药大学）的前身，当时汇集了一大批中医药的仁人志士，如内科专家李斯炽、伤寒专家邓绍先、中药专家凌一揆等，还有何伯勋、杨白鹿、易上达、王景虞、周禹锡、肖达因等一批蜀中名医，可谓群贤毕集，盛极一时。共招生 13 期，培养高等中医药人才 1000 余人，这些人后来大多数都成为中华人民共和国成立后的中医药领军人物，成为四川中医药发展的功臣。

1955 年国家在北京成立了中医研究院，1956 年在全国西、北、东、南各建立了一所中医学院，即成都、北京、上海、广州中医学院。成都中医学院第一任院长由周恩来总理亲自任命。李斯炽先生继创办四川国医学院之后又成为成都中医学院的第一任院长。成都中医学院成立后，在原国医学院的基础上，又汇集了一大批有造诣的专家学者，如内科专家彭履祥、冉品珍、彭宪章、傅灿冰、陆干甫；伤寒专家戴佛延；医经专家吴棹仙、李克光、郭仲夫；中药专家雷载权、徐楚江；妇科专家卓雨农、曾敬光、唐伯渊、王祚久、王渭川；温病专家宋鹭冰；外科专家文琢之；骨、外科专家罗禹田；眼科专家陈达夫、刘松元；方剂专家陈潮祖；医古文专家郑孝昌；儿科专家胡伯安、曾应台、肖正安、吴康衡；针灸专家余仲权、薛鉴明、李仲愚、蒲湘澄、关吉多、杨介宾；医史专家孔健民、李介民；中医发展战略专家侯占元等。真可谓人才济济，群星灿烂。

北京成立中医高等院校、科研院所后，为了充实首都中医药人才的力量，四川一大批中医名家进驻北京，为国家中医药的发展做出了巨大贡献，也展现了四川中医的风采！如蒲辅周、任应秋、王文鼎、王朴城、王伯岳、冉雪峰、杜自明、李重人、叶心清、龚志贤、方药中、沈仲圭等，各有精专，影响广泛，功勋卓著。

北京四大名医之首的萧龙友先生，为四川三台人，是中医界最早的学部委员（院士，1955 年）、中央文史馆馆员（1951 年），集医道、文史、书法、收藏等于一身，是中医界难得的全才！其厚重的人文功底、精湛的医术、精美的书法、高尚的品德，可谓"厚德载物"的典范。2010 年 9 月 9 日，故宫博物院在北京为萧龙友先生诞辰 140 周年、逝世 50 周年，隆重举办了"萧龙友先生捐赠文物精品展"，以缅怀和表彰先生的收藏鉴赏水平和拳拳爱国情怀。萧龙友先生是一代举子、一代儒医，精通文史，书法绝伦，是中国近代史上中医界的泰斗、国学家、教育家、临床大家，是四川的骄傲，也是我辈的楷模！

追源溯流　振兴川派

时间飞转，掐指一算，我自 1974 年赤脚医生的"红医班"始，到 1977 年大学学习、留校任教、临床实践、跟师学习、中医管理，入中医医道已 40 年，真可谓弹指一挥间。俗曰：四十而不惑，在中医医道的学习、实践、历练、管理、推进中，我常常心怀感激，心存敬仰，常有激情冲动，其中最想做的一件事就是将这些中医药实践的伟大先驱者，用笔记录下来，为他们树碑立传、歌功颂德！缅怀中医先辈的丰功伟绩，分享他们的学术成果，继承不泥古，发扬不离宗，认祖归宗，又学有源头，师古不泥，薪火相传，使中医药源远流长，代代相传，永续发展。

今天，时机已经成熟，四川省中医药管理局组织专家学者，编著了大型中医专著《川派中医药源流与发展》，横跨两千年的历史，梳理中医药历史人物、著作，以四川籍（或主要在四川业医）有影响的历史医家和著作为线索，理清历史源流和传承脉络，突出地方中医药学术特点，认祖归宗，发扬传统，正本清源，继承创新，唱响川派中医药。其中，"医道溯源"是以民国以前的川籍或在川行医的中医药历史人物为线索，介绍医家的医学成就和学术精华，作为各学科发展的学术源头。"医派医家"是以近现代著名医家为代表，重在学术流派的传承与发展，厘清流派源流，一脉相承，代代相传，源远流长。《川派中医药源流与发展》一书，填补了川派中医药发展整理的空白，是集四川中医药文化历史和发展现状之大成，理清了川派学术源流，为后世川派的研究和发展奠定了坚实的基础。

我们在此基础上，还编著了《川派中医药名家系列丛书》，汇集了一大批近现代四川中医药名家，遴选他们的后人、学生等整理其临床经验、学术思想编辑成册。预计编著一百人，这是一批四川中医药的代表人物，也是难得的宝贵文化遗产，今天，经过大家的齐心努力终于得以付梓。在此，对为本系列书籍付出心血的各位作者、出版社编辑人员一并致谢！

由于历史久远，加之编撰者学识水平有限，书中罅、漏、舛、谬在所难免，敬望各位同仁、学者提出宝贵意见，以便再版时修订提高。

中华中医药学会　副会长

四川省中医药学会　会　长

四川省中医药管理局　原局长　　杨殿兴

成都中医药大学　教授、博士生导师

2015 年春于蓉城雅兴轩

杨 序

吾师王渭川，从医 60 余年，勤求古训，学识渊博，熟读精研中医古典医籍，了解现代医学，恪守辨证论治、随证施治原则，尤精于内、妇科，擅长治疗多种妇科疑难杂症，对中医理论、临床有独到的见解及较深的造诣，处方用药别具一格，自成一家，为川派中医妇科的重要开拓者之一，其临床经验对后人影响深远。吾师不仅医术高超，而且在教书育人、著书立说等方面都有突出的贡献，其学术影响推动了四川地区乃至全国中医妇科的学术发展。

在漫长的行医生涯中，吾师博采众家之长，师古不泥，守法灵活，擅长妇科、内科疑难疾病的诊治，如不孕不育症、闭经、盆腔炎、子宫肌瘤、慢性肝炎、肝硬化、肝脾肿大、红斑狼疮、阿狄森氏病、黑色素沉着、高血压性心脏病、雷诺病、象皮腿、脉管炎等，都取得了较好的疗效。

吾师学术思想源起《内经》《难经》《金匮要略》，近宗张锡纯、张山雷、丁甘仁、恽铁樵等"中西医汇通派"学者，临证时以中西医汇通诊治疾病，注重发挥中医四诊八纲长处，参考西医检测结果，对疾病诊断更精细科学，对症治疗以求速效。妇科、内科病种繁多，表现各异，吾师返博为约，创造性地提出了"四大纲""六大法""四大方剂系列"作为辨治纲要治疗内妇科各种疾病，以推本求源，异病同治。

吾师勇于创新，大胆突破，完善《金匮要略》方药，治疗疑难病多有创新性意见。例如，通窍活血汤加虫类药治疗血痹；犀角地黄汤加升麻、大青叶、板蓝根治疗"阳毒"烂喉痧；大黄䗪虫丸用于治疗子宫肌瘤、输卵管囊肿、肝硬化、脑出血、丝虫病、象皮腿等；创独特色望诊方法诊断"黑色素沉着"，补虚化瘀法治疗"黑瘅"；以银翘散合鳖甲升麻汤加减创制"银甲系列"广泛治疗下焦湿热证；打破中药十八反传统配伍禁忌"人参反五灵脂"，用人参配五灵脂治疗肝脾肿大，收到相辅相成之效；善于运用虫类药出奇制胜，治疗顽疾取得奇效。这些独到的经验在吾师的论著医案中均可体现，此处不再一一列举。

吾师不仅医术精湛，且有高尚的医德医风，认为"病症有阴阳之辨，病人无贵贱之分"。吾师安于清贫，乐享淡泊，不计名利，这种义为利上的境界、仁爱救人的思想、谦和谨慎的品质，对我等后辈影响深远，是我们终生学习的榜样。

吾师诊务繁忙，闲暇之时唯爱好诗词，自娱自乐。他认为诗词可以陶冶人的情操，抒发自己的情志。吾师曾仿濒湖老人和陈修园等人，借诗词精炼易诵的形式将自己对于脉诊的感悟以古词的形式表达出来，如《咏浮脉词》云："浮脉竟何如？轻轻肉上过。犹似杨花浮水面，毫不微茫，指下起流波。病属外邪多，营卫阴阳一汗和。病里转将芤与革，慎投药石，须防起不了沉疴。"将中医学理论赋予诗意，此咏脉诗，别具韵致，既朗朗上口，又便于记忆。

跟师学习多年，吾师坦诚无私，诲人不倦。他不断地给予我们鼓励和鞭策，时常教导我们需熟读经典，学医要"勤"和"恒"。吾师至深的医术、至诚的医德，对我的从医之路影响颇深。

最后引用王成荣先生在吾师病故后所提的挽联缅怀我们永远的恩师："壶公去，却留名锦里，一生妙悟虫入药。遗著开来，更饮誉杏林，两绝凝成脉赋诗。"

吾师一生献身岐黄，勤学不殆，成就非凡，其学术思想及临床经验是一笔宝贵的财富，值得我们认真学习，继承发扬。

杨家林

2018 年 1 月

编写说明 ——————————————————————

本书根据王渭川传世论著及 60 余年的临床经验编写而成，全书以王氏学术思想和临床经验为核心内容，根据其著作、论文、临证经验、病案等史料对其学术思想和临床经验进行了系统全面的整理分析和总结，对王氏临床擅长的妇科、内科及外科疾病从疾病概述、病因病机、辨治思路和用药特点进行了系统分析，对常用证治、常用方药、方义分析、临床加减、典型医案、诊治心得做了较为详实的论述，溯本追源，从理论到实践，均全面系统地予以记载，客观再现了王渭川精湛的学术特色和宝贵的临床经验。

本书由王渭川的第二代学术传承人魏绍斌教授及弟子执笔，并经第一代学术传承人杨家林名老中医审阅，最后由四川省中医专家共同审定而形成。本书旨在系统总结传承川派中医妇科名家王渭川的学术思想与临床经验，使其不断发展和创新，造福广大妇女患者。

由于水平有限，书中不足之处在所难免，希望读者提出宝贵意见，以使本书日臻完善。

魏绍斌

2018 年 3 月

目　录

生平简介

川派中医药名家系列丛书

王渭川

　　王渭川（1898—1988），号鲁同，原名鲁殿元，江苏丹徒县人，当代著名中医妇科八大家之一。王氏未满3岁，即遭父丧，由母周氏与祖父鲁直公抚育成人。其祖父鲁直公是清末举人，年逾六旬，还设馆教徒，既精于考据，又重理学，很同意湘人治学的旨趣，"欲以戴段钱王之训诂，发为班张左郭之文章"。可惜其体弱病喘，未能竟其志。鲁直公同时兼治医学，在当地颇有名气，春风桃李中得有两人：一个是镇江的袁桂生，一个是丹徒的何叶香。前者重临床，后者精理论，他们各有不同的成就。鲁直公视王渭川为爱孙，虽爱之深，更教之严。王渭川6岁时，他便首教《诗经》，口传心授，释以浅义，责以背诵。听到王渭川诵读到声清音朗之际，他便欣然赋诗。鲁直公曾有两句："不堪子夏伤明后，却喜娇孙诵读初。"由此，祖孙两代，食同桌，眠同床，耳提面命，格外用劲。9岁时，鲁直公又授以《春秋》《左传》。王渭川对左氏文章精义虽能了了，但对春秋当时情势，苦不能明，曾询问祖父，答以"一读二讲，逐步自明"。正冥思茫茫，极端愁苦之中，恰王渭川表兄归自上海，买有《列国演义》一部。王渭川翻阅一遍，不禁狂喜。这虽属稗官，但春秋各国情况，仅仅在一百回中就能使人了如指掌。于是便自读自笑，爱不释手。由此，王渭川便体会到：读古书，如有课外通俗读物辅助，则收效较大。仅仅十余年时间，王渭川就学完了《四书》《五经》。此外，鲁直公还教王渭川作文，先是教学八股，后来废考，又嘱学韩愈文。可惜天年不永，王渭川17岁时，鲁直公去世，家中生活日艰，母亲以女红谋米盐。承袁桂生、何叶香两君厚意，主动来嘱王渭川随之学医，并愿负担其学医经费。于是，在1916年王渭川18岁的时候，执弟子礼向两位先生学医，上午随当地经验丰富的名医袁师抄方实习，下午由精通理论的何师讲授医门经典。凡《灵枢》《素问》《伤寒论》《金匮要略》《傅青主女科》等经典无不精研。

　　袁桂生门诊极忙，几乎户限为穿。他读书宏博，学术渊深，经验丰富，非常重视前人珍贵经验，师古方之意但决不拘泥成规，且注意自己的经验积累，即使门诊繁忙，也常详加记录，为后来整理验案做准备。他以望色凭脉为立方依据，复方多显奇效，尤长于妇女调经及杂病调理，如肌肉萎缩、下肢瘫痪等不少怪病，多能得心应手。曾有一年仅 6 岁的男孩由其母抱来，肌肤如冰，脉如细丝，肛门试体温高达 40℃。袁先生立方，首用熟附片 15 克，次用生石膏 30 克，他认为以石膏清其里热，附子强其心衰，非此不救，果真两剂而愈。王渭川投袁门首尾三载，实受益匪浅，其执业后，能够学有所进，也与坚守袁门家法，适当化裁有关。

何叶香则上午门诊，下午授课。在投何师首尾三年期间，王渭川不仅听何师讲授《内经》《难经》《金匮要略》《伤寒论》和《温病条辨》，还在镇江鱼巷的"京口善化堂"的老书店阅读了许多不经见的书，使其增加了不少有益的见闻。

1919 年，王渭川离袁、何师门，借何师"人文书屋"独自开业。设诊之初，由于年轻，门可罗雀。其母经常来探望王渭川，见其读书临池，倒也宽慰；见其门庭寂寂，前途茫茫，又为之担心。王渭川便用两句旧诗安慰她："山重水复疑无路，柳暗花明又一村。"这一时期，王渭川还是常去善化堂翻书、借书、抄书，并以此为无上至乐。抄书无钱买纸，有一次将家中木刻本的《三国演义》拆开翻过来作纸。但看看金圣叹的批注，又为之惋惜。后何师因哮喘频发，为何师代诊代教三月。在具体实践中，又学到了不少在书本上所学不到的东西。

中医临床诊断，关键是望、闻、问、切。王渭川老先生在望诊时，根据《内经》所说的"得神者昌，失神者亡""阴平阳秘，精神乃治""阴阳离决，精气乃绝"的道理，注意观察病人色、神、形等几个方面，逐步摸索了一些规律。如见患者面部色素沉着，牙龈亦黑，就根据《内经》"肾主骨、肾主黑"的精义，断定是肾病的范围。倘再考查有体重减轻、畏寒眩晕、脉迟细等症，则可进一步断定为《金匮要略》所说的黑瘅或女劳瘅之类，其病机是命门之火大衰，有脾肾阳虚和肝肾阴虚两大类型。患者皮肤发黄，连及巩膜，这就要疑有黄疸病的发生，但要与溶血性黄疸相鉴别。对于痰饮，如见患者左眼上下灰黑如煤烟，就知属寒痰；见患者眼泡暗黑，知属热痰，见患者四肢多痿痹，屈伸不自如，知属风痰。上属各病，何师门诊甚多，服何师方有效有不效。王渭川因在望诊中摸索了一些规律，辨证准确，所以投方辄效。60 余年来解决疑难，成例不少。切脉认病，原本《内经》，至西晋太医令王叔和做《脉经》10 卷，析脉 24 种。传至阿拉伯，又经阿维森纳增至 48 种。王渭川在临诊初期，只对浮、沉、迟、数、细、弦较易辨认，余多茫然，颇有王叔和所谓"胸中了了，指下难明"之感。后来临床既多，又参照程杏轩论脉医述细细揣摩，才逐渐掌握八脉大意之外还有许多兼脉，它们与五脏六腑的病症均有一定的联系。比如浮脉，兼脉就有6种，即浮缓、浮紧、浮虚、浮芤、浮数、浮洪。因此，在临床诊断中，王渭川以八脉大意为主，但更重视兼脉。

王渭川在为何师代诊的3个月中，个人业务日渐有起色，一时声誉鹊起，车水马龙。在临床中，王渭川对王清任的通窍活血汤比较欣赏，并受到袁、何两师鼓励，且何师还提供了运用虫类药的依据，他说："《肘后备急方》《千金要方》内都广泛地用了虫类药，至于《金匮要略》中的鳖甲煎丸和《温病条辨》中的化癥回生丹，更是以虫类药为主。"王渭川谨记师教，用于临床，确能收到意外之效。因为麝香比较贵，后来王渭川逐步用虫类药代替麝香，疗效仍然非常满意。

在为何师代诊期间，王渭川每天下午又代授内经。次年春节后，何师哮喘又发，又委王渭川代讲金匮要略。因其对《金匮要略》研究不够，故又用《金匮心典》为教本，《金匮玉函经二注》和《金匮方论本义》为辅助书，认真备课。因细考《金匮要略》中有脏腑经络生克制化的认识，同时还有一部分传染病掺杂其中。因此，一面备课，一面又写成"生克制化在《金匮》中的运用"和"《金匮要略》内容简介"两文，在正课开讲前先做两个精简的报告，引起学生的兴趣，以消除学习的畏惧感。《金匮要略》中有"阳毒之为病"一条，历代医家都没有明确的辨病。王渭川结合临床经验进行研究，认为中医通常说的烂喉痧即是其病之一。本病特征是发高热，咽喉剧痛，易化脓，舌如覆盆，全脸红疹带肿，与《金匮要略》中"阳毒之为病"条文相适。王渭川选用犀角地黄汤加升麻、大青叶、板蓝根，温度不降佐紫雪丹、至宝丹等，同时用西牛黄吹喉，良效。当时王渭川以此解释阳毒，学生疑信参半。恰为时不久，镇江流行烂喉痧，洪仁医院诊断为猩红热，取其用方良效，大家方信而无疑。

1924年，王渭川就婚芜湖，遂于芜湖开业。1937年，因卢沟桥事变，西迁至汉口生成里设诊。次年10月为避日寇战乱再度西迁入蜀，客居万县，自办诊所，临证治病，多有良效，声誉日隆，医名渐著，一时门庭若市。1953年，其在万县卫生学校担任医学史教学工作，编写了《中国医学发展史概况》教材。1956年，王氏调入成都中医学院（现成都中医药大学），初任学院妇科和金匮要略两门课程的教学，编写妇科和金匮要略的教材，后又任学院附属医院的妇科主任，坚持临床。

王渭川近宗张锡纯、张山雷、恽铁樵、丁甘仁等"中西医汇通派"学者，逐渐形成自己独特的学术思想体系，尤精于内、妇科，擅长治疗多种妇科疑难杂症，尤以善用补虚化瘀、舒筋通络、清湿消炎等方法著称于世。业医60余年，留下《王渭川临床经验选》《王渭川妇科治疗经验》《金匮心释》《王渭川疑难病症治验选》《红斑狼疮的中医治疗》5本医著。王渭川治学常以"人生有涯知无涯"自勉，勤奋苦读，善背经典，求知欲强，借书夜览以广求百家之长。且善于创新，不耻下问，学人之长补己之短。其读书、临证均善于提纲撷要，执简驭繁，一生勤学不殆，献身岐黄。

王渭川先后任四川省万县医务工作协会执行委员兼学术部长，成都中医学院妇科教研室副主任，成都中医学院附属医院妇科主任，四川省中医学会常务理事，成都市中医学会妇科分会副主任；成都市政协委员。曾荣获万县卫生局"一等卫生模范"奖状。主要科研成果有"银甲合剂""银甲丸"用以治疗盆腔炎、子宫内膜炎、尿道炎、宫颈炎等下焦湿热证。1962年，王氏因发明"银甲丸"获卫生部通报嘉奖，并推广使用。自拟益黄八珍散、益鹤四君子汤、桑蘆四物汤以治疗月经紊乱，为当今妇科名方。

"中国现代著名医学家丛书"将王渭川列为中国现代成就最突出、最有影响的中医学家之一，其医著已流传日本、东南亚各国，获得很高的评价。

临床经验

川派中医药名家系列丛书

王渭川

　　本部分所介绍的妇科疾病、内科疾病、外科疾病的证治内容，均摘自于王渭川先生所编著的《王渭川妇科治疗经验》《王渭川临床经验选》《王渭川疑难病症治验选》《红斑狼疮的中医治疗》著作的相关内容，并进行了部分删减和补充。

一、妇科疾病

　　人体脏腑、经络、气血的活动，男女基本相同。妇女由于有生育子女的特点，在解剖上有胞宫（子宫），在生理上有月经、胎孕、产育和哺乳等。因此，妇女脏腑、经络、气血的活动和男子又有不同之处。妇女疾病，除一般内、外科等类疾病与男子相同外，在病因学、病理学及辨证论治方面均有与男子不同的特点。

（一）妇科辨证要点

　　中医临床辨证论治，主要为四诊八纲。八纲中，阴阳为纲中之纲，重在辨病属于阴证或阳证。妇科辨证，要点为寒、热、虚、实四纲。以月经病为例，月经先期多属热证，月经后期多属寒证。经后腹痛、喜热熨、喜按多为虚证，经前、经期腹痛、拒按多属实证（表1）。

表1　妇科四大纲证治简表

证型	辨证论治			
	主症	特征	兼（变）症	方选
寒	面萎黄欲吐，口不渴，舌质淡嫩，苔滑而湿润或无苔，脉沉细迟缓无力	喜热饮，热熨，喜按，手足厥冷，经行后期，色暗，唾液多		温经汤，大温经汤，温经摄血汤，过期饮

续表

证型	辨证论治			
	主症	特征	兼（变）症	方选
热	神气充实，面唇红，苔粗而干黄或干黑，脉浮数兼急有力	喜冷恶热，手足温，腹痛拒按，经色多紫，经行先期	血色紫黑，量多质稠	知柏四物汤，先期饮
虚	气血衰减，营养不良，四肢倦怠，舌质淡嫩、苔薄，脉细小微弱	形寒厥冷，腹痛喜按，经色淡，经行后期	血虚，气虚，气血俱虚	归脾汤，加味补中益气汤，当归补血汤，人参养营汤
实	气血充盛，面唇红，小便短赤，大便结，苔厚腻兼灰黑，脉弦数	腹痛拒按，经色紫，有血块及腐臭气	偏瘀，偏热，火旺血热	桃仁承气汤，血府逐瘀汤，清经汤，两地汤

（二）妇科病基本治法

温法

温法常用于寒性病，即所谓"寒者热之"，如腹痛喜按、手足厥冷、脉象沉伏微迟等症，均可采用。温法又有兴奋作用，如阳虚自汗、形寒气短、声微肢软体怠、性欲减退等症，都需用温法。妇科温法多用于温脾、温肾、温宫。总则是温化通阳散寒。

清法

清法常用于温热病，即所谓"热者寒之"。清法包括镇痉和解毒。肝阳旺盛或肝火上扰所引起的头晕目眩等症，用清法中的清肝方剂能息风镇痛。温毒病，用清热凉营法可解毒。因湿热蕴结下焦而致的盆腔炎、子宫内膜炎、宫颈炎等，用清解下焦湿热的银甲丸为主加减治疗，多可奏效。但肝肾阴虚而引起的肝阳上亢、食欲不振、目眩头胀等，必须柔肝清热，兼治上焦而顾中焦。清法总则是清血热，息风润燥。

攻法

攻法在妇科主要用于攻坚、消积、化瘀，如子宫肌瘤、宫外孕、卵巢囊肿、乳腺瘤、瘀血凝结的包块、堕胎等，都可采用本法。攻法总则是通瘀破结。

补法

滋养机体，从而消除一切衰弱证候的方法称补法，即所谓"虚者补之"。具体治法又分补气、益精、安神、生津液等方面。

补法可分为3种：温补：用于阳虚，又称补火。清补：用于阴虚，又称补水。平补：用于一般虚弱证。

妇科如果补气血，补脾肾，补肝肾，用温补；如果滋养肝肾，用清补；补法又可配用固涩法，如大汗不止、吐血不止、妇女血崩、白带过多等用补法，但主要需固涩。妇科补法总则是补气血，益肾水。

消法

消法主要是消导，用于胃肠阻滞、食积内阻、脘腹胀满等。其次是软坚，用于瘀血凝结成形的症状，如癥瘕积聚、乳核等。因其来也渐，其去也缓，用攻法不能一气荡尽，要缓化图功。消法比攻法和缓，又有消痰、涤痰、豁痰作用，往往因痰湿气阻引起的闭经，可用消法来治。但消法不宜用于体质极虚者和急性病。

和法

和法寓和解之意。病在表可汗，病在里可下，如果病在半表半里，就须用和解的方剂来治疗。和法在妇科多用于调和肝脾，治疗月经不调。妊娠妇女，胸部痞满、嘈杂呕吐，为痰热受阻，可用辛开苦降和胃法。和法范围较广，总则是调气血，柔肝养肾，运脾胃。

（三）月经病证治

《素问·上古天真论》云："女子七岁，肾气盛，齿更发长；二七而天癸至，任脉通，太冲脉盛，月事以时下，故有子；三七肾气平均，故真牙生而长极；四七筋骨坚，发长极，身体盛壮；五七阳明脉衰，面始焦，发始堕；六七三阳脉衰于上，面皆焦，发始白；七七任脉虚，太冲脉衰少，天癸竭，地道不通，故形坏而无子也。"有注家以天癸为月经者，实属非是，因男子亦有天癸，故天癸并非月经，是肾中所藏的精。以西医学解释天癸，当指与生殖有关的各种内分泌激素。王氏认为，中医妇科学论述的冲任二脉是指与生殖有关的组织系统，而不是某一具体器官。总之，两千多年前的古典医籍对月经形成的机理、受孕的机理、生殖系统的发育过程，都做了细致而科学的描述，对后世中医妇科学影响很大，后世关于月经生理、生殖，都是在此基础上发展而来。

女子月经，通常 28 天左右行经一次，每月一次，故名月经，又名月信，即每月按时来，很守信用之意。如有月经超前或延后或先后错杂，经来腹痛（痛经），或淋沥不断（漏），或暴下不止（崩），或经期停止（闭经）等，皆属于月经疾病。月经或先期，或后期，或先后错杂，皆称月经不调。月经不调的原因和说法虽各异其辞，其主旨实大同而小异。王氏认为，月经不调的辨证不外寒、热、虚、实、气、血六个方面，其关键根据月经的期、量、色、质，并结合病人的身体情况进行综合分析，确定其证型，再据证遣方。

1. 月经先期

月经以 28 天为正常，至于少至 21 天，多至 35 天，每月成习惯，无他病者，亦为正常。其有按月超前而至，身体感到不适者，称为月经先期。现在对该病认识更加具体，指的是月经周期提前 7 天以上，甚至半月一行，连续出现两个周期以上者。

历代医家对月经先期的病因病机有较多的论述。宋代王子亨在《全生指迷方》中述：“阳太过则先期而至，阴不及则后时而来。”《丹溪心法》认为：“经水不及期来者，血热也。”《薛氏医案》认为：“先期而至，有脾经血燥，血郁，肝经怒火，或血分有热也。”《赵氏医贯》认为：“经水先期而来者火也，半月或十日而来，且绵延不止者，属气虚。”《医宗金鉴》指出：“经来前赶不满三旬属血热。若下血多，色深红而浊，则为有余之热；若下血少，血浅淡而清，为不足之热。”可见古人认为月经先期多属血热阳盛，火伏冲任所致。

王氏认为，由于人体禀赋不同，受病各异，不能拘泥于此，先期量多者，多为冲任紊乱，但在临床中不难见到心脾肾病变，或妇科肿瘤中也可见到月经先期量多。所以，在临床上不可一概认为先期为阳盛，后期为阴不足，应依据病证变化灵活辨证。总的来说，月经先期量多者，为水火俱旺；先期量少者，为火旺阴水枯竭。先期尺脉洪滑者，为水火有余，脉细数为血虚肝旺。经量多者清火，经量少者补水。

【辨证论治】

（1）血热型

主要证候：经行提前，量多色鲜红或绛紫，烦闷，舌红苔黄，脉洪大或滑数。

治法：清热凉血调经。

处方：先期汤加减（《证治准绳》）。

当归6克	白芍6克	生地黄6克	黄柏3克
知母3克	黄芩2克	川芎2克	阿胶2克
艾叶2克	香附2克	甘草2克	

方义分析：本方中用艾叶、阿胶、川芎、当归、白芍、生地黄、甘草等，是《金匮要略》中有名的胶艾汤，专治崩漏下血。艾叶配阿胶，既能生血止血，又防阿胶留瘀为患。四物汤加香附，主要用以调经，芩、知、柏入血，以清血热。整个处方主要具清热凉血调经的作用，故适用于血分实热之月经先期。

加减：王氏在运用此方时，常以牡丹皮易川芎，槟榔易香附，并加入旱莲草、白茅根，以增凉血止血的功效。

（2）阴虚火旺型

主要证候：月经先期，经来色鲜红，或紫或量多，质稠，伴潮热，舌质红，苔薄黄有燥象，脉细数。

治法：滋阴降火调经。

处方：六味地黄汤加减（《类证钱氏小儿方诀》）。

生地黄12克	粉牡丹皮5克	泽泻6克	山茱萸3克
山药9克	茯苓6克		

方义分析：本方为滋阴的祖方，系宋代名医钱仲阳据金匮肾气丸减桂附而成。方中生地黄滋补肾阴，凉血生津；佐泽泻通水道，宣泄肾浊。用山药健脾固肾；佐茯苓淡渗脾湿，收敛虚火；佐牡丹皮活血凉血，防止血凝。如此补中有泻，寓泻于补，有开有合，三阴并治，共起滋阴降火的作用。

（3）血燥型

主要证候：自觉皮肤发热，肢体作痛，怔忡心烦，舌质红，苔白黄，脉弦数。

治法：疏肝解郁，养血润燥。

处方：丹栀逍遥散（《证治准绳》）。

| 当归 6 克 | 白芍 6 克 | 茯苓 6 克 | 白术 6 克 |
| 柴胡 5 克 | 甘草 3 克 | 牡丹皮 5 克 | 栀子 5 克 |

方义分析：本方既能养血疏肝，又能和血清热，是调经的效方。柴胡疏肝解郁，使郁热散发，不致化燥耗血，是基本方主药。当归、白芍养血调肝，白术、茯苓、甘草健脾益气，牡丹皮、栀子消血分之燥热。妇女因忧郁而致血热，因血热而致血燥，因血燥则破血妄行，而经行先期，量多色红，两胁痛，心烦梦多，头昏发热者，用此方最为合适。

加减：王氏用此方时，常加生地黄、茅根，以增凉血润燥的功效。

（4）肝郁证

主要证候：月经提前，易怒而烦，经量时多时少，经行不畅，胸闷腹胀，嗳气吞酸，少腹胀痛，舌质红，苔白腻而厚，脉弦。

治法：疏肝解郁。

处方：越鞠丸（《丹溪心法》）。

| 香附 60 克 | 苍术 60 克 | 川芎 60 克 | 栀子 45 克 |
| 神曲 45 克 | | | |

用法：细研为末，水叠为丸，或用十分之一量，改为煎剂。

方义分析：本方又名芎术丸，是朱丹溪治疗因气郁、血郁、痰郁、湿郁、食郁、火郁而见胸膈痞闷、吞酸呕吐、饮食不消等症状的方剂。方用辛温芳香的香附开气，苍术醒脾燥湿，川芎活血调血郁，栀子泻肝火、解火郁，神曲健脾、去积消食。痰由郁生，郁解痰除，故五味相伍能统治其郁。但本方主要作用是开气郁，因气郁一开，其郁自解。

加减：王氏运用此方时，常加柴胡，以增疏肝解郁的功效。月经量多者，栀子宜炒，川芎用量宜少。

（5）气虚型

主要证候：月经提前，量多色淡，月经质清夹水，疲乏，气短，心悸，少腹有空坠感，舌淡红，苔薄而滑，脉虚大。

治法：补气调血。

处方：补中益气汤（《东垣十书》）。

| 黄芪 15 克 | 人参 2 克 | 甘草 2 克 | 当归 3 克 |
| 升麻 3 克 | 柴胡 2 克 | 生姜 3 片 | 大枣 2 枚 |

方义分析：本方是李东垣著名方剂之一。全方补中益气，升阳举陷。方中重用黄芪益中气，升清阳，为主药；人参、甘草辅助黄芪，以增强补中益气之功；升麻升举脾阳，柴胡助其升举。本方治因气虚不摄血而致的月经先期、经量多、崩漏等最为适宜。

王氏指出，以上证型是对典型证候而言，一则便于初学者掌握，二则便于探究其规律，在妇科临床实践中，症状典型者固然可见，但不典型者尤为居多，故临证时，当灵活运用上述原则，不可拘泥于一方一法。

【典型医案】

（1）刘某，女，30 岁。

初诊：1974 年 4 月 23 日。因工作、家务烦劳，饮食渐差，腹胀胸闷，月经先期，每次行经往往超前在 10 日以上，量多期长，色淡，带下腥臭如脓，少腹长期疼痛。肢体倦怠，面色淡白，舌质淡红，脉迟缓，心累，动辄悸动。诊断：月经先期，带下量多。辨证：心脾气虚，湿热蕴结下焦，冲任失固。治法：益气清湿，佐以调冲。处方：潞党参 60 克，鸡血藤 18 克，生黄芪 60 克，桑寄生 15 克，菟丝子 15 克，仙鹤草 60 克，夏枯草 30 克，蒲黄炭 10 克，血余炭 10 克，红藤 24 克，蒲公英 24 克，鱼腥草 24 克，琥珀 6 克，槟榔 6 克，炒北五味子 12 克，龙眼肉 24 克，鸡内金 10 克，广藿香 6 克，山楂 10 克。1 周 6 剂，连服 2 周。

二诊：5 月 15 日。服上方 6 剂后，月经血已渐止，但仍淋沥，白带减少，少腹痛缓，略显隐痛，精力好转，食欲渐增，胸闷消失，心累减轻，上课时不感气紧。舌质淡红，苔薄白，脉缓。处方：潞党参 60 克，鸡血藤 18 克，生黄芪 60 克，桑寄生 15 克，仙鹤草 60 克，地榆炭 10 克，红藤 24 克，蒲公英 24 克，槟榔 6 克，炒北五味子 12 克，广藿香 6 克。1 周 6 剂，连服 2 周，加服银甲丸。

三诊：6 月 2 日。服上方 12 剂后（同时服银甲丸），精力恢复正常，阴血全止，但尚有微白带，已无腥味。

至 8 月 10 日，问其月经情况，述自停药后，已按期行经两次，经量已正常。

按：本证属气虚脾弱，统摄无权，又兼湿热蕴结下焦，系月经先期量多，前后历时三月，全部治愈。所用处方从补中益气汤脱胎而出，方中参芪重用，益气生血，鸡内金、山楂健脾，仙鹤草合夏枯草起止血作用。特别是夏枯草有降压作用和抗菌作用，患妇科病兼带下具有炎性者，或肾虚肝旺者，都可配用。五味子为生脉散中要药，合鸡血藤、龙眼肉调节心衰极佳。一般来说，月经先期属热，后期属寒，并不尽然，因先期也有血热气虚、肝郁之不同，后期也有血寒虚寒、血虚气郁之异。临床表现，凡先期月经过多，或期长不止、色淡质清、气短心悸、四肢无力、舌质淡红、苔薄白而润、脉象缓弱等，俱属气虚下陷，冲任失固。由于本证又兼夹炎性带下，而形成气虚夹湿，月经先期量多证，但治湿不妥，最易拖延成持久的带下证。先期有热，后期有寒，固然有之，如虚不能摄，冲任失固，虽无热亦见先期，如上述病例。或气血渐衰，或阴虚阳旺，则虽有火象，亦必后期。一贯煎、滋水清肝饮都可以酌情选用。王孟英《潜斋医学丛书》说："妇人之病，虽以调经为先，第人禀不同，亦如其面，有终身月汛不齐而善于生育者，有经期极准而不受孕者，雄于女科。"始知古人之论不可尽泥，无妄之药不可妄投。

（2）谢某，女，25岁。

初诊：1977年10月7日。月经先期已3个月。每次月经提前1周以上。近2个月，每月来2次月经，中间只间隔9天。曾服中西药均无效，病人很苦恼。时觉胸闷，经色暗红，量一般，脸色青黄，脉弦滑，舌尖红，苔少。诊断：月经先期。辨证：阴虚血热，冲任不固。治法：养阴清热，调固冲任。处方（自制方）：地骨皮12克，白芍12克，生地黄15克，当归10克，牡丹皮10克，白薇10克，菟丝子15克，桑寄生15克，鸡血藤18克，瓜蒌皮15克，薤白12克，制香附10克，生谷芽24克，益母草24克。

二诊：12月1日。月经颜色深，白带多，乏力，纳差，脉弦滑，舌质淡，无苔。辨证：血虚有热，脾虚湿困。治法：益气固冲，清热除湿。处方（自制方）：党参24克，茯苓12克，白术12克，白芍12克，鸡血藤18克，女贞子15克，旱莲草15克，益母草24克，地骨皮12克，牡丹皮10克，红藤24克，蒲公英24克，椿根皮10克，琥珀末6克。

疗效：服药4剂后，月经正常，白带减少，饮食增加，自觉精神很好，颜面气色正常。

按：本例证属阴虚血热，冲任不固，故治以养阴清热，调固冲任。方中地骨皮、生地黄、牡丹皮、白薇清热凉血；当归、白芍、鸡血藤养血柔肝；菟丝子、桑寄生补肝肾，固冲任；香附、薤白、瓜蒌皮理气散结，治其胸闷。服药月经正常后，又出现血热、气虚夹湿等证，故停用前方，改用益气固冲、清热除湿法。用党参、茯苓、白术益气健脾；白芍、鸡血藤、女贞子、旱莲草、益母草固冲调经；地骨皮、牡丹皮、红藤、蒲公英、椿根皮、琥珀末清热除湿。

（3）肖某，女，25岁。

初诊：1978年3月29日。月经先期已3个月，每次提前10多天。这次一月来2次，经色红，量一般。并见头昏眼花，黄白带下，少腹两侧疼痛，大便少。脉滑，舌质红。诊断：月经先期，带下病。辨证：血热肝旺，湿热下注。治法：清热平肝，佐以祛湿。处方（自制方）：牡丹皮10克，地骨皮12克，生地黄12克，白芍15克，益母草24克，刺蒺藜18克，桑椹12克，桔梗10克，夏枯草24克，蒲公英24克，琥珀末6克，山药20克，槟榔6克。1周6剂，连服2周。

二诊：4月19日。服上方后，月经仅提前四天，基本正常，少腹痛、头痛均好转。现几天1次大便，且干燥，白带仍有，经前腹胀痛，下坠，乏力。脉弱，舌淡红。治法：益气润肠，理气祛湿。处方（自制方）：党参24克，生黄芪30克，鸡血藤18克，桑寄生15克，菟丝子15克，火麻仁24克，郁李仁10克，柴胡10克，厚朴10克，红藤24克，蒲公英24克，益母草24克，琥珀末6克，山药20克。

疗效：服药8剂后，月经完全正常，余无不适。

按：本例证属血热肝旺，湿热下注引起的月经先期而至，故治以清热平肝，佐以祛湿。方中牡丹皮、地骨皮清热凉血，白芍柔肝缓急止痛，刺蒺藜平肝疏肝，夏枯草、蒲公英清热祛湿。服药后月经正常，大便难解，故加用党参、黄芪、火麻仁、郁李仁益气润肠，红藤、益母草、琥珀末清热除湿。连服14剂药后，病人月经完全正常，无不适。

2. 月经后期

月经每隔35日以上才行经一次者，谓之月经后期。现在定义为月经周期延后7天以上，甚至3~5月一行者。

月经后期病因有因血虚血少者，有因血寒者，有因气虚血滞者。《景岳全书》云："凡血寒者经必后期而至。"并且指出临床辨证特点："凡阳气不足血寒经迟者，色多不鲜，或色见沉黑，或滞涩而少，脉微或沉弦细涩，必恶寒喜暖，凡此者，皆无火之证也。"《医宗金鉴》云："经来后退，过三旬后者属血滞。若色浅淡血少不胀痛者，则属气虚血少，涩滞不足之病；若色紫血多腹胀痛者，则属气实血多，瘀滞有余之病也。"

古今医家对月经后期病机的认识，大体分为虚寒、血虚、血瘀、气滞、肝郁、痰阻等几类。王氏认为，本病多为虚实夹杂，常见在虚寒证中，有气血两虚和阳虚之别；在血虚证中，有兼血热，或兼气血凝滞者；在血瘀证中，又有兼寒凝血虚者；在肝郁证中，有兼血虚者；在痰阻证中，有兼湿、兼血虚气虚和气血并虚者。总之，经病复杂，别类纷繁，先期后期，量多量少，颜色不一，均可错综互见，而治疗法则亦各有不同。后期脉微细或沉或虚数，大半属虚寒，或因血热血少。色泽不鲜或黑色，或量多，宜补肝肾，治宜温经摄血；经量少，治宜益气行瘀。主四物汤系方剂随证加减，临证须从整体出发，察其寒热虚实，随证施治，才能收效。

【辨证论治】

（1）气血虚弱型

主要证候：月经推后，色淡量少，面色苍白，肢体倦怠，食少便溏，或面黄气短，心虚惊悸，舌质淡，苔薄白，脉弱或细数。

治法：补气养血。

处方：人参养营汤（《太平惠民和剂局方》）。

人参 3 克	橘皮 3 克	黄芪 3 克	桂心 3 克
当归 3 克	白术 3 克	甘草 3 克	熟地黄 2 克
五味子 2 克	茯苓 2 克	远志 1 克	生姜 3 片
大枣 2 枚			

方义分析：本方是一个双补气血的方剂，用于气血两虚证型。因血为脾胃吸取饮食的精华，并通过中焦气化而成，故补血的方剂常配补气之品。本方治疗气血俱虚，补气更是重要的一环，补气药中配少量行气药，补气的效果更好。所以，此方四君子汤加橘皮理气健胃。补血药以四物汤去川芎，因川芎有辛燥走窜的特点，对血虚有热者不宜。五味子配合参、芪，有敛汗固表、加强补肺养心的作用。远志养心安神，姜、枣调和营卫。本方对气血俱虚，心脾肺不足而致的病

症，有良好的疗效。

加减：王氏指出，本方运用于冲任血海不足，常加菟丝子、枸杞子，以调节冲任气血。

此型亦可选用归脾汤（《严氏济生方》）、滋血汤（《证治准绳》）加减。

（2）虚寒型

主要证候：月经推后，色淡量少，腹痛绵绵，喜按，腰酸，眩晕气短，面色㿠白，喜热饮，舌质淡，苔薄白，脉迟或缓或沉迟。

治法：温经补虚。

处方：温经汤（《金匮要略》）。

法半夏 12 克	麦门冬 9 克	吴茱萸 9 克	牡丹皮 6 克
白芍 18 克	阿胶 12 克	桂枝 9 克	人参 9 克
当归 3 克	川芎 3 克	甘草 6 克	生姜 9 克

方义分析：本方具有温经、散寒、调冲任的功效。方中吴茱萸擅长行气止痛，桂枝长于温通血脉，合则有温经散寒的作用，对气滞血瘀、寒凝腹痛之证，效果甚佳。阿胶、当归、白芍温补任脉且调经；人参、麦门冬、甘草、法半夏、生姜益气和胃，滋补气血生化之源；川芎、牡丹皮协助桂枝活血行瘀。桂枝性温，牡丹皮散寒，二药同用，既可增加活血之功，又可防止过温燥血，如此寒温共用，有相反相成之妙。

加减：王氏在用此方时，常加台乌药、鹿角片、小茴香、艾叶等以温冲任、暖子宫。

此型亦可选用大营煎《景岳全书》加减。

（3）实寒型

主要证候：月经推后，色暗量少，少腹绞痛，面显青色，手足微冷，背部畏寒，喜热饮，舌质润，苔白，脉沉紧。

治法：温经通阳。

处方：温经汤（《妇人大全良方》）加减。

党参 24 克	鸡血藤 18 克	当归 9 克	芍药 9 克
砂仁 6 克	延胡索 9 克	炒小茴香 9 克	艾叶 9 克
香附 9 克	吴茱萸 9 克	鹿角胶 15 克	

方义分析：本方具有温经散寒、通阳调经的作用。方中吴茱萸、小茴香、艾叶温经散寒，当归、鸡血藤活血调经，五药配伍，有温经散寒调经的作用；党参甘温补气，更加鹿角胶以增强温阳散寒之功；延胡索、香附理气活血，化瘀止痛，合芍药缓急止痛。全方共奏温经散寒、活血祛瘀、益气通阳调经之效。

（4）气郁型

主要证候：月经推后，色正常，量少，少腹胀痛，胸痞嗳气，舌质淡红，苔薄黄，脉弦涩。

治法：行气散瘀。

处方：金铃子散（《素问病机气宜保命集》）合藿香附丸加减。

炒川楝子 9 克	生白芍 9 克	台乌药 9 克	九香虫 9 克
制香附 9 克	柴胡 9 克	丹参 15 克	枳壳 6 克
槟榔 6 克	厚朴 6 克	䗪虫 9 克	藿香 6 克
炒蒲黄 9 克			

方义分析：金铃子散一泻气分之热，一行血分之滞。方用川楝子、香附、柴胡、枳壳、厚朴疏肝行气，白芍柔肝缓急止痛，台乌药既能行气止痛又可开胸解郁，九香虫、䗪虫活血化瘀，藿香化湿和胃除痞，炒蒲黄行血化瘀止血。全方共奏疏肝解郁行气、行血化瘀之功，意在气行则血行。

（5）血虚气滞型

主要证候：月经推后，量少色淡，经来不畅，少腹胀痛，胸痞嗳气，舌质淡苔薄白，脉缓或迟涩。

治法：行气散瘀。

处方：过期饮（《证治准绳》）。

熟地黄 6 克	白芍 9 克	当归 6 克	桃仁 3 克
香附 6 克	川芎 3 克	红花 2 克	莪术 2 克
木通 2 克	甘草 1 克	肉桂 1 克	

方义分析：方中四物汤是补血调经的基础方，熟地黄用于滋阴补血；当归、白芍补血养血，佐少量川芎活血。桃仁、红花、川芎活血祛瘀，且行血中之气；香附能调肝理气；木通可通利血脉；肉桂温肝散寒，对因寒致气血运行不畅者，有散寒温通之功。本方补血、活血、行气、温通，对因血虚气滞而月经后期者尤

为适宜。

加减：王氏用此方时，常以槟榔易香附，生地黄易熟地黄，并加鸡血藤、益母草等养血活血之品。

【典型医案】

张某，女，32 岁。

初诊：1975 年 5 月 27 日。月经后期，以往月经量多，因每次经期失血过多，体力渐衰，动则气紧乏力，自汗，胸闷乳胀，月经量逐渐减少，色淡，面色萎黄，头晕心悸，舌淡少苔，脉迟而细。因从广东来成都探亲，故前来诊治。诊断：月经后期，月经过少。辨证：气血两虚，冲任虚损。治法：补养气血，调益冲任。处方（王渭川经验方）：潞党参 30 克，鸡血藤 18 克，生黄芪 60 克，桑寄生 15 克，菟丝子 15 克，阿胶 15 克，鹿角胶 15 克，炒北五味子 12 克，砂仁 6 克，槟榔 10 克，益母草 24 克，覆盆子 24 克，紫河车粉 5 克^早晚冲服。1 周 6 剂，连服 2 周。

二诊：6 月 12 日。服上方后，精神大见好转，自汗已经消失，头晕心悸减轻，上月月经淋沥未净已尽。但食欲较差，有少量白带，腹微胀，脉濡缓，舌淡白，有薄苔。效不更方，守法不变。处方：潞党参 30 克，鸡血藤 18 克，生黄芪 60 克，桑寄生 15 克，菟丝子 15 克，鹿角胶 15 克，炒北五味子 12 克，砂仁 6 克，龙眼肉 24 克，槟榔 10 克，益母草 24 克，覆盆子 24 克，鸡内金 10 克，香附 10 克，紫河车粉 5 克^早晚冲服。

三诊：7 月 10 日。服上方后，月经已来，量正常色红，夹血块，精神可，纳眠可。腹微胀而隐痛，苔薄白，舌质淡红，脉缓弦，似有血复气虚夹滞征象。治法：益气固冲，略予化滞疏络。处方：潞党参 30 克，鸡血藤 18 克，生黄芪 60 克，桑寄生 15 克，菟丝子 15 克，炒北五味子 12 克，益母草 24 克，覆盆子 24 克，山茱萸 9 克，槟榔 6 克，山楂 10 克，九香虫 10 克，紫河车粉 5 克^早晚冲服。1 周 6 剂，可连服 4 周。

疗效：痊愈，已怀孕。

按：本案属营血不足，冲任虚损，使气血运行受阻，而形成后期量少。其营血不足之故，大致受以往月经过多，伤失营血而起。月经后期，原因是多方面的。本案所表现者，为气血两虚，冲任亦随之伤损所导致。方本人参养营汤化裁而成。方中党参、黄芪益气；二胶补血；五味子、鸡血藤营养心肌而不滞腻，故胸痞心悸痊愈；桑寄生、菟丝子虽为固肾，佐紫河车粉实属滋养冲任；槟榔行气而不耗气；益母草、覆盆子协助调经。第二方因食欲欠佳，微显腹胀，故去阿胶之腻而佐入鸡内金、制香附以健脾消胀。第三方因病逐渐好转，专以益气固冲化滞而易其前方。

本案由于营血不足，气机与冲任俱虚，血海不充，故月经不能按时而至，而成月经后期。由于量少色淡，表现在血虚，血虚影响奇恒之腑，则脑失所养，故出现头眩晕。血不养心，出现心悸、动则气紧胸痞等症状。其他如舌淡少苔，脉象迟细，俱为气血两虚，冲任不足之象。临床治疗要考虑肝、脾、肾三脏，并结合奇经八脉，特别是调治冲任二脉的功能更为重要。

3. 经行先后无定期

经行先后无定期是指月经周期时或提前时或延后7天以上，连续3个周期以上者。本病以月经周期紊乱为特征，可连续两三个周期提前又出现一次延后，或两三个周期错后，又见一次提前，或见提前延后错杂更迭不定。本病若伴经量增多及经期延长，常可发展为崩漏。

本病首见于唐代《千金要方》，其云："妇人月经一月再来或隔月不来。"宋代《圣济总录》称为"经水不定"。明代《万氏妇人科》始提"经行或前或后"的病名，并指出"悉从虚治，加减八物汤主之"。《景岳全书》则将本病称为"经乱"，分为"血虚经乱"和"肾虚经乱"，并较详细论述了病因、病机、治法、方药及预后和调养方法。清代《医宗金鉴》称本病为"衍期"，认为提前为热，延后为滞，淡少不胀者为虚，紫多胀痛者为实。《傅青主女科》依据"经水出诸肾"及肝肾子母相关等理论，认为经水先后无定期为肝肾之郁所致，重在肝郁，由肝郁而致肾郁，治疗主张"疏肝之郁而开肾之郁"。

王氏认为，凡经行前后无定期者，多由肝郁，治宜疏肝解郁，以逍遥散系方剂随证加减。但须注意柴胡、薄荷性能疏泄，必须依据患者禀赋适当施治，不可专恃成方，呆板运用。调经要义，总不外热者清之，寒者温之，余者泄之，不足者补之，肝郁者条达之。总之，应权衡规矩，灵活掌握。

【辨证论治】

（1）肝郁型

主要证候：经行先后无定，经行而不畅，乳房和少腹极胀痛，胸部痞闷，舌及苔变化少，脉弦。

治法：疏肝行气。

处方：逍遥散（《太平惠民和剂局方》）加减。

夏枯花 15 克	薤白 12 克	柴胡 9 克	丹参 15 克
䗪虫 3 克	郁金 9 克	枳壳 6 克	桑寄生 15 克
菟丝子 15 克			

方义分析：本方在原逍遥散基础上加减，疏肝行气之功增强。方中柴胡疏肝解郁，合枳壳、郁金增强疏肝疗效；夏枯花清肝疏肝，薤白行气导滞，进一步增强疏肝行气疗效；桑寄生、菟丝子二药相合，补肾益精，益经血之源。全方共奏疏肝理气、补肾调经之效，使肝气得疏，则经自调。

（2）肾虚型

主要证候：经行先后无定，量少色淡质稀，面色晦暗，腰痛，腹有下坠感，头晕耳鸣，大便溏，夜尿多，舌质淡，苔薄，脉沉弱。

治法：固阴补肾。

处方：固阴煎（《景岳全书》）加减。

党参 24 克	熟地黄 12 克	当归 9 克	鹿角胶 15 克
桑寄生 15 克	菟丝子 15 克	钩藤 9 克	刺蒺藜 18 克
续断 24 克	夜交藤 60 克	山楂 9 克	神曲 9 克
升麻 24 克	桑螵蛸 9 克		

方义分析：原方治阴虚滑泻、带浊淋遗及经血因虚不固等。方中菟丝子、桑寄生、续断相合为寿胎丸之意，以补肾益精，固养冲任；熟地黄滋肾益精；党参健脾益气；山楂、神曲健脾，补后天以养先天；当归、刺蒺藜使全方补而不滞；稍加桑螵蛸以固精。全方共奏补肾固精、固冲调经之效，使冲任得固，经水自调。

4. 月经过多

月经过多，乃月经经量较正常明显增多，而周期基本正常者，亦称为"经水过多"。

早在《金匮要略》温经汤证中即指出："亦主少腹寒，久不受胎；兼取崩中去血，或月水来过多，及至期不来……"可见月经过多可由冲任虚寒，瘀血内停，阴虚内热而致。刘河间《素问病机气宜保命集》对本病以阳盛是热立论。《丹溪心法》将本病病因病机分为血热、痰浊、血虚。《证治准绳》认为经水过多为虚热，为气虚不能摄血。《傅青主女科》认为本病是血热，虚不归经所致。

王氏认为，本病为阴阳气血平衡失调，阳太盛而阴不足，阴虚生内热，热扰冲任，血海不宁。或气虚不能摄血，冲任不固，经血失于制约。辨证首当辨虚实，治法当以辨证止血固冲为主。

【辨证论治】

（1）气虚型

主要证候：月经量多，过期不止，色淡质清如水，面色㿠白，气短，心悸，畏冷，少腹空坠，肢软无力，舌质淡红而润，苔薄白，脉虚弱。

治法：益气升阳。

处方：补中益气汤（《脾胃论》）加减。

党参 24 克	生黄芪 60 克	熟地黄 12 克	炒升麻 24 克
白术 9 克	甜黄精 60 克	续断 24 克	桑寄生 15 克
柴胡 9 克	菟丝子 15 克	明天麻 9 克	

方义分析：本方一面补中益气，一面升阳举陷。重用黄芪益中气，升清阳，为主药；党参、白术辅助黄芪，则补中益气之功更彰；升麻、柴胡气清味薄，引脾之清阳上升，以行生长之令；加用甜黄精、菟丝子、桑寄生等补肾之品以固冲任，又有阳生阴长之功。全方治妇科病中因气虚不摄血而致的月经量多，最为适宜。

（2）血热型

主要证候：月经量多，过期不止，色深红或紫，质黏稠，有血块，腰腹胀痛，心烦口渴，面红舌干，小便短黄，舌质红，苔黄，脉滑数。

治法：凉血止血。

处方：一贯煎（《续名医类案》）加减。

沙参 9 克	生地黄 12 克	牡丹皮 9 克	炒川楝子 9 克

生白芍 9 克　　仙鹤草 60 克　　女贞子 24 克　　旱莲草 24 克

阿胶 9 克

方义分析：本方重用仙鹤草佐以生地黄、牡丹皮，共奏凉血收敛止血之功；女贞子、旱莲草补益肝肾，滋阴止血；沙参、生白芍养血敛阴；川楝子炒用减苦寒之性，可清肝火、泄郁热，又有行气之功，于大剂凉血之品中，使血止而无瘀滞之弊；阿胶滋阴养血止血。全方凉血收敛止血之中不忘滋阴养血，但以凉血止血为主，为血热迫血妄行所致月经过多之效方。

【典型医案】

钟某，女，40 岁。

初诊：1978 年 5 月 4 日。月经量多数月，每次要用卫生纸 8 包以上。经色鲜红，经期胸闷，乳房胀，胃不适，心累，腰酸腿软，全身乏力。脉弦数，舌质淡红，苔薄白。辨证：气虚肝郁，冲任亏损。治法：益气疏肝，调冲止血。处方（自制方）：党参 24 克，鸡血藤 18 克，生黄芪 60 克，女贞子 20 克，旱莲草 24 克，柴胡 9 克，白芍 12 克，薤白 12 克，阿胶 12 克，夏枯草 30 克，仙鹤草 30 克，大蓟 12 克，小蓟 12 克，炒升麻 20 克，槟榔 6 克，山楂 9 克，神曲 9 克。1 周 6 剂，连服 2 周。

二诊：6 月 4 日。上方服后，月经已从原用 8 包卫生纸减少到 4 包。心累和乳房胀好转，已无腰酸、乏力症状。现病人觉太阳穴痛。脉细数，左寸脉弱，舌质淡红，苔薄白。处方（自制方）：党参 24 克，鸡血藤 18 克，生黄芪 60 克，炒北五味子 15 克，女贞子 20 克，血余炭 10 克，蒲黄炭 10 克，蔓荆子 15 克，阿胶 12 克，夏枯草 30 克，仙鹤草 30 克，炒升麻 20 克，槟榔 6 克，山楂 3 克，神曲 9 克。1 周 6 剂，连服 2 周。

疗效：患者诊治 2 次，服药 20 余剂，月经已恢复正常，其他症状均缓解。

按：月经过多病因较多，有七情之伤，也有久病体虚，思虑伤脾，波及奇恒之腑而致。本病例见经色红、量多，乳房胀，腰膝酸软，全身乏力，辨证当属气虚肝郁，冲任亏损。方中以参、芪益气；炒升麻升阳举陷；女贞子、旱莲草同用组成二至丸，乃滋阴止血的经典方药；夏枯草、仙鹤草、大蓟、小蓟等苦寒药物，可清热凉血止血；并加用血余炭、蒲黄炭以收敛化瘀止血；柴胡、白芍疏肝解郁，养血柔肝。治疗数周后，经量逐步恢复正常，获得良好效果。

5.月经过少

月经过少，乃月经经量明显减少，或行经时间不足 2 天，甚或点滴即净者，中医古籍亦称"经水涩少""经水少""经量过少"。

月经过少的记载最早源于晋代《脉经》，认为其病机为亡其津液。《素问病机气宜保命集》以"四物四两加熟地黄、当归各一两"治疗"妇人经水少、血色和者"，可窥见养血活血在治疗月经过少中的重要性。《万氏妇人科》认为本病多由气血不和，痰阻而成。《证治准绳》指出"经水涩少，为虚为涩，虚者补之，涩者濡之"，以虚立论。《丹溪心法》有"过期而来，乃是血虚"之论。

王氏认为，本病多由饮食劳倦，损伤脾胃，经血乏源，血海不能按时满盈；亦可由寒凝胞宫，血为寒凝，肝郁气滞，气郁血滞，瘀血阻滞冲任血海，血行不畅而致。本病虽有虚实之分，但以虚为主。治法以虚者补之，实者通之。

【辨证论治】

（1）血虚型

主要证候：经量极少，期短，或血见数滴即无，经色淡，皮肤干燥，自觉疲乏，头眩眼花，耳鸣怔忡，腰膝酸软，面色苍白，舌质淡，苔薄或无苔，脉虚细。

治法：理脾益血。

处方：归脾汤（《严氏济生方》）加减。

白术 9 克	党参 24 克	生黄芪 60 克	茯神 9 克
鹿角胶 15 克	阿胶 9 克	秦艽 9 克	狗脊 12 克
鸡内金 9 克	甜黄精 60 克		

方义分析：本方重用黄芪，味甘而薄，味薄则补气；佐以党参、白术健脾益气，鹿角胶、阿胶、甜黄精补肾养血益精；狗脊、秦艽补肾强腰膝，通络止痛；久病多瘀，故用鸡内金健胃消积，《医学衷中参西录》云其"与白术等分乃消化瘀积之要药"。全方健脾补益气血为主，实乃治疗血虚血海空盈见经少色淡、头晕目眩、面色苍白、腰膝酸软之方。

（2）血瘀型

主要证候：经来量少，紫黑有块，腹痛拒按，血畅后则痛渐减，舌苔紫暗，脉沉涩。

治法：活血破瘀。

处方：加味四物汤（《济阴纲目》）。

全当归9克　　　赤芍6克　　　川芎9克　　　生地黄12克

䗪虫9克　　　红泽兰12克　　炒蒲黄9克

方义分析：本方由四物汤加减化裁，以赤芍易白芍，熟地黄易生地黄，加䗪虫、红泽兰、炒蒲黄而成。调血者当求之于肝，四物汤乃肝经调血之专剂，再加用活血破瘀之品，使瘀血去则新血自生。全方活血逐瘀调经，适用于血瘀所致经量减少。

6. 痛经

月经每来时腹痛，谓之痛经。现代妇产科学将痛经划分为原发性痛经和继发性痛经，原发性痛经又称功能性痛经，是指生殖器官无器质性病变者；由于盆腔器质性疾病如子宫内膜异位症、子宫腺肌病、盆腔炎等所引起者属继发性痛经。

经期腹痛的原因，《诸病源候论》认为是由于冲任之脉，受风寒刺激而起，以痛经列于外因者，此为一例。《景岳全书》说经期腹痛的证候，有虚实之辨。痛时，喜按者为虚，拒按者为实。虚痛者，多痛于既行之后，血出而痛未止；实痛者，多痛于行之前，经通而痛自减，尚有气滞、血滞、寒滞、热滞的不同。经前腹痛者，多属气滞血涩；经后腹痛者，多属血寒血虚。经行之前腹痛，血有紫块者，病因冲任瘀阻，治宜宣郁通经。经行之后腹痛，证属肾水虚，肝气郁，治宜补肾疏肝。尚有经行三五日，脐下剧痛，甚至寒热交作，病因寒湿互滞，治宜利湿温中。气血不足属虚，气滞血瘀多为虚中夹实，需联系情志抑郁，肝气郁结等多方面。同时应重视炎症所致痛经。痛经一病，辨证错综复杂，故临证不可轻率，需慎重仔细，应知实中有虚，虚中有实，须结合脉色、气血、寒热、虚实而全面分析。

在辨证论治方面，前哲后贤理论经验丰富多彩。根据前人经验，王氏提出独到见解，认为经后腹痛，固然是气血俱虚，但血虚正由于肝肾阴液不足，岂四物一方能治；且阴虚于下，不宜升提，川芎必须惧用。总之，痛经的辨证，首要在辨别虚实，次分经前经后。痛时，喜按者为虚，拒按者为实。虚痛者，多痛于既行之后，血出而痛未止；实痛者，多痛于行之前，经通而痛自减，尚有气滞、血滞、寒滞、热滞的不同。经前腹痛者，多属气滞血涩；经后腹痛者，多属血寒血虚。

【辨证论治】

（1）气滞血瘀型

①经前痛

主要证候：经水将行，脐腹绞痛，苔薄质淡，或有瘀点，脉弦。

治法：行气活血。

处方：八物汤（《汤液大法》）。

熟地黄 6 克　　秦当归 6 克　　川芎 6 克　　白芍 6 克

槟榔 6 克　　　青木香 3 克　　延胡索 3 克　苦楝子 3 克

方义分析：本方由四物汤加行气之品组成。四物汤补血调肝；青木香顺气止痛；槟榔达下焦以行气；苦楝子疏肝止痛；延胡索不仅能行气活血，又长于镇痛。本方是疏肝理气、活血化瘀、调经止痛之剂。

加减：王氏用此方时，常以生地黄易熟地黄，并配以蒲黄、五灵脂，以防脾滞和镇痛。

②经期痛

主要证候：经期腰腹胀痛，自觉二便俱胀，胸痞胀痛，舌质红，苔微黄，脉濡。

治法：行气疏瘀。

处方：乌药散（《太平圣惠方》）加减。

台乌药 9 克　　制香附 9 克　　青皮 9 克　　血竭 9 克

三棱 9 克　　　红泽兰 12 克　　鸡血藤膏 12 克

方义分析：台乌药温经散寒行气，香附、青皮疏肝行气，血竭、三棱、泽兰活血化瘀，鸡血藤补血活血。全方共奏疏肝行气、活血化瘀之功。

（2）气血不调型

主要证候：经前偶感风寒，腹部剧痛，舌苔薄白，脉缓。

治法：调和气血。

处方：桂枝桃仁汤（《妇人大全良方》）。

桂枝 60 克　　桃仁 40 克　　白芍 60 克　　生地黄 60 克

甘草 30 克

用法：共研粗末，每用 15 克，加生姜 3 片、大枣 2 枚，水煎服。

方义分析：桂枝温通经脉，兼疏风散寒。桂枝配白芍调营和卫，配生地黄、桃仁活血调经。本方适合于因寒所致的痛经。

加减：若因风寒所致者，可加羌活、荆芥之类以祛风止痛。

（3）血虚型

主要证候：血虚发热，经来腹痛，舌质淡白，苔薄白或舌如镜面，脉缓细或虚或弱。

治法：养血调经。

处方：归脾汤（《严氏济生方》）。

当归身 3 克	人参 6 克	黄芪 6 克	茯神 6 克
橘皮 6 克	白术 6 克	龙眼肉 6 克	酸枣仁 6 克
青木香 2 克	远志 3 克	甘草 2 克	

方义分析：归脾汤是引血归脾、补养心脾的方剂。因养心不离补血，健脾不离补气，气血盛则心神安而脾运健。方中人参、黄芪、橘皮、甘草补脾益气，龙眼肉、当归、茯神、远志、酸枣仁养心安神，佐少量青木香理气醒脾，使其补而不滞。

加减：偏于脾肾阴虚者，加阿胶；偏于脾肾阳虚者，加鹿角胶。

（4）血寒型

主要证候：月经不调，脏腑冷痛，喜热按，面色青白，四肢厥冷，腰腿酸软，舌质淡，苔白滑，脉细。

治法：温经止痛，养血活血。

处方：小温经汤（《简易方》）。

　　　当归　　附子

用法：等份，为粗末，每用 9 克，煎水服。

方义分析：本方药虽两味，但配伍甚妙。当归性温，既能补血又能活血；附子大辛大热，能上助心阳以通脉，中温脾阳以健运，下补肾阳以益火，与当归相配，可温养十二经脉。本方能治血虚、血寒引起的痛经，为温里扶阳、益血调经之方剂。

加减：王氏临床遇此证型时，常单用此方，亦可与失笑散配伍。

（5）血虚郁火型

主要证候：头痛目眩，烦躁口苦，倦怠，寒热咳嗽，两胁作痛，脐部胀痛，小腹重坠，妇人月经不调，舌苔薄白或浮黄，脉弦大而虚。

治法：养血调经，疏散郁火。

处方：逍遥散（《太平惠民和剂局方》）。

柴胡 9 克	白术 9 克	当归 9 克	茯苓 10 克
白芍 10 克	甘草 6 克		

方义分析：本方是疏肝解郁的代表方剂。柴胡疏肝解郁，为主药；当归、白芍养血调肝；白术、茯苓、甘草健脾益气。诸药配伍，脾得健运，肝气调畅，肝血得养，肝郁则解，郁火自消。

加减：王氏用此方时，常加丹参、栀子、地骨皮，以增养血柔肝、清泻郁火的功效。

（6）湿热蕴结型

主要证候：经期腰痛拒按，痛时如刺，引及少腹两侧，大便燥结，自觉时有热气上冲，头晕口干，经带夹杂臭气，多有经期卫生所致，往往有盆腔炎、子宫内膜炎等炎症。舌质红，苔薄黄，脉数。

治法：清热化湿。

处方：加减银甲合剂（王渭川经验方）。

金银花 9 克	红藤 24 克	蒲公英 24 克	生鳖甲 24 克
生蒲黄 9 克	椿根皮 9 克	青黛 6 克	桔梗 9 克
桃仁 9 克	延胡索 9 克	黄芩 9 克	琥珀末 6 克^{冲服}

方义分析：本方以金银花、红藤、蒲公英、黄芩清热解毒为主，椿根皮、青黛清热除湿为辅，伍桃仁、鳖甲、蒲黄、琥珀末活血化瘀、软坚散结，延胡索行气止痛，桔梗辛散排脓。全方合用，共奏清热除湿、化瘀行滞之效。

【典型医案】

（1）肝郁气滞血瘀痛经案

张某，女，21 岁。

初诊：1975 年 5 月 1 日。经前或行经数小时后，少腹胀痛、拒按。月经量少，经行不畅，继而疼痛剧烈，惨叫声闻于厕外，色紫暗有块，血块排不出时，则更痛。伴有胸痛心悸，头眩晕，食欲差。由于家庭多故，情志抑郁。脉弦数，舌质紫暗。诊断：痛经。辨证：肝郁气滞血瘀。治法：调肝理气，活血化瘀。处方（自制方）：刺蒺藜18克，钩藤10克，女贞子24克，旱莲草24克，当归10克，川芎6克，生地黄10克，生白芍12克，茜草10克，覆盆子24克，延胡索10克，五灵脂10克，生蒲黄10克，水蛭6克，䗪虫10克，槟榔6克，薤白12克。1周6剂，连服2周。

二诊：5月16日。服上方4剂后，经量转多，经畅行，血块先多后少，腹痛渐减，深按不痛。服至6剂后，月经已停，略有白带，无气味。头已不眩晕昏痛，食欲好转。脉弦缓，舌质淡红。治法：疏肝理气化瘀。处方（自制方）：刺蒺藜18克，钩藤10克，生白芍12克，炒川楝子10克，生三七2克^{冲服}，炒蒲黄10克，益母草24克，制香附10克，广郁金10克，女贞子24克，旱莲草24克，槟榔6克。1周6剂，连服4周，经期照服。

三诊：6月20日。服药后，5月27日行经，经前略微有些隐痛，按之不痛，色红不污，并无块状物。本月18日，月经又来，色全红，无块，无痛感。胸痛心悸消失，食欲正常。月经虽来，并未停药。脉微而缓，舌质淡红。前述家庭多故，亦顺利解决，故情志愉悦。所谓二阳之病发心脾，病已愈于二阳，其心脾自复正。此痛经一病，已告痊愈。但月事似觉转先期。因连服活血化瘀之药期长，可能影响月经先期。又给予香砂六君子丸与杞菊地黄丸间日换服。半月后停药。时隔三月，病人带其妹来治病，问其痛经情况，得知其近3个月来，按周期行经，腹不痛，一切正常。

按：痛经，即经期腹痛，为妇科常见病之一。尤以青年女性为多，有的处女时期有痛经，结婚分娩后，便能自愈；有的处女时未发生痛经，结婚后反见痛经。西医学有原发性痛经和继发性痛经之别。中医学认为，本病是气血运行不畅所致。如气血不足，多属虚，或气滞血瘀为虚中夹实，也就是通则不痛、痛则不通的道理。在气滞血瘀中，更要联系情志抑郁，肝气郁结等多方面的情况来决定，更须结合寒热虚实及虚中夹实、实中夹虚而细审。总之，痛经一症，是错综复杂的。

（2）阴虚气滞痛经案

米某，女，26岁。

初诊：1978 年 8 月 25 日。痛经数月。经前小腹胀痛，喜按，胸痛，月经量少，颜色先淡后红，黄白带下，味腥，口干，大便干燥，小便色黄，耳鸣心悸，脉细微数，苔黄，舌质红。诊断：痛经。辨证：阴虚气滞，湿热下注。治法：养阴行气，清利湿邪。处方（自制方）：沙参 15 克，生地黄 12 克，白芍 15 克，女贞子 20 克，旱莲草 20 克，柴胡 9 克，炒北五味子 12 克，苦参 20 克，鱼腥草 24 克，板蓝根 24 克，蒲公英 24 克，槟榔 9 克，益母草 24 克，琥珀末 6 克。1 周 6 剂，连服 2 周。

二诊：9 月 14 日。上方服 8 剂后，黄白带已转为白带，痛经稍减。腰痛，胸腹痛胀，经量仍少。脉细数，舌质淡红。治法：益气养血，疏肝利湿调经。处方（自制方）：黄芪 24 克，白术 10 克，生地黄 12 克，白芍 15 克，枸杞子 12 克，熟地黄 12 克，柴胡 9 克，制香附 10 克，炒五灵脂 12 克，川楝子 10 克，荆芥炭 9 克，椿根皮 10 克，红泽兰 12 克，茜草根 12 克，益母草 24 克。

三诊：9 月 27 日。上方服 4 剂后，即经痛已愈，腰痛好转，白带减少。嘱续服。后月经一直正常，未见腹痛，纳食好，体重增加。

按：痛经是比较常见的妇科病，不仅腹痛腰酸，还往往并发头痛眩晕等神经方面症状及恶心呕吐等胃肠症状。病情虽错综复杂，但只要分清经前痛与经期痛，就比较容易抓住辨证要点。经前痛为气滞血寒，治法温经行气。经期痛气滞血瘀者，治法行气疏瘀；湿热蕴结者，治法清热化湿。

7. 闭经

闭经，乃女子年逾 16 周岁，月经尚未来潮，或月经周期已建立后又中断 6 个月以上，或月经停闭超过 3 个月经周期者。前者称为原发性闭经，后者称为继发性闭经。月经不行，除四五十岁更年期，月经停止和怀孕期间月经不行，为正常生理现象外，余皆为病。然先天生殖器官缺如、后天器质性损伤致月经不行者，非药物所能奏效。

《内经》载有月事不来为胞脉闭所致。胞脉闭当指卵巢功能衰退。又有"二阳之病，发心脾，有不得隐曲，女子不月"。这说明由于思虑过多，精神上的创伤，致脾失健运，血海干枯，而成经闭之病。《景岳全书》曰："经闭有血隔、血枯之不同。隔者病发于暂，通之则愈，枯者其来也渐，补养乃充。"王氏认为，闭经的原因有因冲任失调而导致的阻滞血瘀；有因续发于其他脏器病变（如心、肾、肺等病）形成的血枯闭经；有因七情所伤，精神刺激引起的肝气郁结，而出现一时性闭经；亦有先天性合后天性原因所致者，则当视体质而定，若体质羸瘦，气血虚弱者，可从虚劳论治；若体态丰盈，脂肪充满者，可从痰脂壅塞论治。总之，治疗闭经，冲任与肾气为治疗的重要一环。

王氏认为，本病有血枯、血滞之别。血枯宜补，佐以化瘀；血滞宜通，佐以理气。久闭不通，日渐羸瘦，又见肌肤甲错者，宜温肾补脾，佐以通经化瘀。王氏总结出治疗本病的总则是：损其肺者益其气，损其心者调其营卫，损其脾胃者调其饮食，适其寒温，损其肝者缓中，损其肾者益肾。

【辨证论治】

（1）血枯型

主要证候：面色苍白，眩晕头痛，心悸震荡，动则气促，大便干燥，舌质淡苔薄，脉缓细。

治法：养血通经。

处方：卫生汤（《东垣十书》）。

当归 60 克　　　白芍 60 克　　　黄芪 90 克　　　甘草 30 克

用法：共研末，每服 15 克，水煎服。

方义分析：本方黄芪配当归，黄芪为主药，是当归补血汤之意。用当归配白芍，增强补血养血之功。本方总属补血之剂，故用于血枯而致的经闭。

加减：王氏用此方时，常加阿胶、鹿角胶等血肉有情之品，其补血之功更著。气虚甚加党参 60 克。

（2）气血两虚型

主要证候：百虚百损，五劳七伤，头痛昏晕，耳鸣目眩，羸瘦不食，月经闭止，舌质淡嫩苔薄，脉虚数或迟缓或微细。

治法：气血双补。

处方：十全大补汤（《太平惠民和剂局方》）。

党参 5 克　　　熟地黄 5 克　　　黄芪 5 克　　　白术 3 克

当归 3 克　　　白芍 3 克　　　肉桂 3 克　　　川芎 2 克

茯苓 2 克　　　甘草 2 克　　　生姜 3 片　　　大枣 2 枚

方义分析：本方由四君子汤合四物汤加肉桂、黄芪而成。四君子汤是补气健脾的基础方；四物汤是补血调肝的基础方；加黄芪增强补气作用，肉桂温通经脉以助阳，生姜、大枣调和营卫。全方体现气血双补的法则，是气血双补的代表方剂。

加减：王氏用此方时，常加鱼鳔胶、鹿角片、胎盘粉等血肉之品。盖大虚之证，非草木可补。

（3）血枯血热型

主要证候：胃热消渴，减食渐瘦，燥热、经闭，舌苔干白或黄，脉滑。

治法：养血泄热。

处方：玉烛散（《医学纲目》）。

当归　　川芎　　白芍　　生地黄　　大黄　　玄明粉　　甘草

用法：等份为粗末，每用24克，水煎服。

方义分析：本方是四物汤合调胃承气汤组成，是补血与逐瘀泄热并用，治血虚经闭兼血热属实者。四物汤补血调经，熟地黄易生地黄，有生血凉血的作用；调胃承气汤，既能破积行瘀，又能清泻阳明，合为补血调肝、清热泻积的方剂。本方泄热之功强于补血，故若无热结胃肠之证，不可轻用。

（4）血瘀型

主要证候：经水不通，少腹刺痛，舌苔薄，舌上有瘀点，脉缓或涩。

治法：化瘀通经。

处方：当归散（《证治准绳》）。

当归15克　　　穿山甲15克　　　蒲黄15克　　　辰砂3克

麝香0.5克

用法：研细末，每服6克，食前热酒或白开水吞服。

方义分析：当归既能补血活血，又能调经止痛，故为主药。辅以穿山甲活血通经，蒲黄祛瘀行血；麝香辛温，有开窍通闭、活血通经的性能，与活血药相伍，有增强化瘀通滞之力。佐以辰砂，重镇安神，防攻破过猛。诸药相配，共起活血祛瘀通经之功。本方只宜做散剂方有效；若做煎剂，麝香极易挥发，不能达到治疗目的。

（5）气滞血瘀型

主要证候：面青紫，皮肤甲错，胸腹胀满不舒，少腹拘急，胀硬而痛，按之更甚，舌质暗红或显赤斑点，脉沉结而涩。

治法：破血通经。

处方：大黄䗪虫丸（《金匮要略》）。

大黄 75 克	黄芩 60 克	甘草 60 克	桃仁 60 克
杏仁 60 克	芍药 30 克	地黄 75 克	干漆 80 克
虻虫 60 克	蛴螬 60 克	䗪虫 30 克	水蛭 100 枚

用法：共研细末，炼蜜为丸，如绿豆大，每次服 5 丸，日服三次。用量可按体质增减。

方义分析：本方破血行气作用较强，体弱和辨证不明，勿轻易浪投。本方水蛭为主药，据《医学衷中参西录》认为仲景抵当汤、大黄䗪虫丸、百劳丸皆用水蛭，而后世畏其性猛，少有用者，盖不明水蛭性能耳。《神农本草经》云："水蛭气味咸平无毒，主逐恶血瘀血月闭，破癥瘕积聚无子利水道。"徐灵胎著《兰台轨范》云："水蛭最善食人血，而性又迟缓善入（吸血），迟缓则生血不伤，善入则坚积易破，借其力以消既久之滞，自有利而无害也。"观本草之文与灵胎之解释，则水蛭之功可得明矣。欲知其详参考《医学衷中参西录》。

（6）血寒型

主要证候：妇人经水不来，寒气客于胞中，血留不行而成石瘕，舌质淡苔白，脉弦细。

治法：温经散寒，活血通闭。

处方：吴茱萸汤（《医宗金鉴》）。

当归 6 克	肉桂 6 克	吴茱萸 6 克	牡丹皮 6 克
法半夏 6 克	麦门冬 6 克	防风 3 克	细辛 3 克
藁本 3 克	干姜 3 克	茯苓 3 克	木香 3 克
甘草 3 克			

方义分析：方中吴茱萸、肉桂、干姜、细辛温经散寒；配当归、牡丹皮，则活血以通血中寒闭。佐藁本、防风之升，法半夏、茯苓之降，一升一降使全身气机畅达，则血寒去，气血流，经脉通，月经自来。

加减：王氏用此方时，去甘草，加槟榔、巴戟天之类，以增强温通之功。

（7）脂痰型

主要证候：体质肥胖，痰多并发呕吐，兼见白带，舌苔白滑腻，脉缓。

治法：豁痰通经。

处方：加味导痰汤（《济阴纲目》）。

| 法半夏9克 | 橘皮6克 | 茯苓9克 | 甘草3克 |
| 枳实3克 | 黄连1克 | 川芎6克 | 生姜2片 |

方义分析：方中法半夏辛温，体滑性燥，能降逆止呕，燥湿祛痰，为本方主药；橘皮芳香醒脾，疏利气机，使脾阳运而湿痰去；茯苓淡能渗湿，甘能补脾，不仅使湿从小便而去，又合甘草共起和中之效；生姜和胃，且制法半夏之毒，脾气健，水湿化，以制生痰之源。枳实能下气破坚，加黄连清中焦郁热；川芎行血和血，共治痰湿阻滞，身体肥胖之经闭。

加减：王氏用此方时，常加石菖蒲、郁金、竹茹、远志等豁痰之品，以增强疗效。

（8）虚劳型

主要证候：劳病咳嗽，或无痰或有痰，或痰带血丝，寒热盗汗，羸倦食少，心神不安，室女经闭，舌质淡苔白，脉细弱。

治法：补虚劫劳。

处方：劫劳散（《太平惠民和剂局方》）。

白芍180克	黄芪60克	甘草60克	沙参60克
当归60克	法半夏60克	茯苓60克	五味子60克
阿胶60克	熟地黄60克		

用法：研末，每用9～12克，加生姜3片、大枣2枚，水煎服。

方义分析：白芍养血平肝，长于敛阴，为本方主药。黄芪补气升阳，固表止汗；当归养血调肝；阿胶滋阴补血止血；沙参润肺止咳，养胃生津；五味子味酸涩，敛肺气而止咳喘；法半夏降逆止呕，燥湿祛痰；茯苓淡能渗湿，甘能补脾，不仅使湿从小便而去，又与甘草共奏和中之效；生姜、大枣调和营卫。本方有补气益血、滋阴止嗽之功，主要用于结核性经闭。

加减：王氏用此方时，常与一贯煎、集灵膏、滋水清肝饮、滋荣养液膏合用。若见往来寒热或先寒后热者，可服张锡纯的玉烛汤。

（9）肝经郁热型

主要证候：室女经闭，精神抑郁，两胁不舒，食少纳呆，苔薄舌尖红，脉弦软而滑，或滑数。

治法：疏肝通经，解郁热。

处方：加味逍遥散（《医宗金鉴》）。

当归5克	白芍5克	茯苓5克	柴胡3克
焦白术3克	薄荷2克	香附3克	泽兰叶3克
生地黄9克	牡丹皮3克	郁金3克	黑栀子3克
黄芩3克			

方义分析：本方由丹栀逍遥散加味。薄荷消热；香附、郁金疏肝，理气解郁；黄芩、栀子、生地黄清热凉血；郁金、泽兰祛瘀散结，活血通经。全方共有疏肝解郁、清热通经之功，宜治妇女肝脾郁结而引起的经闭。

加减：王氏用此方时，常加佛手、槟榔，以助疏肝行气的功效。

【典型医案】

（1）肝郁血瘀经闭案

杨某，女，34岁。

初诊：1975年9月6日。月经已停4年，并未生育（输卵管阻塞）。少腹胀痛，精神郁闷，眩晕，见屋转，失眠，胸肋胀痛。带多色黄臭。脉沉弦，舌质紫暗，舌边有小红点。辨证：肝郁气滞，瘀血内阻，湿热蕴结下焦。治法：疏肝理气，活血化瘀，佐以清湿。处方（自制方）：刺蒺藜18克，钩藤10克，蚕蛹20枚^{焙干，研末吞服}，当归10克，川芎6克，生白芍12克，桃仁10克，红泽兰12克，䗪虫10克，水蛭6克，红藤24克，蒲公英24克，琥珀末6克，槟榔10克，熟酸枣仁12克，夜交藤60克。1周6剂，连服2周。并告诉输卵管阻塞问题先不加以考虑，一俟停经恢复后，可用西医方法治疗，同时药物协助。患者欣然色喜。

二诊：9月21日。服上方至10剂，月经已来，量甚少，仅用半包纸。色污有块，腹部微痛，胸肋胀痛大减，带下也少。头已不晕，精神转佳，能睡能吃。舌质淡红，脉微弦，少腹隐隐作痛。处方（自制方）：蚕蛹20枚^{焙干，研末冲服}，当归10克，川芎10克，红泽兰12克，水蛭6克，䗪虫10克，山甲珠10克，槟榔

10 克，鲜生地黄渣 20 克^{姜汁炒焦}，生姜渣 15 克^{鲜生地黄汁炒焦}。1 周 6 剂，连服 2 周。

三诊：10 月 22 日。上方共服 18 剂，腹部隐痛消失，已不觉形寒。带下已少，色不黄，月经已来，量转多，色红不污，精神好转。脉濡缓，苔薄白。处方（自制方）：沙参 20 克，鸡血藤 18 克，生黄芪 30 克，女贞子 15 克，旱莲草 15 克，枸杞子 12 克，益母草 24 克，覆盆子 24 克，制香附 12 克，炒川楝子 10 克，山甲珠 10 克。1 周 4 剂，连服 4 周。嘱经净后至医院检查输卵管。

四诊：11 月 28 日。月经正常，经某医院检查，输卵管已通。脉苔正常。嘱仍以上方继服 1 个月；另取新鲜胎盘 1 个，不洗焙干，研末，1 个月分服。

五诊：12 月 28 日。月经届期未至，检查小便妊娠试验阳性。患者喜极而泣。

按：经闭既有六淫之感，更多为七情之伤。回忆某年武汉大水时，全城妇女大半停经，水退后又不药而愈可证。总的归纳为有气滞血瘀、肝郁血枯和痰湿等。

本病例虽属气滞血瘀，却由不孕而发肝郁，影响停经，需联系肝肾、冲任论治。方中蚕蛹起镇痉调肝作用，合钩藤饮尤效；桃仁、红泽兰、䗪虫、水蛭，合动植两物活血化瘀更加有效；红藤、蒲公英、琥珀侧重清除下焦蕴结之湿热；槟榔行气而不耗气；鲜生地黄、生姜互炒，王旭高称为交加散，能通经调气，而对营卫失调表现形寒似感冷者良效；炒川楝子、山甲珠在不孕症中能起较好作用。本病例经过 4 个月的治疗，而达到理想效果。

（2）气虚血瘀经闭案

余某，女，35 岁。

初诊：1979 年 5 月 21 日。病人因人流刮宫，加之夫妇争论，导致情绪激动，出现停经 7 个月，腹痛拒按，带下腥臭，精神疲乏，食欲差，胸痞心悸。前医屡治无效。脉弦数，苔薄，舌质淡。辨证：气虚血瘀，湿热蕴结，兼见肝郁。治法：益气化瘀，活血清湿，佐以柔肝。处方（自制方）：党参 30 克，鸡血藤 18 克，生黄芪 60 克，补骨脂 12 克，䗪虫 10 克，水蛭 6 克，红泽兰 12 克，益母草 24 克，当归 10 克，川芎 6 克，炒蒲黄 10 克，红藤 24 克，蒲公英 24 克，槟榔 10 克，琥珀末 6 克。1 周 6 剂，连服 2 周。

二诊：6 月 5 日。上方服 12 剂后，精神大为好转，食欲恢复，腹不拒按，带下减少，无腥臭气。但因月经未至，病人焦灼，肝郁之气尤增，故胸肋痛感更盛。脉弦数，苔光色红。但心悸较前好转。治法：侧重柔肝养阴，清湿活血。处方（自制方）：沙参20克，鸡血藤18克，生黄芪30克，女贞子24克，旱莲草24克，夏枯花15克，薤白12克，炒川楝子10克，生白芍12克，覆盆子24克，当归10克，川芎6克，生蒲黄10克，水蛭6克，广木香10克。1周6剂，连服2周。另服银甲丸。

三诊：6月20日。服上方12剂，同时投以银甲丸2周，兼症悉解，病情显著好转。月经虽至，但经量稍大（用纸3包）。但由于月经已至，患者欣然色喜，因之肝气郁结已消失无余。总觉经量还大，幸脉已平缓，舌色正常，拟再予调冲，益气，清湿（原经西医查有盆腔炎），以期巩固。处方（自制方）：太子参20克，鸡内金9克，仙鹤草30克，鸡血藤18克，生黄芪30克，益母草24克，覆盆子24克，何首乌30克，槟榔6克，砂仁6克，广藿香6克。1周6剂，连服2周。同时配合服银甲丸2周，以清除下焦蕴结之湿热，而治带下。并嘱2周后，停药观察。

至8月26日，因腹泻就诊。问其月经情况，得知其已经行3次，与往日周期28天一样，并且经期后有带，毫无黄带象，从停经恢复后一切如常。

按：停经即闭经，病因较多，有六淫之感和七情之伤；也有产后肾虚，波及奇恒之腑，而导致月经紊乱而停经，原因尚多，不胜缕举。本病例既因人工流产，相当于产后肾虚，况且还有情绪因素。因此，出现气虚夹瘀、肝气郁结、湿热蕴结多方面原因，而形成停经。方以参、芪益气，并采取鳖甲煎丸和化瘸回生丹中主要虫类药，以疏络通经，并在失笑散、一贯煎、滋水清肝饮中选适当药物。所以，治疗数周，逐步恢复正常，取得良好效果。如果不结合病因和病情转化趋势，专用桃仁四物汤强通硬治，收效反不显著。

（3）寒凝气滞经闭案

陶某，女，18岁。

初诊：病人行经期内，涉水受寒，经停5个月，并无白带，少腹胀痛，精神抑郁，胸痞胁痛，不思饮食。脉细涩，舌淡红，苔薄白。辨证：寒凝气滞，血因寒结，瘀阻冲任。治法：活血温宫，调冲化瘀。处方：潞党参24克，生龟板24克，熟附片9克^{先煎2小时}，鹿角胶15克，桑寄生15克，菟丝子15克，当归9克，丹参 9 克，䗪虫 9 克，槟榔 9 克，牛膝 9 克，红泽兰 12 克。连服 15 剂。

二诊：经仍未行，腹隐痛，白带已见，属经水将潮之兆。原方去鹿角胶、龟板、丹参、牛膝、桑寄生、菟丝子、槟榔，加白术、川芎各 6 克，黑故脂、胎盘各 12 克，女贞子、旱莲草、覆盆子各 4 克，炒蒲黄 15 克。每日 1 剂，连服 1 个月。

疗效：月经已至，面色转华，体力增强。原方续服 1 个月，病症获治。

按：闭经临床所见，症状纷繁，致病之因，亦极复杂，但多属于气血俱病。本例属于寒凝气滞，冲任瘀阻，治以活血温宫，调冲化瘀，方中归、芎辛窜活血，鹿、附益血温煦，龟板寓阳敛阴，女贞子、旱莲草养阴解郁。诸药合用，坚持服用，始奏全功。

（4）血枯经闭案

李某，女，16 岁。

初诊：经闭半年，饮食日少，形体消瘦，午后潮热，两颧发赤。情志抑郁，容易发怒，咽干舌燥，头昏耳鸣，腰膝酸软，卧床骨痛。舌红，无苔，脉弦数。据其家属叙述，患者病中，报考中学未取，病情加剧。辨证：肝肾阴虚，冲任虚损。治法：滋养肝肾，兼防肝火犯肺。处方：鲜生地黄 60 克，石斛 12 克，生白芍 12 克，枸杞子 12 克，地骨皮 12 克，沙参 9 克，炒川楝子 9 克，肥知母 9 克，当归身 9 克，鸡内金 9 克，黄精 24 克，羚羊角 1.5 克^{磨冲}。连服 4 剂。

二诊：潮热已退，精神好转，能进饮食。舌转淡红，起薄白苔，脉弦细。余症仍重，须防干血成劳。原方去白芍、阿胶、羚羊角、川楝子，加女贞子、旱莲草各 24 克，龙眼肉、胎盘粉各 12 克。每日 1 剂，连服半月。

三诊：已见津津自润之生理白带，继见少量月经。仍胁痛，微咳。脉弦细，舌苔光薄。速宜育阴清肺，轻疏肝络。处方：金石斛 12 克，川贝母 9 克，柏子仁 9 克，阿胶珠 9 克，百部 9 克，海浮石 9 克，鸡内金 9 克，女贞子 24 克，旱莲草 24 克，覆盆子 24 克，厚朴 3 克，熟酸枣仁 15 克，蜂蜜 30 克^{入药冲服}。上方每日 1 剂，连服 2 个月，随证略有增损。另服化癥回生丹 3 克。

疗效：月经按时而至，精神逐渐恢复，病症获愈。

按：《内经》谓："二阳病，发心脾，有不得隐曲，女子不月。"女子二阳之病，发于心脾，情志不遂，有隐曲而不得发泄，忧愁思虑，以致经闭。本例阴虚火旺，冲任虚损，逐步演变成血枯经闭。报考中学未被录取，情志抑郁，促成病情恶化。对症治疗，自以滋养肝肾、培阴为主，佐以息火。前后处方，滋养肝肾，同时兼顾心脾，即《内经》阐述之旨。

8.崩漏

妇人经血，淋沥不断，名曰经漏，又名漏下。忽然大下不止，名曰经崩，又名崩中。崩者，血势涌出，如山崩水泛，即急性子宫出血。漏者，点滴断续，如屋中之漏水，即慢性子宫出血。先崩后漏，为崩证之久延，或先漏而后崩，为漏证之转重。

《证类普济本事方》云："阴虚者尺脉虚浮，阳搏者寸脉弦急，是阴血不足，阳邪有余，故为失血内崩。"崩漏的原因很多，有谓阴血不足，阳邪有余者；有谓阴虚火旺迫血下行者；有谓劳伤不能制约者；有谓肝经有火，血热而妄行者；有谓脾胃虚损不摄血者，有谓肝经郁结血伤而不归经者。要皆不出于冲任失调，更有关乎脏腑经络。清代沈金鳌著《沈氏尊生书》归纳本病为六大端：由火热、由虚寒、由劳伤、由气陷、由血瘀、由虚弱，其中任何一端，都可导致冲任失调，造成崩漏重证，这样归纳是比较正确而全面的。王氏认为，虽崩与漏病情不同，病因病理则一，主要病因是由于冲任不能摄血，或因肝脾不藏不统，或因热在下焦，迫血妄行，或因元气大虚，或脏器病变，致瘀血内阻，新血不能循经。总属冲任不固，阴阳偏胜所致。

王氏认为，治疗暴崩重在心脾，多宜温补。久漏则治在肝肾，法贵清通，其崩久不愈者，必静摄任阴，温煦冲阳；而治漏下者，则以固摄为主，或疏肝阳之郁滞，或补奇脉之不充。崩漏的治疗，要遵循急则治标，缓则治本的原则。在暴崩情况下，要防止气随血脱，治法以固脱回阳为主，应急取独参汤合童便救急，或重用党参、黄芪、仙鹤草、棕榈炭、贯众炭、广三七等，以固气防脱塞流。对病缓者，应辨证论治，重以正源，佐以塞流。从肝、脾、肾审察论治：肝阳不足宜养之，肝气盛宜疏之，肾阳不足宜温，脾阴不足宜滋而柔之。

【辨证论治】

（1）虚证崩漏

①气虚型

主要证候：目微浮，怯寒自汗，声低气短，少腹坠胀，血色淡红，血质薄，精神疲乏；食欲差，大便溏，甚至有眩晕跌倒、怔忡不寐或嗜睡不醒等症状；舌质淡，苔薄而润，脉虚缓细弱。

治法：益气养荣。

处方：人参养荣汤（《三因极一病证方论》）加减。

党参 24 克	白术 9 克	橘皮 9 克	茯苓 9 克
熟地黄 12 克	远志 9 克	明天麻 24 克	仙鹤草 60 克
砂仁 6 克	生黄芪 60 克	炒升麻 24 克	肉桂 9 克
山茱萸 12 克	蔻仁 6 克	白芍 9 克	

方义分析：本方治气血亏虚之证。党参、生黄芪、白术、橘皮、茯苓、熟地黄、白芍益气养荣；多用五味子之酸以敛之，但五味子碍脾，凡脾胃虚弱者服用多引起恶心呕吐，故代用山茱萸，佐以明天麻、远志，治头痛、眩晕、失眠；仙鹤草养血止血；砂仁、蔻仁、肉桂、炒升麻温肾纳气，升阳举陷。

加减：兼胃寒，加吴茱萸温中、理气燥湿；兼阳虚，加熟附片补火助阳；气虚甚，加吉林参益气；漏下过甚，气血俱虚，加鹿茸、血余炭、乌贼骨益气养血止血。

②血虚型

主要证候：面色苍白，头昏目眩，心悸少寐，经血色淡，血质薄，口唇爪甲苍白，舌质淡或淡红，苔薄或花剥无苔，脉虚细。

治法：补血益气。

处方：归脾汤（《严氏济生方》）加减。

党参 24 克	生黄芪 60 克	鹿角胶 15 克	熟酸枣仁 9 克
山茱萸 12 克	木香 6 克	白术 9 克	茯神 9 克
龙眼肉 24 克	仙鹤草 60 克		

方义分析：本方从平补心脾、调血养荣入手，适用于心脾受损，惊悸怔忡，脾虚不能摄血而致崩漏不止之症。方中党参、白术、黄芪，用以温运补脾，山茱萸、茯神、酸枣仁、龙眼肉甘温微酸，用以补心；鹿角胶温煦荣血；仙鹤草调血止血；木香醒脾行气，有消除血中滞气的作用。气行畅，则气旺而使血归经，崩漏即愈。

③阳虚型

主要证候：面色萎黄，少腹寒冷，畏寒喜热，背脊酸痛，经血色淡，质稀，心累气短，动则汗出，平素手足冷，饮食少，舌质淡，苔薄白，脉沉迟。

治法：温肾通阳。

处方：地黄饮子（《宣明论方》）加减。

山茱萸 12 克	枸杞子 10 克	党参 24 克	熟附片 24 克^{先煎 2 小时}
生黄芪 80 克	麦门冬 9 克	明天麻 24 克	炒升麻 24 克
巴戟天 12 克	鹿角胶 15 克	阿胶珠 9 克	焦艾叶 9 克
棕榈炭 9 克	炮姜炭 9 克	补骨脂 12 克	

方义分析：本方以地黄饮子去熟地黄以免滋腻；熟附片返真元之火；山茱萸温肝固精；鹿角胶温煦荣血，通阳补肾。本方配用了补中益气汤，以防止大量自汗。

加减：崩中持续不止，加仙鹤草、乌贼骨收敛止血；气虚下陷，加鹿茸补阳益气；自汗不止，加龙骨、牡蛎、浮小麦收敛固涩止汗。

④阴虚型

主要证候：头晕耳鸣，内热火升，潮热或咽喉干痛，腰酸腿胀而软，筋骨疼痛，经血色殷红，甚至胁痛，胁间胀痛，脘腹胀满，舌无津液，呼吸短促，舌质绛，舌边有苔，舌中光剥，脉浮数或弦。

治法：滋肾柔肝。

处方：一贯煎（《续名医类案》）加减。

沙参 9 克	麦门冬 9 克	川楝子 9 克	生地黄 12 克
白蒺藜 9 克	女贞子 24 克	旱莲草 24 克	桑寄生 15 克
菟丝子 15 克	枸杞子 12 克	白及 9 克	仙鹤草 60 克

方义分析：原方从固本丸集一膏脱化而来，并吸收薛一瓢滋荣养液膏的主要药物，用于肝肾阴虚，津液枯竭诸证，为养阴方中较好的方剂。

加减：缺津液过甚，加糖参、天门冬（炖服）养阴生津；脾阳弱，加高丽参或吉林参益脾阳；口苦而燥，加黄连；心悸气短，加山茱萸；心气弱兼腹部隐痛，加鸡血藤膏补血活血通络；颧红潮热，加地骨皮、五味子退虚热；胁痛较剧兼胃胀，加蜜炙柴胡、九香虫、鸡内金（注意，柴胡易升动浮阳，投一二剂即停用）行气止痛；眩晕甚，加天麻、钩藤息风止痉；潮热，加玉竹、鳖甲、龟板、知母滋阴退热；崩漏持续不断，时有污血块，加三七粉（吞服）、蒲黄炭、血竭活血化瘀止血。

（2）实证崩漏

①肝郁气滞型

主要证候：月经紊乱，痛经，经来淋沥漏下，并有块状物，精神抑郁，胸痞胁痛，少腹作胀，睡眠不酣，多梦，舌质淡红或光红，苔淡黄，脉弦涩或弦数。

治法：调气解郁，佐以育阴。

处方：滋水清肝饮（《医宗己任编》）加减。

当归 9 克	生地黄 12 克	泽泻 9 克	茯苓 9 克
山茱萸 12 克	白芍 9 克	柴胡 9 克	山药 9 克
栀子 9 克	仙鹤草 60 克	白及 9 克	牡丹皮 9 克
大枣 8 个			

方义分析：本方由六味地黄丸加归、芍、柴胡而成。归、芍、柴胡，能行血中之气，兼疏肝络之滞。茯苓、泽泻、牡丹皮、栀子，清泄肝络郁热。原方味滋腻，但加味后已具流畅之机，能固气解郁，且有育阴作用。

加减：胃脘痛，加川楝子、九香虫、台乌药行气止痛。头眩晕，加天麻、刺蒺藜息风止痉。腰痛，加杜仲、续断、羌活补肾。崩下不止，加蒲黄炭、茜根炭化瘀止血。如病情转化为阴虚偏盛，可改用薛一瓢心脾双补丸，改为汤剂。

附：心脾双补丸

| 西洋参（可易泡参） | 白术 | 茯神 | 生地黄 | 丹参 |
| 酸枣仁 | 远志 | 甘草 | | |

可随症选用五味子、麦门冬、玄参、柏子仁、黄连、香附、川贝母、桔梗、龙眼肉等，并可适当佐入活血化瘀之品。

②肝经郁火型

主要证候：崩中漏下持续不止，行经时有热感，质稠，面红唇赤，头痛眩晕，口苦咽干，心烦易怒，失眠，形体不衰，舌质红绛，苔薄黄或正常，脉弦大而数。

治法：疏郁清热安冲。

处方：丹栀逍遥散（《内科摘要》）加减。

沙参 9 克	炒白芍 9 克	柴胡 9 克	生地黄 12 克
生栀子 9 克	女贞子 24 克	旱莲草 24 克	砂仁 6 克
蔻仁 6 克	山茱萸 12 克	仙鹤草 60 克	白及 15 克
黄柏 9 克	玄参 9 克		

方义分析：生地黄、白芍、仙鹤草凉血。凡凉血之品，用于"肝经郁火"证，便成为养血调血的良药。玄参、黄柏泻相火，制妄动，使足安冲。女贞子养肝肾，旱莲草专清肝经郁火。沙参、白及配合其余之药，以止血安冲。

加减：胸闷泛恶，连续嗳气，加制旋覆花降逆止呕。腰酸作胀，乳胀，加鸡内金、杜仲、续断、薤白、夏枯花补肾疏肝；少腹两侧或一侧胀痛，加橘核、炒五灵脂行气止痛；崩中不止，气血愈虚，加泡参、鹿角胶、侧柏叶益气止血；崩漏不止，加龙胆草以增强泻肝经郁火之功。

③血瘀型

主要证候：少腹胀痛、拒按，多先崩后漏，经血淋沥不止，血色紫黑成块，崩多则疼痛减，病人面色萎黄不泽，肌肤甲错，舌质紫红，有紫赤斑点，脉弦涩或沉涩。

治法：逐瘀行血，佐以止血。

处方：血府逐瘀汤（《医林改错》）加减。

桃仁 9 克	土红花 9 克	生地黄 12 克	当归 9 克
生蒲黄 9 克	血竭 6 克	炒五灵脂 12 克	三七粉 3 克^{冲服}
红鸡冠花 9 克	茺蔚子 9 克	桑寄生 15 克	菟丝子 15 克
仙鹤草 60 克	赤芍 6 克		

方义分析：本方用四物汤补血活血，加入失笑散行血消瘀，三七化瘀生新，茺蔚子、桑寄生、菟丝子调肝肾、固冲任，仙鹤草止血润血，合诸药化瘀塞流。

加减：漏下淋沥不断，虽排而未尽，腹痛拒按，宜重用攻坚化瘀药，上方去桑寄生、菟丝子，加三棱、莪术、水蛭。腹痛减轻，血内无块状物，而漏下持续不止，为实去内虚之证，宜加党参、生黄芪、乌贼骨、升麻，以补中益气塞流。

④痰湿型

主要证候：形体丰盛，面色㿠白，胸闷腹胀，头昏重而嗜睡，时时呕吐恶心，漏下色淡质稠，平常行经量多，带多黏稠不臭，痰不易唾出，心悸气紧，舌质淡，苔白腻或黄腻而厚，脉濡滑或沉滑。

治法：渗湿化痰。

处方 1：六君子汤（《医学正传》）加减。

法半夏 9 克	橘皮 9 克	白术 9 克	茯苓 9 克
山楂 9 克	神曲 9 克	砂仁 6 克	蔻仁 6 克
桔梗 9 克	厚朴 6 克	淮山药 9 克	薤白 12 克
白芷 9 克	藿香 6 克		

方义分析：本方由四君子汤加减而来，重在渗湿化痰。入砂仁和胃醒脾，快气调中，通行结滞，祛痰逐冷；加山楂、神曲、蔻仁等促进脾胃运化功能；加厚朴、藿香等醒脾化湿，合之以治脾胃虚弱夹痰湿之证。

加减：崩漏不止，加鹿角胶、仙鹤草、乌贼骨、蒲黄炭活血化瘀止血。黄带而臭，加椿根皮、红藤、蒲公英清热解毒。白带，加芙蓉花、红藤、蒲公英清热解毒凉血。

处方 2：蠲饮六神汤（《中医妇科治疗学》）加减。

橘红 9 克	石菖蒲 9 克	胆南星 9 克	半夏 9 克
茯神 12 克	旋覆花 9 克	砂仁 6 克	桑寄生 15 克
白芷 9 克	菟丝子 15 克	仙鹤草 60 克	

方义分析：本方适用于热痰崩漏，方用橘红、石菖蒲、胆南星、半夏重在燥湿化痰，茯神宁心安神利水，旋覆花消痰下气，砂仁化湿温脾，白芷祛湿止带，加桑寄生、菟丝子补肾壮阳。王氏意在脾为生痰之源，脾能统血，脾之阳气必须借助肾阳的温煦才能更好地运化水谷精微，统治血液运行。全方共奏清湿化痰降逆之效。

加减：热痰壅盛，津液不输，呼吸不利，神志躁扰，加竹沥清热豁痰。痰喘气急，加山茱萸、鸡血藤膏、海浮石、麻绒化痰降气平喘。咽干，舌质红绛，加川贝母清热。崩漏不止，加茜草、生龙齿、乌贼骨、蒲黄炭活血化瘀止血。

⑤湿热蕴结型

主要证候：面色萎黄，午后潮红，头重昏闷，胸烦脘痞，少腹剧痛引腰背或腿痛，血带频频不绝，大便溏薄或燥结，小便短赤涩痛，崩漏血色紫红带黏腻，舌质红，苔薄黄或黄腻，脉弦数或弦滑。

治法：清热化湿。

处方：银甲合剂（王渭川经验方）加减。

金银花 9 克	连翘 9 克	红藤 24 克	蒲公英 24 克
大青叶 9 克	紫花地丁 12 克	生鳖甲 24 克	椿根皮 9 克
艾叶 9 克	砂仁 6 克	仙鹤草 60 克	生蒲黄 9 克
炒升麻 24 克			

方义分析：本方适用于湿热蕴结下焦导致的崩漏。本方以金银花、连翘、红藤、蒲公英、大青叶、紫花地丁、升麻等药重在清热解毒；椿根皮清热除湿；伍生鳖甲、生蒲黄、仙鹤草、艾叶活血化瘀，软坚散结。王氏意在清热除湿，化瘀行滞，亦适用于盆腔炎、子宫颈炎、子宫内膜炎、肾盂肾炎、膀胱炎等。

加减：白带多，与崩漏混杂而下，为湿偏重，加苍术、炒黄柏、棕榈炭。血色鲜红，暴崩不止，口苦咽干，血出自觉有热感，为热偏重，加白茅根、生地黄炭、石斛。小便频，尿量少，有坠重感或刺痛感，加琥珀末。

崩漏每随妇女的年龄、产前产后等情况而各有差异，因而治法也各不相同。崩漏的治法，王氏指出必须注意以下 4 个方面，称为"崩漏四要"。

青年血崩：病因：七情所扰，肝郁气滞，导致崩中。治法：柔肝解郁，凉血安神。注意：青年妇女出现崩漏要重视有无宫外孕。

老年血崩：老年妇女月经未断或已断，忽然暴发崩中。病因：肾气渐衰，冲任失固。因老年妇女中气虚弱，脾失其统，肝失其藏，损及肾气及冲任。治法：固气滋肾，调气和冲。注意：老年妇女出现崩漏，要警惕有无子宫癌、子宫肌瘤一类的器质性病变。

胎前崩漏：病因：肝肾郁热，血失常度而致崩。治法：澄源塞流。澄源即针对病因，紧急止血安胎，塞流即止血。

产后崩漏：病因：产后调养失宜，或劳动太过，房事不慎。治法：调气固血，速塞其流，防止气随血脱。王氏此处所论的崩漏应是包括月经疾病、胎前产后疾病及器质性病变所致的"崩漏"，属广义崩漏的范畴。

【典型医案】

（1）孙某，女，39 岁。

初诊：1974 年 12 月 18 日。暴崩下血，两周未止。色淡质薄，面色苍白，足浮肿，四肢冷，倦怠，纳少，胸闷心悸，大便溏，关节痛，血沉高。脉细无力，苔薄白。诊断：崩下，关节痛。辨证：脾虚失统，冲任不固，湿滞关节。治法：补脾益气，祛风止血。处方（自制方）：潞党参 30 克，鸡血藤 13 克，焦白术 10 克，槟榔 10 克，生黄芪 60 克，鸡内金 10 克，夏枯草 30 克，山楂 10 克，仙鹤草 60 克，桑寄生 10 克，蜈蚣 2 条，乌梢蛇 10 克，鹿角胶 15 克，蒲黄炭 10 克，糯米草 60 克，炒北五味子 12 克。1 周 6 剂，连服 2 周。

二诊：1975 年 1 月 10 日。服上方 2 周后，血已渐止，尚有点滴淋沥，肿消，四肢冷感消失，关节痛减。食欲增进，大便不溏，但胃部隐痛，自汗。脉缓，苔薄白。处方（王渭川经验方）：潞党参 30 克，鸡血藤 18 克，焦白术 10 克，生黄芪 60 克，鸡内金 10 克，山楂 10 克，仙鹤草 60 克，桑寄生 10 克，蜈蚣 2 条，乌梢蛇 10 克，鹿角胶 15 克，蒲黄炭 10 克，炒北五味子 12 克，九香虫 10 克，金樱子 10 克，槟榔 10 克。1 周 6 剂，连服 2 周。

三诊：1 月 25 日，服上方 12 剂后，淋沥之血全止。嘱服归脾丸、香砂六君子丸，间日换服。

四诊：3 月 28 日。服药 1 个月后，因工作繁忙，遂停服。月经已行 2 次，俱按周期，量色正常。但胃部仍有隐痛，查大便有隐血。要求服成药。嘱服云南白药少量，每周 1 瓶，分服，连服 2 个月，诸症痊愈。

按：崩与漏相互联系，有先崩转漏，也有由漏转崩。崩症多由肝不藏血，脾不统血，造成冲任虚损，不能摄血，或因元气大虚，不能收敛，或因瘀血内阻，血不归经而妄下等。本病例属于脾虚崩下。因为脾统血，脾虚则统摄无权，冲任不固，出血量多，后期则淋沥不净。由于脾虚使生化之源不足，故色既淡而质又薄，况值气虚与脾阳不运而出现浮肿、心悸、脉细而弱，属心脾俱衰之征。治疗时，从整体立法，应多加兼顾，收效较速。

（2）汪某，女，31 岁。

初诊：突然崩中暴发，历时 6 个月，由崩转漏，时作时止，绵绵不绝，血色深褐。口苦，舌燥，溲黄。病发以前，胸乳时时作痛。舌质深红，苔光薄，舌边青，脉弦涩。辨证：阴虚阳亢，由崩转漏。治法：凉血清肝，滋肾固冲。处方：沙参 9 克，川楝子 9 克，地骨皮 12 克，生地黄 12 克，槐花 9 克，阿胶珠 9 克，旱莲草 24 克，地榆 9 克，川贝母 9 克，生白芍 12 克，女贞子 24 克，枸杞子 12

克，仙鹤草60克。上方连服6剂后复诊，漏下已止。原方续服半月痊愈。

按：本病例主症为崩中之后，漏下长期不愈。根据脉舌及口苦、舌燥、溲黄诸症，阴虚阳亢相当显著。发病前胸乳时时作痛，已先示肝阳偏亢之机。肝火内炽，迫血妄行，促成暴崩。崩中日久，失血过多，冲任失其固摄，遂至漏下长期不愈。方中沙参、生地黄、川楝子、地骨皮、女贞子等滋肾阴、泻肝热，兼凉血生津。地榆、槐花、阿胶、仙鹤草等养血敛血，以助止血。该方对于本病例颇为恰当。

（3）杨某，女，49岁。

初诊：患者近更年之期，暑月行经时卧风处，突然大量崩下，数日不减，黑污成块。嗅觉失灵，不辨香臭。食欲极差，思热饮，精神委顿。自觉腹中如有物下坠，遍体疼痛。脉弦大而芤，独左寸显有滑象，舌质淡，苔薄白。辨证：风入胞门，冲任失固。治法：疏风降逆，通厥络，调冲任。处方：钩藤9克，青蒿穗9克，制旋覆花9克，炒川楝子9克，血余炭9克，苍耳子9克，辛夷花9克，香薷1.5克，枸杞子24克，何首乌24克，蒲公英24克，女贞子24克，旱莲草24克，秦艽6克，琥珀末6克，仙鹤草60克，茺蔚子15克。上方连服6剂。

二诊：血已显著减少，身痛止，食欲略振，体力渐复。尚感眩晕气紧，呕逆，眠食均差。脉弦缓，苔白。仍守前方疏风降逆之法，略予变更如下：刺蒺藜18克，钩藤9克，炒川楝子9克，制旋覆花9克，阿胶珠9克，鸡内金9克，夜交藤60克，生白芍12克，广藿香6克，仙鹤草24克。

疗效：上方每日1剂，连服10日痊愈。

按：风邪伤人，由卫及营。患者已及更年之期，暑月行经，为风邪所中，侵入胞，进袭冲任。冲任失其固摄，血遂妄行。暑月之风，多夹阴湿之气，湿郁必将化热，湿热交横，冲击血海，转犯厥阴，遂促成老年血崩之候；嗅觉失灵，遍身疼痛，皆中风后之兼证。疏风降逆，调节冲任，通厥阴之络，理厥阴之气，为本证主要治法，亦即在诸多矛盾中先抓主要矛盾之意。

9. 倒经

倒经又称逆经。因月经应下行，今反往上行，故有"逆经"之称。妇女在经行之前后，或正值经期，经水不循经下行，而上逆发生吐血或衄血，或吐衄兼发，如此形成周期性逆行情况，现代中医学称"经行吐衄"，类似于西医学的

"代偿性月经"。

龚廷贤在《万病回春·调经》中说："错经妄行于口鼻者，是火载血上，气之乱也。"比较明确地揭示了"经行吐衄"的病因乃因火、因热为病，引起肝气上逆，气逆血乱。叶天士提出"过食椒姜辛热之物，热伤其血，则血乱上行"。

王氏认为，本病主要病因是由于肝阳上逆，或血热上涌。治宜降肝逆，平肝火或凉血，统以四物汤，加茜草、藕节、牛膝。热证，主犀角地黄汤，加茜草、牛膝、降香。辨证论治上，前人虽有见血无寒证之说，但王氏在此有独到见解，认为失血既多，热随血去，当以清血补虚为主，《傅青主女科》之归纳汤可酌用。此外，还有经行之前，大便下血者，为心肾不交，宜补心肾，用顺经两安汤之类。

【辨证论治】

（1）血热型

主要证候：经前吐衄，量多色红，面赤唇红，口干咽燥，舌质红绛无苔，脉弦数。

治法：凉血止血。

处方：加味三黄四物汤（《医宗金鉴》）。

黄芩 9 克	黄柏 9 克	黄连 9 克	当归 9 克
生地黄 12 克	川芎 6 克	白芍 9 克	仙鹤草 60 克
白茅根 9 克	槐花 9 克		

方义分析：本方由四物汤加黄芩、黄连、黄柏而成。四物汤补血调经，加黄芩、黄连、黄柏清上中下三焦湿热；其中黄芩可止血，加仙鹤草、白茅根、槐花止血泻肝火。本方是清热凉血止血、养血调经之剂。

（2）肝逆型

主要证候：经前吐衄，面赤口渴，心烦，大便燥结；若兼肝热，则头目眩晕，耳鸣心悸，胁痛或两胁胀痛，咽干；舌质红，苔薄黄，脉细数。

治法：柔肝降逆。

处方：一贯煎（《续名医类案》）合犀角地黄汤（《外台秘要》）加减。

沙参 9 克	麦门冬 9 克	生地黄 12 克	栀子 9 克
犀角 12 克 研磨冲服	牡丹皮 9 克		

方义分析：方用苦咸寒之犀角以凉血清心而解热毒，使火平热降，毒解血宁；生地黄凉血滋阴生津，一以助犀角清热凉血，又能止血；一以复已失之阴血；用辛苦微寒之牡丹皮清热凉血，活血散瘀，可收平肝之功；栀子清热泻火凉血；沙参、麦门冬养阴生津。

（四）带下病证治

妇女带下，是指阴道和子宫内膜的分泌物。其分为生理性带下与病理性带下。健康妇女，阴道内有少量分泌物，即所谓津津常润；而如果发生了感染，则带下量明显增多，色、质、气味发生异常，并可伴全身、局部症状，此则称为"带下病"。王氏认为，带下病有广义与狭义之分，广义即《金匮要略》中的三十六病，而狭义即《证治准绳》所说的妇女带下病，其定义如《女科证治约旨》所记载："若外感六淫，内伤七情，酝酿成病，致带脉纵弛，不能约束诸脉经，于是阴中有物，淋沥下降，绵绵不断，即所谓带下也。"

王氏认为，带下病的主要病因为"湿邪"，脾肾功能失常是带下病发病的内在因素；该病的病位主要在前阴、胞宫；任脉损伤、带脉失约是核心机理。根据湿邪来源于内生与外感的不同，将带下病分为虚、实两大类。虚证之带下病，多为脾虚、肾虚所致。当脾虚运化失职，则水湿内停，下注任带，从而导致白带频下，质清稀，伴见脾虚之症状；当肾阳不足，气化失常，则水湿内停，带脉失约，可见带下绵绵不绝，合并精关不固，精液下滑之症。可见王氏在对脾虚证及肾虚证的辨证时，更强调了阳气的重要性。他认为，阳主动，阴主静，阳气对机体能起到卫外之功能，故当脏腑功能异常，阳气受损，正气虚衰，则机体卫外功能减弱，外邪就十分容易入侵人体而致病；如果通过治疗使正气旺盛，邪气无从入侵，机体就不易犯病。当然，王氏也认为实证之带下病同样不能被忽略，他结合四川盆地湿热较重的气候特点，提出"湿热之邪"入侵机体是实证之带下病的主要病因，当患者摄生不洁，则易感受湿热之邪或湿毒之邪，又因肝经循少腹，络阴器，故湿热或湿毒邪气内侵胞宫最易侵犯肝经，最终导致任脉损伤，带脉失约，带下异常。王氏又从气血辨证，认为气虚运化无力，统摄失权，则出现水湿内停，带下量多，同时气不摄血，血无所制，血溢脉外，与带下相合而成赤白带下。

在遣方用药方面，对于实证的带下病，王氏重视祛邪与扶正并重，在祛邪药物中加用固护正气之品，最终达到祛邪而不伤正之效果。王氏在使用清热解毒类药物的时候常加用砂仁、艾叶等温性药物，以达到固护脾胃之阳气的目的，从其自创的王氏银甲合剂中即可看出其用药思路。而在针对"虚证"所致带下时，王氏特别注重对"阳虚证"的治疗，特别强调了对脾阳与肾阳的补充。例如，对于脾虚所致带下病时，王氏不仅仅使用了健脾除湿的药物，更强调了振奋脾阳的重要性，喜好加用生姜与大枣等药物，从而达到温中和胃、振奋脾阳的目的。另外，王氏在清利湿热的同时，又喜将多种清热解毒之药与仙鹤草等收涩之品共用，以提高止带的功效。

【辨证论治】

（1）肝经湿热型

主要证候：胁痛口苦，筋痿阴湿，热痒阴肿，便血或小便赤涩，腹中作痛，舌红，舌苔白黄，脉弦滑或滑数。

治法：清肝利湿。

处方：龙胆泻肝汤（《东垣十书》）。

龙胆草 3 克	柴胡 3 克	泽泻 3 克	车前子 2 克
木通 2 克	生地黄 2 克	当归 2 克	栀子 2 克
黄芩 2 克	甘草 2 克		

方义分析：本方主治肝经湿热。方中龙胆草泄足厥阴肝经之热，又可除下焦湿热，是主药；黄芩、栀子助主药泻肝胆之火；泽泻、木通、车前子助主药清湿利热。火盛恐伤津液，故配生地黄、当归滋养阴血。甘草和中解毒，又防龙胆草、黄芩苦寒伤胃。因肝喜条达，则佐柴胡疏达肝气。本方是苦寒直折、泻肝火而清利下焦湿热之剂。

加减：王氏在治疗湿热带下时，还酌情加用金银花、连翘、蒲公英、黄柏、苍术、椿根皮之类以加强清热祛湿之功，或用其自制方银甲合剂或银甲丸。

附1：王氏银甲合剂

金银花 9 克	连翘 9 克	红藤 24 克	蒲公英 24 克
大青叶 9 克	紫花地丁 12 克	生鳖甲 24 克	椿根皮 9 克

艾叶 9 克　　　　砂仁 6 克　　　　仙鹤草 60 克　　生蒲黄 9 克

炒升麻 24 克

附 2：王氏银甲丸

金银花 15 克　　连翘 15 克　　　升麻 16 克　　　红藤 24 克

蒲公英 24 克　　生鳖甲 10 克　　紫花地丁 30 克　生蒲黄 12 克

椿根皮 12 克　　大青叶 10 克　　茵陈 12 克　　　桔梗 12 克

琥珀末 12 克

用法：共研细末，炼蜜成 63 丸。此为 1 周用量，也可以改成煎剂。

（2）湿浊内聚型

主要证候：黄白带下，积饮痞膈，不思饮食，心腹胀痛，口苦短气，反胃恶心，嗳气吞酸，面黄体瘦，体痛嗜卧，壮热自利，舌苔白腻而厚，脉弦滑，或濡。

治法：健脾燥湿化浊。

处方：平胃散（《太平惠民和剂局方》）。

厚朴 150 克　　橘皮 30 克　　　甘草 30 克　　　苍术 240 克

用法：共研细末，每服 6～9 克，加生姜 2 片、大枣 2 枚，水煎服。

方义分析：本方苍术苦温辛烈，具运脾燥湿之功，为本方主药。厚朴苦温除湿宽胀，橘皮辛温，利气化痰，二药芳香化湿，醒脾清浊，为辅助药。甘草、生姜、大枣能益脾和中。全方有运脾除湿、振奋已困的脾阳、温化中焦湿浊的作用。

加减：王氏在治疗白浊带下时，常将本方与草薢分清饮（《医学心悟》）合用，疗效满意。

（3）中气下陷型

主要证候：白带频下，短气神疲，食少纳呆，苔薄质淡，脉缓或弱。

治法：益气健中举陷。

处方：黄芪建中汤（《金匮要略》）。

黄芪 2 克　　　　白芍 2 克　　　桂枝 9 克　　　　炙甘草 6 克

生姜 12 克　　　大枣 4 枚　　　饴糖 10 克

方义分析：方中用桂枝、生姜、甘草、大枣温中通阳，补脾胃之虚；白芍敛阴和营；饴糖甘温，以温补脾胃；黄芪补气升陷。本方主要用于中气下陷的白带病者。

加减：王氏使用本方时常常合用补中益气汤，以加强健脾益气之力；而针对脾虚湿盛者，王氏则喜用完带汤治疗。

（4）带脉不固型

主要证候：白带绵绵不绝，小便白浊，或如米泔，或若凝脂，腰重少力，或脐腹隐痛，苔薄质淡，脉虚弱。

治法：涩精固带。

处方：固精丸（《严氏济生方》）。

肉苁蓉	阳起石	鹿茸	赤石脂
巴戟天	韭子	白茯苓	鹿角霜
龙骨	制附子		

用法：各等份（鹿茸用量照前等份减为三分之一量），共研细末，酒糊为丸，如梧桐子大。每服 6 ~ 9 克，每日 3 次。

方义分析：方中用鹿茸、附子、肉苁蓉、阳起石、巴戟天、韭子等大力温肾以固带；赤石脂、鹿角霜、龙骨收敛以涩精。因肾阳得补，带脉得束，精关得固，则带下可愈。

加减：王氏使用此方时，常加续断、桑寄生、杜仲，以增强束固带脉之力。

（5）下元虚损型

主要证候：元阳虚损，精气不固，小便白浊，梦寝频泄，妇人血海久冷，白带至漏，下部常湿，或小便如米泔，苔薄，质淡，脉虚。

治法：补精塞流。

处方：威喜丸（《太平惠民和剂局方》）。

黄蜡 120 克　　茯苓 120 克

用法：茯苓研末，溶黄蜡和丸。每服 6 ~ 12 克，每日二三次。

方义分析：方中用茯苓能补脾宁心，行水渗湿；黄蜡收涩补髓，使精不下流，一行一收，清浊自分，诸证即愈。然而王氏认为，本方治标有余，治本不足，故提出必须在症状消失后，继续用补肾剂填虚益损，做根本治疗，才能免除本病复发。

（6）气血两虚型

主要证候：赤白带下，少腹阴道牵掣作痛，神倦，纳少，舌苔薄，脉缓。

治法：健脾涩带，调补气血。

处方：清带汤（《医学衷中参西录》）。

> 生山药 20 克　　生龙骨 12 克　　生牡蛎 12 克　　海螵蛸 20 克
> 茜草 8 克

方义分析：方中生山药性平不燥，作用和缓，为一味平补脾胃的药品；由于脾统血，运脾即能补血，常与白术配用治妇女带下。辅生龙骨、生牡蛎、海螵蛸，均具收敛固涩的作用；茜草能凉血止血，行血祛瘀，赤带可止。本方主要在脾虚损所致的赤白带下时使用。

加减：王氏针对单赤带者，加黄芪、仙鹤草以增强益气收涩止血之力；针对单白带者，王氏喜加鹿角霜、白术，以增强益脾固精止带的作用。但若症见赤白带兼月经不调、痛经等，王氏又提倡使用中将汤。

附：中将汤（日本著名成药）

> 延胡索 6 克　　当归 18 克　　官桂 6 克　　　木香 6 克
> 甘草 6 克　　　苦参 9 克　　怀牛膝 9 克　　郁金 6 克
> 沙参 12 克　　续断 9 克　　山楂 9 克　　　肉豆蔻霜 9 克

用法：共为粗末，每用 9 克，纱布包好，开水浸泡温服，每日 2 次。

【典型医案】

徐某，女，32 岁。

初诊：1973 年 9 月 5 日。体素虚弱，妊娠九月，行将分娩，忽发腰酸痛，带下如注，量多如崩，气虚欲脱，腹胀痛，食欲不振，舌质正常，苔薄白，脉沉迟。辨证：脾肾两虚，冲任不固。治法：补气固冲，健脾益肾。处方（王渭川经验方）：潞党参 30 克，生黄芪 60 克，桑寄生 15 克，菟丝子 15 克，鹿角胶 15 克，茯苓 9 克，厚朴 9 克，杜仲 9 克，蔻仁 12 克，扁豆 12 克，枸杞子 12 克，龙眼肉 30 克，制何首乌 24 克。

二诊：9 月 24 日。服上方 15 剂后，精神恢复，饮食增进，带下极微。嘱停药。后平安分娩。

按：带下病有广义、狭义之分。广义带下，即《诸病源候论》及《千金要方》所述金匮三十六病。狭义带下，即王肯堂所指妇女五类带下证。临床主要有3种：一为阴道中少量白色无味之分泌物，属于生理性白带。一为阴道中色黄腥臭之分泌物，属于炎症性白带。一为崩注（大量）之白带，本证即属此类。肾气虚损，脾失健运，冲任失固，带脉失其维系，遂出现如崩似注之险状。病来势迅猛之际，必须沉着辨证，审查病因，力求确诊，大胆用药。本病例参、芪用至60克，连服15剂，收得较为满意的效果。

（五）胎前病证治

《素问·阴阳别论》曰："阴搏阳别谓之有子。"搏乃脉之应指有力，节律分明，但见于阴分之尺部，与阳分寸部显然有别。这就是怀孕的征象。《素问·平人气象论》曰："妇人足少阴脉动甚者妊子也。"再次指出，尺脉动盛是有孕之兆。《素问·腹中论》曰："何以知怀子之且生也？曰：身有病而无邪脉也。"意思是妇人停经，食减，呕吐，而脉象和匀有序，是为怀妊之征。上记三则，为中医论妊娠最早记载，且指出孕脉为尺脉旺盛。

在孕妇用药方面，王氏颇重视禁忌。如因孕妇病而胎不安者，主治其病，病愈则胎自安。正如《素问·六元正纪大论》所说："有故无殒，亦无殒也。"虽有大积大聚者，用量不可过量，应当轻剂治之，适当而止。因此，《素问·六元正纪大论》亦有"大积大聚，其可犯也，衰其大半而止，过者死"之戒。由此可以证明，在古代文献中，对孕妇用药，就有原则上的提示。

在妊娠期中，古人很重视卫生。北齐徐之才即提出逐月养胎法，虽不尽善，但对后世很有启发。巢元方之《诸病源候论》和孙思邈著《千金要方》皆据此发挥，于是养胎之法大备。自此以后，各种妇科书籍，都没有胎前疾病的记载。

常见的胎前疾病主要包括恶阻、胞阻、胎动不安、小产堕胎、子痫、转胞等。

1. 恶阻（妊娠呕吐）

恶阻，谓妇人受孕4周后，出现恶心、呕吐、头眩、恶食、择食，或恶闻食气、好食酸咸，或发寒热、心中愤懑、恍惚不能支持等表现，又称"妊娠呕吐""子病""病儿""阻病"。现代中医学认为，妊娠早期出现严重的恶心呕吐、头晕厌食，甚则食入即吐者，称之为恶阻。恶阻有轻重之别，轻者称"妊吐"，是怀孕的特殊反应，有脾胃阻滞和肝气上逆等症状。一般在妊娠4周后开始，1月至2月后自行消失。也有转而为恶阻重症，或初起即严重而属于恶阻者。恶阻，不仅恶呛呕吐，而且还可并发寒热，心中烦闷，恍惚不能自持。重者完全不能进食，呕吐物几乎完全是血液，呼吸短促，甚至虚脱，必须及时治疗。

王氏对恶阻的认识源于《金匮要略》的"妇人得平脉，阴脉小弱，其人渴不能食，无寒热，名妊娠。桂枝汤主之，于法六十日当有此证。没有医治逆者，却一月加吐下者，则绝之"。妇人经断之后，脉平无寒热等证，似为恶阻之渐，故认为阴脉小弱为妊娠征象。桂枝汤虽不能治恶阻，但有调营卫功用。既见恶阻证候，如果医者断不出是孕，而用药不适当，便起了相反的作用，增加吐下。而《医学纲目》中提到"以炒糯米汤代茶，停药月余则渐愈"。《千金要方》及《沈氏女科辑要笺正》将恶阻的原因归纳到母气方面，并以化痰解郁、通达气机为治疗法则，共主茯苓半夏汤。《丹溪心法》认为"妊娠，凡呕吐，多属肝气上逆，从茯苓半夏汤下抑青丸"。《景岳全书》认为本病多由于胃虚气滞所致。《傅青主女科》则认为是肝血太燥。

基于前人对恶阻的认识，王氏认为，恶阻之候，有因血缘胎故，致清气上逆，而作恶心者；有因肝不条达，上犯胃土，夹火而作恶心者；有因胃气素寒，呕吐及心腹刺痛，而作恶心者；有因痰饮内盛，胃阳被抑，而发恶心不止者；有因伤食停滞，胸膈胀满而发恶心不止者。总之，病因较多，宜辨证论治，才不致误。本病治法以调和脾胃为主。王氏常用其验方竹茹麦门冬汤，调和肝胃，肝得柔则疏，胃得养则降，临床常获良效。

【辨证论治】

（1）胃虚气逆型

主要证候：胃虚气逆，食入则吐，或呕吐清水，脘腹痞胀，舌苔白，脉缓。

治法：益胃降逆。

处方：人参橘皮汤（《证治准绳》）。

沙参30克	橘皮30克	白术30克	麦门冬30克
甘草9克	厚朴15克	茯苓15克	

用法：共研粗末，每用12克，竹茹5克、生姜2片，煎水服。

　　方义分析：本方以沙参、麦门冬养胃生津；茯苓、白术补气健脾；甘草不仅补脾，还用其甘缓之性，以缓和气逆；厚朴温燥，偏于行气，以散满消胀为主；橘皮性温，功能下气，疗呕哕反胃，与生姜、竹茹同用，降逆止呕之功更强，且无温燥之害。本方有益胃降逆之功效，故用于胃虚之恶阻较宜。

　　加减：若偏胃热者，加黄连；呕吐甚者，加半夏、灶心土。

　　（2）脾虚胃逆型

　　主要证候：食少纳呆，恶心呕吐，胸满腹胀，大便溏泄，舌质淡，苔薄，脉缓无力。

　　治法：健脾和胃。

　　处方：六君子汤（《太平惠民和剂局方》）。

党参 6 克	白术 6 克	半夏 6 克	橘皮 3 克
甘草 3 克	茯苓 6 克		

　　方义分析：本方党参甘温益气，健脾养胃；白术甘温补气，苦燥健脾，与党参相协，益气补脾之力益著；白术补中健脾，守而不走，茯苓渗湿助运，走而不守，两者相辅相成，健脾助运之功益彰；甘草甘温益气，助党参、白术益气补中，兼调和药性，此乃四君子汤之基础方，健脾益气，促进脾的运化功能。再加半夏、橘皮以燥湿祛痰，和胃降逆，对脾虚胃逆，恶阻者甚宜。诸药合用，温而不燥，补而不滞，作用平和。

　　加减：可加生姜、大枣以补脾护胃。

　　（3）寒湿滞胃型

　　主要证候：恶阻，呕逆不食，甚者中满，口中无味，或作寒热，或胃脘冷痛，舌质淡，苔白厚腻，脉缓细。

　　治法：温中散寒，除湿止呕。

　　处方：醒脾饮子（《王氏博济方》）。

草豆蔻 15 克^{煨去油}	厚朴 15 克	干姜 30 克	甘草 38 克

　　用法：共研细末，每用 6 克，生姜 2 片、大枣 2 枚，水煎服。

　　方义分析：干姜、草豆蔻性味辛温，有散寒燥湿、温胃止呕的功效；用于寒湿困脾滞胃，常与温中下气的厚朴、温中止呕的生姜配伍应用；大枣、甘草补脾护胃。全方共奏温中散寒、除湿降逆之功。

加减：可加砂仁、半夏，以增温中止呕的功效。

（4）痰浊中阻型

主要证候：恶阻，心烦眩晕，恶闻食气，好食酸咸，恶寒汗出，多卧少起，百节烦痛，羸瘦多痰，舌苔白腻，脉弦滑。

治法：运中豁痰。

处方：半夏茯苓汤（《千金要方》）。

半夏 38 克	茯苓 23 克	干地黄 23 克	橘红 15 克
川芎 15 克	紫苏 15 克	沙参 15 克	白芍 15 克
桔梗 15 克	细辛 15 克	甘草 15 克	

用法：共研粗末，每用 15 克，生姜 2 片，水煎服。

方义分析：本方中半夏豁痰降逆为主，配茯苓、橘红、细辛、桔梗助其化浊涤痰，且有健脾燥湿、澄痰浊之源之功；紫苏、川芎、白芍疏肝平肝，以助脾运；佐地黄，防诸药过燥耗血。全方共具健脾化湿、豁痰降浊之功，故对痰浊中阻的妊娠反应有效。

加减：王氏用此方时，去川芎之辛窜，恐其伤胎，加枳壳既可疏肝运脾，又于胎无妨。

（5）脾胃不和型

主要证候：恶阻，呕吐不能饮食，卧床不起，头眩体弱，苔薄白或微黄，脉弦滑小数。

治法：疏肝和胃降逆。

处方：竹茹麦门冬汤（王渭川经验方）。

竹茹 5 克	麦门冬 6 克	砂仁 2 克	淮山药 9 克
藿香 5 克	茯苓 9 克	白芍 5 克	扁豆 9 克
公丁香 1 克	冬瓜仁 9 克	丝瓜络 3 克	甘草 3 克

用法：另用灶心土 60 克，开水泡化，用澄清的水煎药。

方义分析：方中竹茹、公丁香、灶心土、砂仁等和胃降逆；藿香、丝瓜络、白芍等疏肝平肝；淮山药、麦门冬、扁豆、甘草和胃，防香燥，且麦门冬、白芍有柔肝之功。如此则和肝胃，肝得柔则疏，胃得养则降，用于肝胃不和之恶阻，有显著疗效。不用柴胡疏肝者，是防其升阳助逆也。

（6）冲气上逆型

主要证候：恶阻重证，饮水入口即吐，大便燥结，满腹作痛，舌苔黄薄，脉细急。

治法：降冲安胃。

处方：安胃饮（《医学衷中参西录》）。

净青黛 9 克　　赤石脂 30 克　　清半夏 30 克^{温水淘洗 2 次，毫无矾味}

用法：用煮饭小锅，煎取清汁一大碗，调入蜂蜜 60 克，徐徐温饮下。一次只饮一口，半日服尽。

方义分析：方中重用清半夏燥湿化痰，降逆止呕，温水淘洗两次祛矾味以减轻其重浊之气及有毒成分；青黛清肝泻火，以防半夏之香燥，且可定惊；赤石脂固肠胃有收敛之能，对于恶阻重证，呕吐物夹血者尤宜。全方散中有收，以奏降冲安胃之效。

加减：若服药吐仍未止，或其大便结燥者，去赤石脂，加生赭石 30 克。若嫌青黛微有药味者，亦可用半夏、赭石；或疑赤石脂堕胎，答说：恶阻之剧者，借赭石镇逆之力，气化乃适得其平。《内经》所谓："有故无殒也。"

【典型医案】

谢某，女，30 岁。

初诊：1975 年 4 月 9 日。曾人工流产 2 次，现已怀孕 2 个月，吐酸水，甚苦。食入即吐，胸胁胀闷，精神疲乏，头眩晕，烦渴，大便燥结。舌红苔黄，脉弦数。诊断：恶阻。辨证：肝火上冲犯胃。治法：清热调肝，和胃止呕。处方（王渭川经验方）：沙参 10 克，生白芍 10 克，枸杞子 12 克，女贞子 24 克，菊花 10 克，刺蒺藜 10 克，瓜蒌皮 10 克，竹茹 12 克，旱莲草 24 克，制旋覆花 10 克，广藿香 6 克，生牛蒡子 24 克，麦门冬 10 克。1 周 6 剂，连服 1 周。

二诊：4 月 18 日。服上方至 6 剂，呕吐减轻，能吃藕粉、麦乳精，想吃仍有呕意，大便已解不结，眩晕口渴显著减轻。舌质淡红，苔黄渐退，脉弦缓。处方（王渭川经验方）：沙参 10 克，生白芍 10 克，枸杞子 12 克，刺蒺藜 10 克，女贞子 24 克，竹茹 12 克，旱莲草 24 克，制旋覆花 10 克，广藿香 6 克，黄连 6 克，吴茱萸 3 克，麦门冬 10 克。1 周 6 剂，连服 1 周。

三诊：4 月 26 日。病情悉解，能吃稀饭面食，不呕吐，小便清长，大便逐日能解。处方（王渭川经验方）：沙参 10 克，焦白术 10 克，茯神 10 克，桑寄生 10 克，女贞子 10 克，厚朴 3 克，生麦芽 30 克，广藿香 6 克，砂仁 3 克。1 周 6 剂，连服 2 周。服完痊愈，照常工作。

按：本病例属胃热恶阻，由于平时肝阳偏亢，既妊之后，肝血转虚，阴虚则阳亢，肝旺犯胃，胃气失和，肝郁化热犯胃而成。更有经络受冲脉之气上逆，故出现严重呕吐，甚至粒饭不易下咽。因为肝郁气滞，肝火上炎，逆而反胃，故有胸闷呕逆。且肝胆相为表里，肝气上逆，胆火上升，出现胁痛。由于热盛伤津，则舌红咽干，便结。方中沙参、枸杞子、刺蒺藜、麦门冬清肝养阴，滋润；生牛蒡子润滑大肠，故便通；黄连苦降，清胃热；竹茹清热；旋覆花镇静止呕。前后历时 1 个月，服药 20 余剂，使严重胃热型、严重肝热型的恶阻痊愈。

2. 胞阻

胞阻即胞脉阻滞，在妊娠期中，有胃痛、腹痛、腹腰两部同时牵引痛，或有阴道出血等症状发生，称为胞阻，也有称"痛胎""胎痛""妊娠小腹痛"。

《医宗金鉴》以痛在心腹之间者为食滞，痛在腰腹之间者为胎气不安，痛在少腹者为胞血受寒，从病位辨证，是从《医宗金鉴》始。其论述胞阻，则从《金匮要略》始。《金匮要略》曰："妇人怀妊，腹中疠痛，当归芍药散主之。"亦曰："妊娠腹中痛为胞阻，胶艾汤主之。"胞阻为腹挛急而痛，尤怡《金匮心典》认为是血不足，兼夹有水气，故取茯苓、泽泻利水，白术安胎，而川芎、当归、芍药补血缓痛。但是胞阻的含义，除食滞和感寒外，则为胎气不安。如果见红而又腹痛，则为动胎的表现。见红而腹不痛，多属胎漏，并不影响胎气。动胎为冲任脉虚，真阴不守，故宜归、胶、芍、地养血补血，芎、艾温经，即《金匮心典》所谓血少而气不行。芎、归能于血中行气；艾叶利阴气，能止痛安胎。

根据以上学说，王氏认为胞阻特征为腹腰痛。胞阻主要原因有以下两类：胎气不安，由于内热血凝者；胎气不安，由于胞血受寒气滞者。王氏治疗本病，按照"虚则补之，实则行之"的原则，以调理气血为主，佐以补肾安胎之法。对于阴道流血者，王氏多用益气药和胶类药迅速止血，大补气血，维系胞宫，并加入补肾安胎之药。治疗适当，则可防止流产。若病情发展，出现胎动不安或堕胎、小产时，则需按胎动不安或堕胎、小产处理。

【辨证论治】

（1）食积滞胃型

主要证候：妊娠期中，腹痛连及腰部，阴道出血，面色无华，舌质淡少苔，脉细滑或弱。

治法：补血海，调冲任。

处方：胶艾汤（《金匮要略》）。

川芎 6 克	阿胶 6 克	甘草 3 克	艾叶 3 克
当归 5 克	芍药 9 克	地黄 9 克	

方义分析：本方阿胶既能养冲补血，又能止血；艾叶既能暖胞宫、止崩漏，又具止痛安胎的作用，二药合用，相得益彰，为方中主药。辅以当归、地黄、芍药、川芎（即四物汤），起养血调冲任的作用。芍药、甘草缓急止痛，则血海之虚得补，冲任得调，其胎自安。

加减：王氏用此方时，常加何首乌、桑寄生、菟丝子、鹿角胶之类补肾滋阴养血以安胎。

（2）肝脾不和型

主要证候：妇人怀孕，腹中拘急，绵绵作痛，小便不利，足跗浮肿，舌苔白薄，脉弦滑。

治法：调和肝脾。

处方：当归芍药散（《金匮要略》）。

白芍 120 克	当归 80 克	茯苓 60 克	白术 60 克
泽泻 30 克	川芎 30 克		

用法：共研为细末，每用 6 克，食前用白开水吞服。用此方，可减其量，作汤剂。

方义分析：方中重用白芍，泻肝木而安脾土，合以当归、川芎养血调肝；白术、茯苓、泽泻健脾渗湿，使脾不为湿邪所困。脾土健则木不横逆，肝脾自调。妊娠腹痛，胎气不安者，属于肝脾不调者，宜之。

（3）宫寒腹痛型

主要证候：妊娠期中，少腹急痛，或见胎漏，舌质淡，苔白薄，脉缓。

治法：暖宫散寒，调冲固胎。

处方：加味芎归饮（《医宗金鉴》）。

川芎 5 克　　　　当归 10 克　　　　党参 3 克　　　　吴茱萸 1 克

阿胶 5 克　　　　艾叶 6 克　　　　甘草 1 克

方义分析：本方吴茱萸、艾叶暖宫散寒；配当归、川芎，调冲任而止痛；阿胶、艾叶合用，养血海而止漏；党参、甘草益气散寒。诸药合用，共奏暖宫散寒、调冲固胎之功。

加减：若寒自外来者，加羌活、紫苏之类以疏风散寒。

（4）胎热腹痛型

主要证候：妊娠期中，胎热腹痛，口糜舌疮，小便赤涩，舌尖红，苔薄，脉滑或滑数。

治法：育阴血，清胎热。

处方：导赤散（《小儿药证直诀》）。

生地黄 9 克　　　木通 5 克　　　　黄芩 3 克　　　　竹叶 6 克

车前草 3 克　　　通草 1 克

方义分析：本方以生地黄凉血滋阴；竹叶清心热除烦；黄芩既能泻上焦火，又能清胎热；木通、车前草、通草清热利水通淋，能引导心火胎热从小便而出。所以，本方既能导心火、通热淋，又能清胎火、育阴血，故可用于胎热之腹痛症。

加减：王氏应用时，常加白茅根、明沙参、炒栀子之类以助清热凉血养阴之功。

【典型医案】

黄某，女，31 岁。

初诊：1965 年 4 月 24 日。曾流产 2 次，现孕两月，少腹剧痛、喜按，有少量阴道出血。经某医院检查，诊断为"先兆流产"。观其面容苍白，神疲乏力，心悸气短，下肢浮肿，少腹痛胀，食欲差，阴血不多，脉缓滑，唇色淡。曾两次住院，保胎无效（主要原因为孕后不慎房事）。诊断：妊娠胞阻。辨证：气血虚损，胞宫失调。治法：补气益血，佐以安宫。处方（王渭川经验方）：潞党参 30 克，茯神 20 克，生黄芪 30 克，鹿角胶 10 克，阿胶珠 10 克，桑寄生 15 克，菟丝子 15 克，枸杞子炭 10 克，血余炭 10 克，厚朴 6 克，砂仁 3 克，杜仲 9 克，续断 9

克，牛角腮 10 克^{烧赤存性}，制香附 10 克。1 周试服 6 剂。

二诊：4 月 30 日。连服上方 6 剂后，阴血全止，腹痛显著减轻，食欲增进。但觉咽干舌燥，并告上次流产，并无劳动跌扑之故，由于梦交甚频。细察其脉弦滑，而且舌质深红，无苔。症情似有阴虚燥化之象。处方（王渭川经验方）：太子参 30 克，麦门冬 10 克，石斛 12 克，焦栀子 10 克，女贞子 24 克，旱莲草 24 克，枸杞子 12 克，川贝母 10 克，阿胶珠 10 克，砂仁 3 克，鱼鳔胶 10 克，仙鹤草 10 克，制香附 10 克，厚朴 6 克，蚕蛹 20 个^{焙干}。嘱其可尝试 1 个月。流血腹痛，必速改方，绝对禁止房事。

三诊：6 月 3 日。上方停停服服，连续 1 个月。精神食欲恢复正常，梦交未发。曾就某医院检查，谓胎气已正常，要求改方。嘱其身体日见康复，即停药。

疗效：终于产一子。

按：胞阻一症，其特征为少腹胀痛，如再见阴道出血，便有流产可能。本案既因流产两次，主要原因是孕之初期，不慎房事，而且本人又有梦交，造成胎系不固。第一方按其气血大虚、胞宫不固，方中多用益气和胶类药，迅速止血为第一步。第二方以血止体复而显燥化者，有两种原因：凡梦交患者，多表现有阴虚阳亢征象；其次就初方鹿角胶等多属温性，也有促进化燥可能。方中杜仲、续断用小量，是因为初期下肢浮肿，表现在气虚；杜仲、续断入血，并不用以安胎，而有固肾消肿益气的作用。

前哲沈尧封著《沈氏女科辑要笺正》云："妊妇病源有三大纲，一曰阴亏，二曰气滞，三曰痰饮。三者过其一则病。"本病案与阴亏气滞有关。因为阴亏必血虚，血虚则气滞。总之，胞阻一病，在孕期中为常见病，治疗适当，可防流产。

3. 胎动不安，小产堕胎

一般以一至三月堕胎的，称为流产；四至六月堕胎的，称为小产；七至九月堕胎的，称为早产。亦有以怀孕四个月以前堕的，称第一期流产；五至七个月分娩的，称第二期流产；七至八个月之间分娩的，称未熟产；八至九个月之间分娩的，称早产。古人以三月未成形象者，称为堕胎；五至七月已成形象者，称为小产。又有怀孕三、五、七月无故而胎自堕，至下次受孕，又复如是，数次堕胎，古人称为滑胎，亦即习惯性小产。

胎动的特征是流血腹痛而又感觉下坠，其痛点连及腰部。流产之前，一般都有先期征兆，如腰酸痛，连及腹痛，胎动不安，阴道流血，为其特征。古代文献对胎动和流产的记载颇详，兹择要引述：《诸病源候论》说："胎动不安者，多因劳役气乏，或触冒冷热，或饮食不适，或居处失宜。轻则转动不安，重则便致伤堕。若其母有疾以动胎，治母则胎安。若其胎有不牢致动以病母者，治胎则母瘥。"《丹溪心法》说："阳施阴化，胎孕乃成，血气虚损，营养不足，其胎自堕。或劳怒伤肝，内火便动，亦能动胎。"《景岳全书》说："夫胎以阳生阴长，气行血随，营卫调和，则及期而产。咸滋养之机，稍有间断，则源流不继而胎不固矣。"

　　王氏基于以上论述提出动胎流产的主要原因，有母体与胎元的关系，有冲任虚损和肝气郁火之说，而以寒热虚实为安胎方法的纲要。治疗以补肾安胎为大法。因母病而胎动者，治母病而胎自安。王氏自拟"王氏保胎方"健脾和胃，补肾安胎，随症灵活加减，用于胎动不安、恶阻者，疗效显著。

【辨证论治】

（1）胎动不安

①气血两虚型

　　主要证候：妇人气血两虚，或肥而不实，或瘦而血热，或肝脾素亏，倦怠少食，屡致堕胎，舌质嫩苔薄，脉虚弦或弱。

　　治法：补气血，固冲任，安胎。

　　处方：泰山磐石散（《中国医学大辞典》）。

党参 3 克	黄芪 3 克	当归 3 克	白芍 3 克
续断 3 克	黄芩 3 克	熟地黄 2 克	川芎 2 克
白术 3 克	甘草 2 克	砂仁 2 克	糯米 10 克

　　方义分析：方中党参、白术、甘草、当归、熟地黄、川芎、白芍为八珍汤，减去淡渗的茯苓，是双补气血的方药。加入黄芪补气，气足则冲任固，胎自安。黄芩清热凉血，与白术配合，是安胎圣药。续断补肝肾固冲任，砂仁调气安胎，使补而不壅。糯米补脾，故使胎安如泰山磐石。本方用以治妇女气血两虚所出现的胎动不安、习惯性流产、早产等。

　　加减：王氏用此方时，常加桑寄生、杜仲、菟丝子等补肾固冲之品。

②血虚型

　　主要证候：一切失血过多之胎动不安，烦渴燥热，睡眠不宁，体倦少食，舌质淡，苔薄，脉虚。

治法：补血安胎。

处方：圣愈汤（《东垣十书》）。

| 熟地黄6克 | 黄芪6克 | 党参6克 | 当归3克 |
| 川芎3克 | 白芍6克 | | |

方义分析：本方由四物汤加党参、黄芪而成。四物汤补血，参芪补气。阳生阴长，补血需补气，气旺血生，则血海充，胎得养，故既有气血双补之功，又有补气摄血之力。本方用于血虚所致胎动不安。

加减：若出血未止，加阿胶、艾叶止血以固胎；再加续断、杜仲（宜用轻量）、桑寄生，其效更佳。

③胎气郁热型

主要证候：妇人胎漏下血，呼吸迫促，腹痛下坠，舌质红，苔薄黄，脉弦滑。

治法：升中气，宣郁热。

处方：枳壳汤（《洁古家珍》）。

| 枳壳15克 | 黄芩15克 | 白术30克 |

用法：研粗末，每用20克，水煎服。

方义分析：黄芩、白术为安胎圣药，枳壳、白术开中气，宣郁热。中气升、胎热解，则冲任固而胎自安。

加减：可加白茅根、阿胶、侧柏叶以止血安胎。

④气郁血滞型

主要证候：胎动下血，或因跌扑伤胎，胎动欲坠，或子死腹中，腹痛难忍，舌质淡，苔薄，脉弦或缓弱。

治法：升举安胎。

处方：芎䓖汤（《证治准绳》）。

| 川芎60克 | 秦当归90克 |

用法：研末，每用6克，加黄酒少许，和水合煎。

方义分析：本方以川芎温而流动，有升举之力，故胎儿虽受伤欲坠，得升举亦能安。若胎儿已死，则本方能活血行血，疏通脉络，已死之胎，自然可下。此方于血热胎动者禁用。

（2）堕胎后

①瘀血凝滞型

主要证候：堕胎后下血不止，腹痛，胎盘残片排除未净，瘀血不清，舌苔薄，脉弦急。

治法：祛瘀止血。

处方：加减牡丹皮丸（《圣济总录》）。

牡丹皮 90 克	白芍 60 克	玄参 60 克	桃仁 60 克
当归 80 克	桂心 60 克	虻虫 15 枚	水蛭 15 枚
蛴螬 20 枚	瞿麦 30 克	川芎 30 克	海藻 30 克

用法：共研细末，炼蜜为丸，如梧桐子大。每次服 4.5～6 克。

方义分析：由于瘀血凝滞，甚至胎盘残片存留，而使胎堕后出血不止者，用本方良效。方中牡丹皮、玄参清热凉血，桃仁、当归、川芎活血化瘀，瞿麦破血通经，虻虫、水蛭、蛴螬、海藻破血逐瘀，攻下力量强，使堕胎瘀血残片得以祛除。全方以活血化瘀为主旨，具正本清源作用，实属寓攻于止。

②元气虚弱型

主要证候：堕胎后，阳气虚弱，自汗，痰喘气促，或气虚欲脱，血晕昏迷，舌质淡嫩，苔薄，脉微欲绝，或弱或虚。

治法：大补气血。

处方：独参汤（《伤寒大全》）。

人参 15 克（党参 60 克）

用法：浓煎，童便 10 克，姜汁数滴，温服。

方义分析：本方人参或党参，大补元气兼补脾益肺，生津安神，正所谓"有形之血不能速生，无形之气所当急固"；童便止血良效，姜汁具益脾作用。

③瘀滞腹胁胀痛型

主要证候：堕胎后，血瘀气滞，腹胁胀痛，舌质淡，苔薄，脉弦或涩。

治法：行气散瘀。

处方：加减回生丹（《医宗金鉴》）。

| 大黄 300 克 | 苏木 60 克 | 黑豆 3 升 | 红花 90 克 |
| 党参 30 克 | 当归 30 克 | 川芎 30 克 | 延胡索 30 克 |

苍术 30 克	蒲黄 30 克	茯苓 30 克	桃仁 30 克
川牛膝 15 克	地榆 15 克	羌活 15 克	橘红 15 克
木瓜 9 克	青皮 9 克	乳香 3 克	没药 3 克
木香 12 克	台乌药 75 克	高良姜 12 克	熟地黄 30 克
三棱 15 克	五灵脂 15 克	山茱萸 15 克	香附 30 克
马鞭草 15 克	甘草 15 克		

用法：共研细末，炼蜜为丸，每次服 3 ~ 9 克，开水送服。

方义分析：因瘀血气滞，瘀留胁腹，而致胁腹胀痛者，用本方良效。本方为回生丹去白芍，加五灵脂、马鞭草而成，以行气散瘀为主旨。炼蜜为丸，"丸者，缓也"，攻中寓缓而不伤正。

【典型医案】

梁某，女，32 岁。

初诊：1970 年 1 月 15 日。孕近七月，因下火车提箱过桥，回家后忽觉腹痛坠，胎动不安，腹胀痛下血。体形肥胖，眩晕气紧。平时多痰，纳差，味苦。脉濡滑，苔薄腻。诊断：胎动不安（防早产）。辨证：气虚痰滞，胞宫失调。治法：益气化痰，止血安胎。处方（王渭川经验方）：潞党参 30 克，焦白术 10 克，茯神 12 克，桑寄生 20 克，菟丝子 10 克，阿胶 10 克，京半夏 10 克，厚朴 6 克，仙鹤草 10 克，制香附 10 克，杜仲 10 克，焦艾叶 10 克，生黄芪 60 克，广藿香 6 克，炒升麻 20 克。嘱平卧，每日 1 剂，连服 1 周。

二诊：1 月 22 日。服上方后，腹部无冲动感，无下坠感，流血止，腹已不痛。饮食仍差，精力不足，动则心累，咳嗽痰稠，胸痞睡眠尚好。治法：益气安胎，佐以化痰为主。处方（王渭川经验方）：潞党参 30 克，焦白术 10 克，生黄芪 10 克，桑寄生 30 克，京半夏 30 克，橘红 10 克，茯神 10 克，百部 10 克，广藿香 6 克，砂仁 3 克。1 周 6 剂，连服 2 周。停药后，有情况继诊。后至 3 月 28 日，平安产一女。

按：胎动及小产的原因很多。如母体衰弱，冲任损伤，并潜伏其他严重性疾病，以及跌扑损伤的外力刺激，或服药不当、性交不节等，都可能导致胎动、流产或小产。在流产或小产之前，一般都有先期征兆，如腰酸痛连及腹痛，胎动不安，阴道流血。本病例属内在气虚痰滞，冲任原本不健，虽小受外伤，亦足导致胎动不安，甚至小产。幸治疗及时，而达圆满结果。

4. 子痫

孕妇忽然发生手足抽搐，其至倒地不省人事，或角弓反张，轻者冒闷，四肢痉挛，须臾自醒而愈，或隔时隔日又发，此名子痫，一名风痉，又名"子冒""妊娠痫证"。产前子痫多发于妊娠7个月左右，孕妇突发抽搐或昏迷，以致死亡。所以，凡妊妇孕期已至六七个月，有搐搦发作，且有下肢浮肿，病发前曾自觉眩晕、眼花，或眼见金星闪闪，倦怠呕吐，病发后昏迷抽搐，当疑及本病。

在中医古籍中，对本病有较详细的记载。《诸病源候论·妊娠痉病候》说："体虚受风，而伤太阳之经，停滞经络后，复遇寒湿相搏，发则口噤背强，名之为痉。妊娠而发者，闷冒不识人，须臾醒，醒则复发，亦是风伤太阳之经作痉，亦名子痫，亦名子冒也。"《妇人大全良方》说："妊娠体弱受风，而伤太阳之经络，复遇风寒相搏，发则口噤背强，名之曰痉。其候冒闷不识人，须臾自醒，良久复作，谓之风痉，又名子痫。"《沈氏女科辑要》说："妊妇卒倒不语，口角歪斜，或手足瘫痪，皆名中风。若腰背反张，时昏时醒，名为痉，即子痫也。古来皆作风治，忽卒倒不语，病名为厥，乃阴虚失纳，孤阳逆上之谓，口眼歪斜，手足瘫痪，或因痰滞经络，或因阴虚气弱，肝阳内风暴动。"《潜斋医学丛书》说："阴虚气滞二者，昔人曾已言之，痰饮一端，则发前人所未发，因悟产后谵妄等证，诚沈氏独得之秘。"

子痫一症，虽有产前、产时、产后的区别，而病因病理则一样。据上述各家的论述，王氏将子痫的主要病机归纳为肝风内动、阴虚气弱、痰滞经络等方面。王氏认为，中医治疗子痫，概从阴虚化燥，肝风内动着手，在潜阳镇纳、平肝息风的方剂中，尚可佐入虫类药物，以舒筋解痉为治。同时还应注意检查孕妇血压、蛋白、尿等情况，以便对症治疗。

【辨证论治】

（1）肝风内动型

主要证候：妊娠冒闷，角弓反张，人事不省，口角流涎，多发于夜间，舌质红，苔白，脉弦滑或伏。

治法：柔肝息风。

处方：羚羊角散（《证治准绳》）。

羚羊角 2 克	独活 2 克	酸枣仁 9 克	五加皮 3 克
薏苡仁 9 克	防风 3 克	当归 6 克	川芎 3 克
茯神 9 克	杏仁 6 克	木香 2 克	甘草 2 克
生姜 2 片			

方义分析：本方量轻，一日可连进二剂。羚羊角平肝息风，以镇痉；防风、独活散风邪；川芎、当归养血柔肝，治妊娠血虚生风；茯神、酸枣仁养心血以安神；杏仁、木香调理气机；薏苡仁、五加皮、甘草舒筋挛，缓拘急。全方共奏养血柔肝、息风解痉之功，对妊娠血不养肝致肝风内动者方宜。

加减：王氏应用本方时常去独活、防风、杏仁、木香，加生地黄、白芍、天麻、全蝎之类以增柔肝解痉息风之效。

（2）阴虚气弱型

主要证候：妊娠八九月，胎动不安，心腹疼痛，面目青冷，汗出气欲绝，产后发痉，口噤背强，舌质红，苔白黄，脉滑。

治法：养阴益气，镇痉息风。

处方：加减钩藤汤（《经验方》）。

钩藤 30 克	茯苓 10 克	党参 30 克	桑寄生 15 克
玄参 10 克	明沙参 15 克	玉竹 15 克	淮山药 15 克
僵蚕 9 克			

用法：共研细末，每用 15 克，水煎服。

方义分析：方中钩藤、僵蚕清肝热息风解痉；党参、茯苓则补气健脾；玉竹、明沙参、淮山药、玄参、桑寄生育阴生津，有养阴益气、息风镇痉、清肝热的作用。本方对阴虚气弱之子痫，是对症的方剂。

（3）痰滞气逆型

主要证候：妊妇感冒，发热胸闷，气逆痰滞，胎气不和，神昏痉厥，舌苔白腻或黄腻，脉弦滑或浮。

治法：豁痰通络，蠲饮降逆。

处方：蠲饮六神汤（《沈氏女科辑要》）。

| 化橘红 30 克 | 石菖蒲 30 克 | 半夏 60 克 | 胆南星 6 克 |
| 茯神 9 克 | 旋覆花 9 克 | | |

方义分析：本方橘红、半夏、旋覆花豁痰蠲饮，且半夏、旋覆花降逆作用明显；石菖蒲、胆南星、茯神化痰通络，开窍息风。全方共奏豁痰通络、蠲饮降逆之效。

加减：王氏常加竹沥、姜汁，以增豁痰通络的功效。

【典型医案】

贺某，女，30岁。

初诊：1971年11月15日。病人预产期已过，住院待产。于本日下午4时，突发抽搐，两目上翻，人事不知而厥。舌尖红绛，脉弦数而细。诊断：子痫。辨证：阴虚阳亢。治法：育阴潜阳，镇肝息风。先用铁锤烧红入醋，就鼻熏之，稍得安静，口不紧咬，再投下方煎服。处方（王渭川经验方）：羚羊角2克^{研末吞服}，生地黄30克，麦门冬10克，牛膝10克，生白芍12克，紫石英10克，沙参10克，川贝母10克，菊花10克，僵蚕10克，玉竹10克，女贞子20克，蜈蚣2条，乌梢蛇10克，槟榔10克。嘱每4小时，服头煎药。

疗效：服药后，渐次停止搐搦，人事渐清醒。天明分娩，母子平安。

按：从前人医案中所述妊娠昏厥之候，都属子痫。由于血虚生风，痰涎上潮，致猝倒无知，目吊口噤，角弓反张。此际多表现颧红发赤，阴虚阳越之象。醋炭能起镇痉作用，羚羊角散却是主方。但必除独活、防风等辛散之品，佐入僵蚕、蜈蚣、乌梢蛇、川贝母，以养阴息风，效果显著。也有因痰饮而起，必须辨证准确。妊娠期中，最不宜生气发怒。也有因风疾为怒所激动而成子痫者。由于妊娠至六七月气血壅滞，津液不能流通，未免聚而为痰涎。加之盛怒，使肝旺生火，火并痰壅聚于包络，为痰所扰，其心亦不能自主，成此痫证。唯用大泻心肝之火，火熄则痰平，痰平诸恙悉愈。

5. 转胞

妇女怀孕后七八月，饮食如常，小便频数，或小便不通，甚则小腹胀急，心烦不能卧，称为"转胞"或"胞转"。为孕妇因子宫逐渐扩大，压迫膀胱所致。本病多见于妊娠期，亦可发生于未妊娠的妇女。

转胞病症，临床少见。《金匮要略》论转胞不得溺一条谓"胞系了戾"，《金匮心典》释为"缭乱乖戾"。而巢氏的《诸病源候论》言："转胞之病，由胞为热所迫，或忍小便，俱令水气还迫于胞，曲辟不能充张，外水应入不得入，内溲应出不得出，内外壅胀不通，故为胞转。其状小腹急痛，不得小便，甚者致死。"《景岳全书》曰："妇人本肥盛，头举身满，今赢瘦。头举中空减，胞系了戾，亦致胞转。"《医学入门》云："转胞者，胞系了戾，脐下急痛，小便不通，妊孕脬为胎压，展在一边，但升举其胎。有素肥盛忽瘦，两尺脉绝者，阴虚也，宜补肾气。"

王氏根据以上论述，将转胞一证分为肾气不足和气虚下陷两类。转胞因肾气不足者，主加减地黄丸；因气虚下陷者，主补中益气汤。王氏认为，对于妊娠中期者，用药宜慎；妊娠晚期者，则可用理气化滞通络之品以通利小便。

【辨证论治】

（1）肾阳虚型

主要证候：妊娠期小便秘涩，或胞转瘀阻，少腹不仁，上气喘急，呕吐自汗，耳聩虚鸣，舌质光嫩，舌苔薄，脉虚弦或弱。

治法：温肾化气。

处方：加减地黄丸（王渭川经验方）。

熟地黄 10 克	山药 12 克	山茱萸 10 克	茯苓 10 克
泽泻 10 克	肉桂 6 克	熟附片 10 克^{先煎 2 小时}	
薏苡仁 12 克			

方义分析：方中熟地黄滋养肾阴，填精补髓，是主药。山茱萸固精敛气，收敛虚火，使肝不妄行则疏泄，肾精才能固藏；山药补脾，脾气健运，肾精的来源不缺，为辅助药。附片温肾助阳，有回阳、益气之功，与肉桂同起补命火的作用；薏苡仁有利水渗湿、清热、健脾的功效；再佐泽泻通调水道，茯苓淡渗脾湿。因此，本方能温肾化气，使津液输布，则小便自能恢复正常。

（2）气虚下陷型

主要证候：妊娠期中，呼气费力，少腹胀痛，小便困难，心烦，不得卧，舌质淡，苔薄，脉大而虚。

治法：补中举陷。

处方：补中益气汤（《东垣十书》）。

黄芪 9 克	人参 5 克	甘草 3 克	当归 6 克
升麻 6 克	柴胡 2 克	白术 6 克	生姜 3 片

大枣 4 枚

方义分析：本方适宜于中气虚，清阳不举，肢体无力、面目萎黄、饮食无味，证为阳虚下陷。若阴虚于下，便有堕胎之虑，总属脾胃之虚。若肝肾之虚，必不可升，临床须特别审慎。

【典型医案】

罗某，女，33 岁。

初诊：1978 年 9 月 12 日。由于输卵管阻塞，曾经长期治疗得孕，将分娩时来成都，住院待产。预产尚有 10 日，实发转胞症，不能自行小便已 2 日。西医主张剖腹取胎，因爱人不在侧，急招施治。特征是少腹胀急，强迫无点滴可排，用导尿管感骤痛。面容苍白，舌淡苔白，脉迟缓。辨证：胞系下坠，压迫膀胱。治法：升提理气，活络。处方（王渭川经验方）：红参 20 克，升麻 20 克，生黄芪 60 克，蜈蚣 2 条，乌梢蛇 10 克，蛮虫 10 克，生香附 24 克，广木香 10 克，佛手片 10 克，炒川楝子 10 克，九香虫 10 克，怀牛膝 10 克，车前子 10 克。试服 6 剂。另在服药之前，采用丹溪法：用灯心刺鼻孔，令妊妇打嚏，嚏使肺气开，则上窍通而胞压可减，小便淋沥自流，黄稠而臭。

疗效：日服 2 剂，小便遂通。1 周后分娩，母子平安。

按：转胞一症，就是妊娠后期小便不通，因孕妇胎压膀胱，出现下腹痛胀，小便不通。本病多与气虚而滞有关。若在妊娠中期，中药宜慎。本案已近分娩期，故可用大剂理气化滞通络之品，使小便通畅。

治疗本病，除服药外，还可采用灯心刺鼻法，也可用臀部垫高法：是将病人臀部用衣服、被子之类垫高，减轻胞系剧坠之感，使膀胱气机通畅，小便自利。

（六）产后病证治

《金匮要略·妇人产后病脉证治》说："新产妇人有三病：一者病痉，二者病郁冒，三者大便难，何谓也？师曰，新产血虚多汗出，喜中风，故令病痉；亡血复汗，寒多，故令郁冒；亡津液胃燥，故大便难。"《景岳全书》论产后病的辨证，可谓既详且尽，所举诸证，大意有虚实、表邪、内伤、停滞等方面，对内伤、停滞主泻，火邪主清，且人有强弱，病有虚实，治有逆从，固不可同日而语。

在产后用药方面，《丹溪心法》认为，"产后当大补血气为主。虽有杂证，以末治之"。"凡产后有病，先固气血"。"产后一切产证，多是血虚，皆不可发表"。"新产后，不可用苦药，以其酸寒，能伐生发之气故也"。主张产后多是血虚，有病宜先固气血。而张子和著《儒门事亲》认为"产后，惧不可诸虚不足治之"，主张应该逐瘀。《医宗金鉴》持论较平正，认为"产后用药，当合形、证、脉三者细参，方不致误"。

产后常见疾病有产后胞衣不下、产后恶露不绝、产后痉证、产后郁冒、产后发热、乳汁缺少、乳痛等。

1. 产后胞衣不下

产后胞衣不下，又称为息胞。由于子宫收缩乏力，不能使胎盘剥离，顺利而下，或因血液流入胎盘，致胎盘滞留胞宫难下。

《妇人大全良方》说："夫有产儿出，胞衣不落者，世谓之息胞。由于初产时用力，此儿产出，而体已疲惫不复能用力，产胞经停之间，而外冷乘之，则血道滞，故胞之不出。"《妇人产育宝庆集》说："有因恶露入衣，胀而不能出，有因元气虚损而不能送出，恶露流衣中者，腹中胀痛，宜消瘀血。"

王氏依据以上古籍中对产后胞衣不下的论述，将古人对于产后胞衣不下的认识归纳为：产后气血虚弱，不能自然送出；或风冷相干，致血凝滞；或因下血过多，阴道枯涩；或血入衣胞，胀大不下。王氏在临证时，对产后胞衣不下分为虚、实论治：因瘀血阻滞腹痛实证，可予加味牛膝汤、牡丹皮丸，回生丹亦可选用，在应用时王氏善用虫类药物如水蛭、䗪虫以增强活血通经逐瘀之功。因母体亏损，元气虚弱，可用保生无忧散、十全大补汤等方剂，常加入血肉有情之品如鹿角、阿胶以增强补血之功，且可防止大出血。

【辨证论治】

（1）瘀血阻滞型

主要证候：产后胞衣不下，腹胀痛拒按，胸闷，舌紫暗，苔薄，脉缓和者顺，脉浮大洪数者逆。

治法：活血祛瘀。

处方：加味牛膝汤（《中国妇科病学》）。

当归 30 克　　　川芎 3 克　　　川牛膝 9 克　　　蒲黄 6 克

　　　　　桃仁 6 克　　　　牡丹皮 5 克　　　木通 3 克　　　　琥珀末 2 克^{冲服或布包煎}

方义分析：本方以当归、川芎、桃仁、牡丹皮、牛膝活血通经，行瘀止痛；蒲黄既有行血之功，又有止血作用，配入方中增强了行瘀力量；木通通利血脉；琥珀有活血通经、化瘀破癥之功。八药相配使用，是通经化瘀的有效方剂。

加减：临床上王氏运用本方时，常去牡丹皮，因其过于寒凉；加丹参，合失笑散，并加入水蛭、䗪虫以增强活血通经逐瘀之功。

（2）气血两虚型

主要证候：产后胞衣不下，面色苍白，精力疲乏，身体怕冷，头晕眼花，心悸气逆，胞衣不下，恶露淡少，腹不痛或痛不拒按，舌质淡，苔白薄，脉虚细。

治法：补气益血，化瘀导滞。

处方：保生无忧散（《沈氏尊生书》）。

　　　　　当归 9 克　　　　川芎 6 克　　　白芍 3 克　　　　枳壳 3 克

　　　　　木香 3 克　　　　甘草 3 克　　　人参 3 克　　　　乳香 3 克

　　　　　血余炭 3 克　　　血竭 3 克

用法：共研细末，每用 2～3 克，黄酒或白开水吞服。

方义分析：方中川芎、当归、白芍补血和血；枳壳、木香理气；人参、甘草补气；加入性温的乳香，不但能行血、活血、止痛，还能消肿、去腐生肌；血余炭性味苦平，能止血散瘀；血竭性味甘咸平，有祛瘀行滞、止血定痛的功效。诸药相合，是益气补血、祛瘀行滞的方剂。

加减：王氏用此方时，常加入鸡血藤、鹿角片、阿胶，以增补血之功，且可防止大出血；加川牛膝、蒲黄、䗪虫，增加化瘀导滞的作用，使胞衣亦下。若虚甚者，加十全大补汤。

此型亦可选用补中益气汤（《脾胃论》）加减。

2. 产后恶露不绝

妇人分娩或流产后，由阴道流出的液体，称为恶露。恶露中含有血液、蜕膜组织、细菌及黏液等。如分娩 2 周后红色恶露仍淋沥不断，称为恶露不绝，又称"恶露不尽""恶露不止""血露不尽"。

本病在中医古籍中有较详细的记载。《诸病源候论》说："新产取风凉，皆令风冷搏于血，致使血不易消，蓄积在内，则有时恶露淋沥下不尽。"《景岳全书》

论产后恶露不止,"有因血热者,有因伤冲任之络而不止者,有肝脾气虚不能收摄者,有怒火伤肝而血不藏者,有风热在肝而血下泄者"。《沈氏女科辑要笺正》说:"产后无瘀,本非概可攻破之证。苟其血质素薄,血液不充,即使恶露无多,而无腹部胀痛者,即不当投破血之药,反于此,则必损伤冲任,崩脱可虑。唯有瘀滞不行之确症者,则桃仁、元胡、归尾、乌药、青皮等,行滞导气,已足胜任,亦非必须辛热。"

王氏承前人之说,结合对西医学的认识,提出恶露不绝颇近似于单纯性产后复旧不全。在临床上很少有发热的征象,而显有气分虚弱,形寒衰惫的征象。王氏认为,治疗本病,要掌握"有瘀行瘀,无瘀不攻"的原则。凡体弱和贫血的产妇,即使恶露不多,只要腹无包块和胀痛,就不要投破血峻剂,以免引起不良后果。产后恶露过多不止,血色又极鲜红,是无瘀之证,病因为肝之疏泄过盛,肾之闭藏失职,致冲任不能固摄,可重用伏龙肝、阿胶、童便等类药,收效较快。

【辨证论治】

(1)气血两虚型

主要证候:产后恶露淋沥不断,头晕目眩,面色苍白,手足冷,心悸,口渴,舌质红绛,舌苔花剥带黄,脉虚细而数。

治法:补气益血。

处方:补中益气汤(《脾胃论》)加减。

党参 24 克	鸡血藤 18 克	白术 9 克	当归 9 克
鹿角胶 15 克	茜草炭 9 克	仙鹤草 60 克	益母草 24 克
阿胶珠 9 克	生黄芪 60 克	蒲黄炭 9 克	琥珀末 6 克^{冲服或布包煎}

方义分析:本方以党参、黄芪补中益气;白术健脾补中;当归补血;久虚生瘀,瘀血不去,新血不得归经,故用茜草炭、仙鹤草、益母草等化瘀止血。全方共奏补气摄血之效。

(2)肝虚血热型

主要证候:产后恶露不绝,血热妄行,血色深紫秽浊,腹痛,舌质绛,苔薄,脉涩弱兼弦。

治法:柔肝清热。

处方:清化饮加减(《景岳全书》)。

钩藤 9 克	枸杞子 12 克	石斛 9 克	刺蒺藜 18 克
生地黄 12 克	仙鹤草 50 克	蒲黄炭 9 克	夜交藤 60 克
白芍 12 克	夏枯草 60 克	血余炭 12 克	琥珀末 6 克^{冲服或布包煎}
大蓟 12 克	小蓟 12 克	阿胶珠 6 克^{冲服或布包煎}	

方义分析：本方以钩藤、刺蒺藜、夜交藤、夏枯草清疏肝热，生地黄、大小蓟清热凉血，石斛养阴生津，白芍、阿胶珠、枸杞子柔肝养阴，仙鹤草、血余炭、蒲黄炭以收敛止血；琥珀散瘀，有防止全方收敛太过留瘀之意。诸药合用，具有柔肝清热之效。

加减：骨蒸多汗者选用地骨皮、银柴胡、知母、金樱子。热甚而渴、头痛者选用玄参、葛根。小便热涩者选用焦栀子、瞿麦、萹蓄、车前子、冬瓜仁。外邪发热者选用银柴胡、知母、黄连、红藤、蒲公英。

【典型医案】

袁某，女，27 岁。

初诊：1978 年 4 月 6 日。产后 20 多天，腰酸痛，小腹胀，恶露淋沥不止，自汗出，口味不开，纳食少，睡眠差，梦多，小便色黄，口干，喜饮水。脉弦数，舌质红，无苔。诊断：产后恶露不绝。辨证：血热气滞，冲任亏损。治法：柔肝清热，理气调冲止血。处方（王渭川经验方）：生地黄 12 克，熟地黄 12 克，白芍 12 克，麦门冬 15 克，山药 20 克，连翘 12 克，制香附 10 克，台乌药 10 克，木香 6 克，女贞子 20 克，旱莲草 24 克，乌贼骨 15 克，茜草根 12 克，冬瓜仁 20 克，砂仁 3 克。每日 1 剂，连服 1 周。

疗效：病人服上方 2 剂后，病情好转，自觉舒服。连服 6 剂，诸症均解。

按：本病例属肝虚血热。病人因分娩时婴儿死亡，气郁在心，郁久化火，灼伤津液，加上产时出血，伤阴耗津，故有口干、尿黄、舌红、无苔等症状。血不养心则眠差、多梦。冲任亏损则腰酸痛，加上血热，形成恶露不绝。治法为柔肝清热，理气调冲止血。方中生地黄、熟地黄、白芍、麦门冬、山药养阴生血；制香附、台乌药、木香调畅气机；女贞子、旱莲草滋肾柔肝，以调冲任；乌贼骨、茜草根清热散结，收摄止血；连翘清心火，解血热；冬瓜仁利小便，使热随小便而去；砂仁健脾养胃。由于辨证准确，用药恰当，故服药几剂后，病即愈，疗效较显著。

3. 产后痉证

因分娩时接生工具或助产者两手不洁，将破伤风菌传入产妇体内，在体内产生毒素侵入神经系统，出现口噤神昏、项背强直、手足抽搐，甚至角弓反张，称为产后痉证，又称"产后发痉"，即西医学所称的破伤风。

古人对于痉病的认识，不论其为六淫外感，在发病过程中，高热伤津，或化燥生风；还是太阳疮家，由于误汗误下，伤亡津液，筋失濡养，变为痉病，历代医家所论，总不出"伤亡津液"。这是古人从临床实践的过程中所获得的经验。本病属产后三大病之一，《金匮要略》说："新产血虚，多汗出，喜中风，故令病痉。"由于产后失血过多，血液亏虚，营卫失调，必致腠理失固，汗出过多，抵抗力减弱，容易感染风邪，血虚不濡，则筋脉失养，这是产生痉病的内在因素；加之风邪侵入机体，又易化燥伤筋，痉挛抽搐等症随之而起，致成痉病。

产后痉证，是属于产后的一类急症。王氏继承古人对于产后痉证的认识，认为本病多因生产之后，感受风邪，由于失血较多，则津液耗伤。病分虚实两种，虚证颈项强直，牙关紧闭，面色苍白或萎黄，四肢抽搐，脉象沉细；实证多先出现外感症状，继而四肢强直，牙关紧闭，脉象浮弦。治疗上宜从阴虚阳越论治，风盛主加味活络饮，兼痰用蠲饮六神汤，偏虚则河间地黄饮子合补中益气汤，随症加减辅药。

【辨证论治】

（1）风盛型

主要证候：产后口噤不开，项背强直如弓状，抽搐、发热，手不能举，舌质红，苔白黄，脉浮弦。

治法：祛风镇痉。

处方：加味活络饮或玉真散。

加味活络饮（王渭川经验方）

当归9克	茯苓9克	橘络3克	丝瓜络9克
鸡血藤18克	钩藤9克	赤芍9克	制旋覆花9克
生僵蚕9克	玳瑁9克	蜈蚣2条	竹沥15克^{冲服}
乌梢蛇9克	生姜汁2滴^{冲服}	生铁落9克^{布包煎}	

方义分析：本方以钩藤、生僵蚕、蜈蚣、乌梢蛇息风止痉；玳瑁、生铁落平

肝镇惊；竹沥、生姜汁、旋覆花祛痰利窍；橘络、丝瓜络活络；当归、鸡血藤、赤芍活血通络，使血行而风息。诸药相合，共奏祛风镇痉之效。

玉真散（《医宗金鉴》）

| 白芷 30 克 | 南星 30 克 | 天麻 30 克 | 羌活 30 克 |
| 防风 30 克 | 白附子 36 克 | | |

用法：共研细末，每用 9 克，热童便调服。

方义分析：本方为治疗破伤风的常用方。方用白附子祛风镇痉；配天麻、南星，加强解痉作用；羌活、防风、白芷都是祛风散邪之品；使致痉因素从疏散而解。两组药相互配合，共奏祛风解痉的功效。

（2）热痰型

主要证候：除风盛型主要证候之外，兼有喉中痰鸣，气喘急促，舌质红，苔黄腻，脉弦滑。

治法：清热，豁痰，镇痉。

处方：加味蠲饮六神汤（王渭川经验方）。

仙半夏 9 克	橘红 9 克	石菖蒲 9 克	胆南星 9 克
制旋覆花 9 克	仙鹤草 60 克	蒲黄炭 9 克	益母草 24 克
竹沥 15 克^{冲服}			

方义分析：本方半夏、橘红、制旋覆花豁痰；胆南星、竹沥、石菖蒲祛热化痰，开窍息风；益母草等活血，佐上药以镇痉。

加减：若热盛神昏者，可与安宫牛黄丸、紫雪丹合用。

（3）血虚型

主要证候：产后失血过多，骤然发痉，四肢抽搐，项背强直，两眼微开，面色苍白或萎黄，甚至牙关紧闭、不省人事，舌淡红，无苔，脉细弱。

治法：补气益血，佐以祛风。

处方：河间地黄饮子（《宣明论方》）合补中益气汤（《脾胃论》）加减。

熟地黄 20 克	山茱萸 15 克	远志 10 克	肉苁蓉 15 克
五味子 10 克	石菖蒲 15 克	石斛 15 克	白茯苓 15 克
防风 15 克	麦门冬 15 克	生黄芪 25 克	党参 25 克
当归 15 克	橘皮 10 克	升麻 15 克	柴胡 15 克

白术 15 克　　　　炙甘草 6 克　　　　鸡血藤 18 克　　　鹿角胶 10 克^{冲服}

方义分析：方中地黄饮子补中有敛，开中有合，而成补通开合之剂，滋而不腻，温而不燥，乃为平补阴阳之方。补中益气汤以芪、参、术、草甘温益气补中为主，配入升麻、柴胡等升浮之品以助升举清阳之功，补中寓升，补而不滞；稍加补血之品，补气以生血。再加防风、远志、石菖蒲，祛风通络，醒神开窍。两方合用，实为气血阴阳双补之良方。

病情急骤严重者，则急煎红参 30 克，浓煎服用。

【典型医案】

李某，女，35 岁。

初诊：1975 年 4 月 5 日。由病人的爱人口述。因中年初产，产时痛苦异常，汗出如雨。产程长，在产后又大量失血，产医处理方毕，突然发痉，口噤不开，旋即昏倒，不省人事，背强而直，牙关紧闭，四肢抽搐，呼吸促迫。脉沉细如丝，其舌苔因口闭紧无法察看，面青唇绀，呼吸细微。诊断：产后痉证。辨证：气血大虚。治法：补气益血。第一方：红参 30 克。急煎，和童便，撬开牙关，冲服。第二方（王渭川经验方）：红参 30 克，生黄芪 60 克，鹿角胶 20 克，阿胶 20克，鱼鳔胶 20 克，金樱子 60 克。浓煎继服。

二诊：4 月 6 日清晨往诊。问其情况，家人答：服第一方后 2 小时，面色好转，人事清醒，索吃稀饭。但云少腹痛，恶露频频而下。接服第二方后，能宁静入睡，天明方醒，人觉爽快。诊其脉迟缓，苔薄白，舌质淡红。恶露渐少，但有腥臭味。产妇自述腹胀而痛，有下坠感。产后未解大便。治法：澄源塞流复旧。处方（王渭川经验方）：红参 10 克，鸡血藤 18 克，生黄芪 30 克，益母草 24 克，炒升麻 10 克，炒蒲黄 10 克，炒五灵脂 10 克，鹿角胶 10 克，阿胶 10 克，蒲公英 24 克，鱼腥草 24 克，桔梗 10 克，槟榔 3 克，木香 2 克，琥珀末 6 克^{布包煎}。嘱服 4 剂后易方。

三诊：4 月 11 日。其爱人来告，服上方 3 剂后，恶露已净，食欲大增，体力渐复。每天能食 6 个鸡蛋，乳汁充足，能下床为婴儿洗涤。问可否不服药。嘱照此情况，可暂不服药，如出现病情，宜更方继服，不失机宜。来人欣然告别。

按：本症属于产后三大病之一。病人因中年初产，且产程过长。由于痛苦太甚，致汗透重衣。更因失血过多，造成血虚，况值大汗如雨易感风寒。正如《金匮要略》所说："新产血虚多汗，喜中风而成痉病。"本病之发生，皆缘生产时，大汗伤津失液，造成津液不足，胎儿离身后血量大出，这样形成气血大虚之候。因此，第一方采取独参汤佐童便，足以益气止血敛汗。第二方最为关键，其方义乃以红参益气；生黄芪、金樱子敛汗；三类胶质药以温煦督阳，补血养血，而助奇恒之腑，血得畅其流而解痉。亦不失胶艾汤之意，其作用之大，非胶艾汤所能望其项背。该方为王氏常用产后气血两虚之病痉方。或遇宫体感染，又当别为论治。前人有因新产病痉，有尝用桂枝生化汤合剂，似不如本方之稳健可靠。其第一方又为本症起澄本清源之作用。如产妇感少腹下坠，恶露腥臭，虽消毒严格，难免没有轻度炎症蕴结胞宫，故佐以蒲公英、鱼腥草、桔梗、琥珀等以清之排之。更因数日未解大便，此由于直肠因分娩而异位，其气机呆板，故佐以木香、槟榔、升麻等以升之荡之，则大便解矣。所以，新产大便难，虽因胃燥亡津液，但气机阻滞却为一大问题。明辨于此，则承气生化汤非必用之剂矣。

4. 产后郁冒

生产时出血过多，致头晕、神昏不语、面色苍白、四肢厥逆、汗出不止，称为郁冒，亦即"产后血晕"。现代已将产后郁冒及产后血晕看作不同的病症。两者均可见眩晕症状，其区别在于产后郁冒是因产后亡血复汗感受寒邪所致，症见头眩目瞀、郁闷不舒、呕不能食、大便反坚、但头汗出；而产后血晕则多由产后阴血暴亡，心神失养，或瘀血停滞，气逆攻心所致，晕来势急，病情严重，临床诊断时以不省人事、口噤，甚至昏迷不醒为其特点。

《诸病源候论》说："运闷之状，心烦气欲绝是也。"又说："若产时去血过多，血虚气急，如此而运闷者，但烦闷而已。若下血过少，而气逆者，则血随气上掩于心，亦令运闷，则烦闷而心满急，二者为异。"《妇人大全良方》说："以产后血晕者，由败血流入肝经，眼中黑花，头目眩晕，不能起坐，甚至昏闷不省人事，谓之血晕。"又说："凡运血热，乘虚逆上凑心，故昏迷不醒，气闷欲绝。然其由有三：有因产时使力过多而运；有血少而运；有下血多而运。"《景岳全书》说："产时胞胎既下，气血俱去，忽尔眼黑头眩，神昏口噤，昏不知人。古人多云恶露，乘虚上攻，故知血运，不知此症曰血晕，曰气脱也。作血晕而用辛香逐瘀逐血化痰等剂，则立愈矣，不可不慎也。"

根据以上文献论述，王氏将本病归纳为两个方面：一为血虚型，在临床上属于寒厥的脱证，即《景岳全书》所称的气脱，《潜斋医学丛书》所称的阴营下夺，阳越不潜。治法宜摄纳虚阳，常用加减清魂散（改汤剂）或补血汤，常加琥珀、牡蛎。另一方面为血瘀型，在临床上属热厥的闭证，即《景岳全书》所称恶露乘虚上攻所致血晕，《沈氏女科辑要笺正》所称气火上胜，冲激于脑。治法上宜破血导瘀，方用黑神散或加减蠲饮六神汤，常加䗪虫、水蛭、琥珀、石菖蒲等祛瘀通窍之品。

【辨证论治】

（1）血瘀型

主要证候：产后恶露不尽，或胎衣不下，血气攻心，心腹痞满；或脐腹胀痛，拒按，血晕，神昏，眼黑，口噤，或出现谵妄，舌淡红，苔薄，脉弦涩。

治法：通窍活血。

处方：黑神散或加减蠲饮六神汤。

黑神散（《太平惠民和剂局方》）

| 当归 120 克 | 白芍 120 克 | 熟地黄 120 克 | 干姜 120 克 |
| 肉桂 30 克 | 蒲黄 80 克 | 甘草 120 克 | 黑豆 150 克 |

用法：共研细末，每用 6 克，酒水合服，或加入童便一盏。

方义分析：本方熟地黄、当归、白芍养血和血；蒲黄、黑豆祛瘀行血；肉桂、干姜温通血脉；甘草甘缓益气；童便散瘀而引血下行；酒能引药入血分而通经络。所以，本方有消瘀行血、逐恶露的作用。

加减：王氏用本方时，常加䗪虫、水蛭、琥珀、石菖蒲等祛瘀通窍之品。若脉弦滑，舌苔厚腻，则属痰迷清窍，宜豁痰开窍之蠲饮六神汤。

加减蠲饮六神汤（王渭川经验方）

钩藤 9 克	刺蒺藜 18 克	夜交藤 60 克	䗪虫 9 克
炒蒲黄 9 克	柴胡 9 克	白芍 12 克	朱茯神 12 克
水蛭 3 克	制旋覆花 5 克	琥珀末 6 克 冲服或布包煎	

方义分析：本方较黑神散重在豁痰开窍。方中钩藤、刺蒺藜平肝息风；柴胡配白芍养血疏肝；夜交藤、朱茯神养血安神；旋覆花利痰开窍；蒲黄、䗪虫、水蛭、琥珀祛瘀通窍。全方豁痰祛瘀开窍，为治疗产后血晕属痰迷清窍之良方。

（2）血脱型

主要证候：产后失血过多，头目昏眩，心悸胸闷，频作呕吐，晕厥，不省人事，面色苍白或面黄，舌淡无苔，脉芤或微弱。

治法：育阴潜阳，补血固脱。

处方：补血汤或加减清魂散（改汤剂）。

补血汤（王渭川经验方）

黄芪 30 克　　　当归 15 克^{煎浓汁}　　沉香 2 克^{磨汁}　　童便 1 盏^{冲服}

方义分析："有形之血不能速生，无形之气所当急固"，故本方以补气固脱为主，使气冲血固，阳气不再继续浮越而冲头脑；补血仅属次要地位。方用黄芪益气固脱，剂量二倍于滋阴养血的当归，但补血的功效很强，乃阳生阴长之故。加上沉香降气调冲，温肾纳气；藉童便导浮阳下潜而止血，则血脱之郁冒可解。

加减：王氏用本方时，常加琥珀、牡蛎，也可与《潜斋医学丛书》的摄纳虚阳汤合用。虚脱休克者，急用独参汤。

加减清魂散（王渭川经验方）

党参 30 克　　　鸡血藤 18 克　　生黄芪 60 克　　钩藤 9 克

天麻 9 克　　　牡蛎 9 克　　　制旋覆花 9 克　　大枣 8 枚

琥珀末 6 克^{冲服或布包煎}

方义分析：本方投重剂黄芪，配党参以益气固脱，鸡血藤、大枣养血活血，琥珀祛瘀通窍，又加用钩藤、天麻、牡蛎平肝潜阳，旋覆花降逆祛痰。全方共奏补血固脱、育阴潜阳之功。

【典型医案】

魏某，女，28 岁。

初诊：1975 年 6 月 12 日。病人卧床不语，由家人代述：昨日初产，儿肥大。虽是顺产，但产程较长，产后出血过多。产科处理方毕，即发眩晕，神志昏迷不语，察其面色苍白，问话不答，面现痛苦状，半日中略醒又晕不知人。脉左浮右涩，舌尖淡红。诊断：产后郁冒。辨证：血虚气滞。治法：补血行气。处方（王渭川经验方）：第一方：鹿角胶 30 克，阿胶 30 克。隔水蒸化，童便冲服。第二方：红参 10 克，生黄芪 30 克，丹参 10 克，炒北五味子 10 克，槟榔 8 克，炒五灵脂 12 克，炒蒲黄 10 克，生龙齿 10 克，桔梗 10 克，砂仁 3 克。嘱连夜接服。

二诊：6 月 13 日。用上方后，产妇苏醒好转。低声主诉：服第一方后 2 小时，眼能半开而头不昏晕，想进饮食。曾服蛋花汤，自觉心静气平。但小腹疼痛，恶露不多，因腹痛产医嘱用热水袋熨之。接服第二方后，至今晨恶露渐多，腹痛缓解，现已不痛。察其面色转红，四肢基本上无厥逆，人事清醒，知饥欲食，汗多转少。脉濡缓，苔薄白，舌质淡红。治法：以行气补血祛瘀为主。处方（王渭川经验方）：当归身 10 克，生黄芪 30 克，阿胶珠 10 克，炒五灵脂 10 克，炒蒲黄 10 克，潞党参 20 克，槟榔 10 克，金樱子 60 克，砂仁 3 克，琥珀末 6 克^{布包煎}。嘱服 1 周 6 剂后再诊。

三诊：6 月 19 日。其爱人来告：患者服药至第 3 剂后，病情好转，能自动下床处理洗涤杂物，乳水足，食欲转好。继服 3 剂，恶露已净，食欲超越平时。暂拟停药告之。

按： 本症属产后三大病之一，又属虚中夹实之候。病人初产顺产，而产程苦痛而长，产时自汗，正气已衰，复因产后大量出血，导致血虚。气虚、血虚形成郁冒而恶露不下。虽下不多，在冒闷严重时，则不能从口说出，但见其苍白面容，而带愁苦之状，可知腹部疼痛。腹痛的原因，在恶露不下，这是夹实的一面，况值初诊时，其脉象左浮右涩可证其血虚夹瘀。气虽虚，但因恶露潴留不去，转使气滞。本来产后"郁冒"常属阴虚于下、阳越于上者多，而本病例却因失血过多而成血虚，更因恶露潴留不去，而成虚中夹实之候。第一方以补血而救急。第二方以红参、黄芪益气，丹参、槟榔行气导滞。气行而使血易变，盖气为血帅。再以失笑散化瘀，桔梗排液，而推动恶露下行，则瘀去矣。况有五味子宁心，龙齿潜阳。本方药味虽少而精，面面俱顾。如果用药不当，足以形成恶露乘虚上攻，冲击奇恒，故治疗大法，宜补虚化瘀，略予镇静潜阳，覆杯而效。

5. 产后发热

妇女产后发热，是指产后因种种原因出现体温升高的现象。如产后一二天内，有轻微发热，不伴有其他症状，或产后三四天，哺乳期间有低热，俗称"蒸奶"，以后自然低热消失，都不是病理现象。如产后 48 小时后，发热超过 38℃以上，伴有怕冷、寒战、头痛、全身不适；子宫缩复不良、质软、有压痛；恶露量多、色暗，有臭味；血象白细胞、中性粒细胞增高等，当考虑产褥感染的可能。此病西医学又称为"产褥热"。

产后发热首载于《素问》，巢元方开创了"虚、瘀"病因论，张仲景为本病辨证论治奠基，众医家的研究完善了因证论治。王氏对产后发热的认识源于《景岳全书》，认为"若见头疼身痛，憎寒发热，或腰背拘急，脉见紧数，即产后外感证也。产后有火证发热者，但外感之热多在表，火证之热多在里。火盛于内多见潮热，内热烦渴喜冷"。"产后有阴虚发热者，必素禀脾肾不足，及产后气血俱虚所致"。《景岳全书》归纳产后发热有4种类型：一为感冒，二为火证，三为阴虚，四为蓐劳。《医宗金鉴》说："产后发热，非止一端。如饮食太过、胸满呕吐、恶食者，则为伤食发热。若早起劳动，感受风寒，则为外感发热。若恶露不去，污血停留，则为瘀血发热。若去血过多，阴血不足，则血虚发热；亦有因产时伤力，疲劳发热，又有产后之蒸乳发热者。当详其有余不足，要在临诊细细参考也。"

基于前人对此病的认识，王氏将产后发热分为外感发热型、血虚发热型、血瘀发热型、食滞发热型、热入心营型、邪犯少阳型、阴虚虚劳型。

【辨证论证】

（1）外感发热型

主要证候：产后恶寒发热，头痛身疼，腰背酸楚，口干不渴，无汗，午后热重，舌质淡或红，苔白，脉浮滑或小数。

治法：疏风清热。

处方：银翘散（《温病条辨》）。

金银花9克	连翘9克	桔梗3克	牛蒡子9克
薄荷5克	竹叶9克	青荆芥5克	甘草3克
淡豆豉9克	鲜苇茎9克		

方义分析：本方是清凉解表之剂，对产后感受风热之邪宜之。方中金银花、连翘疏风清热，薄荷、牛蒡子清热利咽，荆芥、淡豆豉解表散邪，竹叶、鲜苇茎清热生津，桔梗宣肺利咽。诸药相合，共奏疏风清热之效，对产后感受风热之邪宜之。同时改散剂为汤剂。

加减：感染发热者，可加红藤、蒲公英、夏枯草、鱼腥草之类；若热高腹痛者，可加牡丹皮、没药；大便结者，可加牛蒡子、晚蚕沙、火麻仁、郁李仁。

（2）血虚发热型

主要证候：产后下血过多，身有微热，汗自出，头昏目眩耳鸣，心悸，手足发麻，面红口渴，舌质红，苔薄白，脉芤大。

治法：养血滋阴清热。

处方：加减一贯煎（《续名医类案》）。

沙参 9 克	白芍 9 克	炒川楝子 9 克	生地黄 12 克
肥知母 9 克	钩藤 9 克	银柴胡 9 克	地骨皮 9 克
当归 9 克	鹿角胶 15 克	鱼鳔胶 9 克	金樱子 24 克
青葙子 24 克	珍珠母 24 克		

方义分析：本方以滋阴养血清热为主，辅以滋水涵木、清金制木、培土抑木；并在大队甘凉柔润药中，少佐一味川楝子苦辛疏泄，故有滋阴而不碍脾胃、疏泄而不伤阴血之效。

加减：同外感发热型。

（3）血瘀发热型

主要证候：产后寒热时作，恶露不下或量极少，血色紫暗，夹有瘀块，少腹胀痛拒按，口燥不欲饮水，舌质红，苔薄，脉涩。

治法：清热祛瘀。

处方：四物汤（《仙授理伤续断秘方》）加减。

全当归 15 克	川芎 6 克	赤芍 9 克	柴胡 9 克
䗪虫 9 克	生蒲黄 9 克	茵陈 9 克	肥知母 9 克
生地黄 12 克	丹参 24 克	佩兰 9 克	广藿香 6 克

方义分析：本方中重用全当归合川芎养血活血，赤芍、丹参凉血祛瘀，知母泻火除烦，生地黄清热凉血，蒲黄、䗪虫活血祛瘀止痛，茵陈清利肝胆湿热，藿香、佩兰芳香醒脾化湿，佐以柴胡和解少阳枢机。全方清血热而不留瘀，化瘀而不伤正。

加减：同外感发热型。

（4）食滞发热型

主要证候：产后发热，胸膈饱闷，嗳腐吞酸，不思饮食，或脘腹胀痛，或呕吐泄泻，中夹食物，苔厚腻，脉滑。

治法：健脾行滞。

处方：六君子汤（《太平惠民和剂局方》）加减。

加减：健脾行滞选用橘皮、白术、茯苓、神曲、鸡内金。其余同外感发热型。

（5）血热（热入心营）型

主要证候：产后数日，恶寒战栗，体温升腾，旋为弛张型，有脓性恶露，频频不绝时，出现谵妄昏迷，皮肤或显出血斑，面红目赤，口渴心烦，腹满硬而痛，大便秘结，小便短赤，舌红苔黄，脉滑大而数。

治法：清热，凉血，开窍。

处方：生化汤加减（王渭川经验方）。

生地黄 9 克	白芍 9 克	地骨皮 9 克	牡丹皮 9 克
没药 6 克	桃仁 9 克	金银花 9 克	连翘 9 克
升麻 9 克	红花 5 克	柴胡 6 克	

方义分析：本方中生地黄、牡丹皮清热凉血消斑；地骨皮养阴清热除烦；阴火内伏，以升麻配柴胡升阳散火，用金银花、连翘取其透热转气；桃仁、红花合没药活血化瘀止痛，白芍缓急止痛。全方清热、凉血、活血、解毒，丝丝入扣，条理清晰，是王氏经验之方。

加减：可与犀角地黄汤、神犀丹、紫雪丹之类合用。腹满、便结者，可结合调胃承气汤。

（6）邪犯少阳型

主要证候：产后日久，寒热往来，胸胁痞满，心烦善呕，舌尖红，苔薄白，脉弦数。

治法：补血，健脾，祛邪。

处方：三合汤（《证治准绳》）。

白术 30 克	当归 30 克	白芍 30 克	黄芪 30 克
茯苓 30 克	熟地黄 30 克	柴胡 45 克	沙参 45 克
黄芩 18 克	半夏 18 克	甘草 18 克	川芎 30 克

用法：共研粗末，每用 30 克，加生姜 3 片、大枣 1 枚，水煎服。

方义分析：本方用柴胡透达少阳之邪，黄芩清泄胆腑之热；通过两药的透达清泄作用，可以解除寒热往来、胸胁胀痛和口苦等症，为本方主药。半夏和中止呕，黄芪、沙参、茯苓、白术益气养胃健脾，合当归、白芍、熟地黄、川芎补血调肝，共起鼓舞正气的作用。加上甘草调和诸药，全方共成扶正祛邪的作用，对血虚邪犯少阳之证甚宜。

（7）阴虚虚劳型

主要证候：虚劳客热，夜有盗汗，胸胁不利，食减多渴，咳痰稠黏，或有咯血，舌尖红，苔薄黄或浮黄，脉细数。

治法：滋阴补肾，清热化痰。

处方：黄芪鳖甲散（《卫生宝鉴》）加减。

黄芪 30 克	甘草 15 克	知母 15 克	桑白皮 15 克
赤芍 15 克	紫菀 15 克	黄芩 15 克	秦艽 20 克
茯苓 20 克	生地黄 20 克	柴胡 20 克	地骨皮 20 克
肉桂 10 克	人参 10 克	桔梗 10 克	

用法：共研细末，每用 6 克，水煎服。

方义分析：方中赤芍、生地黄、知母可滋阴补肾，泻肝肺之火；黄芪、人参、肉桂、茯苓可益气固卫，补脾肺之虚；再加桑白皮、桔梗泻肝中之热；紫菀祛痰止咳；秦艽、地骨皮清虚热，除骨蒸；柴胡解肌热，升清阳。本方是治疗虚劳烦热的良方，但以气阴两虚者最宜。

加减：若纯属阴虚，虚劳发热者，宜去黄芪、肉桂、人参，加川明参、百合、玉竹、天门冬、麦门冬等养阴之品。若属气血亏虚者，又以益气养营汤为宜。

【典型医案】

夏某，女，30 岁。

初诊：1975 年 6 月 4 日。产时大汗畏热，曾进冷饮冷食。产后出血量多，腹剧痛，发热 38.8℃，下痢赤白夹杂，一昼夜达 30 次左右，下腹痛如刺，肛门有灼热感。小便短黄，恶露甚多，有块状物。体力大衰，饮食不进，心跳过速，气紧。脉弦涩，舌质淡红，边蓝，苔白腻如积粉。诊断：产后发热。辨证：脾气虚损，湿邪内伏，影响宫缩。治法：益气健脾，清热祛湿，行血化瘀。处方（王渭川经验方）：泡参 30 克，鸡血藤 18 克，生黄芪 60 克，黄连 6 克，广木香 6 克，赤芍 6 克，琥珀 6 克，槟榔 6 克，葛根 9 克，桔梗 9 克，秦皮炭 9 克，蒲黄炭 9 克，甘露消毒丹 9 克，茵陈 12 克，白头翁 12 克，炒北五味子 12 克，嘱服 6 剂，

1 周后复诊。

二诊：6 月 11 日。上方服至 4 剂，精神好转，能进饮食，不感心悸气紧，体温正常，恶露减少，但仍有块状物少许，腹胀，乳汁少。脉弦涩，舌质淡红，苔薄黄。处方（王渭川经验方）：党参 24 克，生黄芪 24 克，蒲公英 24 克，益母草 24 克，王不留行 24 克，黄连 3 克，连翘 12 克，金银花 9 克，鸡内金 9 克，厚朴 3 克，蔻仁 3 克，广木香 3 克，山楂 3 克，琥珀末 3 克。

疗效：服上方 6 剂后，食欲增进，乳汁渐多，腹胀、恶露消失，痊愈。

按：产妇发热，则首宜兼顾其产后元气大虚，脾气不足，正不敌邪等特殊情况，谨慎从事。本例患者虽因湿邪致病，但心悸气紧，舌边蓝，舌苔白腻如积粉，皆为产后气虚脾弱之候。不得不以益气健脾为主，藉达清热祛湿、行血化瘀的功效，促进子宫收缩，排出恶露亦有必要。初诊处方，以黄连、甘露消毒丹、琥珀末、白头翁清热，祛湿，解毒；泡参、黄芪益气补虚；木香、槟榔行气导滞。因有表证，故用葛根解肌；因心悸气紧，故用五味子、鸡血藤敛养心气。复诊处方虽有增减，但仍守前法，祛邪而不伤正，扶正而不留邪。

6. 乳汁缺少

妇女产后，哺乳期内乳汁甚少或全无者，由于乳腺分泌障碍而引起，又称"产后乳汁不行""乳汁不足""乳无汁"。缺乳多发生在新产之后，以产后第二三天至半月内常见，亦可发生在整个哺乳期。年龄较轻产妇，乳房可能发育不全，年高初产妇乳房可能萎缩，二者皆可使泌乳不足。

早在隋代《诸病源候论》即列有"产后乳无汁候"，认为其病因系"既产则血水俱下，津液暴竭，经血不足"使然，其曰："妇女手太阳手少阴之脉，下为月水，上为乳汁之义。"古人限于时代，但对泌乳的认识，多本经验积累所得的概念。因此，乳汁缺乏，古人认为关键是冲任损伤。《景岳全书》说："妇人乳汁，乃冲任气血所化，故下则为经，上则为乳。若产后乳迟乳少，由于气血不足，或为冲任虚弱无疑也。"宋代陈无择《三因极一病证方论》分虚实论缺乳："产妇有两种乳脉不行，有气血盛而壅闭不行者，有血少气弱涩而不行者，虚当补之，盛当疏之。"《妇人大全良方》认为"乳汁乃气血所化"，"乳汁资于冲任"，若"元气虚弱，则乳汁短少"，主张补气养血，益津增液，调补冲任，使之盛而通乳。金元张子和《儒门事亲》说"妇人有本生无乳者不治，或因啼哭悲怒郁结，气道闭塞，以致乳脉不行"，深化了对病因病机的认识。傅青主认为产后缺乳与气血两虚及肝气郁结有关，尤与气的关系更为密切。

综上，王氏认为乳汁缺乏，有因气血本盛，乳房胀大，而乳汁不行者，为乳汁郁滞证，宜涌泉散；有因血少气弱，涩而不行者，为气血衰弱证，宜补气养血通络，主十全大补汤；有因肝气郁结，宜逍遥散舒柔条达。治疗时，首先应辨别产妇的泌乳功能有无生理缺陷，否则随意运用催乳剂，不但无益，反而会以辛窜之品耗气伤阴。运用催乳剂时，应对产妇机体做全面考虑。

【辨证论治】

（1）乳汁郁滞型

主要证候：妇女产后，乳房全部或部分肿胀痛，压之尤甚，乳汁不通，舌质略带青色，苔薄白腻，脉沉涩。

治法：导滞通乳。

处方：涌泉散（《卫生宝鉴》）。

　　　瞿麦穗　　麦门冬　　龙骨　　穿山甲　　王不留行

用法：各等份，共研细末，每服 3 克，热酒调下，每日 3 次。

方义分析：方中穿山甲、王不留行都为通乳要药。王不留行性味苦平，有行血通络、下乳的功效，其上能通乳汁，下可通经闭，治乳汁不下，常与穿山甲配用。穿山甲善于走窜，性专行散，能活血散瘀，消肿排脓，通乳汁。麦门冬滋养胃阴而生津；瞿麦穗通乳利水；龙骨重镇安神，平肝益阴。五药配合，有通乳导滞之功。

加减：王氏应用时去龙骨之收敛，另加漏芦以导滞消胀。

（2）气血俱虚型

主要证候：产后乳汁不行，头眩耳鸣，心悸气短，乳房不胀，舌淡少苔，脉虚细。

治法：补气血，通乳汁。

处方：通乳散（《傅青主女科》）。

　　　党参 15 克　　生黄芪 24 克　　当归 9 克　　麦门冬 9 克

　　　木通 9 克　　桔梗 9 克　　猪蹄 2 只

用法：因用猪蹄，故改煎剂同炖。

　　方义分析：本方中党参、生黄芪补气；当归、猪蹄补血；麦门冬养阴润燥；桔梗、木通开郁通乳，桔梗又能引药及气血上行。全方补气血、通乳汁，为治疗气血俱虚型产后缺乳之常用方。

　　加减：若体质虚弱者，可继服十全大补场，并随症加入穿山甲、王不留行；亦可加花生米、猪蹄炖服。

　　（3）肝气郁结型

　　主要证候：面色苍白，有时潮红，体质虚羸，精神抑郁，易于动怒，头眩胁痛，口干内热，有时潮热，大便秘结，小便淡黄，舌红，苔薄黄，脉细数。

　　治法：疏肝解郁通乳。

　　处方：通肝生乳汤（《傅青主女科》）。

白芍 9 克	当归 9 克	白术 9 克	熟地黄 12 克
麦门冬 9 克	通草 9 克	柴胡 9 克	远志 6 克
藿香 6 克			

　　方义分析：柴胡疏肝解郁；当归、熟地黄、白芍活血通络；通草通乳；麦门冬生津；白术健脾。本方对气血不足，而又肝气郁结之乳汁不通者最宜。

　　加减：若气郁甚者，加槟榔、香附、穿山甲、王不留行之类。亦可选用逍遥散加通乳之品。

　　【典型医案】

　　孙某，女，28 岁。

　　初诊：1977 年 8 月 20 日。形体瘦弱，结婚数年未孕。因患黑色素沉着，经过长期治疗，稳定好转而孕。产后乳汁从极少量而至于无。婴儿又不食牛乳，患者苦之。平时眩晕头昏，食欲差，性急躁易发怒，长期失眠。脉弦数，苔光，舌质红。诊断：继发乳汁缺少。辨证：肝肾阴虚，津伤阻络。治法：滋养肝肾，生津通络。处方（王渭川经验方）：沙参 12 克，生地黄 12 克，炒川楝子 10 克，生白芍 10 克，阿胶珠 10 克，川贝母 10 克，夏枯花 15 克，水蛭 6 克，䗪虫 10 克，夜交藤 60 克，王不留行 24 克，茜草 10 克，生蒲黄 10 克，蚕蛹 20 枚。1 周 6 剂，连服 2 周。

　　二诊：9 月 10 日。服上方 2 周，精神明显好转，人觉愉快，抑郁愁苦之状消除，失眠显著好转。乳房发胀，恢复产后初期乳量。婴儿渐长，饮食增加，乳量更感不足。脉弦数，苔光薄，舌质红。治法：养肝肾，通乳汁。处方（王渭川经验方）：沙参 12 克，生地黄 12 克，生三七 3 克，鸡内金 10 克，胎盘粉 10 克，炒川楝子 10 克，生白芍 10 克，阿胶 10 克，川贝母 10 克，夏枯花 10 克，水蛭 6 克，䗪虫 10 克，夜交藤 60 克，王不留行 24 克，生蒲黄 10 克，茜草 10 克，蚕蛹 20 枚。

三诊：9 月 26 日。产妇服上方 2 周后，乳汁显著增加，逐步恢复已够婴儿食用。身体转胖，体重增加，食欲增进。撰方长期服用。处方（王渭川经验方）：阿胶珠 10 克，水蛭 6 克，䗪虫 10 克，王不留行 24 克，茜草 10 克，蚕蛹 20 枚，胎盘粉 10 克，三七粉 2 克^{冲服}。嘱常服。

疗效：病人日趋健壮，乳汁尤显充盈。在服药方面，病人停停服服，终于停药后，乳汁照常丰足而愈。

按：治疗乳汁不足，总以肝肾脾、气血、冲任方面着手，可逐步收效。切忌刻舟求剑，一成不变。治疗本病例，初期从调肝滋肾通络着手，所用药物以一贯煎仿涌泉散，获效。继增血肉有情之品，如胎盘粉、阿胶等，能起肯定的效果。蚕蛹内含丰富的蛋白质，对体弱者有补益的作用。如此治疗，终于获得满意疗效。

在乳房病症中，青年还有乳衄，即在月经期，乳房大量出血。遇此症勿惊慌，从先天之肾着手。又有孕期六七月之间乳汁自流，这是冲任之气不足，补益冲任即可治之。

7. 产后乳汁自出

产后乳汁自出指产妇在哺乳期中，乳汁不经婴儿吸吮而自然溢出者，亦称"漏乳"。若乳母身体健壮，气血旺盛，乳汁充沛，乳房饱满，由满而溢，或断乳之时乳汁难断而自出者，不属病态。

本病始见于隋代《诸病源候论》，书中列有"产后乳汁溢候"，但所言为"经血盛者，则津液有余"的生理性乳汁自溢。至唐代《经效产宝》始论述了其病因为"身虚所致，宜服补药以止之"。宋代《妇人大全良方》进而指出"胃气虚"是发病之由。明代《校注妇人良方》则提出"气血俱虚"病因说，并补充了"肝经血热""肝经怒火"可引起乳汁自溢。

王氏认为，本病发生分虚实两端。虚者耗气伤血，摄纳失常，治宜补气益血，酌以固摄，方用加减十全大补汤；实者肝郁化热，迫乳外溢，治宜疏肝解郁，清热敛乳，方用加减丹栀逍遥散。

【辨证论治】

（1）气血虚弱型

主要证候：乳汁自出，量少质清稀，乳房柔软无胀感，舌淡苔薄白，脉细弱。

治法：补气益血，酌以固摄。

处方：加减十全大补汤（《太平惠民和剂局方》）。

党参 15 克	白术 20 克	白芍 20 克	白茯苓 20 克
黄芪 20 克	川芎 15 克	熟地黄 20 克	当归 15 克
肉桂 10 克	甘草 6 克		

方义分析：本方以八珍汤补益气血为基础，加黄芪增强补气之力；肉桂补元阳，暖脾胃，使气血生化源源不绝。气血旺盛，乳汁得以固摄。

（2）肝郁血热型

主要证候：乳汁自出，量多质稠，乳房胀痛，舌质红苔薄黄，脉弦数。

治法：疏肝解郁，清热敛乳。

处方：加减丹栀逍遥散（《内科摘要》）。

牡丹皮 20 克	栀子 15 克	当归 15 克	白芍 15 克
柴胡 15 克	白术 20 克	茯苓 15 克	薄荷 10 克
炙甘草 10 克	生地黄 15 克	夏枯草 15 克	生牡蛎 10 克

方义分析：方以丹栀逍遥散疏肝解郁清热，去生姜之辛散，加生地黄养阴滋血，夏枯草清热散结，生牡蛎平肝敛乳。全方使热去郁散，乳汁自安。

另有民间验方：麦芽、谷芽各四两（200 克），久煎顿服。

8. 产后大便难

妇女产后大便难，是产后气弱，大肠传导无力，或血枯液燥，肠失润滑致大便秘结难解。

《金匮要略》说："新产妇有三病……亡津液，胃燥，故大便难。"《金匮心典》说："产后大便难者，液病也。胃藏津液而渗灌诸阳。亡津液，胃燥则肠失其润，而大便难也。"

王氏将产后大便难分为液枯型和气虚型，前者以养血滋液、润肠通便为主，方选润肠丸加减；后者治以益气通便，选用麻仁丸加减。

【辨证论治】

（1）液枯型

主要证候：大便秘涩、干结，不思饮食，舌淡苔薄黄而干或干白，脉虚数。

治法：养血滋液，润肠通便。

处方：润肠丸（《东垣十书》）。

羌活 15 克　　　当归 15 克　　　大黄 15 克　　　麻仁 30 克

桃仁 30 克

用法：先以麻仁、桃仁另研如泥，余研细末，炼蜜为丸，如梧桐子大，每用 6 ~ 12 克，白开水吞服。

方义分析：本方麻仁、桃仁富含油脂，最能润滑肠道；当归滋血养血；大黄通便泄热；佐羌活之升，恐大黄等药泻之太过，复伤津液。全方共起润肠通便的功效。

加减：加蜂蜜以增加润肠通便之效。

（2）气虚型

主要证候：产后大便秘结，气短神疲，语声低微，自汗，舌淡红，苔薄，脉弱或虚数。

治法：益气通便。

处方：麻仁丸（《证治准绳》）。

麻仁 80 克^{研如泥} 枳壳 30 克　　　党参 80 克　　　大黄 15 克

用法：后三味药共研细末，炼蜜为丸，如梧桐子大，每服 6 ~ 12 克，如未通者，可渐加用量。

方义分析：本方用党参补气为主药，再加枳壳顺气开结，两药同用，使补而不滞，且增大肠传导之功。加滋液润肠的麻仁，使大黄之通导，而为补气通便之方。

加减：若气虚甚者，加白术、黄芪之类；自汗者加浮小麦。

【典型医案】

周某，女，42 岁。

初诊：1963 年 8 月 3 日。病人婚后 20 年未育，曾就诊王氏处长期治疗得孕，平安产子。究以产程过长，出血较多，平时人体羸瘦，产后十日子宫复旧不全，一度脱垂，大便困难。医用润肠通下剂无效。每天非灌肠则不能排便，产妇苦之，旋急促邀诊。审其证，面色苍白，头昏心悸，腹部胀痛，但恶露已净。苔薄白，脉沉涩。诊断：产后大便难。辨证：气血亏损，气滞便结。治法：补养气血，佐以理气通结。处方（王渭川经验方）：潞党参60克，鸡血藤18克，生黄芪60克，炒升麻24克，归身10克，制香附10克，广木香10克，槟榔10克，九香虫10克，䗪虫9克，益母草24克，鹿角胶24克，鱼鳔胶24克。嘱服6剂。

二诊：8月16日。服上方后，大便能自解。复请产科检查，宫体脱垂已上缩。但产妇仍感少腹隐痛，不胀，黄带较多。处方（王渭川经验方）：潞党参60克，鸡血藤18克，生黄芪60克，炒升麻24克，归身10克，蒲黄炭10克，制香附10克，广木香10克，槟榔10克，九香虫10克，䗪虫10克，益母草24克，鹿角胶24克，鱼鳔胶24克，琥珀末6克。嘱服6剂。

三诊：8月25日。服上方6剂后，诸症悉解，唯乳汁不足。处方（王渭川经验方）：党参30克，白术10克，茯苓12克，炙甘草10克，益母草24克，王不留行24克。

疗效：痊愈。

按：本症即《金匮要略》所论产后三大病的大便难之一种。一般认为是产后肠间津液缺少所致，实际上是胎儿庞大，胎前即影响膀胱和使直肠受迫，加之产后子宫复旧不全，影响腑气运行，机能不畅，导致大便困难。方用大剂益气之品，合宣滞活络的虫类药，为治疗产后大便难之基础方。

9. 乳痈

乳痈，西医学称为乳腺炎。乳房一侧或两侧，忽然红肿硬痛，发热胀痛，甚至化脓，同时伴有全身症状，如头痛、身痛、畏寒、发热等。本病发病原因多由于化脓性细菌，如葡萄球菌及链球菌从擦破的乳头侵入，加上产妇乳汁阻塞不通，成为细菌良好的培养发育场所，故细菌繁殖迅速，来势较凶。

中医古籍对本病记载甚详。《景岳全书》曰："产后吹乳，因见饮乳，为口气所吹，致令乳汁不通，壅结肿痛，不急治之，多成痈肿。"叶天士《临证指南医案》说："乳痈属胆胃二腑热毒，气血壅滞。初起肿痛，发于肌表，肉色嫩赤，其人表热，或憎寒壮热，头痛烦渴。"缪仲醇著《先醒斋医学广笔记》一书中说：

"妒乳，内外吹乳，乳岩，乳痈，不外阳明厥阴两经之病。治疗之法，橘叶最妙。又用生半夏一个研末，以生葱头研裹，左右互塞鼻孔。神验。"王氏曾经试用此方，的确有效。塞鼻后数小时，发现鼻内有刺的感觉时，立即除去，以清水洗涤鼻孔。如肿痛尚未全消，可连续按上法继用。古人以在未产前发生乳痈，名内吹风；授乳时患乳痈，为外吹风，皆出于推测。《先醒斋医学广笔记》所说不外阳明厥阴，二经之病，亦本古义。但乳癌病理不同，不可与乳痈同论。胎前见乳痈，宜肝消散；产后乳痈，多属积乳多，加以畏痛，不敢使乳婴吮吸，则愈积愈多，所以成溃，不比其他溃疡易于消退，二三日内无不成脓。

在王氏看来，乳痈初起，常选用清凉解毒消肿之品，如川楝子、蒲公英、紫花地丁、金银花、牡丹皮、栀子、黄芩、连翘、山楂、神曲等。同时配合外治，以蒲公英、紫花地丁、马齿苋、木芙蓉叶、忍冬藤等，捣敷皆有效。但此类药性皆清凉有余，火势盛炽，红肿蔓延者宜之；如属轻症，嫌其太凉，反遏抑气血，使之坚硬难化，宜用如意金黄散清血消散。内服药方面，初起有全身症状时，憎寒发热、头痛身痛者，先服真人活命饮，继予消毒饮、连翘饮；在溃脓以后，日久气血虚弱者，宜益气养营汤。

【辨证论治】

（1）乳痈初起

主要证候：乳头中乳汁停滞，乳部红肿坚硬，壅塞乳道，疼痛剧烈，舌赤，脉洪数。

治法：清热解毒，通络疏利。

处方：加味真人活命饮（《中医妇科病学》）。

金银花 15 克	归尾 10 克	浙贝母 9 克	皂角刺 9 克
连翘 9 克	橘皮 6 克	制乳香 5 克	制没药 5 克
天花粉 12 克	白芷 5 克	甘草 3 克	瓜蒌皮 12 克
赤茯苓 12 克	山甲片 9 克	川红花 6 克	蒲公英 9 克

方义分析：本方金银花、连翘、蒲公英等清热解毒，皂角刺、浙贝母、山甲片、川红花等通络疏利，则可使热毒解、乳道通、红肿消。诸药合用，共奏清热解毒、通络疏利之功。

加减：外用药取蒲公英、芙蓉花、野菊花，捣烂敷患处，或如意金黄散敷患处。

附：如意金黄散

胆南星 60 克	黄柏 90 克	黄芩 150 克	生大黄 60 克
白芷 5 克	天花粉 30 克	厚朴 30 克	苍术 30 克
橘皮 60 克	甘草 30 克	杜仲 30 克	姜黄 30 克
白及 60 克			

用法：以上诸药共研细末，加蜂蜜调匀，敷患处。

（2）痈脓期

主要证候：形寒发热，乳房肿痛，硬块渐软，局部皮肤光泽，灼红疼痛，或将溃或已溃流脓，舌苔腻，脉弦滞。

治法：清热解毒，托里排脓。

处方：加味神效瓜蒌散（《外科集验方》）。

瓜蒌 30 克	生甘草 15 克	当归 10 克	明乳香 3 克
没药 6 克	山甲片 6 克	党参 15 克	金银花 9 克

方义分析：本方金银花、瓜蒌清热解毒；当归养血活血；党参益气扶正；乳香、没药、山甲片活血散结，消痈溃坚。全方共奏托里排脓之功。

加减：若内热未尽，则加连翘、牡丹皮、夏枯草、蒲公英；脓汁稀薄者，加黄芪 30 克以上。外敷药同上。

（3）溃疡后期

主要证候：溃脓后体力衰减，疮口久久不愈，舌苔薄白，脉弦细。

治法：益气养血，排脓生肌。

处方：益气养营汤（《证治准绳》）。

沙参 9 克	茯苓 9 克	橘皮 3 克	浙贝母 6 克
香附 3 克	当归 3 克	川芎 3 克	黄芪 9 克
熟地黄 3 克	白芍 3 克	甘草 2 克	桔梗 2 克
白术 6 克	柴胡 2 克		

方义分析：本方属散剂改为的汤剂。方中沙参、黄芪、白术益气；当归、熟地黄等养血；桔梗、川芎、香附通络排脓。全方气血得补，血脉通利，则脓尽生肌收口。

加减：外敷药同上。

【典型医案】

秦某，女，28岁。

初诊：1978年6月30日。产后10余日，乳汁充足。突发乳房肿痛、发红，乳汁闭塞。不但婴儿吮不出，用吸乳器也吸不出。全身恶寒发热，体温39.7℃，头痛鼻塞，乳部疼痛，周身关节同时剧痛，不能饮食。西医用鱼石脂外敷无效。脉浮洪，苔薄腻。诊断：乳痈（乳腺炎）。辨证：湿毒蕴结上焦，乳络瘀阻。治法：清湿排毒，通瘀活络。处方（王渭川经验方）：红藤60克，蒲公英30克，败酱草30克，大青叶10克，茵陈10克，萹蓄10克，淡豆豉10克，知母10克，王不留行20克，柴胡10克，三七粉3克，全瓜蒌30克，川知母10克，夏枯草20克，薤白12克，水蛭6克，䗪虫10克，炒蒲黄10克。嘱服4剂后更方。并用金黄散合蜂蜜外敷。

二诊：7月5日。金黄散连敷3日后，乳房红肿全消，乳汁自出。服药至2剂后热度退清，体力恢复，食便正常，照常授乳。苔光薄，脉弦缓。治法：清湿排毒，通瘀活络。处方（王渭川经验方）：潞党参30克，鸡血藤18克，生黄芪30克，红藤24克，蒲公英24克，王不留行10克，柴胡6克，夏枯草10克，䗪虫10克，炒蒲黄10克。嘱服6剂。

疗效：痊愈。

按：乳房虽属肝脾区域，但本案形成，并非七情之伤，乃是病毒感染造成，乳房肿痛，分泌乳汁瘀阻。当时病势已酝酿化脓，全身高热。因此，治本案舍病机，如肝气郁结，或胃热伤脾等，专以内清外消，而排除感染之湿毒局部蕴结。用药亦打破常规，也不采取荆、防解表。在涌泉散中，只取王不留行一味，已足胜任。外敷金黄散，乃起消肿消炎之良效。在内服方中，红藤、蒲公英、大青叶消炎排除病毒功效显著，败酱草尤能抑制白细胞增高，淡豆豉解肌热，知母养阴清热，柴胡疏泄壅塞之凝聚，三七、蒲黄化瘀活络，水蛭、䗪虫通经活络，故投方良效，多半打破前人治乳痈常规。且方剂平稳，凡刺激性较重之品，如生半夏、皂角刺等一概不取。

总之，乳房部位在胸，而为阳明胃气之所聚，又为肝经厥阴之所络。乳房之内，更多筋膜乳管，上细下粗，储藏乳汁，故一经病毒侵袭，极易腐溃。最好在病之初期，侧重清解消散，莫使滋蔓难图。

（七）杂病证治

妇科疾病，古人通以经带、崩漏、胎产、癥瘕、乳阴等分类。妇科杂病的记载，最早见于《金匮要略》中"妇人杂病脉证并治"。虽叙述极简，但已昭示了妇人三十六病的开端。其次为《诸病源候论》，自三十七卷至四十卷，凡一百四十一论，俱论妇人杂病，可以说是博大广泛。《外台秘要》虽未明载妇人杂病，但自三十三卷至三十四卷，通论妇科病者，达八十五门之多。《景岳全书》有杂病的专篇，包括了大部分妇科杂病。

妇科通常所见的疾病，不出经带崩漏的范围。而很多难治的妇科杂病，多由经带崩漏和其他因素逐步形成。如由于经血不调，日渐虚羸者而成的干血痨；由冲任之病形成的癥瘕等。妇科杂病错综复杂，往往疾病起始单纯，理应掌握病机，防止发展。

在杂病治疗上，古人记载的经验是非常丰富的。如属室女经闭，或因思虑拂逆，渐至潮热骨蒸，此属干血痨之候，宜益阴血，制虚火。如癥瘕积聚者，原因非一，病情各异，应究其原，随证施治；如果患者伴有结核，则需结合抗结核药物清肃病原，增强疗效。妇女在行经期间，忽因伤寒或温热，而成暂时的经闭血阻，古人谓之热入血室。脏躁始见于《金匮要略》，为各种不同类型的神志失常的病态，患者以妇女为多。乳癌一症，属于恶性肿瘤，应在历代名医验案中寻求古人经验，来发挥疗效。阴挺一症，陈无择著《三因极一病证方论》说是产后阴脱，如脱肛状，阴下挺出，逼迫肿痛，属于胞宫下坠阴道之外，治宜补益固纳。不孕一症，有生理上的缺陷，有病理上的变化，一般说来，与"调经种子"是相提并论的。因此，种子必先调经，治妇科病亦应兼及男科。针对盆腔炎，王氏结合四川盆地地理特征，强调湿热蕴结下焦是主要病机，故清热化湿、解毒活血是其主要治法；而贯穿始终的银甲丸，则是这一主要治法的体现。

王氏将癥瘕、阴挺、盆腔炎、不孕症、热入血室、脏躁、干血痨、乳癌等列于妇科杂病中。

1. 癥瘕

妇人下腹结块，伴有或胀，或痛，或满，或异常出血者，称为癥瘕。癥者有形可征，固定不移，痛有定处；瘕者瘕聚成形，聚散无常，推之可移，痛无定处。西医学中的子宫肌瘤、卵巢囊肿、盆腔炎性包块、子宫内膜异位症、盆腔结核包块及陈旧性宫外孕等，常可归属于本病范畴。

古人说："癥者，坚也，坚则难破；瘕者，假也，假物成形。"《诸病源候论》叙述最详，其凭候辨证，有积聚、癥病、疝瘕、癥痞及八瘕之候，为癥瘕、积聚、痞癖最早的记载。说明癥瘕范围很广，包括积聚、痞癖等包块类疾病。王氏认为，癥者征也，血质凝，有形可征，固定不移；瘕者假也，由脏气结聚，无形成瘕，推之可动。癥瘕病在肝脾气血，气虚以补中行气，气滞则开郁宣通，血衰则养营以通络，血瘀则通络以化坚。至于痞癖，也因气而成，宜以辛开活血为着手，此为治瘕聚、痞癖的简要法则。

在用药方面，王氏则重用补虚化瘀法，补气常选补中益气汤、四君子之辈，并常用大剂量党参、黄芪益气以使阳气升发。化瘀用王清任通窍活血汤、血府逐瘀汤、膈下逐瘀汤等方加减；对瘀久胶着，则据叶天士久病入络之说。因虫类灵动搜剔之功，方中多喜用蜈蚣、乌梢蛇、全蝎、䗪虫、水蛭、地龙、僵蚕、九香虫等，并指出虫类药有攻坚破积、活血化瘀、息风镇痉、壮阳益肾、消痈散肿五方面的作用，对瘀久积聚，用攻坚化癥法消积聚而利生机，常用鳖甲煎丸、大黄䗪虫丸、化癥回生丹。

【辨证论治】

（1）瘕聚型

主要证候：包块，随气上下，按之不实，心腹疼痛，上气窒塞，面色萎黄，四肢无力，小腹胀满，二便不利，舌苔白，脉弦。

治法：破气散瘕。

处方：大七气汤（《严氏济生方》）。

京三棱 45 克	莪术 45 克	青皮 45 克	橘皮 45 克
藿香叶 45 克	桔梗 45 克	肉桂 45 克	益智仁 45 克
香附 45 克	甘草 22.5 克		

用法：共研粗末，每用 15 克，水煎服。

方义分析：方中三棱、莪术可破血祛瘀，行血中之气；青皮、香附、橘皮疏肝理气；藿香化湿和中；桔梗辛平苦泄，善能宣通肺气；肉桂温通化气；益智仁暖脾肾，使全身气机通达。全方左升右降而无凝聚，则瘕可自散。

加减：王氏用此方时，常加九香虫、䗪虫、水蛭以增破瘕散聚之功。

（2）瘕积型

主要证候：包块固定不移，疼痛拒按，有形可征，舌有瘀点，脉沉涩。

治法：破瘀消积。

处方：膈下逐瘀汤（《医林改错》）。

五灵脂 6 克	当归 9 克	川芎 6 克	桃仁 9 克
牡丹皮 6 克	赤芍 6 克	乌药 6 克	延胡索 3 克
甘草 6 克	香附 5 克	红花 9 克	枳壳 5 克

方义分析：本方用红花、桃仁、五灵脂、延胡索、牡丹皮、赤芍、川芎等药活血通经，行瘀破癥；香附、乌药、枳壳行气消积；甘草调和诸药。全方共成祛瘀破癥、行气消积的功效。

加减：王氏善用虫类药，用本方时，王氏常加全蝎、䗪虫、水蛭、蜈蚣等虫类药加强攻坚破积、活血化瘀的作用。

（3）气血郁积型

主要证候：病久体虚，腹内包块，有形有质，拒按，既胀且痛，舌质略紫，脉沉涩。

治法：补虚化癥。

处方：葱白散（《证治准绳》）。

川芎	当归	枳壳	厚朴	干姜	桂心	小茴香
白芍	青皮	木香	麦芽	苦楝子	熟地黄	三棱
莪术	茯苓	神曲	党参			

用法：各等份，共研细末，每用 9 克，加葱白 2 寸、盐 2 克，水煎服。

方义分析：本方以性味辛温的葱白，发汗解表通阳，用当归、熟地黄、川芎、白芍补血调肝；党参、茯苓益气健脾；枳壳、厚朴、青皮、木香、苦楝子疏肝行气；三棱、莪术破血祛瘀，消积止痛；桂心、小茴香、干姜起温通散寒作用；麦芽、神曲消食和胃。本方补虚化瘀作用很强，是益气养血、行血祛瘀的良方。同时，还可以加入虫类药，以舒筋活络。

附：子宫肌瘤

子宫肌瘤是女性生殖器官最常见的良性肿瘤，多发生于育龄期妇女。根据肌瘤和子宫肌壁的关系，可以分为肌壁间肌瘤、浆膜下肌瘤、黏膜下肌瘤。临床可表现为经期延长、经量增多、痛经、阴道不规则出血、带下异常等，可引起继发性不孕、小便次数增多、尿急或尿潴留和贫血表现。妇科检查，发现子宫体增大、质硬，表面高低不平，大的肿瘤可在腹壁扪到。

本病属中医学"癥瘕"范畴。王氏认为，本病病因为湿浊邪气瘀滞胞宫、胞络，影响气血运行，气血凝滞，冲任受损而致病。

【辨证论治】

（1）血瘀型

主要证候：腹中硬块，按之不移，经期延长，经量增多，痛经，带下，有时小便淋沥，舌质红或紫，苔薄黄，脉沉涩或沉迟。

治法：活血化瘀，佐以清湿。

处方：化癥回生丹（《温病条辨》加减（改汤剂）。

党参 24 克	桃仁 9 克	土红花 9 克	水蛭 6 克
蟅虫 9 克	红藤 24 克	炒蒲黄 9 克	炒五灵脂 12 克
鸡血藤 18 克	鸡内金 9 克	蒲公英 24 克	生鳖甲 24 克

琥珀末 6 克 冲服或布包煎

方义分析：本方中桃仁、红花活血通经，行瘀破癥，为主药；水蛭、蟅虫、蒲黄、五灵脂加强桃仁、红花活血破瘀之功，为辅助药；党参、鸡内金健脾益气，使气旺血行；生鳖甲软坚散结；红藤、蒲公英清热解毒利湿。全方共奏活血化瘀、清湿之效。

加减：血瘀重者选用黑故脂、蟅虫、地龙、蜈蚣、白花蛇（乌梢蛇）加强活血化瘀之力；气血虚者选用生黄芪、桑寄生、菟丝子、鹿角胶补益气血；湿热重者选用红藤、败酱草、桔梗清热利湿；气滞者选用槟榔、厚朴、台乌药行气；出血多者选用仙鹤草、夏枯草、大蓟、小蓟、茜草根止血；脾胃虚弱者选用台乌药、九香虫、山楂、神曲、生谷芽健脾开胃。

此证亦可选用通窍活血汤《医林改错》）合银甲丸（王渭川经验方）加减。

（2）气滞型

主要证候：瘕聚不坚，推揉可散，时而又聚，或上或下，时感疼痛，又无定处，精神抑郁，面色略青，脉沉弦。

治法：行气导滞，佐以清湿化瘀。

处方：香砂六君子汤（《古今名医方论》）合银甲丸（王渭川经验方）加减。

党参 24 克	生黄芪 60 克	桂枝 6 克	槟榔 6 克
砂仁 6 克	木香 6 克	生白芍 12 克	炒五灵脂 12 克
吴茱萸 9 克	法半夏 9 克	台乌药 9 克	九香虫 9 克
炒小茴香 9 克	炒蒲黄 9 克	败酱草 24 克	红藤 24 克
蒲公英 24 克	琥珀末 6 克 冲服或布包煎		

方义分析：本方重在行气导滞化瘀。方中砂仁、木香、炒小茴香、台乌药、槟榔功善行气导滞；九香虫、蒲黄、炒五灵脂、琥珀活血化瘀；加参、芪补气；吴茱萸、桂枝、半夏温阳化湿止痛；白芍养血，使气血充足而运行通畅；败酱草、红藤、蒲公英清热利湿。全方共使气运血行，癥瘕自可消散。

（3）痰积型

主要证候：身体肥胖，面色㿠白，胸脘满闷，时有恶心吐涎，月经愆期，白带量多，甚则月经停闭，腹大如怀孕状，舌质淡，苔白腻，脉滑。

治法：豁痰行滞，佐以清湿化瘀。

处方：苍附导痰丸（《叶氏女科证治》）合银甲丸（王渭川经验方）加减。

黄芪 30 克	白术 10 克	防风 10 克	苍术 9 克
香附 9 克	鸡血藤 18 克	鹿角片 24 克	菟丝子 15 克
桑寄生 15 克	炒蒲黄 10 克	䗪虫 10 克	桔梗 10 克
红藤 24 克	蒲公英 24 克	琥珀末 6 克	槟榔 9 克
山楂 10 克			

方义分析：本方以苍附导痰丸健脾化湿豁痰、银甲丸清热利湿，辅以玉屏风散固正，使气血畅通，痰浊消除，积聚自可消散。

【典型医案】

（1）赵某，女，45 岁。

初诊：1978 年 2 月 18 日。经四川省某医院诊断为"子宫肌瘤"。肌瘤如孕两月大小。月经量多，最近一次月经持续一个月零一天。带下色黄，头目眩晕，疲乏无力，食欲减退，脸足浮肿，腹痛拒按，小便频，舌质红，苔薄黄，脉沉涩。治法：活血化瘀兼以清湿。处方：通窍活血汤合银甲丸加减。党参60克，鸡血藤18克，生黄芪60克，桑寄生15克，台乌药9克，菟丝子15克，覆盆子24克，仙鹤草60克，续断60克，夏枯草60克，益母草24克，蟅虫9克，蜈蚣2条，黑故脂12克，炒蒲黄9克，乌梢蛇9克，鸡内金9克，鹿角片24克，糯米草60克，大小蓟各12克。1周6剂，连服2周。

二诊：3月10日。上药服12剂后，浮肿已消，精神好转，食欲渐增。本月月经于3日来潮，一个星期已净。腹痛减轻，但仍有白带。舌质淡红，苔薄腻，脉沉缓。治法：守前法继进。处方：上方加红藤24克，蒲公英24克，黄精60克。1周6剂，连服12剂。

三诊：3月24日。服上药后精神显著好转，眠食均好，白带已少，其余症状均减轻，自觉腹中包块变小。舌脉同前。治法：守前法继进。处方：照上方。1周6剂，连服2周。

四诊：4月8日。服上药12剂后，诸症悉减，本月月经准时来潮，5天干净，经量正常，腹痛已消。再经四川省某医院复查：子宫肌瘤已缩小到蚕豆大。病基本治愈，但行经时略有腰痛，舌脉正常。处方：上方去台乌药，加艾叶9克，羌活3克。1周6剂，连服4周。

按： 癥瘕是指腹内有形或无形的肿块，伴有或胀或痛的一种病症，症状与西医学所指的子宫肌瘤相似。本病例属血瘀，病因为经期或产后，血室正开，风寒乘虚侵袭胞宫，凝滞气血，或忿怒伤肝，气逆血留，或房事所伤，精血阻滞，都能使瘀血留滞，渐积成癥。治宜活血化瘀，佐以清湿，以通窍活血汤合银甲丸加减为主方。因投方对症，故疗效较显。

（2）孙某，女，40岁。

初诊：1976年8月15日。病人平素脾胃很弱，少腹痞块，硬痛拒按，历时年余。气虚乏力，有时腹痛，经水忽停，带下色黄，腥臭，舌质淡红，苔白薄，脉沉滑。诊断：癥积带下，辨证：气虚夹湿积瘀。治法：理气消湿，佐以化瘀。处方（王渭川经验方）：党参30克，鸡血藤18克，生黄芪60克，桑寄生30克，补骨脂12克，蟅虫10克，水蛭6克，炒蒲黄10克，红藤24克，蒲公英28克，槟榔 10 克，鸡内金 10 克，琥珀末 6 克，炒五灵脂 12 克，砂仁 10 克，生鳖甲 24 克。1 周 6 剂，连服 4 周。

二诊：9 月 23 日。上方服 2 周后，病人于某医院检查，包块已软，痛已减轻。继服 2 周，精神好转，带下量少、色白，无腥臭气。处方：（王氏银甲丸）。金银花 15 克，连翘 15 克，升麻 15，红藤 24 克，蒲公英 24 克，生鳖甲 24 克，紫花地丁 30 克，生蒲黄 12 克，椿根皮 12 克，大青叶 12 克，茵陈 12 克，琥珀末 12 克，桔梗 12 克。共研细末，炼蜜成 63 丸，嘱服 1 个月。

按：中医学中，往往癥瘕并称，其实两者有显著区别。凡有形之积，坚定不移者，谓之癥积，即西医学所指子宫肌瘤或卵巢囊肿。无形之聚，推之则散者，谓之瘕聚，近似肠间积气或肠痉挛等症。本病例少腹痞块，忽聚忽散，并非坚定不移，应断为瘕聚。此病来源不离于气血瘀滞所致。傅青主说："带下俱是湿证。"病人带下色黄腥臭，显系湿中夹热，或湿盛化热之候。病已历时年余，正气亏耗，气虚乏力，此种兼见症，皆与瘕聚有密切关系。辨证认为气虚夹湿伏瘀，治法采用益气清湿化瘀。以香砂六君合银甲丸加减为主方，重用参芪以固正气，采用银甲丸以清热化湿、解毒活血，意在针对诸症，加以治理。

（3）莫某，女，26 岁。

初诊：1978 年 7 月 7 日。左少腹有包块，在某医院检查，左腹可摸到 4 厘米 ×4 厘米大小包块，确诊为"附件炎性包块"。小腹牵引作痛，曾两次腹部开刀。现月经量少，大便秘，舌质淡红，苔少，脉微数。辨证：气血两虚，兼瘀夹湿。治法：益气祛湿，活血化瘀。处方（王渭川经验方）：黄芪 30 克，山药 20 克，当归 10 克，赤芍 12 克，川芎 6 克，熟地黄 12 克，桃仁 9 克，红花 9 克，桑椹 12 克，续断 24 克，红藤 24 克，蒲公英 24 克，木香 6 克，蔻仁 3 克，琥珀末 6 克。

二诊：7 月 24 日。服上方 6 剂后，于本月 18 日经行，但腹痛已减，大便好转。月经仍量少，自汗，小便黄，患者又易感冒，舌质淡，苔白，脉弱。治法：益气养血，化瘀祛湿。处方（王渭川经验方）：黄芪 30 克，白术 10 克，防风 10 克，鸡血藤 18 克，鹿角片 24 克，菟丝子 15 克，桑寄生 15 克，炒蒲黄 10 克，䗪虫 10 克，桔梗 10 克，红藤 24 克，蒲公英 24 克，琥珀末 6 克，槟榔 9 克，山楂 10 克。1 周 6 剂，连服 4 周。

三诊：9 月 2 日。服药 1 个月后，经某医院复查，左附件包块已缩小至 1 厘

米 ×1厘米，腹痛已显著减轻，大便正常，月经量增多。后在方剂中加强补虚化瘀之力。根据当时的症状，先后又加减选用过党参、女贞子、枸杞子、黑故脂、薏苡仁、茯苓、水蛭、炒五灵脂、丹参等药。后复查，包块已消失。

按：本病例属痰积所致瘕积，病因为肝气郁结，乘犯脾胃，致脾运不健，水湿内生，积聚成痰。痰浊与气凝结，导致胞宫、冲任气血失调，成为瘕瘕。治宜豁痰行滞，佐以化瘀清湿，使气血畅通，痰浊消除，积聚自可消散。

2. 阴挺

妇女阴挺，即西医学所说子宫脱垂，是指妇女子宫下脱，甚则脱出阴户之外，或阴道壁膨出。若宫体经常脱出阴道口外，受衣裤的摩擦，引起感染，出现阴部红肿热痛、黄水淋沥及糜烂。

《三因极一病证方论》指出："产后阴脱，如脱肛状，及阴下挺出，逼迫肿痛，举动房劳即发。"《妇人大全良方》云："妇人阴挺下脱，或因胞络伤损，或因子脏虚冷，或因分娩用力所致。"《医宗金鉴》说："阴中突出一物，如蛇或如菌，或如鸡冠者，即古之癫疝也。属热者必肿痛，小便赤灼；属虚者，必重坠，小便清稀。"

王氏诊断阴挺，常结合西医学，以病人屏气用力为衡量标准将子宫脱垂的程度分为三度。王氏认为本病症于产后者，多因气虚所致，有非生产而发者，则湿热为患。他认为旧法接生、难产、手术及多次分娩所引起的盆底肌肉、筋膜及子宫主韧带的过度伸展及阴道失去支托而下垂，是子宫脱垂发生的主要原因。中医学责之于气虚、中气不足或肾气不固，带脉失约，或年老体弱，冲任不固，日渐下垂脱出。治疗本病，王氏认为补气是根本，在遣方用药方面重用党参、黄芪等补气之品；升麻升提举陷，使中气旺盛，则清阳上升，气不下陷；同时加用外用药是侧重局部清湿消炎，更结合内服，故投方收效。

【辨证论治】

（1）气虚型

主要证候：面色苍白，畏冷，疲惫，心悸气短，大便溏薄，小便频数，舌质淡，苔光薄，脉虚细。

治法：升提益气。

处方：补中益气汤（《脾胃论》）加减。

党参 24 克	鸡血藤 18 克	生黄芪 60 克	白术 9 克
当归 9 克	炒升麻 24 克	柴胡 9 克	红藤 24 克
蒲公英 24 克	琥珀末 6 克^{冲服或布包煎}		

方义分析：本方治中气不足，清阳下陷，用于阴挺方面，益气升阳为主旨。

加减：王氏用该方治本病时，重用黄芪、升麻，黄芪用量常加至 60 克以加强益气升提之力，另可酌情增加枳壳、续断、杜仲等升固之品。

（2）气血俱虚型

主要证候：面色萎黄，皮肤干燥，头晕目眩，耳鸣，腰酸骨痛，大便秘结，舌质淡红，苔光，脉濡缓。

治法：补气益血。

处方：十全大补汤（《太平惠民和剂局方》）加减。

党参 60 克	鸡血藤 18 克	生黄芪 60 克	桑寄生 15 克
菟丝子 15 克	白术 9 克	茯苓 9 克	生地黄 12 克
熟地黄 12 克	当归 9 克	炒升麻 24 克	鹿角胶 15 克
桔梗 9 克	鱼鳔胶 9 克		

方义分析：本方虽本保元之意，实则四君、四物、黄芪建中三方合成。本方以补气健脾为基础，体现气血双补、肝脾同治的法则，可用于病后虚弱及贫血等慢性消耗性疾病，以及月经不调、气血俱虚阴挺者。

（3）湿热型

主要证候：脱处肿痛，面色不华，心烦内热，或身热自汗，口苦胸闷，纳呆，夜寐不安，大便秘结，小便短赤刺痛，舌质红绛，苔黄腻，脉滑数。

治法：清热解湿。

处方：龙胆泻肝汤（《医方集解》）加减。

龙胆草 9 克	柴胡 9 克	泽泻 9 克	车前子 9 克
生地黄 9 克	栀子 9 克	红藤 24 克	蒲公英 24 克
金银花 9 克	败酱草 24 克	桔梗 9 克	生牛蒡子 24 克
藿香 6 克	生谷芽 60 克	琥珀末 6 克^{冲服}	炒升麻 24 克

方义分析：本方主治肝经湿热，方中龙胆草清肝经湿热，为主药；生地黄凉血，红藤、蒲公英、金银花、败酱草清湿热，排除下焦蕴积之湿热；桔梗排出黏

液；柴胡疏肝理气；琥珀和升麻，有镇痉清湿升提的作用。

治疗本病，在内服的同时，王氏常加用下列外洗方：蛇床子30克，乌梅1个，熬水洗患处。

或选用王孟英坐药：煅枯明矾180克，桃仁30克，五味子15克，雄黄15克，铜绿12克，共研细末，炼蜜为丸，每重12克，以方中雄黄研细末为衣，坐入阴道内。

【典型医案】

李某，女，55岁。

初诊：1977年8月20日。生育子女七八个，当50岁时，停经后，出现少腹下坠。经某医院检查示："子宫垂脱"三级，部分宫体露出阴道外寸许。由于家务与工作常感太累，并导致出现呼吸短促而显气紧，胸痛心悸，脱出的宫体部分与裤裆摩擦而见皮破红肿。体胖，食欲正常，睡眠较好，苔白薄，脉濡缓。诊断：阴挺。辨证：气虚夹湿。治法：补气清湿。处方（王渭川经验方）：党参30克，鸡血藤18克，生黄芪60克，桑寄生30克，炒升麻30克，槟榔10克，红藤24克，蒲公英24克，板蓝根24克，琥珀末6克。1周6剂，连服2周。另用蛇床子30克，乌梅1个，黄柏30克煎水，熏洗，坐浴。或大青叶、黄柏、冰片、琥珀等分，研极细末，用菜油调搽患处。

二诊：9月10日。脱出之物经熏洗、坐浴及外搽药后，已变软收缩，现已进入阴道。虽连日工作繁忙，幸未再脱。内服药已服完16剂。嘱以内服药与外用药概不更换，续服1个月。

三诊：10月15日。前方与外用药，继续又用了1个月，不但子宫脱出的部分完全收缩，而且小腹下坠感已全部消失。嘱治疗暂时告一段落，停药后随时发现问题，速来改方。后走访患者自停药以来，并未发病。

按：阴挺一病，中医责之于气虚，中气不足或肾气不固，带脉失约，或年老体弱，冲任不固，日渐下垂脱出。本病例属气虚下陷，遵循"虚者补之，陷者举之"的治疗原则，以加减补中益气汤为主方。方中黄芪、党参补气；桑寄生固肾；大剂升麻升提举陷；红藤、蒲公英、板蓝根、琥珀末清解湿热。外用药侧重局部清湿消炎。如此外搽、内服，使中气旺盛，则清阳上升，气不下陷，脱垂之子宫便能升举而复原位，病则治愈。

3. 盆腔炎

盆腔炎是女性内生殖器及其周围结缔组织、盆腔腹膜发生的炎症，包括子宫内膜炎及子宫肌炎，输卵管、卵巢炎（亦称附件炎），盆腔腹膜炎及盆腔结缔组织炎等。根据患者常有的腰痛、小腹痛和白带增多等症状，可属中医妇科的"带下病"范畴。

《傅青主女科》云："夫带下俱是湿证。"针对盆腔炎，王氏结合四川盆地地理特征，强调湿热蕴结下焦是主要病机，并与肝脾二脏有密切关系。王氏还认为，下焦为妇女胞宫所在之处，冲、任二脉皆起于胞宫，冲为血海，任主胞胎，无论寒湿或湿热流注下焦，均可致血脉瘀滞。

因此，王氏在治疗本病用药时注重活血化瘀，以清热化湿、解毒活血、行气止痛为主要治法。王氏常用自制银甲丸、银甲合剂加减治疗本病。

【辨证论治】

（1）湿热蕴结型

主要证候：月经后期，经量少，质稀薄，色暗，带下黄臭而多，腰与少腹疼痛，头痛眩晕，面色萎黄，心烦口渴，疲乏多梦，腹痛拒按，小便黄，大便秘结，舌质淡红、有朱点，脉弦数。

治法：清热化浊，益气活血。

处方：银甲合剂（王渭川经验方）合四君子汤（《太平惠民和剂局方》）加减。

金银花 6 克	连翘 9 克	蒲公英 24 克	山甲珠 9 克
升麻 24 克	党参 24 克	红藤 24 克	炒川楝子 9 克
生蒲黄 9 克	益母草 24 克	生黄芪 60 克	桑寄生 15 克
菟丝子 15 克	鸡血藤 18 克	琥珀末 6 克	

方义分析：银甲合剂清利湿热，四君子汤为补气的基础方，辅以黄芪、桑寄生、菟丝子等补益气血之品，使气血旺，湿热去。全方共奏清热化浊、益气活血之功。

加减：瘀重者选用炒五灵脂、补骨脂、䗪虫活血化瘀；月经不调者选用茺蔚子、茜草根活血调经；腰痛者选用杜仲、续断强身壮腰；带下量多选用椿根皮、白果仁收敛止带；多梦选用钩藤、刺蒺藜、夜交藤、朱茯神安神。

另外，可服银甲丸，每日早、中、晚各服 3 丸，用醋炒柴胡 4.5 克、丹参 9

克、鸡血藤 18 克，煎汤送服丸药。

（2）寒湿凝滞型

主要证候：少腹一侧或两侧隐疼发凉，喜按喜暖，腰酸痛，月经不调或量多痛经，头晕疲乏，白带量多、质稀色白，小便清长，大便溏或正常，舌质暗滞或有瘀斑，舌苔白润，脉弦细。

治法：温肾通阳，行气活血。

处方：河间地黄饮子（《宣明论方》）合银甲合剂加减。

党参 24 克	鸡血藤 18 克	生黄芪 60 克	桑寄生 15 克
菟丝子 15 克	红藤 24 克	蒲公英 12 克	炒升麻 24 克
续断 24 克	仙鹤草 60 克	夏枯草 60 克	大小蓟各 10 克

琥珀末 6 克^{冲服}

方义分析：本方以河间地黄饮子温肾通阳，大补肾阳之不足；银甲合剂清利湿热，配以行气活血之鸡血藤，补虚之党参、黄芪补益气血，使阳气充盛、气旺血行而湿热除。

加减：肾阳虚衰重者，可加熟附片、桂枝、肉桂、肉苁蓉等温肾通阳之品；湿重者加苍术、羌活祛湿；其余兼症，同湿热蕴结型。

另外，可服银甲丸，每日早、中、晚各服 3 丸。偏于湿，用苍术 9 克、白术 9 克、炒小茴香 9 克，煎汤送服丸药。偏于寒，用桂附理中汤煎汤，合麝香 0.15 克^{冲服}送服丸药。

（3）肝郁气滞型

主要证候：少腹一侧或两侧胀痛，腰痛有沉重感，心悸，食欲差，白带量多、白黏或黄，小便黄，大便燥结，舌尖红，苔薄白，脉弦滑或弦数。

治法：疏肝理气，化浊消瘀，兼顾冲任。

处方：银甲合剂合逍遥散（《太平惠民和剂局方》）加减。

柴胡 9 克	杜仲 9 克	炒白芍 9 克	广木香 9 克
椿根皮 9 克	红藤 24 克	蒲公英 24 克	大青叶 9 克
生鳖甲 24 克	续断 24 克	生蒲黄 9 克	明天麻 9 克

琥珀末 6 克^{冲服}

方义分析：本方由银甲合剂合逍遥散加减而成。以银甲合剂清湿化浊、逍遥散疏肝理气为基础，加杜仲、续断补肾固冲，木香行气化瘀。全方共奏疏肝理气、化浊消瘀、兼顾冲任之功。

加减：肝郁气滞明显者选用沙参、石斛、枸杞子、槟榔、厚朴增强疏肝理气之功效；其余兼症，同湿热蕴结型。

另外，可服银甲丸，每日早、中、晚各服 3 丸，用逍遥散煎汤送服丸药。

【典型医案】

（1）黄某，女，24 岁。

初诊：1953 年 5 月 2 日。婚后不孕。月经后期，经量少，色暗，质稀薄，带下黄臭而多。头昏痛，倦乏多梦，心烦口渴，小便黄，大便结，腹痛拒按，面色萎黄，腰痛，舌苔淡红，有朱点，脉弦数。妇科检查：宫颈光滑，子宫后位，较正常稍小，有深压痛，两侧附件区较明显压痛。西医诊断为"慢性盆腔炎"。辨证：湿热蕴结，气虚血滞。治法：清热化浊，益气活血。处方：四君子汤合银甲丸加减。金银花 6 克，连翘 9 克，蒲公英 24 克，山甲珠 9 克，升麻 24 克，党参 24 克，红藤 24 克，炒川楝子 9 克，生蒲黄 9 克，益母草 24 克，生黄芪 60 克，桑寄生 15 克，菟丝子 15 克，鸡血藤 18 克，琥珀末 6 克。1 周 6 剂，连服 2 周。

二诊：5 月 16 日。月经渐渐正常，腰腹痛亦渐消失。带色转白，量少。

以后共诊 6 次，随症选用下列药物：炒五灵脂 12 克，茺蔚子 9 克，茜草 12 克，广木香 9 克，炒白芍 9 克，鹿角片 24 克，杜仲 9 克，山茱萸 12 克，续断 24 克。

疗效：痛经完全消除，白带正常。复查盆腔，除子宫有深压痛外，余均正常。1964 年 2 月 14 日做输卵管通液检查，结果通畅。继而怀孕，于 1964 年 12 月 19 日下午生下 6.5 斤女婴，母女平安。

按：盆腔位于小腹部位，胞宫及其附属器官也位于其中，而冲脉与任脉这两条经脉均起源于胞宫，故胞宫的生长和生育及所以能司月经、孕育等功能，全赖冲任二脉气血功能的活动。胞宫通过经脉的联系，与内脏气血相通，尤以与肝、脾、肾三脏的关系密切。若脏腑气血不足，加上分娩、流产、手术及月经后，胞脉空虚，感受湿邪热毒，客于胞宫或阻于胞脉，形成气血瘀滞则易发病。或肝经与脾胃遭受湿热邪毒，循经下行，也可影响冲任为病，导致邪毒客于胞宫及其附属器官，也同样会发生炎症病患。本病例证属湿热蕴结，王氏意以清热化浊、益气活血为主要治法，以四君子汤合银甲丸加减为主方。投方对症，病人与医者密切合作，故取得较为满意的效果。

（2）刘某，女，28岁。

初诊：1963年10月12日。第一胎产后出现月经紊乱、少腹及腰胀痛1年。经西医诊断为"子宫内膜炎"。月经先后无定期，量多色暗，两乳作胀，常觉头昏腰痛，带色黄、不臭，舌苔薄腻，脉细数。治法：温肾通阳，益气调中。处方：补中益气汤合银甲丸加减。党参24克，鸡血藤18克，生黄芪60克，桑寄生15克，菟丝子15克，红藤24克，蒲公英12克，炒升麻24克，续断24克，仙鹤草60克，夏枯草60克，大小蓟各10克，琥珀末6克。1周6剂，连服3周。银甲丸吞服。

二诊：1964年1月18日。月经渐正常，少腹痛减，白带亦少。复查盆腔：宫颈中度糜烂，子宫后倾，大小正常，右侧附件炎，左侧稍后有深压痛。诊断为慢性附件炎及慢性子宫颈炎。共诊6次。随症加减药物有：炒川楝子9克，山甲珠9克，生香附9克，艾叶9克，淫羊藿24克。

疗效：月经完全正常，腹不痛。1964年2月复查，宫颈中度糜烂，有深压痛，余皆正常。于1964年3月怀孕，同年12月3日顺产10斤重女婴。产后40天，查炎症已愈。

按：本病例证属寒湿凝滞。病人因素体阳气虚弱，阴寒内盛，下焦失于温煦，导致阳不化水，水湿凝滞于下焦，或冲任受寒湿之邪所袭，血海为寒湿凝滞，日久阴寒内盛，经水难下，故月经紊乱；寒与血争则痛，故少腹及腰胀痛。治宜温肾通阳，益气调中。处方以补中益气汤合银甲丸大意，稍做剪裁，疗效较好。

（3）刘某，女，23岁。

初诊：1963年10月19日。第一胎产后4个月，婴儿病故，悲伤过度，经期持续9天，量多，有瘀块，少腹剧痛。西医诊断为"输卵管炎，子宫颈炎"。病人心情抑郁，心悸，食欲差，带黄而多。舌尖红，苔薄白，脉弦数。治法：疏肝理气，化浊消瘀，兼顾冲任。处方：逍遥散合银甲丸加减。柴胡9克，杜仲9克，炒白芍9克，广木香9克，椿根皮9克，红藤24克，蒲公英24克，大青叶9克，生鳖甲24克，续断24克，生蒲黄9克，明天麻9克，琥珀末6克^{冲服}。1周6剂，连服3周。银甲丸吞服。

疗效：月经渐正常，腹痛减，其余各症均好转。1964 年 3 月 25 日复查，慢性盆腔炎好转，妇科检查宫颈中度糜烂，子宫后倾，大小正常。有深压痛，附件有压痛。以后共诊 4 次，1965 年 2 月 5 日顺产一子。后经某医院检查，盆腔炎已愈。

按：本病例证属肝郁气滞。肝藏血，主疏泄，宜条达。病人因婴儿死亡，精神受刺激，导致肝郁不舒，郁而化火，肝火迫血妄行，故有月经期长达 9 天，月经量多；肝气郁结，气机不畅，气滞则血瘀，冲任、胞宫脉络不通，不通则痛，则有少腹剧痛等症。治宜疏肝理气，化浊消瘀，兼顾冲任，以逍遥散合银甲丸加减为主方。由于投方对症，故收效较速。

4. 不孕症

凡婚后未避孕、有正常性生活、同居 1 年以上而未受孕者，称为不孕症。不孕的关系，当责男女双方。对于本病的病因病机，古文献中记载颇多，《医宗金鉴》记载："女子不孕之故，由伤其冲任也。"亦云："或因胞寒、胞热，不能摄精成孕，或因体盛痰多，脂膜壅塞，胞阻不孕。自当细审其因，按证调治，自能有子也。"《先醒斋医学广笔记》认为妇人不孕"是风乘袭子宫"。《丹溪心法》则认为妇人不孕"是冲任伏热"；肥盛妇人不孕是"脂膜塞胞"。王氏综合前人的意见，认为受孕是一个复杂的生理过程，与肾气盛衰、肾精充沛有非常密切的关系，归纳本病有因气血亏损，身体虚弱；有因阳虚血寒，子宫虚冷；有因身体肥盛，痰脂塞胞久不受孕；有因身体赢瘦，阴虚气弱；尚有因月经不调，难于受孕者。禀赋素弱，肾气不足，命门火衰，下不能暖膀胱、上不能温脾阳；肝肾阴虚，耗伤津液，冲任失养，带下黄稠，属于湿热蕴结下焦，形成瘀阻；或肾阳不足，则脾湿转盛，易生痰脂，使肾功失职，影响冲任虚损，更兼湿热蕴结下焦，阻抑生殖机能，导致不孕。

治疗不孕症，王氏认为有先天性和后天性的区别。先天性的疾病，可以用手术治疗；而后天性的疾病，他强调应着重调经，经调则有子嗣，辨证多从"虚"入手，主要涉及肾、肝、脾及气血的变化。在用药方面，王氏除强调补虚为主之外，亦擅用虫药，如虻虫、山甲珠、蜈蚣等，从而加强活血化瘀通络的作用。同时王氏强调妊娠亦有一定的时段，应注意适时交合，增加受孕机会，这对治疗不孕症有很大的指导意义。正如明代《万氏妇人科》提出的"欲种子，贵当其时"。

此外，不孕症亦有因男方原因所致者，约占不孕症的 1/3，王氏治疗男子不孕症方有保真丸、聚精丸，主治男子精薄、无精子。

【辨证论治】

（1）脾肾阳虚型

主要证候：腰痛耳鸣，畏寒肢冷，平时食少便溏，胸闷乳胀；带下清稀，月经紊乱，经量少，色乌有块，少腹两侧隐痛，婚后多年不孕；舌质淡，苔白而润，脉沉细或沉迟。

治法：温肾运脾，调冲化湿，佐以祛瘀。

处方：河间地黄饮子（《宣明论方》）合理中汤（《伤寒论》）加减。

潞党参 30 克	白术 15 克	桑寄生 20 克	菟丝子 20 克
巴戟天 10 克	淮山药 20 克	淫羊藿 20 克	仙茅 16 克
杜仲 12 克	枸杞子 15 克	当归 10 克	黄芪 30 克
仙鹤草 30 克	地榆炭 10 克。		

方义分析：本方以地黄饮子温肾补阳，理中汤温中健脾，加党参、黄芪益气，桑寄生、菟丝子、淫羊藿、仙茅、杜仲益肾养精，当归、地榆炭调理冲任。全方使肾气充盛，脾健湿除，经调冲固，则宜成孕。

加减：肾阳虚明显者选用熟附片、肉苁蓉温肾固阳；瘀重者选用补骨脂、䗪虫、炒蒲黄活血化瘀；少腹痛兼见癥瘕选用炒川楝子、山甲珠、艾叶、延胡索、红藤、蒲公英、琥珀末行气活血消癥。

（2）肝肾阴虚型

主要证候：眩晕耳鸣，手脚心热，或低热，头痛肢麻，面色萎黄，有时潮红，胸胁刺痛，消瘦，失眠，咽干口苦，大便秘结；月经量少或停经，经期腹痛，两侧尤甚，带下黄而腥臭，结婚多年不孕，舌质红，苔黄，脉弦细或弦数。

治法：滋养肝肾，活血调经，佐以清湿。

处方：一贯煎（《续名医类案》）合血府逐瘀汤（《医林改错》）加减。

党参 30 克	生黄芪 30 克	鹿角胶 15 克	生地黄 15 克
枸杞子 15 克	桃仁 6 克	土红花 9 克	炒蒲黄 10 克
水蛭 3 克	䗪虫 10 克	蒲公英 24 克	炒川楝子 10 克
桑寄生 15 克	菟丝子 15 克	桔梗 10 克	

方义分析：本方以生地黄、枸杞子、川楝子、桑寄生、菟丝子、鹿角胶滋养肝肾；桃仁、红花、蒲黄、水蛭、䗪虫活血调经；党参、黄芪补益气血；桔梗辛平苦降，畅调气机，使全方滋而不腻；蒲公英清湿。全方合用，使气旺血行，经调冲固而有子。

加减：月经不调者选用鸡血藤、益母草、红泽兰活血调经；湿热重者选用红藤、夏枯草、琥珀末清湿消炎；胸胁痛选用夏枯草、薤白、柴胡疏肝理气；肢麻肌肉掣动选用蜈蚣、白花蛇（乌梢蛇）活血通络；其余兼症同脾肾阳虚型。

（3）阴虚阳亢型

主要证候：眩晕耳鸣，手足心热，低热自汗，性情急躁易怒，头胀痛，往往彻夜不眠，形体羸瘦，胸闷胁痛，腰膝酸软，口苦咽干，偶发颧红，大便秘结；月经紊乱、量少，婚后久不受孕；舌质红，无苔，脉弦数。

治法：滋肾柔肝，养阴生津。

处方：滋水清肝饮加减（《医宗己任编》）。

熟地黄 12 克	山药 12 克	山茱萸 9 克	柴胡 9 克
白芍 9 克	石斛 9 克	玉竹 9 克	栀子 9 克
桑寄生 12 克	菟丝子 12 克	当归 9 克	肥知母 9 克
地骨皮 9 克			

方义分析：本方以熟地黄、山茱萸、桑寄生、菟丝子益肾益精；白芍、柴胡疏肝柔肝，以求"滋水涵木"；又以石斛、玉竹、栀子清热生津；知母、地骨皮清虚热；当归活血通经。全方共奏滋肾柔肝、养阴生津之效。

加减：自汗选用金樱子收敛止汗；失眠选用钩藤、刺蒺藜、夜交藤安神宁心；其余兼症同脾肾阳虚型。

（4）气血两虚型

主要证候：畏寒肢冷，腹部不温，面色萎黄，体困乏力，食少眠差，短气懒言，腰痛，小便频数不禁，左少腹有包块，深按则痛；月经过频量多，期长不净，白带多，婚久不孕；舌质淡，苔薄腻，脉濡缓。

治法：补气血，滋肝肾，调经化瘀。

处方：王渭川参芪菟鹿饮（王渭川经验方）。

党参 24 克	生黄芪 60 克	桑寄生 15 克	菟丝子 15 克

鹿角胶 15 克^{冲服}　　白术 9 克　　　　桂枝 9 克　　　　　益母草 24 克

桑螵蛸 9 克　　　　鸡内金 9 克　　　蟅虫 9 克　　　　　生龟板 30 克^{先煎 2 小时}

炒蒲黄 9 克　　　　仙鹤草 60 克　　　阿胶珠 9 克^{冲服}　　槟榔 9 克

广木香 9 克

方义分析：方中黄芪、党参、白术甘温，健脾益气；桑寄生、菟丝子补肾，使气血生化有源；又以鹿角胶、龟板、桑螵蛸、阿胶珠滋阴益精；"求子之法，莫先调经"，故用木香、益母草行气活血通经；桂枝温阳通气；加槟榔、鸡内金行气导滞，使全方不致过于滋腻；仙鹤草、炒蒲黄收敛止血。全方共奏补气血、滋肝肾、调经化瘀之功。

（5）痰浊阻络型

主要证候：妇人体肥力弱，湿重气滞，子宫脂满，不能受孕；舌质淡，苔白滑而腻，脉濡或弦细。

治法：化痰浊，启胞宫。

处方：启宫丸（《医方集解》）。

半夏 120 克　　　苍术 120 克　　　香附 120 克　　　神曲 60 克

茯苓 60 克　　　　橘皮 60 克　　　　川芎 90 克

用法：共研细末，蒸饼为丸，如梧桐子大。每服 6 ~ 9 克，每日二三次。

方义分析：方中半夏辛温，具燥湿祛痰之功；苍术苦温辛烈，有运脾燥湿之效，两药祛痰化浊，为方中主药。橘皮芳香醒脾，疏利气机；香附疏肝调气；佐以川芎活血行气；茯苓补脾渗湿；神曲导滞。全方共具运脾行气、祛痰化浊之功。

【典型医案】

（1）曾某，女，36 岁。

初诊：1977 年 4 月 29 日。结婚 10 余年未孕。经某医院诊断为"输卵管不通，一侧输卵管积水，附件炎，宫颈炎"。形体肥胖，精疲乏力。脉濡弱，苔润滑。诊断：不孕症，辨证：痰脂阻塞兼湿热蕴结下焦。治法：消脂清湿，通络。处方（王渭川经验方）：党参 30 克，生黄芪 30 克，桑寄生 18 克，菟丝子 15 克，熟附片 10 克，肉苁蓉 12 克，鸡内金 10 克，杜仲 10 克，蟅虫 10 克，炒蒲黄 10 克，法半夏 10 克，红藤 24 克，蒲公英 24 克，炒川楝子 10 克。1 周 6 剂，连服 2 周。

二诊：8月10日。服上方3个月，仍未受孕。但其精神转好，体重减轻，炎症消失。处方：照上方加减。党参30克，生黄芪30克，淫羊藿15克，鹿角胶15克，胎盘粉12克，桑寄生16克，菟丝子15克，鸡内金10克，杜仲10克，䗪虫10克，炒蒲黄10克，法半夏10克，红藤24克，蒲公英24克，炒川楝子10克。1周6剂，连服2周。同时兼服化癥回生丹。

疗效：继服2个月，终于受孕。

按：不孕症，病因众多，《医宗金鉴》记载"女子不孕之故，由伤其冲任也"；"或因胞寒，胞热，不能摄经成孕，或因体盛痰多，脂膜壅塞，胞阻不孕。自当细审其因，按证调治，自能有子也"。本病例因肾阳不足，则脾湿转盛，易生痰脂，使肾功失职，影响冲任虚损，更兼湿热，蕴结下焦，阻抑生殖机能，故不易受孕。治宜温其脾肾，合以清湿化瘀，结合通络之品使湿热清、络脉通，而达育麟之效。

（2）段某，女，42岁。

初诊：1969年10月15日。月经量少，带黄臭，结婚17年未孕。经某医院诊断为"子宫内膜炎，输卵管阻塞"。屡通而未通，胸痛失眠，舌红少津，脉弦细而数。辨证：肝肾阴虚夹湿。治法：滋养肝肾，调冲通络，佐以清湿。处方（王渭川经验方）：党参30克，生黄芪30克，鹿角胶15克，生地黄15克，枸杞子15克，桃仁6克，土红花9克，炒蒲黄10克，水蛭3克，䗪虫10克，蒲公英24克，炒川楝子10克，桑寄生15克，菟丝子15克，桔梗10克。1周6剂，连服2周。

二诊：1970年2月20日。连服上方4个月，仍未受孕，但月经量已转多，经期腹痛感减轻，带白色。但自觉腹左侧寸许有索状感，再经某医院检查提示可疑有卵巢囊肿或积水。处方：照上方加减。党参30克，生黄芪30克，桑寄生15克，菟丝子15克，桔梗15克，炒蒲黄15克，水蛭6克，䗪虫16克，蒲公英24克，炒川楝子10克，鹿角胶15克，山甲珠10克。1周6剂，连服4周。同时兼服化癥回生丹。

患者继服2月受孕，后产7.5斤男婴。

按：治肾阴虚必须滋肝。本案由于肝肾阴虚，耗伤津液，精血不足，冲任血海匮乏，冲任失养，加之湿热之邪内侵，故见带下黄稠，属于湿热蕴结下焦，形成瘀阻。凡聚积不散，夹湿成癥之候，宜滋其肝肾，加清湿化瘀通络之品，是标本兼顾。在滋养中有攻，于攻中更兼柔肝养肾，使阴平阳秘，冲任恢复而孕。

（3）赵某，女，30岁。

初诊：1974年4月5日。婚后4年未生育，婚前月经后期，周期延长2个月，婚后第一年内行经3次，第二年仅行经1次，后停经2年。在某医院取子宫内膜检查，诊断为"卵巢功能紊乱"。病人形体肥胖，现浮肿，腰腿酸软，畏寒肢冷，眩晕恶心，大便溏薄，小便清长，白带夹血。近年来，体重由96斤增至150斤。经多方医治无效，已病休2年。脉沉而濡滑，舌质淡，苔白腻。诊断：原发性不孕症。辨证：脾肾阳虚。治法：健脾温肾，佐以调冲止血。处方（王渭川经验方）：潞党参30克，白术15克，桑寄生20克，菟丝子20克，巴戟天10克，淮山药20克，淫羊藿20克，仙茅16克，杜仲12克，枸杞子15克，当归10克，黄芪30克，仙鹤草30克，地榆炭10克。

二诊：5月16日。上方服1个月后，白带无血，肿消，腰酸腿软现象消失，但月经未至。处方：照上方加减。潞党参30克，苍术10克，法半夏10克，桑寄生20克，菟丝子20克，巴戟天10克，淮山药20克，淫羊藿20克，仙茅15克，杜仲12克，枸杞子15克，当归10克，黄芪30克，糯米草30克，白术15克。嘱1周6剂，连服4周。

三诊：6月27日。服上方20余剂，体重减轻，月经来潮，但量少，其余症状均见好转。处方：照前方加减。潞党参30克，白术15克，桑寄生15克，菟丝子16克，黑故脂15克，河车粉3克，巴戟天10克，淮山药20克，仙茅15克，杜仲12克，枸杞子15克，当归10克，黄芪30克，糯米草30克。嘱1周6剂，连服4周。病人月经按期而至，色量均正常。体重由150斤逐渐减至126斤。不久受孕，足月顺产一女婴。

按：本病例因禀赋素弱，肾气不足，命门火衰，不能下暖膀胱、上温脾阳，故小便清长、大便溏薄。脾阳不振，健运失职，湿邪泛溢，则肌肤浮肿。脾虚则生化之源不足，血海不满，故经闭不行。脾不化湿，湿聚成痰，痰湿内阻，升降失宜，清阳不升，则头昏恶心。加黑故脂、河车粉，益肾养精，苍术、法半夏燥湿化痰，糯米草健脾消肿。全方共奏温肾益精、健脾除湿、调和气血之功。

（4）周某，女，42岁。

初诊：1964年8月7日。病人婚后多年不孕。经四川省某医院检查，诊断为"严重贫血，子宫膜增生过长，子宫肌瘤"。畏寒肢冷，腹部不温，面色萎黄，体困乏力，食少眠差，短气懒言，腰痛，小便频数不禁，月经过频量多，期长不净，白带多，舌质淡，苔薄白，脉迟缓。治法：补气血，滋肝肾，调经化瘀。处方：王渭川参芪菟鹿饮。党参24克，黄芪60克，桑寄生15克，菟丝子15克，鹿角胶15克^{冲服}，白术9克，肉桂9克，巴戟天12克，益母草24克，桑螵蛸9克，鸡内金9克，生龟板30克^{先煎2小时}，䗪虫9克，炒蒲黄9克，仙鹤草60克，阿胶珠9克^{冲服}，槟榔6克，广木香9克。1周6剂，连服4周。

二诊：10月8日。上方连服2个月后，诸症悉解。精神好转，面色红润，月经按期而至。但仍未受孕，舌质淡红，苔薄白，脉平缓。治法：补气血，滋肝肾，调经化瘀。处方：上方不变，加化癥回生丹9克冲服。1周6剂，连服4周。

疗效：病人于同年12月怀孕，足月产子，产后体质好转。

按：本病例证属气血两虚，治宜补气血，滋肝肾，调经化瘀。以王渭川参芪菟鹿饮为主方。《医学纲目》说："求子之法，莫先于调经。每见妇人之无子者，其经行必或前或后，或多或少，或将行腹痛，或行后腹痛。其经或紫或黑，或淡或凝而不调，则气血乖争，不能成孕矣。"可见古人是把调经种子并为一谈。而王氏从临床实践所得认为，种子必先调经，是专指气血两虚，冲任虚损的不孕症而言。其他不孕症的原因，不在种子，而在调经的范围之内。

5. 热入血室

妇女在月经期间，因感冒发热，致经血闭塞，成为热病；或妇女在热病期中，月经来潮，而出现各种征象的疾病，都称为热入血室。

本病在中医古籍中有较详细的论述。《金匮要略》记载，"妇人中风，七八日续来寒热，发作有时，经水适断，此为热入血室，其血必结，故使如疟状，发作有时，小柴胡汤主之"。"妇人伤寒发热，经水适来，昼则明了，暮则谵语，如有所见者，此为热入血室，治之无犯胃气及上二焦，必自愈"。"妇人中风，发热恶寒，经水适来，得之七八日，热除脉迟，身凉和，胸胁满，如结胸状，谵语者，此为热入血室也，当刺期门，随其实而取之"。"阳明病，下血谵语者，此为热入血室，但头汗出，当刺期门，随其实而泻之，濈然汗出者愈"。从以上描述中可见，本病属外感病范畴。

王氏认为，凡是六淫之感和七情之伤，都可导致病变。治疗热入血室，应从标本论治，不拘泥于古方，认为凡治热入血室，主要以本证为主。如因风温湿热而导致的热入血室，治疗的标准，当以风温湿热为首要对象。其次，是根据虚实瘀滞，佐以副药，当不致误古人引用经典条文，往往失其全面真义，不可不知。另外，王氏善用成药甘露消毒丹，系清代医家叶天士在《临证指南医案》中的处方，清利湿热有良效。

【辨证论治】

（1）半表半里型

主要证候：寒热往来，发作有时，经水适断，夜则病甚，舌尖红，苔白浮黄，脉弦数或滑数。

治法：和解表里。

处方：小柴胡汤（《伤寒论》）。

| 柴胡 6 克 | 黄芩 5 克 | 沙参 9 克 | 甘草 3 克 |
| 法半夏 6 克 | 生姜 2 片 | 大枣 2 枚 | |

方义分析：本方为解半表半里、和解少阳之方。用柴胡透达少阳之邪；黄芩清泄胆腑之热。通过两药的透达清泄作用，可解除寒热往来、胸胁胀痛和口苦等症，为本方主药。法半夏、生姜和中止呕吐，党参、甘草、大枣补正和中，以助祛邪，共成寒温共用、扶正祛邪的配伍形式。

加减：王氏常酌加赤芍、泽兰等行血之品；热盛昏谵者，加钩藤、龙胆草、栀子等。

（2）气滞血瘀型

主要证候：发热夜甚，小腹疼痛拒按，经行闭止，面色萎黄，舌质淡，苔白，脉细虚数。

治法：行气化瘀。

处方：四物汤（《太平惠民和剂局方》）加减。

| 地黄 9 克 | 当归 9 克 | 白芍 8 克 | 川芎 5 克 |
| 制香附 10 克 | 五灵脂 10 克 | 蒲黄 10 克 | |

方义分析：四物汤是调经养血之剂，既是养血的基础方，又是调经的基础方。佐香附行气化滞；加失笑散活血化瘀，瘀去则热降。如服上方效果尚显效者，再

加入何首乌、白薇、柴胡、黄芩，以清热透邪。

【典型医案】

罗某，女，28岁。

初诊：1976年7月14日。发热4个月，自汗不退热，一阵汗出，肢转凉而怕冷，旋即高热（39℃左右），不能饮食，大便秘结，热至六日后，月经适来，色黑量少。次日，经水忽停，即感腰腹两胁胀痛，口燥咽干，不思饮食，头眩晕，神昏，入夜则热更盛，谵语，烦躁，大便六日未解，小便短赤，舌红绛，无苔，脉弦细而数。诊断：热入血室。辨证：温热夹湿。治法：清热利湿，化浊通络。处方：青蒿白薇剂（王渭川经验方）。青蒿10克，佩兰12克，茵陈12克，萹蓄12克，知母10克，蒲公英24克，金银花10克，连翘10克，桃仁10克，红泽兰12克，生牛蒡子24克，砂仁3克，甘露消毒丹10克^{包煎}，川贝母10克。嘱服2剂。

二诊：7月18日。热已退，午后体温最高37.6℃，汗已敛，但尚能津润皮肤。月经复至，量少，色污有块，大便畅下，神志清醒，人感清爽，想吃薄粥。小便微黄而长，腰腹胁胀痛缓解。此腑气已通，热度已降，冲任得调，舌质淡红，苔光如前，脉细弦微数。处方：照前方加减。青蒿10克，茵陈10克，萹蓄10克，连翘10克，知母10克，覆盆子24克，红泽兰12克，甘露消毒丹10克^{包煎}。嘱服4剂。

疗效：病情全解，休息静养。

按：热入血室是中医病名，一般认为是热邪袭入胞宫而起，其实六淫之感和七情之伤，都可导致病变。如月经正来，突下冷水，也会造成临时停经，称为寒入血室。又如受到极度的恐怖刺激，精神高度紧张，也会临时停经。本证由于湿热蕴结形成，时当长夏，其大自然气象，是一阵强烈太阳，而又一阵骤雨。因此，地面水气蒸发，形成热湿交蒸，影响人体致病，造成湿热侵袭，本证形成实基础于此。方中青蒿、茵陈、佩兰淡渗利湿，芳香化浊，对一阵热、一阵汗、出汗不退烧的病症，也就是温热夹湿病症有良效。止汗不复再热，热退而汗自止，使不伤人体的正气。知母养阴退热，蒲公英、金银花清胃肠黏膜炎热，连翘有强心作用，内具极微之麝香作用。桃仁、泽兰有活血催经作用，砂仁醒脾，合生牛蒡子轻蠕腑气，而达腑气通，则病毒出矣。川贝母生津，合甘露消毒丹具排湿而不伤阴的作用。所以，药后退热通经，则热入血室之候解矣。

6. 脏躁

妇人无故悲伤欲哭，不能自控，精神恍惚，忧郁不宁，呵欠频作，甚至苦笑无常，称为脏躁。脏躁，相当于现代所说的癔病。王氏对脏躁的认识，源于《金匮要略》，"妇人脏躁，喜悲伤，欲哭，象如神灵所作，数欠伸"。本病男女皆可患，唯多发于妇女。其病状千变万化，可以和任何器官的疾病相像。陆渊雷《金匮要略今释》中认识到脏躁属情志异常。

王氏治疗妇人脏躁提出如果病属更年期月经、冲任二脉功能减退，并见精神委顿、烦躁易怒、头晕耳鸣、悲哀欲哭，用甘麦大枣汤加味，自有卓效。但若冲任受损，损伤奇恒之腑，形成阴虚阳亢之局则治以肝肾为主，佐以潜阳。在临床证治中，法宜活用，不宜死守前人的定例。

【辨证论治】

（1）单纯脏躁型

主要证候：喜悲伤，欲哭，象如神灵所作，数欠伸，舌苔薄，脉缓或数，或乍大乍小。

治法：养心宁神。

处方：甘麦大枣汤（《金匮要略》）。

> 甘草 18 克　　　小麦 45 克　　　大枣 10 枚

用法：水煎，分 3 次服。

方义分析：方中甘草甘缓和中，以缓急迫；小麦味甘微寒，以养心气；大枣甘平，能补益中气，坚志除烦。合用以奏养心宁冲、甘润缓急之功效。

加减：临床运用时，加茯神、酸枣仁、珍珠母加强宁心安神之功。

（2）心悸虚火型

主要证候：妇人心虚惊悸，悲伤不止，虚烦不解，严重昏晕，舌尖有红点，苔薄，脉虚弱。

治法：养心增液清火。

处方：淡竹茹汤（《三因极一病证方论》）。

> 淡竹茹 2 克　　　麦门冬 75 克　　　小麦 75 克　　　甘草 30 克
>
> 党参 45 克　　　茯苓 45 克　　　半夏 60 克

用法：共研细末，每用 12 克，加生姜 2 片、大枣 3 枚，水煎服。

方义分析：本方以党参、麦门冬、小麦为主养心气；竹茹配麦门冬，清心之虚火；茯苓、半夏防痰迷心窍；生姜、大枣、甘草甘润生液，实是甘麦大枣汤加味而成。

加减：心神不宁者，加琥珀、龙骨之类镇静心神；心火盛者，加黄连清心火。

（3）气血俱虚型

主要证候：抑郁悲伤，神倦乏力，面色萎黄，身体消瘦，月经量少，舌苔薄质淡，脉细无力。

治法：补气益血，佐以安神。

处方：八珍汤（《证治准绳》）。

当归 3 克	川芎 3 克	白芍 3 克	熟地黄 3 克
人参 3 克	白术 3 克	茯苓 3 克	甘草 2 克
生姜 3 片	大枣 2 枚		

方义分析：本方由四君子汤和四物汤两方相合而成。四君子汤是补气健脾的基础方；四物汤是补血调肝的基础方，两组相合，是气血双补的方剂。

王氏认为，用于气血两虚的脏躁，仍须与甘麦大枣汤合用为佳。

【典型医案】

陈某，女，46 岁。

初诊：1975 年 6 月 20 日。由于长子溺亡，忧思郁结，失眠，少食，耳鸣。月经紊乱，已历数月，渐至量少或数月一行，点点滴滴已等于无。面容极端愁苦，心乱失眠，悲伤即哭，爱人百般劝慰，亲友相问，概不理睬。有时彻夜不眠，开门外出，须臾返面，闷闷无语，已历数月之久。家人亲友苦劝就医不去。忽喜长女产子抱外孙，次子又考进中学读书，因而转忧为喜，其夫乘机带来就诊。舌质红绛，脉弦细而数。诊断：脏躁。辨证：阴虚阳亢。治法：滋养肝肾，佐以潜阳。处方：一贯煎加减（王渭川经验方）。沙参 10 克，生地黄 12 克，炒川楝子 10 克，生白芍 12 克，当归 10 克，枸杞子 9 克，银柴胡 10 克，川贝母 10 克，青葙子 24 克，青龙齿 24 克，珍珠母 24 克，钩藤 36 克，槟榔 6 克，鸡内金 10 克，广藿香 6 克。1 周 6 剂，连服 2 周。

二诊：7 月 16 日。服上方 12 剂后，愁苦忧思大减，食欲首先好转，能眠。

往时心悸自汗、头眩、咽干全面减轻。其功效有如此显著者，半由药物育阴潜阳所致，半由忧郁自转作用。医生不可以贪天之功以为己有。方中生地黄、归身养阴益血，川贝母、枸杞子滋养肝肾，生白芍补血敛汗，川楝子、银柴胡轻疏肝而重柔肝，青龙齿、珍珠母等侧重潜阳，使阴平阳秘，精神乃治。处方：炒川楝子10克，生白芍12克，鸡内金10克，淮山药24克，金樱子60克，佛手6克。嘱常服。

疗效：服药半月后，已正常生活，病告痊愈。

按：本案病机，因伤子而起，固然影响冲任受损，但关键问题，是损伤奇恒之腑，形成阴虚阳亢之局。治以肝肾为主，佐以潜阳。况且肝郁所结，幸赖自解者一半。所用柔肝滋肾之品，是从症状者帮助已衰之真阴而已。所以，在临床证治中，法宜活用，不宜死守前人的定例。

7. 干血痨

干血痨又称血风痨，是指虚火久蒸而致干血内结，经闭不行等虚损病症。《妇人大全良方》中指出："妇人血风痨症，因气血素虚，经候不调，或外伤风邪，内夹风冷，致使阴阳不和，经络瘀涩，腹中坚痛，四肢酸疼，月水或断或来，面色萎黄羸瘦。"

王氏根据张仲景在《金匮要略》"血痹虚劳篇"论述的虚劳干血中所诉"五劳极虚"，指出干血痨属"虚劳"范畴，包括肺结核、神经衰弱、营养不良、贫血等病。所谓血风痨，亦是虚劳。经候不调之症，多有咳嗽，古人认为咳由风起，痨本血枯，故名血风痨。"食伤、忧伤、饮伤、房室伤、饥伤、劳伤"是其病因，而病机则为"经络营卫气伤"。虚劳是因，干血是果，内有干血，新血无以生，故见"肌肤甲错，两目暗黑"。

本病治疗时首先应辨别病因。王氏辨证时多强调本病以虚证居多，且发病以阴虚为主，故在治疗时多疏肝解郁，滋肾养阴，随证施治。用药以沙参、麦门冬、生地黄、枸杞子等滋肾以柔肝；地骨皮、胡黄连清虚热；川楝子、栀子解郁热以疏肝；以黄芪、当归、熟地黄、白芍等补血补气调肝；加上能清热凉血、退虚热的地骨皮、知母等。王氏又善用民间验方，如地龙、偷油婆（蟑螂）能治肺痨。另外，如果伴有结核，则结合抗结核药物清肃病原，增强疗效。

【辨证论治】

（1）阴虚血枯型

主要证候：肌热体倦，月经量少或闭，苔薄白，舌尖红，脉虚。

治法：补血养阴。

处方：六神汤（《御药院方》）。

当归 15 克　　　熟地黄 15 克　　　白芍 15 克　　　川芎 15 克

黄芪 15 克　　　地骨皮 15 克

用法：共研细末，水煎服。

方义分析：方中黄芪益气；当归、熟地黄、白芍、川芎补血调肝；加上能清热凉血、退虚热的地骨皮，是用治血少肌热的方剂。

加减：王氏用本方时，常加何首乌、桑椹、女贞子、知母滋阴益精。

（2）肝肾阴虚型

主要证候：月经闭止，呼吸短促，潮热自汗，胁痛腹满，舌无津液，质鲜红，苔光滑，脉细弱或虚弦。

治法：滋养肝肾。

处方：一贯煎（《续名医类案》）加味。

沙参 9 克　　　麦门冬 9 克　　　生地黄 9 克　　　当归身 9 克

枸杞子 9 克　　　川楝子 9 克　　　茯苓 9 克　　　栀子 9 克

地骨皮 9 克　　　胡黄连 3 克

方义分析：本方沙参、麦门冬、当归身、生地黄、枸杞子滋肾以柔肝；地骨皮、胡黄连清虚热；川楝子、栀子解郁热以疏肝。

加减：若肺阴虚痨咳嗽，加百合、川贝母、知母润肺止咳。

【典型医案】

王某，女，32 岁。

初诊：1962 年 3 月 5 日。经闭 3 年，形体消瘦，长期潮热，体重减轻，因育两女，尤望得子未遂，极度失眠，同时腹泻，每日泻溏便 10 余次。经某医院检查，诊断为"子宫内膜结核兼肠结核"。舌如镜，绛红，无苔，脉弦数。诊断：干血痨。辨证：肝肾阴虚。治法：滋肝运脾。处方：一贯煎加减（王渭川经验方）。沙参 30 克，炒川楝子 10 克，生白芍 12 克，麦门冬 10 克，川贝母 10 克，生地黄 30 克，地骨皮 30 克，覆盆子 20 克，鸡内金 10 克，知母 10 克，黄连 6 克，广木香 10 克，鱼鳔胶 10 克，鹿角胶 10 克，偷油婆（蟑螂）3 只^{焙干研末，冲服}，鲜地龙 6 条，无花果 30 克。嘱 1 周 6 剂，连服 2 周。

二诊：3 月 20 日。服上方后，腹痛减轻，腹泻减至 3 次，精神好转，潮热与盗汗均减轻，饮食好转。但感心悸，下肢浮肿。苔薄白，舌质淡红，脉弦缓。处方：照前方加减。沙参 30 克，炒北五味子 12 克，糯米草 60 克，黄精 60 克，川贝母 10 克，生地黄 30 克，地骨皮 30 克，覆盆子 20 克，鸡内金 10 克，知母 10 克，黄连 6 克，广木香 10 克，鹿角胶 10 克，鱼鳔胶 10 克，无花果 30 克，鲜地龙 5 条，偷油婆（蟑螂）3 只。1 周 6 剂，连服 4 周。

三诊：4 月 22 日。服上方后，病情显著好转，特别是精神、食欲转好，腹泻减轻。但月经未至，少腹有隐隐痛感，乳房本已萎缩，忽显胀痛感觉，并见津津自润白带，此为病情好转现象。唯独潮热盗汗依然存在。潮热是结核病未去，盗汗是营卫失调。处方（王渭川经验方）：红参 10 克，生黄芪 30 克，苦参 24 克，川贝母 10 克，枸杞子 10 克，黑故脂 12 克，炒五灵脂 12 克，覆盆子 24 克，益母草 24 克，当归身 10 克，阿胶 10 克，黄连 6 克，广木香 10 克，鸡内金 10 克，胎盘粉 10 克。嘱服 4 周，每周 6 剂。并建议用西药，注射链霉素，内服异烟肼，与中药协同消除病源。

四诊：6 月 10 日。注射链霉素 10 天后，两耳失聪鸣叫，头亦眩晕，遂停止注射。专服中药 30 剂、异烟肼和维生素 B_6。月经已行 2 次，初次量少，第二次量如平常。潮热盗汗症状 1 个月来未见。腹已不痛，大便成形，能吃能眠，体重增加，面色红润，但经行尚有小血块。脉平缓，苔薄白。处方（王渭川经验方）：太子参 20 克，白术 10 克，茯苓 10 克，归身 10 克，鹿角胶 10 克，阿胶 10 克，覆盆子 24 克，茺蔚子 15 克，胎盘粉 10 克，槟榔 10 克，扁豆 12 克，薏苡仁 12 克，砂仁 10 克，炒川楝子 10 克，山甲珠 10 克。1 周 6 剂，连服 4 周。异烟肼、维生素 B_6 继服。

五诊：7 月 22 日。7 个月前月经复停，中西药物全停，经检验，已怀孕。现怀孕七月，恶阻。处方（王渭川经验方）：人参 15 克（或党参 30 克代），白术 10 克，茯苓 12 克，甘草 3 克，桑寄生 15 克，菟丝子 15 克，旋覆花 10 克。嘱其吐止停药。

届期产一子，母子平安。

按：本病例证属干血痨肝肾阴虚，又兼肠结核。初诊处方中以鲜地龙、偷油婆（蟑螂）治结核，是采自苏北民间单方，佐入香连丸，以治腹泻。三诊时，建议病人内服异烟肼、注射链霉素，中西药结合治疗，以清肃病源。治疗本病主方始终用一贯煎加减滋肾柔肝，调和营卫，补益冲任，终于怀孕，病即痊愈。

8. 乳癌

乳癌为难治之症，是女性最常见的恶性肿瘤之一，临床表现以乳房一侧或双侧肿块、疼痛，乳房局部皮肤、轮廓改变等症状为主。其发病常与遗传有关，40～60岁绝经期前后的妇女发病率较高。

中医文献有关乳癌探讨，以《医宗金鉴》叙述较详。其曰："此证由肝脾两伤，气郁凝结而成，自乳中结核，初如枣栗，渐如棋子，无红无热，有时隐痛，速宜外用灸法，内服养血之剂，以免内攻。若年久日深，即潮热恶寒，始觉大痛，牵引胸腋，肿如覆碗，坚硬，形如堆粟，高凸如岩，顶透紫色光亮，内含血丝，先腐后溃，污水时流。有时涌冒臭血，腐烂深如岩壑，翻花突如泛莲，疼痛连心。若复因急怒，暴流鲜血，根肿愈坚，斯时五脏俱衰，即成败证，百无一救。若患者果能清心涤虑，静养调理，庶可施治。"《丹溪心法》提到此病时说："妇人不得于夫，不得于舅姑，忧怒郁遏，时日积累，脾气消沮，肝气横逆，遂成陷核……病名乳岩，以其疮形嵌凹，似岩穴也。"

王氏对于本病多从本虚标实进行辨证，特别强调正气虚弱，如肝肾阴虚或脾肾阳虚，当正气虚弱无力抗邪时导致本病。因此，在用药上，他强调在固本的同时祛邪，双管齐下，标本兼治，才能取得良好疗效。同时，王氏又着重养血柔肝，开怀解郁，总以忧思愁苦、精神抑郁为主因。王氏指出，本病的治疗，颇感棘手，不可误投破气消魟及走窜之剂。如甲片、皂刺，俱不当用。且本病病势渐进多发郁火，虽四物尚嫌辛窜，何况行血破瘀。当初起病期浅，气血未亏者，宜青皮散、十六味流气饮，佐以鸡鸭睾丸，同时他根据自身治疗经验，提出治疗本病必佐8种草药（蛇头一棵草、白花蛇舌草、半枝莲、无花果、石大年、隔山撬、苦荞头、瞿麦根）同用。在治疗乳癌过程中，王氏指出最好防止溃疡，无论已溃或未溃，红毛坠金膏为有效镇痛的外敷药方。

【辨证论治】

（1）脾肾阳虚型

主要证候：头眩，耳鸣，腰痛，关节痛，心累乏力，气紧自汗，脱发，患部剧痛，食欲不振，喜热饮，小便短，下肢浮肿，舌苔润滑，脉沉涩或濡弱。

治法：补益脾肾，排毒化瘀。

处方：河间地黄饮子合通窍活血汤加减（王渭川经验方）。

党参 60 克	鸡血藤 18 克	生黄芪 60 克	桑寄生 15 克
菟丝子 15 克	蜈蚣 2 条	乌梢蛇 9 克	䗪虫 9 克
生蒲黄 9 克	黑故脂 12 克	土红花 9 克	桃仁 9 克
紫草 60 克	炒北五味子 12 克		山茱萸 12 克
槟榔 6 克			

8 种草药同煎：蛇头一颗草 60 克，白花蛇舌草 60 克，半枝莲 30 克，无花果 30 克，石大年 30 克，隔山撬 15 克，苦荞头 15 克，瞿麦根 15 克。

方义分析：本方以党参、鸡血藤、生黄芪、桑寄生、菟丝子、黑故脂补虚，即用参、芪益气，鸡血藤养血活络，桑寄生、菟丝子、黑故脂固肾气；以土红花、桃仁、紫草、䗪虫、生蒲黄活血化瘀；蜈蚣、乌梢蛇则起祛风通络镇惊的作用；炒北五味子、山茱萸则治疗心悸不安；槟榔行气而不耗气，以防滋腻，从而通畅气机。全方共起补虚化瘀、疏经活络的功效。"8 种草药"共用，有排出体内不良病毒的作用。

（2）肝肾阴虚型

主要证候：眩晕，耳鸣，关节痛，乳房硬痛，胁痛，面赤颧红，午后潮热，咽干口苦，烦躁或经闭，大便秘结，舌质淡红，苔黄，脉弦细而数。

治法：柔肝养阴，软坚通络，清湿润燥。

处方：一贯煎合通窍活血汤加减（王渭川经验方）。

沙参 120 克	生地黄 24 克	枸杞子 12 克	炒川楝子 9 克
女贞子 24 克	旱莲草 24 克	紫草 60 克	蜈蚣 2 条
乌梢蛇 9 克	䗪虫 9 克	生蒲黄 9 克	土红花 9 克
地骨皮 12 克	知母 9 克		

8 种草药同煎：蛇头一颗草 60 克，白花蛇舌草 60 克，半枝莲 30 克，无花果

30 克，石大年 30 克，隔山撬 15 克，苦荞头 15 克，瞿麦根 15 克。

方义分析：方中沙参、生地黄、枸杞子、女贞子、旱莲草、地骨皮、知母用于滋阴，其中生地黄、枸杞子、女贞子、旱莲草滋养肝肾；沙参、知母滋养肺脾之阴；知母、地骨皮既能滋养肺肾之阴，又可退虚热。配川楝子，则能疏肝解郁，以平其横逆；紫草、土红花、䗪虫、生蒲黄、蜈蚣、乌梢蛇则有活血化瘀、疏风通络的作用。全方具有滋阴柔肝、化瘀通络的效果。

二、内外科疾病

（一）内科疾病证治

对于内科疾病，王氏认为人体脏腑病理形成互相关联，并有共同的特点，掌握疾病的发生及转归规律，往往可以"推本求源，异病同治"。王氏根据脏腑辨证，运用六法通治四十二类病，其中还包括不少疑难病，如红斑狼疮、阿狄森氏病、肥胖病等。王氏临床处方，善于吸取前人的宝贵经验，尤其善用王清任的诸逐瘀汤，对通窍活血汤更是情有独钟，运用自如，灵活化裁。王氏对刘河间的地黄饮子及甘露饮、魏之琇的一贯煎、张仲景的鳖甲煎丸及大黄䗪虫丸、吴鞠通的化癥回生丹等灵活应用，加减化裁，无不收效显著。此外，王氏对虫类药的运用积累了丰富的经验，多年来，王氏在临床上无论是在内科疾病还是妇科领域均广泛使用虫类药物，以活血化瘀药加虫类药应用于临床，逐渐形成了自己的治疗特色。

1. 慢性肝炎

西医学认为，慢性肝炎是病程在半年以上由多种原因引起的肝脏慢性炎症性疾病，可分为慢性迁延性肝炎和慢性活动性肝炎两类。慢性肝炎多由急性肝炎失治迁延而成，病程呈波动性或持续进行性，如不进行适当的治疗，部分病人可进展为肝硬化。中医学关于"黄疸""胁痛""胃痛""痞块""肝郁""肝火""肝热积聚""胸腹胀满"等症的记述，与本病的症状相似。

本病病因一是感受六淫邪气，二是情志郁结，二者结合，致湿热积聚，阻碍气机，导致肝郁气滞，横逆犯脾，出现胸闷纳呆、胁痛、腹胀、呕逆等症，湿热郁甚则发黄疸。由于病久邪深，正气多耗，形成"虚"（整个机体功能不足、特别是肝肾不足）、"实"（肝的局部瘀滞、湿热蕴留不去）错杂的征象。治疗应攻补兼施、攻是攻局部的瘀滞，也就是活络消瘀；补是补机体的不足，以恢复正气，增强全身抵抗力，以利于攻。要注意攻而不猛，补而不滞。如病程较短，体质较实，可偏于攻；病久体弱，可攻补兼施，甚则以调补气血为主。

王氏治疗本病以疏肝理气、清热化湿为主，主要有以下4个要点：补虚不忘化瘀；化瘀不离补虚；攻补同时并举；金钱草、满天星、花斑竹、虎杖、茵陈为常用药，每方必选用2~3种。王氏治疗本病，根据阴虚、阳虚、气虚、血虚及血瘀的不同，在补虚化瘀的基础上辨证用药，分别以一贯煎、河间地黄饮子、补中益气汤、归脾汤、膈下逐瘀汤等加减化裁，则气血阴阳偏虚之征可解，血瘀之象可化。另外，针对本病恢复期的治疗，王氏认为应本着"缓则治其本"的原则，重点调理脾胃。古人说："见肝之病，知肝传脾，当先实脾。"因此，"肝病必卫脾胃"，脾旺则肝病自愈。

【辨证论治】

（1）阴虚型

主要证候：两颧红晕，头眩脑涨，失眠多梦，口干舌燥，胁痛，舌质绛，苔少无津，舌尖有红色小点，脉细数或弦数。

治法：补虚化瘀，佐以养阴滋肾、润燥生津。

处方：一贯煎（《续名医类案》）加减。

    沙参12克   麦门冬12克   鲜生地黄30克   当归12克

    枸杞子12克   炒川楝子9克

方义分析：方中王氏重用生地黄为君，意在滋阴养血，补益肝肾；沙参、麦门冬、当归、枸杞子益阴养血柔肝，育阴而涵阳；并佐以少量川楝子，疏肝泄热，其药性苦寒，但与大量甘寒滋阴养血药配伍，则无苦燥伤阴之弊。全方共奏滋肾养肝、生津祛瘀止痛之功。

加减：心阴虚者加川贝母、山茱萸、鸡血藤；脾阴虚者加淮山药、百合、生麦芽、莲子。

此证亦可选用河间甘露饮（《太平惠民和剂局方》）加减。

（2）阳虚型

主要证候：多见形寒腹胀，四肢乏力，不思饮食，气短便溏，面色萎黄，舌质淡，苔白，脉细濡微涩。

治法：补虚化瘀，佐以温肾通阳。

处方：河间地黄饮子（《宣明论方》）加减。

枸杞子 12 克	党参 60 克	桂枝 6 克	熟附片 24 克^{先煎 2 小时}
鸡血藤 18 克	生黄芪 60 克	生白芍 12 克	生地黄 12 克
熟地黄 12 克	鹿角胶 24 克^{冲服}	柴胡 9 克	鸡内金 9 克
砂仁 6 克	水蛭 6 克	炒蒲黄 9 克	

方义分析：方中附片温肾通阳，配桂枝则温中寓通；枸杞子补肝肾，益精血；重用党参、黄芪以益气升阳固表；二地同用，伍鹿角胶，滋阴以养血；柴胡疏肝解郁，使肝气得以条达，白芍柔肝缓急，二药同用，补肝体而助肝用；鸡内金、砂仁护胃健脾以和中；水蛭、蒲黄化瘀活血，可消肝积。全方共奏温运脾肾以通阳、益气化瘀以活血之效。

加减：心阳衰竭者加桂枝、薤菜、麝香、鸡血藤膏；脾阳虚者加砂仁、蔻仁、鸡内金、广木香、吴茱萸。

此证亦可选用肾气丸（《金匮要略》）加减。

（3）气虚型

主要证候：神倦，体软乏力，四肢肿胀，胸胁胀痛，甚至牵及后背，腹胀满，心悸嗳气，气短懒言，舌苔薄白，脉缓无力。

治法：补虚化瘀，佐以健脾助阳，补血益气。

处方：补中益气汤（《内外伤辨惑论》）加减。

黄芪 60 克	党参 24 克	当归 9 克	白术 15 克
茯苓 12 克	升麻 9 克	柴胡 9 克	炙甘草 6 克
生姜 3 片	大枣 4 枚		

方义分析：本方由四君子汤加味而成，方中重用黄芪补中益气，升阳固表；伍党参、白术、炙甘草助其补气健脾之力；当归养血和营；再少入轻清升散的柴胡、升麻，协黄芪以升提下陷之中气；茯苓淡渗以助运，稍加生姜、大枣以健脾调中；炙甘草甘温益气，助党参、白术益气补中，兼调和药性。诸药配伍，可使

脾胃健运，元气内充，气虚得补，气陷得举，清阳得升，补虚以化瘀，则诸症可除。

加减：气虚甚者加金毛狗脊、胎盘粉。

此证亦可选用四君子汤（《太平惠民和剂局方》）加减。

（4）血虚型

主要证候：肝区隐痛或剧痛，头昏，心悸，鼻、齿龈及皮下出血，四肢与面部有红痣，舌苔薄或无苔，脉细数或涩。

治法：补虚化瘀，佐养血益气，通络润燥。

处方：归脾汤（《正体类要》）加减。

党参 30 克	白术 15 克	当归 15 克	黄芪 60 克
茯苓 15 克	远志 15 克	龙眼肉 12 克	酸枣仁 12 克
木香 10 克	炙甘草 10 克		

方义分析：方中重用党参补气生血，养心益脾；黄芪、白术助党参益气补脾；龙眼肉补益心脾，养血安神；当归助龙眼肉养血补心；茯苓、远志、酸枣仁宁心安神；木香理气醒脾，与补气养血药配伍，使之补而不滞；炙甘草益气补中，调和诸药。

加减：血虚甚者加熟地黄、鹿角胶、鹿茸、龙眼肉。

此证亦可选用人参养荣汤（《三因极一病证方论》）加减。

（5）血瘀型

主要证候：肝区痛，两胁胀痛或流窜作痛，舌质紫蓝或有瘀点，脉沉弦有力。

治法：活血化瘀，攻坚消积聚。

处方1：活血化瘀选用：膈下逐瘀汤（《医林改错》）加减。

炒五灵脂 12 克	当归 12 克	川芎 15 克	桃仁 15 克
牡丹皮 9 克	赤芍 12 克	延胡索 12 克	香附 10 克
红花 15 克	枳壳 10 克	甘草 6 克	乌药 6 克

方义分析：方中香附、乌药、枳壳理气行滞；当归、川芎、桃仁、红花、赤芍活血化瘀；延胡索、五灵脂化瘀定痛；牡丹皮凉血活血；甘草缓急止痛，调和诸药。诸药配伍，使气血和顺，瘀血得去，为治胸中血瘀证之良方。

亦可选用血府逐瘀汤（《医林改错》）、失笑散（《太平惠民和剂局方》）加减。

处方 2：攻坚选用：鳖甲煎丸（《金匮要略》）加减。

鳖甲 90 克	乌扇 33.5 克^烧	黄芩 22.5 克	鼠妇 22.5 克^熬
干姜 22.5 克	大黄 22.5 克	桂枝 22.5 克	石韦 22.5 克
厚朴 22.5 克	紫葳 22.5 克	阿胶 22.5 克	柴胡 45 克
蜣螂 45 克^熬	芍药 37 克	牡丹皮 37 克^{去心}	䗪虫 37 克^熬
炙蜂巢 30 克	赤硝 90 克	桃仁 15 克	瞿麦 15 克
人参 7.5 克	半夏 7.5 克	葶苈 7.5 克	

用法：上二十三味，为末，取煅灶下灰一斗，清酒一斛五斗，浸灰，候酒尽一半，着鳖甲于中，煮令泛烂如胶漆，绞取汁，内诸药，煎为丸，如梧桐子大。空心服七丸，日三服。

方义分析：方中重用鳖甲软坚散结，散寒除热；配大黄、桃仁、蜣螂、蜂巢、鼠妇等活血化瘀；以葶苈、石韦、瞿麦、厚朴行气利水，以助行瘀散结之力；更以黄芩、干姜、柴胡、桂枝、半夏调理寒热；人参、阿胶补益气血。全方二十三味药物，共奏扶正祛邪、消癥化瘀之功，适用于多种原因引起的肝脾肿大等，属本虚标实、病程久而瘀结痰阻之证。

亦可选用大黄䗪虫丸（《金匮要略》）、化癥回生丹（《温病条辨》）加减。

加减：王氏在运用此方时偏于湿者重用茵陈（最多可用至 60 克）利水祛湿；肝脾肿大者加䗪虫、生鳖甲、桃仁、三棱、莪术活血化瘀；胁痛者加柴胡、延胡索、郁金行气止痛；轻度肝硬化者加连头水蛭、䗪虫；胆结石者加满天星、玉米须、生鳖甲；腹胀者加广木香、鸡内金、砂仁、蔻仁行气消食；肝经火盛者加炒葶苈泻肝；胸胁、肝脾痛者加柴胡、延胡索、炒五灵脂疏肝行气，活血止痛。

需要注意的是，本病多影响脾胃，最易引起腹胀。治疗时慎用破气之品。广木香、鸡内金、砂仁、蔻仁等药有化瘀行气之功，可常用。慎用厚朴，最好不要超过 9 克。因厚朴小量通阳，大量则破气。龙胆泻肝汤是清肝经湿热的常用方，但对本病效果欠佳，故王氏一般不用。若病人气虚，又兼胸痛、肝脾痛，党参与五灵脂可同用。人参畏五灵脂，属传统的十九畏之一，但王氏临床实践证明可以同用。吴鞠通《温病条辨》中化癥回生丹已开同用的先例，王氏多年常用，都收相辅相成之效。

【典型医案】

（1）阴虚型

刘某，男，42 岁。

初诊：1963 年 5 月 10 日。病人原住某医院治疗慢性肝炎，经人介绍来我院就诊。病人 1962 年患慢性肝炎，经长期治疗，肝功虽接近正常，但面红颧赤，持续低烧。无结核病史，肺部透视正常，肝区痛，肝肿大，肋下可触及。饮食不振，腹剧胀，喜热饮。眩晕，疲倦，入睡困难，噩梦易醒，白天无精神，深夜反兴奋，体重显著减轻。大便稀溏，小便短黄，有臭气，舌质红绛，舌伸颤动，苔白如积粉，左脉弦数，右脉弦缓。治法：滋水清肝，扶脾健胃，佐以活血祛瘀、化湿生津。处方：一贯煎合膈下逐瘀汤加减。沙参 12 克，鲜生地黄 30 克，生白芍 12 克，炒川楝子 9 克，肥知母 9 克，地骨皮 9 克，阿胶珠 9 克^{冲服}，金钱草 60 克，茵陈 12 克，满天星 24 克，黄连 6 克，广木香 6 克，银柴胡 9 克，䗪虫 9 克，炒蒲黄 9 克，鸡内金 9 克，桃仁 9 克，夏枯花 15 克，薤白 12 克，山茱萸 12 克，夜交藤 60 克，台乌药 9 克，九香虫 9 克，琥珀末 6 克^{冲服或布包煎}。1 周 6 剂，连服 2 周。

二诊：5 月 25 日。病人低烧已解，肝区痛渐减，食欲好转，大便不溏，腹胀减轻。但仍感疲乏，肝区隐痛，能睡但不酣，自汗，舌质淡红，苔薄白，但无积粉样，脉弦缓。治法：滋水清肝，扶脾健胃，佐以活血祛瘀、化湿生津。处方：一贯煎合膈下逐瘀汤加减。沙参 12 克，鲜生地黄 30 克，生白芍 12 克，炒川楝子 9 克，金钱草 60 克，茵陈 12 克，满天星 24 克，鸡内金 9 克，炒蒲黄 9 克，山茱萸 12 克，夜交藤 60 克，琥珀末 6 克^{冲服或布包煎}，冬虫夏草 9 克，焦白术 9 克，茯苓 12 克，砂仁 6 克，蔻仁 6 克，厚朴 6 克，金樱子 60 克。1 周 6 剂，连服 3 周。

三诊：6 月 16 日。病人肝区已不痛，体力渐复，有时返回单位亦不疲乏。经某院医院检查肝功正常。睡眠极酣，胃纳增。但大便不成形，腹胀，微自汗。舌质淡红，苔薄白，脉平缓。阴虚阳亢现象基本消失。治法：健脾益气。处方：加味香砂六君汤。沙参 12 克，茯苓 9 克，焦白术 9 克，橘皮 3 克，京半夏 9 克，淮山药 24 克，砂仁 6 克，蔻仁 6 克，薏苡仁 12 克，山楂 9 克，神曲 9 克，藿香 6 克。1 周 6 剂，连服 2 周。

疗效：病人已痊愈，上班。

按：本病例属阴虚型肝炎。由于病人无结核病征象，其长期低烧不解，必属阴虚生内热。经过长期低烧，必消耗肾阴。肾阴既竭，而使水不涵木，形成阴虚阳亢证型。治疗本病例以一贯煎合膈下逐瘀汤加减为主方。一贯煎系魏之琇从六味地黄汤脱胎而来，膈下逐瘀汤出自王清任《医林改错》。两方相合加减，起滋肾养肝、扶脾化湿、生津祛瘀止痛之功。今用 40 天的时间尽获全功，正说明中医辨证论治和随证施治的重要性。

（2）阳虚型（兼气虚、胸痛、水肿）

郭某，男，40 岁。

初诊：1961 年 6 月 8 日。病人原罹肺结核，已钙化。1958 年起，常感肝区痛、胸痛。经四川某医院检查，确诊为"慢性肝炎"。肝肿大三指，并发水肿，面脚俱肿。体重显著减轻，胸胁剧痛牵掣后背，日夜不休，眩晕耳鸣，气紧心悸，疲乏自汗，腹胀胃痛，容易饥饿，大便溏稀，小便淡黄，量多。舌苔黄腻而厚，脉弦紧兼涩。治法：温运脾肾，疏肝益气化瘀。处方：河间地黄饮子加减。熟附片 24 克^{先煎 2 小时}，枸杞子 12 克，党参 60 克，鸡血藤 18 克，生黄芪 60 克，桂枝 6 克，生白芍 12 克，生地黄 12 克，熟地黄 12 克，糯米草 60 克，鹿角胶 24 克^{冲服}，柴胡 9 克，金钱草 60 克，满天星 24 克，茵陈 12 克，夏枯花 15 克，薤白 12 克，鸡内金 9 克，砂仁 6 克，台乌药 9 克，水蛭 6 克。1 周 6 剂，连服 2 周。

二诊：6 月 23 日。脾肾之阳渐复，肝区瘀阻痞塞渐开，面足浮肿消失，胸痛大减，每日仅有两三次阵发性微痛。胃已不痛，大便成条状。自汗显著减少，腹部仍胀。舌质润，苔薄，脉微弦。治法：温运脾肾，疏肝益气化瘀。处方：河间地黄饮子加减。熟附片 24 克^{先煎 2 小时}，枸杞子 12 克，党参 60 克，鸡血藤 18 克，生黄芪 60 克，生地黄 12 克，熟地黄 12 克，糯米草 60 克，鹿角胶 24 克^{冲服}，柴胡 9 克，金钱草 60 克，满天星 24 克，茵陈 12 克，鸡内金 9 克，砂仁 6 克，台乌药 9 克，枳壳 6 克，杜仲 9 克，冬虫夏草 9 克。1 周 6 剂，连服 4 周。

三诊：7 月 24 日。病人水肿全消，精神好转，能开半天会。经某医院检查，肝仅大一指余。如不剧烈活动，肝区已不感疼痛，但脾仍微大，隐痛。舌苔薄白，脉平缓。治法：温运脾肾，疏肝益气化瘀。处方：河间地黄饮子加减。熟附片 24 克^{先煎 2 小时}，枸杞子 12 克，党参 60 克，鸡血藤 18 克，生黄芪 60 克，生地黄

12 克，熟地黄 12 克，糯米草 60 克，鹿角胶 24 克^{冲服}，柴胡 9 克，金钱草 60 克，满天星 24 克，茵陈 12 克，鸡内金 9 克，砂仁 6 克，台乌药 9 克，枳壳 6 克，杜仲 9 克，冬虫夏草 9 克，生鳖甲 24 克，硼砂 3 克^{胶囊装吞}。1 周 6 剂，连服 4 周。

疗效：病人已恢复健康，上班工作。

按：本病例由于肝气横逆，导致脾弱，而胃气未衰，故出现胃强脾弱，有水肿、善饥等症状。又因急性期失治，使蕴结上焦之湿热积而不散，导致胸胁剧痛和湿阻中焦，又出现腹胀、便溏等症状。因肝气横逆犯脾，而使脾阳大虚。脾气既虚，使肾阳不足，肾水泛滥，出现脾肾阳虚证型。脾主运化，将水谷精微输送于心，脾肾既虚，心受影响而出现心悸气紧、眩晕等症状。本病例治法为温运脾肾，益气化瘀佐以活血。化瘀活血，可消肝积，止胸痛；温运脾肾，有助于脾肾正常吸收和排泄，使体内潴留之水液逐步外排，则肿消气壮。

需要注意的是，附子为温肾通阳、强心利尿消肿要药。王氏体会，治疗脾肾阳虚性浮肿，或心源性腹水、肝硬化腹水等症，小量往往无效。因而最小用量为 24 克，最大用量为 60 克。王氏曾用此药治愈数十例病人，从未发现有副作用，但必须先煎 2 小时。

（3）气虚型（兼阳虚腹胀）

杨某，男，38 岁。

初诊：1962 年 5 月 31 日。病人经四川省某医院检查，确诊为"慢性肝炎"。历时 7 年，肝肿大 3 厘米，黄疸指数高，白细胞低至 4000（4×10^9/升）以下，肝区痛，面足浮肿，眩晕，疲乏，背脊寒，自汗，绕脐有冷感，胃下腹间剧胀，喜热饮，大便溏薄，小便短黄，现正住院治疗。舌体胖嫩，苔厚而腻，脉濡缓。治法：益气化瘀，温肾通阳。处方：河间地黄饮子合膈下逐瘀汤加减。熟附片 24 克^{先煎 2 小时}，枸杞子 12 克，茯苓 12 克，生地黄 12 克，熟地黄 12 克，天麻 9 克，刺蒺藜 18 克，桔梗 9 克，山茱萸 12 克，黄狗鞭 24 克，党参 24 克，炒五灵脂 12 克，茯神 12 克，连头水蛭 6 克，金钱草 60 克，满天星 24 克，虎杖 24 克，鹿茸 3 克^{冲服}。1 周 6 剂，连服 2 周。

二诊：6 月 15 日。面足浮肿显著减轻，肝区微痛，大便转实，稍好，腹胀减轻，经四川省某医院复查，肝功基本正常，肝脏较前减小 1 厘米，白细胞有所上升。下肢仍浮肿发胀。舌苔薄腻，脉微弦。治法：活血祛瘀。处方：膈下逐瘀汤加减。炒五灵脂 12 克，当归 9 克，桃仁 9 克，红花 9 克，柴胡 9 克，党参 24 克，金钱草 60 克，满天星 24 克，砂仁 6 克，蔻仁 6 克，桂枝 6 克，蜈蚣 2 条，乌梢蛇 9 克，糯米草 60 克，鹿茸 3 克^{冲服}，生鳖甲 24 克。1 周 6 剂，连服 4 周。

三诊：7 月 15 日。病人肝痛继续减轻，精神、睡眠、食欲均好转。经常返回本单位开会，病人要求出院。舌苔正常，脉平缓。治法：益气补血。处方：四君汤子加减。党参 30 克，鸡血藤 18 克，生黄芪 60 克，鹿角胶 15 克^{冲服}，炒五灵脂 12 克，䗪虫 9 克，炒蒲黄 9 克，糯米草 60 克，杜仲 9 克，砂仁 6 克，蔻仁 6 克，炒北五味子 12 克，巴戟天 13 克，枸杞子 12 克，藿香 6 克。1 周 6 剂，连服 4 周。

疗效：痊愈，上班工作。

按：本病例属气虚型兼有阳虚腹胀，并有白细胞偏低的症状。因此，治法以温运脾肾之阳，佐以清肝化湿为主。方中加入补血之品以提高白细胞数量，加入桂枝以振奋心阳、调和营卫、通利三焦。诸药协和，本历时 7 年之久的病症，治疗 3 个月竟获痊愈。

（4）血虚型

陈某，女，37 岁。

初诊：1962 年 10 月 8 日。病人于 1960 年患慢性肝炎，长期治疗无效。肝大三指，肝功差，肝区剧痛。眩晕，心悸，自汗，浮肿，关节痛，纳差，常呕吐。腹胀，面萎黄，四肢和舌尖震颤，严重畏寒。白细胞低（3×10^9/升以下），皮下常出血（有皮下出血紫斑）。大便溏，小便混浊，月经色淡，量多。舌质淡红而润，苔淡白薄腻，脉沉迟而细。治法：益血补气，佐以清肝化瘀调冲。处方：人参养荣汤合膈下逐瘀汤加减。红参 9 克，党参 60 克，桑寄生 15 克，菟丝子 15 克，炒砂仁 9 克，吴茱萸 6 克，天麻 9 克，钩藤 9 克，杜仲 9 克，鹿角胶 24 克^{冲服}，炒北五味子 12 克，山茱萸 21 克，仙鹤草 60 克，肉桂 3 克，鸡内金 9 克，䗪虫 9 克，金钱草 60 克，茵陈 12 克，蜈蚣 2 条，乌梢蛇 9 克。1 周 6 剂，连服 3 周。

二诊：10 月 29 日。病人活动时已不觉眩晕，精神、食欲好转，肝痛、心悸减轻。月经量及皮下出血减少，四肢和舌震颤消失。但有低热，仍极度畏寒。舌质淡红，苔薄白，脉沉细。治法：补阳益血，强督化瘀。处方：河间地黄饮子合血府逐瘀汤加减。熟附片 60 克^{先煎 2 小时}，炮姜 15 克，桂枝 9 克，白芍 15 克，枸杞子 12 克，生地黄 24 克，山茱萸 12 克，生黄芪 60 克，鹿角胶 24 克^{冲服}，䗪虫 9 克，炒蒲黄 9 克，糯米草 60 克，肥知母 9 克，金樱子 60 克，茵陈 12 克，蜈蚣 2 条，乌梢蛇 9 克。1 周 6 剂，连服 3 周。

三诊：11 月 20 日。病人精神、饮食进一步好转。已不感心悸眩晕，低热消失。震颤、畏冷同时减轻，皮下紫斑消退。能参加会议而不感疲劳。面容已转为红润。但肝脾仍隐痛。舌质润，苔薄白，脉濡缓。治法：补阳益血，强督化瘀。处方：河间地黄饮子合血府逐瘀汤加减。熟附片 60 克^{先煎 2 小时}，炮姜 15 克，桂枝 9 克，白芍 15 克，枸杞子 12 克，生地黄 24 克，山茱萸 12 克，生黄芪 60 克，鹿角胶 24 克^{冲服}，䗪虫 9 克，炒蒲黄 9 克，糯米草 60 克，肥知母 9 克，金樱子 60 克，茵陈 12 克，蜈蚣 2 条，乌梢蛇 9 克，生鳖甲 24 克。1 周 6 剂，连服 3 周。

四诊：12 月 12 日。经四川省某医院复查：白细胞已升至 4000（4×10^9/ 升）以上，肝大仅一小指，肝功正常。浮肿消失。偶感形寒，肝区略有隐痛，月经色仍淡，有块状物，量正常，舌质润，苔薄白，脉濡缓。治法：补阳益血，强督化瘀。处方：河间地黄饮子合血府逐瘀汤加减（改膏方）。党参 120 克，鸡血藤 120 克，生黄芪 120 克，胎盘粉 120 克，桑寄生 90 克，菟丝子 90 克，杜仲 90 克，续断 90 克，生鳖甲 120 克，蕲蛇 90 克，明天麻 90 克，山茱萸 90 克，黑故脂 90 克，鹿角胶 90 克，以上诸药煎 4 次取浓汁，加砂仁 9 克，蔻仁 9 克，䗪虫 9 克，炒蒲黄 9 克，肉桂 9 克，槟榔 9 克，共研极细末，合蜂蜜 1000 克，搅匀收膏，2 个月服完。

疗效：病人血白细胞已上升至 6000（6×10^9/ 升），诸症悉解，病告痊愈。

按：本病例证属血虚兼有气滞，且冲任失固。气随血虚，气虚则阳弱，阳弱则生外寒，故出现极度畏寒症状。血虚影响任督，伤及奇经和髓海，出现面色萎黄、剧崩、严重眩晕等症状。王氏以益血补气、清肝化瘀调冲为主要治法，随症加减，历时虽久，终获痊愈。

2. 肝硬化

肝硬化是各种慢性肝病发展的晚期阶段，病理上以肝脏弥漫性纤维化、再生结节和假小叶形成为特征。临床上，本病起病隐匿，病程发展缓慢，可分为早期和晚期。早期有胃口不佳、恶心、呕吐、右上腹胀痛、腹泻等症状，主要体征为肝脏肿大等。晚期以肝功能减退和门静脉高压为主要表现，肝脏缩小变硬，出现消瘦、贫血、蜘蛛痣、鼻及齿龈出血、紫癜、水肿、腹水、黄疸、肝区疼痛、发热等症状。严重时并发肝昏迷及上消化道大量出血而致死。早期肝硬化属中医学的"胁痛""积聚"范畴，晚期属"鼓胀"范畴。

王氏认为，本病病因主要有感受外邪，或情志郁结，或饮酒、饮食失节，或血吸虫感染等。肝性喜条达疏泄，如机体抵抗力减弱，在上述致病因素的作用下，肝失条达，则肝气郁结。气郁则血液运行不畅，遂形成气滞血瘀。因肝脉布胁肋，故两胁胀痛。肝气郁结，势必横逆犯脾，出现食欲不振、腹胀便溏等症，久之则乏力、消瘦。脾虚则运化水湿的功能发生障碍，水湿停滞，势必渐成鼓胀。肝脾病久，必损及肾，肾主水，肾阳不足，无从化水，则水湿潴留更甚，使鼓胀日益加重。

在治疗上，王氏认为，早期肝硬化可参阅慢性肝炎证治；晚期肝硬化以补虚化瘀消水为治法，处方以河间地黄饮子合血府逐瘀汤或膈下逐瘀汤加减。王氏治疗本病不用利尿药，而善用温运脾肾之品，保护肾小球，促进肝功能恢复以消水。急则治其标，缓则治其本，佐以疏肝益气、补血化瘀调冲之法。也可加服肝积丸、肝硬化膏方。

【辨证论治】

（1）早期型

可参阅慢性肝炎证治。

（2）晚期型

治法：补虚化瘀消水。

处方：河间地黄饮子（《宣明论方》）合血府逐瘀汤（《医林改错》）加减。

鸡血藤 20 克	桑寄生 15 克	菟丝子 15 克	生黄芪 60 克
党参 60 克	鹿角胶 9 克^{冲服}	桃仁 9 克	红花 9 克
蟅虫 9 克	炒蒲黄 9 克	蜈蚣 2 条	炒五灵脂 12 克
乌梢蛇 9 克	水蛭 6 克	肉桂 6 克	熟附片 24～60 克

方义分析：取河间地黄饮子中的熟附片、肉桂温阳化水；血府逐瘀汤中的桃仁、红花活血化瘀；另配伍炒蒲黄、炒五灵脂增强活血化瘀之效；乌梢蛇、水蛭、蟅虫等虫类药散结通络；鸡血藤补血活血；党参、生黄芪健脾益气；菟丝子、桑寄生补肾益精，温煦荣血；鹿角胶既可助菟丝子、桑寄生补肾益精，又可助熟附

片、肉桂温阳利水。诸药合用，共奏补虚化瘀利水之功。

加减：食欲差者，常加麦芽 60 克，山楂 9 克，鸡内金 9 克；脾肿大者加柴胡 9 克，生鳖甲 24 克；腹胀者加槟榔 6 克，厚朴 6 克，广木香 9 克；腹痛者加延胡索 9 克；胁痛者加柴胡 9 克，丹参 15 克。

治疗本病，亦可选用加减膈下逐瘀汤（《医林改错》）。除服用汤药外，还可加服肝积丸、肝硬化膏方。

附 1：肝积丸

党参 60 克	鸡血藤膏 60 克	金钱草 120 克	满天星 30 克
花斑竹 24 克	酒茵陈 60 克	䗪虫 24 克	炒蒲黄 24 克
水蛭 15 克	柴胡 15 克	丹参 15 克	

用法：上药共研细末，炼蜜制成 63 丸，每天早、中、晚各服 3 丸。

附 2：肝硬化膏方

生黄芪 24 克	肉桂 6 克	党参 60 克	熟附片 60 克^{先煎 2 小时}
黑故脂 12 克	冬虫夏草 15 克	䗪虫 9 克	炒蒲黄 9 克
海金沙 12 克	夜明砂 12 克	槟榔 6 克	厚朴 6 克
广藿香 6 克			

用法：上药熬浓汁炼为膏，每天早、中、晚各服一大汤匙。

【典型医案】

周某，女，26 岁。

初诊：1970 年 6 月 20 日。病人面色萎黄暗黑，皮肤黄，面部浮肿，肝区痛，腹水，腹大如鼓，腹部静脉怒张。食欲差，血虚严重，异常疲乏，心悸，大便溏稀，小便短少。经四川某医院检查诊断为"肝硬化腹水"。舌质淡，苔黄腻，脉沉迟。辨证：脾肾阳虚，气血虚损。治法：温运脾肾，益气补血，消水化瘀。处方：河间地黄饮子合血府逐瘀汤加减。熟附片 30 克^{先煎 2 小时}，潞党参 60 克，鸡血藤 18 克，生黄芪 60 克，鹿角胶 9 克^{冲服}，肉桂 6 克，熟地黄 15 克，炒五灵脂 12 克，䗪虫 9 克，生蒲黄 9 克，鸡内金 9 克，槟榔 6 克，厚朴 6 克，水蛭 6 克。1 周 6 剂，连服 2 周。

二诊：7 月 5 日。病人小便增加，色淡黄。面部肿消，腹部胀缓，自觉松快。心不悸，饮食时觉味香，大便不溏，精神稍好，但肝区仍痛。舌苔薄白，脉缓。

行水是治标，治肝才是治本。现病情缓解，拟标本兼治。治法：温运脾肾，疏肝化瘀消水。处方：河间地黄饮子合血府逐瘀汤加减。熟附片 60 克^{先煎2小时}，潞党参 60 克，鸡血藤 18 克，生黄芪 60 克，鹿角胶 15 克^{冲服}，生地黄 12 克，熟地黄 12 克，巴戟天 12 克，枸杞子 12 克，柴胡 9 克，丹参 9 克，金钱草 60 克，满天星 24 克，茵陈 12 克，䗪虫 9 克，生蒲黄 9 克，水蛭 6 克，槟榔 9 克，厚朴 9 克，海金沙 12 克，夜明砂 12 克，鸡内金 9 克。1 周 6 剂，连服 2 周。

三诊：7 月 20 日。病人病情基本好转，腹水全消，小便清长，精神渐增，食欲逐渐恢复。但肝区仍隐隐作痛。舌苔薄白，脉缓。治法：温运脾肾，疏肝化瘀消水。处方：河间地黄饮子合血府逐瘀汤加减。熟附片 60 克^{先煎2小时}，潞党参 60 克，鸡血藤 18 克，生黄芪 60 克，鹿角胶 15 克^{冲服}，生地黄 12 克，熟地黄 12 克，巴戟天 12 克，枸杞子 12 克，柴胡 9 克，丹参 3 克，金钱草 60 克，满天星 24 克，茵陈 12 克，䗪虫 9 克，生蒲黄 9 克，水蛭 6 克，槟榔 9 克，厚朴 9 克，海金沙 12 克，夜明砂 12 克，鸡内金 9 克。1 周 6 剂，连服 2 周。

四诊：8 月 5 日。病人病情继续好转，饮食恢复，肝区不痛。但脾区略痛，气血有待恢复。病人月经已停 1 年。舌苔薄白，脉缓。治法：温运脾肾，疏肝化瘀消水，兼调冲任。处方：河间地黄饮子加减。熟附片 24 克^{先煎2小时}，枸杞子 12 克，潞党参 24 克，鸡血藤 18 克，生黄芪 24 克，桑寄生 15 克，菟丝子 15 克，覆盆子 24 克，柴胡 9 克，生鳖甲 24 克，金钱草 15 克，三七粉 3 克^{冲服}，茵陈 12 克。1 周 6 剂，连服 4 周。

五诊：9 月 5 日。病人服上药 1 个月后，月经已来，量少色淡，其余诸症悉解。舌质淡红，苔薄，脉平缓。治法：温运脾肾，疏肝化瘀消水，兼调冲任。处方：河间地黄饮子加减。熟附片 24 克^{先煎2小时}，枸杞子 12 克，潞党参 24 克，鸡血藤 18 克，生黄芪 24 克，桑寄生 15 克，菟丝子 15 克，覆盆子 24 克，柴胡 9 克，生鳖甲 24 克，金钱草 15 克，茵陈 12 克，三七粉 3 克^{冲服}，益母草 24 克，红泽兰 12 克，阿胶珠 9 克^{冲服}。1 周 6 剂，连服 4 周。

疗效：病愈，并已怀孕。

按：急则治其标，故本病例第一步消水。缓则治其本，第二步即从"癥瘕、积聚、鼓胀"的治法疏肝益气，补血化瘀调冲。由于辨证施治较准，故疗效满意。

3. 象皮腿（丝虫病）

象皮腿俗称"大脚风"，中医学称为"粗腿病"或"象皮病"，西医学称之为"丝虫病"，是晚期丝虫病最常见的症状。丝虫病是丝虫寄生在人体淋巴系统引起的疾病。丝虫流行面广，在我国流行的有班氏丝虫及马来丝虫，临床特征在早期主要为淋巴管炎和淋巴结炎，晚期为淋巴管阻塞及其产生的系列症状，即所谓的象皮肿征象。其传播媒介是蚊子，人是唯一的传染源。

象皮肿多发生在下肢和阴囊，发生在下肢即象皮腿。本病因为肢体浅表淋巴管长期阻塞，继发感染，反复发作而逐渐形成。病人膝关节以下皮肤变粗、变厚、发硬，用手指压之无凹陷，和一般水肿不同。如两下肢都患此病，日久伤损经络，易成瘫痪。

王氏治疗此病，采用活血通络佐以化瘀之法，常选用通窍活血汤或血府逐瘀汤加减以通络化瘀。用药方面王氏常配伍虫类药物，如全蝎、蜈蚣、乌梢蛇等以软坚活络，消除淋巴结肿大，并配合大量柴胡（至少30克）方有卓效。

【辨证论治】

治法：通络疏瘀。

处方：通窍活血汤或血府逐瘀汤（《医林改错》）加减。

桃仁 9 克	土红花 9 克	柴胡 30 克	生白芍 12 克
水蛭 6 克	生蒲黄 9 克	丹参 9 克	䗪虫 9 克
桂枝 9 克	槟榔 9 克	麝香 0.3 克^{冲服}	三七 4.5 克^{冲服}
蜈蚣 2 条	乌梢蛇 9 克		

方义分析：方中桃仁、红花活血通络，配伍白芍养血与活血并行；配伍柴胡行气，助桃仁、红花活血。丹参、蒲黄、三七活血化瘀止痛；麝香活血通经，消肿止痛；桂枝温阳利水消肿；槟榔助桂枝利水。另加入水蛭、蜈蚣、乌梢蛇等虫蛇药物散结通络、止痛力专效猛。诸药合用，共奏通络疏瘀之效。

也可加服丝虫散：凤仙花子 30 克，苍术 30 克，全蝎 9 克，蛇蜕 30 克，柴胡 60 克，蜈蚣 2 条。用法：上药共研细末，每日服 3 克。

外用凤仙花根 250 克，熬半桶水，待水温泡患腿 2 小时。

【典型医案】

张某，男，30 岁。

初诊：1959 年 3 月 2 日。病人左下肢逐渐异常粗大肥厚，走路不便。经四川省万县某医院检查，诊断为"象皮腿"。眠食如常人，舌脉正常。治法：活血通络，佐以化瘀。处方：通窍活血汤加减。赤芍 12 克，白芍 12 克，川芎 9 克，桃仁 9 克，土红花 9 克，桂枝 6 克，蜈蚣 2 条，乌梢蛇 9 克，全蝎 9 克，䗪虫 9 克，柴胡 30 克。1 周 6 剂，连服 2 周。本方原有三七、麝香。由于病人经济条件有限而未买，故用大量柴胡，以疏通淋巴管。外用：凤仙花根 250 克，熬半桶水，待温泡患腿 2 小时。

二诊：3 月 20 日。病人面带喜色，说病已好了一大半，今天走来，不觉疼痛。嘱再服上方 1 个月。病人说方药有效但无钱买。于是，沉思再三，易法如下：当归 9 克，川芎 6 克，熟地黄 9 克，赤芍 9 克，柴胡 9 克。每日 1 剂，连服。同时每天捉蟑螂 2 只，连头足焙干，研末冲服。泡腿方如前。

疗效：病人继续服药 1 个月，病愈。

按：治疗本病例的第一方，起活血通络作用，第二方师其意而药少价廉。蟑螂有通络化瘀作用。王氏曾用野菊花捣烂，外敷不严重的象皮腿，也有一定的疗效。

4. 冠状动脉粥样硬化性心脏病

冠状动脉易发生粥样硬化，使血管腔狭窄或阻塞，导致冠状动脉血流量不能满足心肌代谢的需要，心肌缺血缺氧或坏死而引起心绞痛、心肌梗死、心力衰竭和各种心律失常等心脏病。心绞痛临床表现为胸骨后、心前区突然出现持续性疼痛或憋闷感、紧缩感、压迫感，可有濒死感，疼痛常放射至颈、咽、左肩、左臂，有时伴有四肢厥冷、口唇青紫。心肌梗死临床表现为胸痛与心绞痛相似，但更剧烈，可有休克、心力衰竭、心律失常、恶心、呕吐、发热等症状。

本病属中医学"真心痛""厥心痛""胸痹"等范畴。病因为年老体弱，或过食肥甘，或七情内伤所致。

本病发病部位在胸膺部，为阳气升发之处。心阳不振，脾阳不运，则寒凝血瘀，痰浊内生。痰浊瘀血闭阻心脉，则气血运行障碍，不通则痛，故见心前区憋闷疼痛，甚至导致阴阳不相顺接而昏厥。心阳不振，既可由脾阳不振、命门火衰引起，也可由心血不足所致。心血不足常因肝肾不足引起。根据阴阳互根之理，最后均可导致阴阳俱虚，正所谓"阴阳不相顺接而昏厥"。因此，本病以心阳不振，瘀血痰浊内阻，气血不畅为主要矛盾，病位在心，而与肝、脾、肾密切相关。

本病可分为脾肾阳虚和肝肾阴虚两个证型。王氏认为，本病在温补脾肾、滋养肝肾的同时，要考虑到瘀血痰浊内阻，气血不畅的矛盾，在用药方面可选通窍活血汤、虫类药物及七厘散、麝香等以行气活血、化瘀通络而治其本，加温运脾肾之品，以治其标，并用大量参、芪助心阳。与此同时，常加入昆布、海藻等防治动脉粥样硬化。

【辨证论治】

（1）脾肾阳虚型

主要证候：胸闷憋气，心胸绞痛频作，心悸气短，面色苍白，倦怠乏力，眩晕自汗，畏寒肢冷，食欲差，夜寐不宁，大便稀薄，小便清长，舌质淡，苔白润或腻，脉濡缓、沉缓或结代。

治法：温肾运脾，软坚活络化瘀。

处方：通窍活血汤合河间地黄饮子加减（王渭川经验方）。

红参 9 克	熟地黄 12 克	生地黄 12 克	熟附片 60 克^{先煎 2 小时}
鸡血藤 20 克	桑寄生 9 克	生黄芪 30 克	菟丝子 9 克
蜈蚣 2 条	乌梢蛇 9 克	全蝎 9 克	水蛭 6 克
山茱萸 12 克	炒北五味子 12 克		

方义分析：早期即可见心力衰竭，故取河间地黄饮子中大剂熟附片温补心肾，与地黄相伍，温通心阳而不燥，柔润滋阴以化阳，刚柔相济，阴阳两调；五味子、山茱萸补肾宁心，敛汗复脉而调心悸；红参、黄芪健脾益气，且红参入心脾两经，能够益气安神，更助五味子、山茱萸宁心调悸；熟地黄、生地黄大补阴血；桑寄生、菟丝子温肾益精；鸡血藤养血通络；水蛭、蜈蚣、全蝎、乌梢蛇等虫蛇类药逐瘀通经，散结止痛。全方共奏温肾运脾、软坚活络化瘀之效。

加减：上方配伍精当，临床运用时常随症灵活加减：心动过速者选加苦参 24 克，龙眼肉 24 克；心动过缓选用桂枝 6 克，生白芍 12 克，麝香 0.3 克^{冲服}；降血脂选用山楂 9 克。动脉粥样硬化严重者可选加淡昆布 9 克，淡海藻 3 克，䗪虫 9 克，生蒲黄 9 克，桃仁 3 克；脑动脉供血不足者加葛根 24 克；痰多者则加半夏 9 克，制胆南星 9 克；血压高而长期不降者选加臭牡丹 60 克，杜仲 9 克；咳嗽气喘者加川贝母 9 克^{冲服}，百部 9 克，麻黄 6 克，炒葶苈子 12 克，炙紫菀 9 克，海浮石 9 克，款冬花 9 克，枇杷叶 9 克，桔梗 9 克。

（2）肝肾阴虚型

主要证候：胸部痞闷，或疼痛心烦，眩晕，舌麻，肢麻，咽干，舌质红，脉弦数。

治法：滋养肝肾，软坚活络化瘀。

处方：天麻钩藤饮合一贯煎、通窍活血汤加减（王渭川经验方）。

生地黄 24 克	沙参 9 克	女贞子 24 克	旱莲草 24 克
钩藤 12 克	天麻 9 克	蜈蚣 2 条	乌梢蛇 9 克
鸡血藤 18 克	全蝎 9 克	水蛭 6 克	山茱萸 12 克
炒北五味子 12 克			

方义分析：本型用一贯煎补肾疏肝。方中大剂生地黄为君，以调节"阴虚阳亢"；臣以沙参养阴益气，女贞子、旱莲草益肝肾之阴，配合君药育阴而涵阳；肝肾阴虚则肝阳易亢，故以天麻钩藤饮中天麻、钩藤平肝潜阳；辅以鸡血藤养血活血，合乌梢蛇、蜈蚣、水蛭、全蝎增强化瘀通络之效；炒北五味子、山茱萸补肾宁心而调心悸。综观全方共奏滋养肝肾、活络化瘀之功，则诸症可以解除。

加减：王氏运用此方时常加入琥珀、麝香、山楂、鸡内金等以镇惊安神，散瘀消痰。其余加减法，同脾肾阳虚型。

【典型医案】

（1）脾肾阳虚型

杨某，男，48 岁。

初诊：1976 年 1 月 20 日。心胸部经常剧烈绞痛，胸闷憋气，心悸气短。面色苍白，形寒肢冷。腰骶痛，食欲不振，出冷汗，夜寐不宁。浮肿关节痛（血沉高）。经四川省某医院检查，诊断为"冠状动脉粥样硬化性心脏病"。舌质淡，苔白润，脉沉细。治法：温运脾肾，益心气，疏风活络祛瘀。处方：河间地黄饮子合通窍活血汤加减。红参 9 克，熟附片 30 克^{先煎 2 小时}，生地黄 12 克，熟地黄 12 克，鸡血藤 18 克，生黄芪 60 克，桑寄生 15 克，菟丝子 15 克，蜈蚣 2 条，乌梢蛇 9 克，全蝎 9 克，炒北五味子 12 克，龙眼肉 24 克，苦参 24 克，山楂 9 克，鸡内金 9 克，糯米草 60 克，海金沙 12 克，淡昆布 9 克，淡海藻 9 克，水蛭 6

克。1周6剂，连服2周。

二诊：2月15日。病人服上方12剂后，心绞痛未发过。气短心悸减轻，浮肿渐消，关节疼痛减轻，渐能进饮食。小便清长，精神较前舒畅。舌质淡，苔薄白，脉缓。治法：温运脾肾，益心气，疏风活络祛瘀。处方：河间地黄饮子合通窍活血汤加减。潞党参60克，鸡血藤18克，生黄芪60克，桑寄生15克，菟丝子15克，蜈蚣2条，乌梢蛇9克，全蝎9克，炒北五味子12克，龙眼肉24克，苦参24克，山楂9克，鸡内金9克，糯米草10克，海金沙12克，水蛭6克，鹿角胶15克^{冲服}，炒五灵脂12克，杜仲9克，当归身9克，䗪虫9克，炒蒲黄9克，麝香0.3克^{冲服}，七厘散0.3克^{冲服}。1周6剂，连服2周。

三诊：3月2日。病人服上方12剂后，病情基本好转，心胸部疼痛未再发作，气短、心悸已消失。浮肿全退，小便清长，食欲恢复，唇舌转红。舌质淡红，苔薄白，脉平缓。治法：温运脾肾，益心气，疏风活络祛瘀。处方：河间地黄饮子合通窍活血汤加减。潞党参60克，鸡血藤18克，生黄芪60克，桑寄生15克，菟丝子15克，蜈蚣2条，乌梢蛇9克，全蝎9克，炒北五味子12克，龙眼肉24克，苦参24克，山楂9克，鸡内金9克，水蛭6克，鹿角胶15克^{冲服}，炒五灵脂12克，杜仲9克，䗪虫9克，炒蒲黄9克，三七粉3克^{冲服}。1周6剂，连服4周。

四诊：4月6日。病人每2天服1剂药，服药12剂后，诸症全消。经四川省某医院检查，病似已痊愈。嘱病人暂时停药。如病发作来不及就诊时，嘱其病重时服第一方，病轻服第二方。

疗效：1977年8月上旬，病人路过成都，来我处看望时说，1年多来未发病，精神焕发，仍坚持工作。

按： 本病例由于心阳不振，导致气血瘀阻，不通则痛，故心胸部经常剧烈绞痛。由于气血凝滞，故胸闷气短，面色苍白。病人患病日久，血管硬化，并形成脾弱肾虚，因而出现脾肾阳虚证型。治疗方中，选用温运脾肾之品，以治其标，用大量参、芪助心阳，选用通窍活血汤及虫类药物和七厘散、麝香等益气活血、化瘀软坚而治其本。标本兼治，则收效较快。单纯活血而不补血，强心阳而不养心肌，则收效不会持久，故方中加入鹿角胶、鸡血藤、北五味子等，正为此而设。方中始终用山楂，是为了清除血管壁残渣，降血脂。加用昆布、海藻，防治动脉粥样硬化。

（2）肝肾阴虚型

贺某，女，55 岁。

初诊：1973 年 12 月 21 日。病人心悸怔忡，胸胁闷胀，气短，心前区及胸骨后刺痛难受。眩晕，食欲差，失眠。已绝经，无白带。关节痛，下肢浮肿，胆固醇高，血压 180/110 毫米汞柱，有真心痛病史。经四川省某医院检查，诊断为"冠状动脉粥样硬化性心脏病"。舌尖红，舌质绛，无苔，脉弦数。治法：滋养肝肾，活血通络化瘀。处方：天麻钩藤饮、一贯煎合血府逐瘀汤加减。红参 9 克，生地黄 24 克，钩藤 12 克，天麻 9 克，蜈蚣 2 条，乌梢蛇 9 克，鸡血藤 18 克，全蝎 9 克，炒北五味子 12 克，苦参 24 克，山楂 9 克，鸡内金 9 克，女贞子 24 克，旱莲草 24 克，山茱萸 12 克，淡海藻 9 克，淡昆布 9 克，臭牡丹 60 克，葛根 9 克，夜交藤 60 克，琥珀末 6 克^{冲服或布包煎}。1 周 6 剂，连服 2 周。

二诊：1974 年 1 月 3 日。病人心悸渐平，已不觉气短。胸痛减轻，饮食、睡眠均较好。血压下降至 160/80 毫米汞柱，关节痛已减。但仍多梦，胃隐痛。舌质转淡，苔薄白，脉微弦。治法：滋养肝肾，活血通络化瘀。处方：天麻钩藤饮、一贯煎合血府逐瘀汤加减。生地黄 12 克，钩藤 12 克，天麻 9 克，蜈蚣 2 条，乌梢蛇 9 克，鸡血藤 18 克，炒北五味子 12 克，苦参 24 克，山楂 9 克，鸡内金 9 克，女贞子 24 克，旱莲草 24 克，山茱萸 12 克，葛根 9 克，夜交藤 60 克，琥珀末 6 克^{冲服或布包煎}，川贝母 9 克^{冲服}，薤白 12 克，九香虫 9 克，炒五灵脂 12 克，炒蒲黄 9 克，沙参 24 克，桃仁 9 克。1 周 6 剂，连服 4 周。

三诊：2 月 5 日。病人诸症悉解，精力渐恢复。早晨起床仍略觉气紧，洗脸后即消失。腰部尚有胀痛感。再查心电图，结果为双倍二级梯运动减弱阴性。苔薄白，脉平缓。治法：补气益肾，佐以祛风。处方：河间地黄饮子加减。潞党参 24 克，生黄芪 60 克，杜仲 9 克，续断 24 克，蜈蚣 2 条，乌梢蛇 9 克，女贞子 24 克，旱莲草 24 克，砂仁 3 克，蔻仁 3 克，炒北五味子 12 克，山茱萸 12 克，鸡内金 9 克，山楂 9 克。1 周 6 剂，常服。

疗效：病人服药 1 个月后，自觉诸症悉解，精力如常，自动停药。2 个月后，带家属来治病时，自诉完全恢复健康。

按：王氏认为，冠状动脉粥样硬化性心脏病既无全部实证，也无全部虚证。从动脉硬化、高血压、胸部心绞痛（真心痛）来看，似为实证，但心悸气短又属虚证。所以，必须准确辨证。本病例证属肝肾阴虚。心阴虚，使心阳不足，而导致心肌梗阻。心开窍于舌，本病例初期舌质红绛，正说明心阴不足。方中红参、生地黄、山茱萸既营养心阴，又起强心作用。蜈蚣、乌梢蛇舒筋通络，佐蒲黄以化瘀，山楂降血脂，薤白、五灵脂止胸痛；鸡血藤、苦参调节心气，葛根防脑供血不足。本病例由于辨证准确，药物对证，故疗效较显。

5. 风湿性心脏病

风湿性心脏病，是由于风湿热活动，累及心脏瓣膜而造成的心脏病变。病变主要累及二尖瓣，病理变化主要是瓣膜发生水肿、渗出、纤维化、僵硬、卷曲与钙化，甚至累及腱索和乳头肌，导致瓣膜开口狭窄或关闭不全等，阻碍血液正常流动或引起血液反流。病人有活动后心悸、气促、咳嗽，甚至出现夜间阵发性呼吸困难等表现。大部分病人可出现两颧及口唇呈紫红色，即"二尖瓣面容"。

风湿性心脏病属中医学"痹症"范畴。风寒湿三气杂至而成痹，风气胜者为行痹，寒气胜者为痛痹，湿气胜者为着痹。痹不已复感于邪，内舍于心（指风湿病邪犯心脏）而形成本病，且常见下列并发症：充血性心力衰竭、急性肺水肿、心房颤动、血管栓塞、亚急性细菌性心内膜炎和支气管炎等。

本病病因为风、寒、湿邪所致，故王氏认为，治以祛除风寒湿邪为主，辅以活血化瘀、通经舒络、补血益气等法，在此基础上，选方用药当辨证属脾肾阳虚，还是肝肾阴虚。脾肾阳虚者选用温运脾肾之品，如党参、黄芪、熟附片、桑寄生、菟丝子、冬虫夏草；肝肾阴虚者选用滋养肝肾之品，如沙参、枸杞子、阿胶、鱼鳔胶等；另外，王氏善用蜈蚣、蠹虫、全蝎等虫类药物祛风除湿通络。

【辨证论治】

（1）脾肾阳虚型

主要证候：周身关节痛，胸胁痛，疲乏纳差，形寒浮肿，心悸气短，眩晕自汗，大便溏，小便清长，舌质淡，苔白，脉濡缓或弦数。

治法：温运脾肾，祛风除湿，通经化瘀。

处方：河间地黄饮子合通窍活血汤或血府逐瘀汤加减（王渭川经验方）。

红参 9 克	潞党参 30 克	蜈蚣 2 条	乌梢蛇 9 克
鸡血藤 18 克	桑寄生 15 克	生黄芪 30	菟丝子 15 克
黑故脂 12 克	炒蒲黄 9 克	蠹虫 9 克	水蛭 9 克

山茱萸 9 克　　炒北五味子 12 克

方义分析：方中取河间地黄饮子中炒北五味子、山茱萸益气复脉，补肾宁心；红参、潞党参、黄芪健脾益气，助炒北五味子、山茱萸益气宁心；桑寄生、菟丝子补肾益精；鸡血藤补血活血；炒蒲黄、黑故脂活血化瘀；配伍虫蛇类药物蜈蚣、乌梢蛇、䗪虫、水蛭通经疏络。诸药合用，共奏温运脾肾、祛风除湿、通经化瘀之效。

加减：临床实践中王氏多根据病人症状灵活加减，心动过缓者加用桂枝 6 克，生白芍 12 克，麝香 0.3 克^{冲服}；心动过速者加用山茱萸 12 克，苦参 24 克，龙眼肉 24 克；浮肿者加用熟附片 12～30 克^{先煎 2 小时}，糯米草 60 克，海金沙 12 克，夜明砂 12 克；胸胁痛者加用红藤 24 克，蒲公英 24 克，夏枯草 12 克，薤白 9 克，柴胡 9 克，丹参 9 克；食欲差者加用麦芽 60 克，山楂 9 克，鸡内金 9 克。

（2）肝肾阴虚型

主要证候：周身关节痛，胸胁痛，心累气短，眩晕耳鸣，舌麻，四肢麻木，口苦咽干，舌质红，脉弦细而数。

治法：滋养肝肾，祛风除湿，通络化瘀。

处方：一贯煎合通窍活血汤或血府逐瘀汤加减（王渭川经验方）。

沙参 9 克　　　　生地黄 12～24 克　　　　　　生白芍 12 克
女贞子 24 克　　旱莲草 24 克　　蜈蚣 2 条　　乌梢蛇 9 克
鸡血藤 18 克　　黑故脂 12 克　　炒蒲黄 9 克　　䗪虫 9 克
水蛭 9 克　　　山茱萸 9 克　　炒北五味子 12 克

方义分析：肝肾阴亏，肝失所养，治宜滋养肝肾阴血为主。方中王氏重用一贯煎中生地黄滋养阴血；沙参润燥益气；女贞子、旱莲草补益肝肾之阴。通窍活血汤中生白芍养血柔肝；鸡血藤补血活血，助白芍养血；炒北五味子、山茱萸调心悸；炒蒲黄、黑故脂活血化瘀；虫蛇类药祛瘀通络，能够软化血管，恢复心脏功能。诸药合用，共奏滋养肝肾、祛风除湿、通络化瘀之功。

加减：同脾肾阳虚型。

【典型医案】

（1）脾肾阳虚型

杨某，女，19 岁。

初诊：1960 年 7 月 26 日。经成都市某医院、四川省某医院检查，确诊为"风湿性心脏病二尖瓣关闭不全"，住院治疗无效。病人关节痛，胸痛，咽痛。扁桃体肿大，疲乏无力，形寒浮肿，心累气短，食欲减退，大便溏薄，小便清长，发热至 38℃。舌苔薄白，脉弦数。治法：温运脾肾，祛风除湿，通络清热，佐以营心。处方：河间地黄饮子合通窍活血汤加减。潞党参 30 克，红参 10 克，鸡血藤 18 克，生黄芪 30 克，桑寄生 15 克，菟丝子 15 克，黑故脂 12 克，䗪虫 9 克，炒蒲黄 9 克，蜈蚣 2 条，乌梢蛇 9 克，全蝎 3 克，红藤 24 克，蒲公英 24 克，大青叶 9 克，鸡内金 9 克，糯米草 60 克，海金沙 12 克，炒北五味子 12 克，苦参 24 克，山茱萸 9 克，续断 60 克，羌活 3 克。1 周 6 剂，连服 2 周。

二诊：8 月 15 日。病人服上方 12 剂后，病情好转。咽痛消失，扁桃体恢复正常。精神增健，食欲好转，关节痛、胸痛、心累显著减轻。体温降至 35.8℃，但仍畏寒浮肿。舌苔白，脉弦缓。治法：温运脾肾，祛风除湿，通络清热，佐以营心。处方：河间地黄饮子合通窍活血汤加减。熟附片 30 克^{先煎 2 小时}，潞党参 30 克，鸡血藤 18 克，生黄芪 30 克，桑寄生 15 克，菟丝子 15 克，黑故脂 12 克，䗪虫 9 克，炒蒲黄 9 克，蜈蚣 2 条，乌梢蛇 9 克，全蝎 9 克，红藤 24 克，蒲公英 24 克，鸡内金 9 克，糯米草 60 克，海金沙 12 克，炒北五味子 12 克，苦参 24 克，山茱萸 9 克，羌活 3 克，杜仲 30 克，万年青叶 1 尺长者 2 片。1 周 6 剂，连服 4 周。

三诊：9 月 20 日。病人病情显著好转。全身疼痛消失。体温一直正常。脸和下肢浮肿消失。睡眠时呼吸平稳，不复气促，但稍事行动，仍觉气紧、呼吸短促。月经量少，先后无定期。舌苔薄白，脉弦涩。治法：温运脾肾，祛风除湿，通络清热，佐以营心。处方：河间地黄饮子合通窍活血汤加减。潞党参 30 克，鸡血藤 18 克，生黄芪 30 克，桑寄生 15 克，菟丝子 15 克，黑故脂 12 克，䗪虫 9 克，炒蒲黄 9 克，蜈蚣 2 条，乌梢蛇 9 克，全蝎 9 克，红藤 24 克，蒲公英 24 克，鸡内金 9 克，炒北五味子 12 克，苦参 24 克，山茱萸 9 克，虫白蜡 9 克^{研末冲服}，冬虫夏草 9 克，升麻 24 克，覆盆子 24 克，胎盘粉 9 克。1 周 6 剂，连服 4 周。

四诊：10 月 26 日。病人服上方 24 剂后，自觉诸症悉解。外出配药已不感劳累、气紧和呼吸困难。经四川省某医院检查，病已基本痊愈。月经按期而至，量正常。舌苔薄白，脉平缓。治法：温运脾肾，祛风除湿，通络清热，佐以营心。

处方：河间地黄饮子合通窍活血汤加减。潞党参30克，鸡血藤18克，生黄芪30克，桑寄生15克，菟丝子15克，黑故脂12克，䗪虫9克，炒蒲黄9克，蜈蚣2条，乌梢蛇9克，红藤24克，蒲公英24克，鸡内金9克，炒北五味子12克，虫白蜡9克^{研末冲服}，苦参24克，山茱萸9克，冬虫夏草9克，升麻24克，覆盆子24克，胎盘粉9克。1周6剂，连服6周。

五诊：12月15日。诸症悉愈。体重增加3公斤，精神体力健壮如昔。病人回校继续读书，请求配膏方，以巩固疗效。舌脉正常。治法：温运脾肾，祛风除湿，通络清热营心。处方：河间地黄饮子加减（改膏方）。潞党参300克，鸡血藤130克，生黄芪300克，桑寄生100克，菟丝子100克，冬虫夏草100克，蜈蚣20条，乌梢蛇90克，䗪虫90克，地龙90克，炒北五味子120克，山茱萸90克，枸杞子120克，砂仁30克。以上诸药熬4次，取浓汁，加冰糖1000克、虫白蜡300克、蛤蚧1对，共研极细末，缓缓投入，搅匀收膏，每日早、晚各服一大汤匙，2个月服完。

疗效：病人服膏方至高中毕业，后考入西南师范学院，毕业后留校任数学教师。结婚后已生育一儿一女，身体一直很健康。1981年曾来我处，自诉年已四旬，风湿心脏病始终未发。

按： 风湿性心脏病有一个特点，是全身肌肉、关节疼痛，因风寒湿三气侵入人体，使营卫气血失常，产生废物沉淀于局部形成气虚血瘀，不通则痛，肌肉、关节是废物首先沉淀的地方，故有肌肉、关节疼痛。废物沉淀到心脏瓣膜，形成二尖瓣关闭不全，故有心悸、气喘等症状。

本病例证属脾肾阳虚，治宜温运脾肾，祛风除湿，益气化瘀，通经活络，营养心肌。用虫类药物通经活络，软化血管，辅以虫白蜡，以治疗二尖瓣关闭不全。党参、黄芪益气，桑寄生、菟丝子、冬虫夏草固肾，大剂熟附片以温心肾之阳。万年青有洋地黄样作用，能调节心脏功能。红藤、蒲公英能抵抗病毒侵扰心脏瓣膜。诸药协和，故收到较为满意的疗效。

（2）肝肾阴虚型

耿某，女，24岁。

初诊：1960年4月1日。病人因下乡久住潮湿之地，又因劳累生气，发高热，咽痛。经四川省某医院检查，确诊为"风湿性心脏病二尖瓣关闭不全"。病人周身关节痛，胸胁痛，心累气短而促，夜间不能平卧。呼吸困难，感心跳震衣。腰痛，脚底痛，眩晕耳鸣，咽干口苦，不能进食，烦躁失眠。大便干结，小便短黄，月经停闭，无白带。舌质深红，无苔，脉弦细而数。治法：滋养肝肾，祛风除湿，通络化瘀，润燥营心，处方：一贯煎合通窍活血汤加减。沙参20克，鲜生地黄30克，炒川楝子9克，生白芍12克，红参9克，鸡血藤18克，女贞子12克，旱莲草24克，炒北五味子12克，山茱萸9克，苦参24克，枸杞子9克，蜈蚣2条，乌梢蛇9克，全蝎9克，䗪虫9克，大青叶9克，阿胶10克^{蒸化冲服}，鱼鳔胶10克^{蒸化冲服}，砂仁3克，广藿香6克，甘草30克，海金沙12克，万年青叶1尺长者2片。1周6剂，连服2周。

二诊：4月13日。病人服上方12剂后，病情好转。心跳气促症状减轻，夜间能平卧，并能入睡六七个小时。关节痛、胸胁痛、腰痛减轻。脚底已不痛，能到室外步行。耳鸣消失，口不干不苦，能吃稀饭、面条。但仍腹胀，大便干燥。舌润，苔薄白，脉弦缓。治法：滋养肝肾，祛风除湿，通络化瘀，润燥营心。处方：一贯煎合通窍活血汤加减。沙参20克，鲜生地黄30克，炒川楝子9克，生白芍12克，鸡血藤18克，女贞子24克，旱莲草24克，炒北五味子12克，山茱萸9克，苦参24克，枸杞子9克，蜈蚣2条，乌梢蛇9克，全蝎9克，䗪虫9克，大青叶9克，阿胶10克^{蒸化冲服}，鱼鳔胶10克^{蒸化冲服}，甘草30克，万年青叶1尺长者2片，生黄芪30克，益母草24克，覆盆子24克，地龙15克，槟榔6克，厚朴6克。1周6剂，连服4周。

三诊：5月25日。病人服上方24剂后，病情继续好转。全身不痛，呼吸正常，已不感气紧，能操持家中事务。小便清长，大便不干，月经已行，量少色淡。经四川省某医院检查，血沉正常，听诊时发现心脏杂音已减少。舌苔薄白，脉平缓。治法：滋养肝肾，祛风除湿，通络化瘀，润燥营心。处方：一贯煎合通窍活血汤加减。沙参20克，鲜生地黄30克，炒川楝子9克，生白芍12克，鸡血藤18克，女贞子24克，旱莲草24克，炒北五味子12克，山茱萸9克，苦参24克，枸杞子9克，蜈蚣2条，乌梢蛇9克，全蝎9克，䗪虫9克，大青叶9克，阿胶10克^{蒸化冲服}，鱼鳔胶10克^{蒸化冲服}，甘草30克，万年青叶1尺长者2片，生黄芪30克，益母草24克，覆盆子24克，地龙15克，槟榔6克，厚朴6克，虫白蜡9克^{研末冲服}。1周6剂，连服8周。

　　四诊：9月1日。病人服上方48剂后，诸症悉解。经四川省某医院复查，血象正常，听诊未发现心脏杂音，病已基本痊愈。病人可以上班工作，但不能劳累，要求改服丸方，以巩固疗效。舌质淡红，脉平缓。治法：滋养肝肾，祛风除湿，通络化瘀，润燥营心。处方：一贯煎合通窍活血汤加减（丸方）。党参300克，生熟地黄各200克，生黄芪300克，覆盆子300克，淫羊藿300克，山茱萸100克，蜈蚣20条，乌梢蛇300克，山楂90克，广木香60克，虫白蜡90克，炒蒲黄90克。以上诸药共研细末，炼蜜为丸如豌豆大，每日早、中、晚各服10克，1个月服完。

　　疗效：病人服上方2料后，健康如常人。1961年元旦，病人来我处，自诉上班不感劳累，已自动停药，并准备春节结婚。

　　按：本病例证属肝肾阴虚，以沙参、红参润燥益气；枸杞子、阿胶、鱼鳔胶养血生血，润脾燥而生津，津足则肾水涵木，则肝气平，肝肾阴虚症状消失。鲜生地黄、白芍、女贞子、旱莲草、山茱萸、万年青叶调节心脏功能；虫类药物祛瘀通络，软化血管，有助于心脏恢复功能。处方中用大剂量甘草，因甘草含有类似激素强的松的成分，能起缓解病情的作用，在病情危重时可酌情采用，但应适可而止。

6. 高血压

　　高血压是以血压升高（血压经常超过140/90毫米汞柱）为主要临床表现，伴或不伴有多种心血管危险因素的综合征，是多种心、脑血管疾病的重要病因和危险因素。临床主要表现为头痛、眩晕、心慌或胸闷、头重脚轻、步履不稳等。影响重要脏器，如心、脑、肾的结构和功能，引起心、脑、肾方面的症状，如高血压性心脏病（左心室增厚、心力衰竭）、高血压脑病与中风（脑出血、脑血管痉挛）、肾功能不全与衰竭，是心血管疾病死亡的主要原因之一。

　　本病属中医学"头痛""眩晕""肝风""中风"等范畴。病机多为肝肾阴阳失调。肝为刚脏，主升主动，如忧郁恼怒，肝阴暗耗，郁结化热，热冲于上而为风阳上扰。肝肾两脏互相资生，肾水亏乏，不能养肝，而致阴虚阳亢。阴虚过极，可以及阳，而致阴阳俱虚。肝藏血，肾藏精，冲脉为血海，任脉主一身之阴。肝肾不全，势必影响冲任。冲任损伤，也能导致肝肾为病。肝肾互相影响，又可伤及心神而引起中风。对于高血压危候如中风之类，又有中经、中络、中腑、中脏之别。

王氏将本病分 3 型：脾肾阳虚型、肝肾阴虚型、肾阴虚而肝阳亢型，据此辨证施治，常用药有杜仲、臭牡丹、蜈蚣、乌梢蛇。

【辨证论治】

（1）脾肾阳虚型

主要证候：头痛眩晕，腰痛耳鸣，畏寒肢冷，疲倦乏力，浮肿，血压不稳定，大便溏，小便清长，舌质淡，苔白润，脉沉细。

治法：温肾运脾，活血化瘀。

处方：地黄饮子（《圣济总录》）合血府逐瘀汤（《医林改错》）加减。

肉苁蓉 12 克	生地黄 12 克	熟地黄 12 克	桑寄生 15 克
菟丝子 15 克	蜈蚣 2 条	乌梢蛇 9 克	臭牡丹 60 克
杜仲 9 克	川芎 9 克	白芍 9 克	桃仁 9 克
土红花 9 克	䗪虫 9 克	炒蒲黄 9 克	水蛭 6 克
牛膝 9 克	熟附片 24 ～ 60 克 ^{先煎 2 小时}		

方义分析：地黄饮子中附片、肉苁蓉温补肾阳；配伍生地黄、熟地黄养血，与桑寄生、菟丝子相配滋肾养阴。血府逐瘀汤中桃仁、土红花活血化瘀，川芎、白芍行气养血；牛膝引气血下行；配伍炒蒲黄、杜仲活血化瘀；虫蛇类药䗪虫、水蛭、蜈蚣、乌梢蛇化瘀通经。诸药相合，共奏温肾运脾、活血化瘀之功。

加减：肾阳虚腰痛明显者可酌加续断、肉苁蓉；心动过速者加炒五味子 12 克，山茱萸 12 克。

（2）肝肾阴虚型

主要证候：头痛眩晕，血压较高，耳鸣，手足心热或低热，肢麻，面色萎黄，有时潮红，胸胁痛，失眠，咽干口苦，大便秘结，小便短黄，舌质暗红，苔黄，脉弦细或弦数。

治法：滋养肝肾，活血化瘀。

处方：天麻钩藤饮、一贯煎、血府逐瘀汤加减（王渭川经验方）。

天麻 9 克	钩藤 12 克	桑寄生 15 克	杜仲 9 克
夜交藤 60 克	沙参 9 克	生白芍 12 克	生地黄 12 克
菟丝子 15 克	臭牡丹 60 克	蜈蚣 2 条	乌梢蛇 9 克

　　　　全蝎 9 克　　　　　䗪虫 9 克　　　　　刺蒺藜 18 克

　　方义分析：本型以肝肾阴虚为本，阳亢化风为标。选用天麻钩藤饮中的天麻、钩藤平肝息风，加入白芍、刺蒺藜养血柔肝；夜交藤养血安神，祛风通络，故肝阳化风生热兼见失眠者尤适用之。一贯煎中沙参、生地黄合菟丝子滋补肝肾之阴；然"善补阴者，必于阳中求阴"，故加桑寄生、杜仲补肾以助阴精之生化；方中虫类药物化瘀通经。全方共奏滋养肝肾、活血化瘀之效。

　　加减：王氏运用此方时常选用地骨皮 9 克，肥知母 9 克，银柴胡 9 克以退低热。其余同脾肾阳虚型。

　　（3）肾阴虚而肝阳亢型

　　主要证候：头痛眩晕，血压高，手足心热，时有低热自汗，失眠多梦，烦躁易怒，形体羸瘦，腰痛腿软，四肢麻木，遗精，尿赤不畅，舌质红，无苔，脉弦数。

　　治法：滋养肾阴，潜镇肝阳。

　　处方：通窍活血汤加减（王渭川经验方）。

杜仲 9 克	臭牡丹 60 克	赤芍 12 克	川芎 6 克
桃仁 9 克	土红花 9 克	蜈蚣 2 条	乌梢蛇 9 克
全蝎 9 克	䗪虫 9 克	生蒲黄 9 克	水蛭 6 克
川牛膝 9 克	女贞子 24 克	旱莲草 24 克	琥珀末 6 克 冲服或布包煎

　　方义分析：肝肾阴虚，易致虚火上炎，血气随之上逆，阻滞于脑窍。因而全方以通窍活血汤为基础，配合虫类药物，专注于行瘀通络。方中桃仁、土红花活血化瘀；赤芍、川芎行气活血；配伍生蒲黄增强活血化瘀之力；臭牡丹清少阴之火，配合琥珀末镇惊安神，凉血散瘀；川牛膝补益肝肾，引上逆之血下行；杜仲、女贞子、旱莲草合用，助养阴精，取"壮水以制阳光"之意，育阴涵阳。诸药合用，共奏滋养肾阴、潜镇肝阳之效。

　　加减：王氏运用此方治疗肾阴虚肝阳亢型高血压，多伴见失眠、烦躁易怒等症，临证时可酌情选加钩藤 9 克，刺蒺藜 18 克，夜交藤 60 克，青葙子 24 克，珍珠母 24 克，朱茯神 12 克，以镇静安神。其余加减法同其他两型。

【典型医案】

（1）脾肾阳虚型

郭某，男，49岁。

初诊：1977年5月25日。病人援外归国后，长期高血压（180/120毫米汞柱），兼脑血栓形成。脑部曾受外伤，又无法服中药，迁延日久，致起本病。现眩晕，头重脚轻，心悸气短，不能饮食，腰痛畏寒，疲倦乏力，面足浮肿，右侧偏瘫。腹胀胃痞，阳痿遗精，四肢冷，夜尿多，口中觉淡而无味。舌质淡，苔薄白，脉沉迟微弦。治法：温运脾阳，活血化瘀佐以通络。处方：河间地黄饮子合血府逐瘀汤加减。熟附片24克^{先煎2小时}，生地黄12克，炒北五味子12克，山茱萸12克，蜈蚣2条，乌梢蛇9克，臭牡丹60克，杜仲9克，续断24克，肉苁蓉12克，鸡内金9克，川芎9克，白芍9克，桃仁9克，土红花9克，䗪虫9克，炒蒲黄9克，桂枝3克，糯米草60克，葛根24克，丹参9克，水蛭6克，地龙15克，牛膝9克，芭蕉汁15克^{冲服}。1周6剂，连服2周。

二诊：6月20日。病人血压降至140/80毫米汞柱已1周，未见再升。眩晕、头重脚轻、心悸气短诸症皆好转。浮肿渐消，思食。右侧仍偏瘫，但能扶杖行走，不再需要人扶持。舌苔薄白，脉缓。治法：温运脾阳，活血化瘀佐以通络。处方：河间地黄饮子合血府逐瘀汤加减。熟附片24克^{先煎2小时}，生地黄12克，炒北五味子12克，山茱萸12克，蜈蚣2条，乌梢蛇9克，臭牡丹60克，杜仲9克，续断24克，鸡内金9克，白芍9克，䗪虫9克，炒蒲黄9克，糯米草60克，葛根24克，水蛭6克，地龙15克，牛膝9克，党参60克，鸡血藤18克，生黄芪60克，桑寄生15克，菟丝子15克，麝香0.3克^{冲服}。1周6剂，连服2周。

三诊：7月5日。病人病情进一步好转，血压降至130/75毫米汞柱，眠食均好。右侧偏瘫略有起色，能扶杖在室内行走，不需要人扶。舌质淡红，脉平缓。治法：温运脾阳，活血化瘀佐以通络。处方：河间地黄饮子合血府逐瘀汤加减。熟附片24克^{先煎2小时}，生地黄12克，炒北五味子12克，山茱萸12克，蜈蚣2条，乌梢蛇9克，臭牡丹60克，杜仲9克，续断24克，鸡内金9克，白芍9克，䗪虫9克，炒蒲黄9克，糯米草60克，葛根24克，水蛭6克，地龙15克，牛膝9克，党参60克，鸡血藤18克，生黄芪60克，桑寄生15克，菟丝子15克，麝香0.3克^{冲服}，全蝎9克，七厘散0.3克^{冲服}。1周6剂，连服4周。

四诊：8月10日。病人血压始终稳定，体力转佳，精神转好。偏瘫有起色，但仍未痊愈。舌质淡红，脉平缓。治法：温运脾阳，活血化瘀，佐以通络。处方：河间地黄饮子合血府逐瘀汤加减。熟附片24克^{先煎2小时}，生地黄12克，炒北五味子12克，山茱萸12克，蜈蚣2条，乌梢蛇9克，臭牡丹60克，杜仲9克，续断24克，鸡内金9克，白芍9克，䗪虫9克，炒蒲黄9克，糯米草60克，葛根24克，水蛭6克，地龙15克，牛膝9克，党参60克，鸡血藤18克，生黄芪60克，桑寄生15克，菟丝子15克，麝香0.3克^{冲服}，全蝎9克，七厘散0.3克^{冲服}，淡海藻9克，淡昆布9克，自然铜3克^{醋淬研末，胶囊装吞}。1周6剂，连服4周。

疗效：病人服上方1个月后，经医院复查，血压已正常。

按：本病例因受外伤起病，拖延日久，形成脾肾阳虚。由于病久，体力大衰，影响脾阳，故出现腰痛、不思饮食等症状。阳虚生外寒，故畏寒肢冷。肾气虚损，故夜卧多尿、阳痿遗精。血压长期升高，形成血栓，诱发右侧瘫痪。方中取河间地黄饮子部分药物以温运脾阳，取血府逐瘀汤部分药物和虫类药物，以舒通经络，消除脑血栓。党参、黄芪益气；桂枝、白芍调营卫；山茱萸、鸡血藤营心，合桂枝鼓舞心阳；蜈蚣、乌梢蛇、全蝎软坚，以期防止心肌梗死。

（2）肝肾阴虚型

张某，男，46岁。

初诊：1977年8月6日。病人头痛眩晕，耳鸣眼花，眼前似有蚊蝇飞绕。血压高达170/110毫米汞柱，胸部烦闷，四肢麻木，心动过速，咽干失眠，大便秘结，腰痛，骶骨骨质增生，病程已历3年之久。经四川省某医院检查，诊断为"高血压，眼底动脉硬化"。舌质红，苔黄，脉弦细而数。治法：滋养肝肾，通络化瘀。处方：一贯煎合通窍活血汤加减。沙参9克，生地黄12克，生白芍12克，桑寄生15克，菟丝子15克，臭牡丹60克，杜仲9克，蜈蚣2条，乌梢蛇9克，钩藤9克，刺蒺藜18克，夜交藤60克，全蝎9克，䗪虫9克，楮实子24克，木贼草24克，三七粉3克^{冲服}，自然铜3克^{醋淬研末，胶囊装吞}。1周6剂，连服2周。

二诊：9月14日。病人服上药2周后，自觉病情好转，竟连服4周。血压降至130/70毫米汞柱，再未波动。眩晕、头痛、耳鸣基本消失，心悸、胸闷渐减，眠食均有好转，腰已不痛，能够弯腰。舌苔薄白，脉微弦。治法：滋养肝肾，通络化瘀。处方：一贯煎合通窍活血汤加减。沙参9克，生地黄12克，桑寄生

13克，菟丝子15克，臭牡丹60克，杜仲9克，蜈蚣2条，乌梢蛇9克，钩藤9克，刺蒺藜18克，夜交藤30克，全蝎9克，䗪虫9克，自然铜3克^{醋淬研末，胶囊装吞}，枸杞子12克，炒川楝子9克，女贞子24克，旱莲草24克，川贝母9克^{冲服}。1周6剂，连服4周。

三诊：10月16日。病人血压完全正常，再未波动。由肝肾阴虚导致的全身性症状已消失。骶骨骨质增生经复查有好转，行走较正常。至此，血压已基本正常，现专治腰骶骨质增生。舌质淡红，脉平缓。处方：王渭川自拟方。枸杞子12克，蜈蚣2条，乌梢蛇9克，地龙15克，自然铜3克^{醋淬研末，胶囊装吞}。1周6剂，连服4周。上方后改成丸方常服，继续治疗，服药2个月后，病即痊愈。

按：凡肝气郁结，性情急躁，多能导致血压上升。血压既升，如不适时合理治疗，则可出现脑出血、脑血栓、冠心病等危重症。肝肾同源，肾阴不足，会导致肝阴不足，形成肝肾阴虚。本病例又并发腰骶骨质增生、眼底血管硬化等实证。腰为肾之府，肾主骨，肾气久虚，导致骨质变化。肝开窍于目，肝阴不足，日久多能引发视力减退或眼底病变。阳亢伤阴，阴损及阳，阴阳互相转化，变化多端，明于此，有利于掌握辨证诀窍。

（3）肾阴虚而肝阳亢型（中风）

陈某，女，56岁。

初诊：1966年4月20日。头痛眩晕，血压高达190/110毫米汞柱，肝阳素亢。1周前在井边打水，失足跌倒，突现头剧痛，口角歪斜，面红气粗，人事不省。经四川省某医院检查，诊断为"高血压，脑出血"，住院治疗1周，收效不显。现神志稍清，四肢瘫痪，口角流涎。舌质红，无苔，脉弦数有力。治法：活血化瘀，舒筋软坚，佐以祛风。处方：通窍活血汤加减。杜仲9克，臭牡丹60克，赤芍12克，川芎6克，桃仁9克，土红花9克，蜈蚣2条，乌梢蛇9克，全蝎9克，䗪虫9克，生蒲黄9克，水蛭6克，牛膝9克，女贞子24克，旱莲草24克，琥珀末6克^{冲服或布包煎}。1周6剂，连服1周。

二诊：4月28日。病人神志渐清楚，能开口说话，但话语欠清晰。手能上举抓头，血压下降，能吃稀饭。但仍感心悸，手指麻木，大便秘结。舌质淡红，苔薄白，脉弦。治法：活血化瘀，舒筋软坚，佐以祛风。处方：通窍活血汤加减。杜仲9克，臭牡丹60克，赤芍12克，蜈蚣2条，乌梢蛇9克，全蝎9克，䗪虫

9 克，生蒲黄 9 克，水蛭 6 克，牛膝 9 克，女贞子 24 克，旱莲草 24 克，琥珀末 6 克^{冲服或布包煎}，沙参 12 克，鸡血藤 18 克，生牛蒡子 24 克，葛根 15 克，沙参 12 克，北五味子 12 克，苦参 24 克，山茱萸 12 克。1 周 6 剂，连服 2 周。

三诊：5 月 15 日。病情基本好转，能由人扶持走路，指麻渐消，头不晕，腑气已通，能吃米饭。血压降至 150/75 毫米汞柱，半个月来没有再波动。但腹胀，疲乏无力。舌苔薄白，脉平缓。治法：舒筋通络，兼养脾阴。处方：通窍活血汤加减。泡参 24 克，白术 9 克，朱茯神 12 克，鸡血藤 18 克，淮山药 24 克，石斛 12 克，橘络 12 克，蜈蚣 2 条，乌梢蛇 9 克，炒川楝子 9 克，枸杞子 12 克，桑椹 12 克，桑枝 24 克，臭牡丹 60 克。1 周 6 剂，连服 4 周。

疗效：病人服完上方 48 剂后，诸症悉平而停药。至今已 10 余年，从未复发。

按：凡高血压日久，多能导致多种严重疾病，中风（脑出血）是其中的一种。中风分为中络、中经、中腑、中脏 4 大类型。

中络：病情较轻。临床表现为口角歪斜、肌肤麻木、头晕目眩。

中经：病情比中络重。临床表现为半身不遂、手足麻木、痰涎多、语言不利。

中腑：为中风重症之一，除有中络、中经症状外，还有大小便失禁、全身偏瘫等危急症状。

中脏：为中风病最危重症，似属脑出血。病人除有中脏表现外，还出现神志昏迷、人事不省，必须立即抢救。本病例即属于这一类型。本病例的治法，还能治疗多种因血管硬化及经络瘀阻引起的疾病。

7. 静脉曲张

西医学认为，静脉曲张是指由于血液瘀滞、静脉管壁薄弱等因素，导致的静脉迂曲、扩张。身体多个部位的静脉均可发生曲张，但以下肢病变最为常见。王氏在长期的临床实践中发现该病多见于下肢浅静脉，特别是大隐静脉，这同西医学的认识不谋而合。临床表现为病人自觉小腿发胀发重，容易疲劳。检查时，可见下肢尤其是小腿静脉隆起、弯曲，严重者扭曲成团。病情严重时，可出现皮肤营养障碍引起的湿疹或慢性小腿溃疡等并发症。

西医学认为，本病病因多为股隐静脉瓣膜的功能不全或原发性下肢深静脉瓣膜功能不全，导致下肢静脉回流受阻。王氏结合中医学认识提出本病病因为局部血行障碍，使血管失去弹性而形成，其主要病机为瘀血阻滞。

王氏在治疗本病的过程中，常在王清任《医林改错》之通窍活血汤的基础上进行加减，根据调和气血、通窍活络的原则，兼顾脏腑经络生理功能，选择相应药物，方中常加入䗪虫、蒲黄、琥珀、鸡血藤、山茱萸、茯苓、蜈蚣、乌梢蛇等药物，以收良效。

【辨证论治】

主要证候：小腿静脉隆起、弯曲，严重者扭曲成团，小腿发胀发重，容易疲劳，舌红质暗，偶有瘀点，脉涩。

治法：活血化瘀通络。

处方：通窍活血汤（《医林改错》）加减。

桃仁 9 克	土红花 9 克	赤芍 9 克	川芎 6 克
川当归 9 克	蜈蚣 2 条	乌梢蛇 9 克	全蝎 9 克
䗪虫 9 克	生蒲黄 6 克	麝香 0.15 ~ 0.3 克^{冲服}	

自然铜 1.5 ~ 3 克^{醋淬研末，胶囊装吞}

方义分析：全方以古方通窍活血汤为基础专注活血化瘀通络。方中桃仁、红花、赤芍、川芎、当归是王清任用于活血化瘀的基本结构，结合生蒲黄、自然铜活血化瘀之力更雄；蜈蚣、乌梢蛇、全蝎、䗪虫等虫类药物的运用，专职入络，增强通络行瘀之效；麝香开窍通络。全方相配，效专力雄，使得瘀血得去，络脉畅通，则静脉曲张之症必解。

加减：王氏在治疗该病时常加入琥珀末 6 克^{冲服或布包煎}，加强消炎镇痛功效。

【典型医案】

陈某，女，42 岁。

初诊：1964 年 4 月 8 日。病人于 1961 年秋左下肢皮肤成片状发黑，有手指大三四块，以后发黑处凹陷不平。1963 年经成都市某医院检查，诊断为"静脉曲张（溃疡前期）"。行浅静脉结扎术治疗，术后因伤口（左腹股沟部）感染，治愈后小腿变粗大，按之凹陷，晚上睡眠后肿稍消退。1963 年 12 月去北京治疗，经北京某医院检查，诊断为"左股深静动脉功能不全（有栓塞）"，曾做血管造影，惜未成功。以后左下肢肿胀更甚，遂住院治疗。经卧床休息及用弹性绷带治疗 20 多天，病情无好转，活动后左下肢肿更加剧。若站坐稍久（超过 2 ~ 4 小时），虽经平卧，肿亦不消退。于 1964 年 2 月 22 日出院后，经中、西医药治疗未效，返蓉后始来我院诊治。病人以往有痛经史和轻度子宫脱垂。西医检查：体温 36℃，脉搏 76 次 / 分，血压 128/78 毫米汞柱，一般情况尚好。体型矮胖，左下肢跛行。头、颈、心、肺无异常发现。下腹有妊娠纹，腹软，肝脾未触及，脊柱正常。双下肢可见多处紫红色怒张的毛细血管网。左腹股沟有一愈合后的疤痕，约 12 厘米 ×0.5 厘米，左小腿内侧可见 5 个横行已经愈合的疤痕，各有 1 厘米 ×0.5 厘米。左下肢重度水肿，皮肤发亮，脚背隆起，轻按即有较深凹陷，左膝下 7.5 厘米处周径为 40 厘米（健侧为 35 厘米）。左踝上 5 厘米处周径为 28 厘米（健侧为 22 厘米）。左下肢皮肤冰冷，知觉稍差。双下肢腱反射正常，未引出病理反射。西医诊断：左下肢静脉曲张，浅静脉结扎术后，深静脉功能不全。中医视诊：左下肢严重肿胀，行步困难。有轻度阴挺，腰剧痛。左乳房内有核，觉微痛不适。食少，睡眠不好。必须将患肢架高 2 市尺及用布带裹腿，才能减轻胀痛。小便短黄。舌苔薄黄，脉弦涩。治法：益气除湿，活血通络。处方：通窍活血汤加减。浮萍参 30 克，蜜柴胡 6 克，茯苓皮 24 克，桃仁 9 克，水蛭 9 克，鸡血藤 18 克，山茱萸 18 克，蜈蚣 2 条，乌梢蛇 9 克，全蝎 9 克，桂枝 9 克，土红花 9 克，川当归 9 克，川芎 6 克，䗪虫 9 克，鱼腥草 24 克，麝香 0.15 克^{冲服}。1 周 6 剂，连服 2 周。

二诊：4 月 30 日。患肢肿胀显著减轻，睡眠时已不须架高患肢，脚背肿消后亦未再起。小便清长，食欲转佳，能入睡，余症亦有所减轻。舌质红润，舌苔淡黄，脉微弦兼涩。治法：益气除湿，活血通络。处方：通窍活血汤加减。浮萍参 30 克，蜜柴胡 6 克，茯苓皮 24 克，桃仁 9 克，水蛭 9 克，鸡血藤 18 克，山茱萸 18 克，蜈蚣 2 条，乌梢蛇 9 克，全蝎 9 克，桂枝 9 克，土红花 9 克，当归 9 克，川芎 3 克，䗪虫 9 克，鱼腥草 24 克，麝香 0.3 克^{冲服}，生蒲黄 9 克，糯米草 60 克，仙鹤草 60 克。1 周 6 剂，连服 2 周。

疗效：病人服上方后，病情继续好转。但因小便有些刺痛，白带较多。随症加海金沙 12 克，萹蓄 9 克，大青叶 9 克，红藤 24 克，蒲公英 24 克，琥珀末 6 克^{冲服或布包煎}。以后数诊，随证选用续断 24 克，木瓜 9 克，冬瓜子 24 克，川贝母 9 克^{冲服}，鸡内金 9 克，砂仁 9 克，生黄芪 60 克，木香 6 克，九香虫 9 克，党参 24 克，冬虫夏草 9 克。至 1964 年 5 月 19 日，病人共服药 37 剂，患肢基本消肿，仅脚趾尚有微肿，开始恢复半日工作。以后照原方加减调理，脚趾浮肿亦渐消退，同年 8 月 2 日完全恢复工作。西医检查：左膝下 7.5 厘米处周径为 24.2 厘米，健侧为 24 厘米。左下肢活动自如，感觉正常，随访半年，病未复发。病愈后，于次年产一女孩。

按： 本病例的治疗，是据王清任《医林改错》的通窍活血汤为基础进行加减的。对于通窍活血汤，考王氏立方之旨，在于治舌、面、四肢、周身血管血瘀之症。其所举治疗症目，虽未提到有类似本病例的记载，但云可以治四肢血管血瘀之症，这一点有很大的启示。因此，王氏在治疗本病例的过程中，一直以王清任的通窍活血汤为基础进行加减，根据调和气血、通窍活络的原则，选用适当药物促进脏腑气机及经络、三焦的生理功能，而达到治愈的目的。处方中所用桂枝、生蒲黄、䗪虫、水蛭、浮萍参、鸡血藤等皆非通窍活血汤所有，而是由大黄䗪虫丸、桂枝茯苓丸、化癥回生丹等方化裁而来。结合通窍活血汤主旨，通窍活血，收到较好的疗效。

8. 无脉症

无脉症是大动脉及其分支的进行性炎症，使管腔狭窄、阻塞，以致肢体的动脉搏动减弱或消失的一种疾病。由于大动脉炎症部位不同，产生无脉的部位也有所不同。如上臂锁骨动脉受累，即引起桡骨动脉搏动消失。

西医学对本病病因的认识尚不明确。中医学认为，本病形成，多由于情志抑郁，肝气不舒。肝气不舒，日久则气必随之而虚，而血亦必虚。血虚气弱，心脏压力不足，以致主动脉的分支受累，上肢缺血，则脉不见于气口（桡动脉），出现无脉症。王氏总结前人论著，认为本病有由禀赋而成者，有因病变而起者，必须辨证施治，不能一概而论。清代名医汪石山治一中年妇女，体健正常，并已多育，却两手无脉（见《汪石山医案》）。俞东扶还说，一手无脉者较多，两手无脉者较少，此乃母胎中或襁褓时，蹩锉其经隧，致脉不通，原非病也。前人论述如此，附诸参考。

王氏治疗本病以温补心肾、活血化瘀为主，常用河间地黄饮子合通窍活血汤加减，同时从奇经八脉着手，自阴阳根底之处用药，以益其气。常用益气升阳、血肉有情之品，以升阴中之阳气，佐以芳香辛窜之药以通窍和血，同时还善用蜈蚣、䗪虫等虫类药以舒筋活络。

【辨证论治】

主要证候：桡动脉搏动细弱或消失。

治法：温补心肾，活血化瘀。

处方：河间地黄饮子（《宣明论方》）合通窍活血汤（《医林改错》）加减。

生地黄 12 克	蜈蚣 2 条	乌梢蛇 9 克	党参 24 ~ 60 克
鸡血藤 18 克	桑寄生 15 克	菟丝子 15 克	生黄芪 24 ~ 60 克
胎盘 12 克	桃仁 9 克	土红花 9 克	麝香 0.3 克^{冲服}
䗪虫 9 克	鹿角胶 15 ~ 24 克^{冲服}	熟附片 24 ~ 60 克^{先煎2小时}	

方义分析：全方以河间地黄饮子温补心肾、通窍活血汤活血化瘀为基础加减。方中重用附片、黄芪，使阳气生发，温补心肾，鹿角胶、胎盘等血肉有情之品益精养血，又能升阴中之阳气；桃仁、土红花活血化瘀；䗪虫、蜈蚣、乌梢蛇通络，麝香芳香辛窜，以通窍和血，助督强肾；党参、鸡血藤益气养血，活血化瘀。全方相配，使心肾得养，瘀血得化，血脉充盈通畅，故脉得以复。

【典型医案】

尹某，女，21 岁。

初诊：1976 年 11 月 5 日。1976 年 1 月初，病人曾左侧头昏，左眼眼花、视物模糊不清。于 1 月 18 日突然昏倒，不省人事。注射葡萄糖液未见好转。此时右侧下肢出现瘫痪，左侧上肢和颈部无脉。在四川省某医院住院治疗，输液后则有脉，停止输液却又无脉，除住院一段时间外，在他处继续进行治疗，均未见好转。病人头昏无力，心悸失眠，情志抑郁，意志消沉，胁痛痞满，乳头、齿龈色素沉着，形体肥胖，经闭，左侧上肢及头颈部无脉，右侧有极微弱如丝之脉，右手血压 110/70 毫米汞柱，左手量不到血压。走路困难，脚站不稳，由家属扶挽上楼就诊。舌质淡红，苔白腻兼黑，左侧无脉，右手微弱如丝。治法：温心肾，调奇经，活血化瘀。处方：河间地黄饮子合通窍活血汤加减。熟附片 24 克^{先煎2小时}，生地黄 12 克，党参 24 克，鸡血藤 18 克，生黄芪 60 克，桑寄生 15 克，菟丝子 15 克，炒北五味子 12 克，柴胡 9 克，生白芍 12 克，䗪虫 9 克，炒五灵脂 12 克，蜈蚣 2 条，乌梢蛇 9 克，桃仁 9 克，土红花 9 克，鹿角胶 24 克^{冲服}，苍术 9 克，山楂 9 克，麝香 0.3 克^{冲服}。1 周 6 剂，连服 2 周。

二诊：11 月 20 日。病人服上方后，病情显著好转。右侧脉由弱转洪，左侧仍无脉，但早晨有脉。精神好转，睡眠甚酣。但仍头痛心悸，月经未至。舌苔薄白。治法：温心肾，调奇经，活血化瘀。处方：河间地黄饮子合通窍活血汤加减。熟附片 24 克^{先煎 2 小时}，生地黄 12 克，党参 24 克，生黄芪 60 克，桑寄生 15 克，菟丝子 15 克，炒北五味子 12 克，生白芍 12 克，䗪虫 9 克，炒五灵脂 12 克，蜈蚣 2 条，乌梢蛇 9 克，桃仁 9 克，土红花 9 克，鹿角胶 24 克^{冲服}，麝香 0.3 克^{冲服}，桂枝 3 克，苦参 15 克，覆盆子 24 克，胎盘 12 克，红泽兰 12 克。1 周 6 剂，连服 4 周。

三诊：12 月 20 日。病人服上方 24 剂后，病情更有好转。左手已见较细之脉，色素沉着转浅，体重略减。月经已至，自己能走动，走上楼就诊。但仍感乏力，头晕眼花。如站立过久，有舟行摇动感。此时兼发肾盂肾炎。舌苔薄黄。治法：温心肾，通络化瘀，固督渗湿。处方：河间地黄饮子合通窍活血汤、银甲煎剂加减。熟附片 30 克^{先煎 2 小时}，槟榔 9 克，生地黄 15 克，潞党参 24 克，鸡血藤 18 克，炒蒲黄 9 克，巴戟天 12 克，䗪虫 9 克，鹿角片 24 克，炒北五味子 12 克，红藤 24 克，蒲公英 24 克，败酱草 24 克，茵陈 12 克，胎盘 12 克，麝香 0.15 克^{冲服}，琥珀末 6 克^{冲服或布包煎}。1 周 6 剂，连服 4 周。

四诊：1977 年 1 月 20 日。病人服上方 24 剂后，病情已进入恢复阶段。左手脉起后益趋稳定，但仍量不到血压。右手脉恢复正常，颈部脉动触指。精神已如平时，步伐正常，头眩眼花等征象逐渐消失。尿常规检查无蛋白、红细胞、脓细胞等。月经按期而至，体重继续减轻，长期沉着的色素逐渐转淡，俱属佳象。舌正常。治法：舒经活络，固任督。处方：河间地黄饮子加减。潞党参 24 克，鸡血藤 18 克，生黄芪 60 克，桑寄生 15 克，菟丝子 15 克，杜仲 9 克，黑故脂 12 克，䗪虫 9 克，胎盘 12 克，炒蒲黄 9 克，鹿角胶 15 克^{冲服}，琥珀末 6 克^{冲服或布包煎}，苍术 9 克。1 周 6 剂，连服 4 周。

疗效：病人服上方 24 剂后，除肥胖病仍须继续治疗外，无脉症和闭经已痊愈。步履困难消失，能骑自行车上班。

按：本例病人病情复杂。色素沉着、肥胖病，病属于肾（肾主黑），经闭又责之于冲任。步履艰难，又与二跷、二维有关。因此，治疗本病须从奇经八脉着手，从阴阳根底之处用药，以益其气，则较易收效。方中重用附片、黄芪，使阳气生发。鹿角胶、胎盘是血肉有情之品，又能升阴中之阳气。再得麝香芳香辛窜，以通窍和血，助督强肾。蜈蚣、䗪虫是舒筋活络的有效药物，以通阳跷、阳维、阴跷、阴维。其余之药，多属佐使。

9. 侧索硬化症

侧索硬化症又称渐冻人症，是一种累及上运动神经元（大脑、脑干、脊髓），又影响下运动神经元（颅神经核、脊髓前角细胞）及其支配的躯干、四肢和头面部肌肉的慢性进行性变性疾病。临床上常表现为上、下运动神经元合并受损的混合性瘫痪。

王氏认为，本病属中医学"痿证""瘫痪"范畴。中医将痿证分为：脉痿，表现为胫节纵而不任；骨痿，表现为腰节不能兴举；筋痿，表现为拘挛不伸；肉痿，表现为肌肉不仁。王氏进一步结合自己的临床经验认为不管哪一种痿证，都会出现瘫痪，其病因为经络阻滞，并往往牵涉奇经八脉和十二经脉。

因此，王氏在治疗该病时除舒筋通络外，兼以活血化瘀，使得药性上达奇恒之腑，同时还佐以柔肝固肾之法以调节奇经。王氏临证时灵活运用通窍活血汤，在此基础上，常加益气升发之品如参、芪之类，健筋散结强督之品如自然铜、骨碎补之类；补肾益精、软坚舒络之品如蜈蚣、全蝎、乌梢蛇、蕲蛇、䗪虫、续断之类，还常加川贝母、石斛、鸡内金等药养阴生津、运育脾阴，以利舒筋活络。

【辨证论治】

主要证候：下肢侧索硬化，腿硬直不能弯曲，肌肉紧张，步行时呈痉挛性步态，走路不稳，易跌倒。

治法：活血化瘀，舒经通络，柔肝固肾。

处方：通窍活血汤（《医林改错》）加减。

蜈蚣 2 条	乌梢蛇 9 克	全蝎 9 克	䗪虫 9 克
生蒲黄 9 克	桃仁 9 克	土红花 9 克	赤芍 9 克
川芎 6 克	当归 9 克	川楝子 9 克	桑寄生 15 克
枸杞子 12 克	菟丝子 15 克	自然铜 1.5～3 克 醋淬研末，胶囊装吞	
麝香 0.15～0.3 克 冲服			

方义分析：全方以通窍活血汤为基础化裁而来。当归、川芎、赤芍、桃仁有活血行血作用，瘀去则络通。自然铜活血化瘀，配伍芳香辛窜之麝香，化瘀通经；另加入虫蛇类药物专职入络，软坚舒络，使得下肢血脉得以通畅。桑寄生、

枸杞子、菟丝子滋补肝肾，肝肾得固，则痿证自除。全方合用，使得经络得畅，血脉得通，诸症自解。

【典型医案】

姜某，男，13岁。

初诊：1975年5月12日。右腿内翻，行走困难，左腿硬直不能弯曲，走路不稳，易跌倒。病情渐重已历年余。3年前，曾患肝炎，经辽宁省某医院检查，心脾肺未见异常，眼底正常，双上肢活动尚可，双下肢显痉挛性状态，轻度内翻。确诊为"侧索硬化症"。病人因行动不便，经常卧床，故体弱食少。在幼儿时，说话即欠清晰，智力反应迟钝。舌质淡红，苔薄白，脉弦涩。治法：舒筋通络、和血化瘀，固督补肾，调节奇经，佐以柔肝。处方：通窍活血汤合补中益气汤加减。当归9克，川芎6克，赤芍9克，炒川楝子9克，桑寄生15克，菟丝子15克，桃仁9克，䗪虫9克，蜈蚣2条，乌梢蛇9克，生蒲黄9克，全蝎6克，牛膝6克，枸杞子12克，威灵仙9克，续断24克，鹿筋12克，川贝母9克，石斛12克，麝香0.15克^{冲服}，自然铜1.5克^{醋淬研末，胶囊装吞}。1周6剂，连服2周。

二诊：5月26日。病人服上方12剂后，病情逐渐好转。下肢走路时感到有力，食欲增加。其父亲拟带病人回辽宁休养，以后通信易方。舌苔薄白，脉濡缓。治法：舒筋通络、和血化瘀，固督补肾，调节奇经，佐以柔肝。处方：河间地黄饮子合通窍活血汤加减。党参24克，鸡血藤18克，生黄芪60克，当归9克，川芎6克，炒川楝子9克，桑寄生15克，菟丝子15克，䗪虫9克，蜈蚣2条，乌梢蛇9克，生蒲黄9克，全蝎6克，枸杞子12克，续断24克，鹿筋12克，川贝母9克，石斛12克，麝香0.15克^{冲服}，自然铜2.1克^{醋淬研末，胶囊装吞}。1周6剂，连服4周。

三诊：7月12日。病人回辽宁后，2个月内服药40剂，病情更有好转。走路渐稳，可以参加一些活动。舌苔薄白，脉濡缓。治法：舒筋通络、和血化瘀，固督补肾，调节奇经，佐以柔肝。处方：河间地黄饮子合通窍活血汤加减。党参24克，鸡血藤18克，生黄芪60克，炒川楝子9克，桑寄生15克，菟丝子15克，䗪虫9克，蜈蚣1条，乌梢蛇9克，生蒲黄9克，续断24克，麝香0.15克^{冲服}，自然铜1.5克^{醋淬研末，胶囊装吞}，黑故脂12克，地龙9克，水蛭6克，鸡内金9克。1

周 6 剂，连服 4 周。

四诊：9 月 19 日。病情显著好转。走路步稳，只右脚内翻。由于喜爱活动，食欲增进，体力转强，形体渐胖。经辽宁某医院复查，发育良好，个子长高，腿部肌肉无萎缩，也无麻木感。双膝腱反射亢进已消失，但仍有颈部后转（掉头）不太自然。舌质淡红，苔光薄，脉微缓。治法：舒筋通络，固督补肾，柔肝化瘀。处方：河间地黄饮子合通窍活血汤加减。党参 24 克，鸡血藤 18 克，生黄芪 60 克，当归 9 克，桑寄生 15 克，菟丝子 15 克，䗪虫 9 克，蜈蚣 1.5 条，乌梢蛇 9 克，全蝎 9 克，续断 24 克，麝香 0.15 克^{冲服}，自然铜 3 克^{醋淬研末，胶囊装吞}，葛根 15 克，川芎 9 克，鹿筋 12 克，何首乌 24 克，川贝母 9 克，石斛 9 克。1 周 6 剂，连服 12 周。

五诊：12 月 27 日。病人服上方 48 剂后，步行渐稳正常，眠食俱佳，要求复学，但未得到学校许可。舌质淡红，苔光薄，脉微缓。治法：舒筋通络，固督补肾，柔肝化瘀。处方：河间地黄饮子合通窍活血汤加减。党参 24 克，鸡血藤 18 克，生黄芪 60 克，骨筋草 9 克，桑寄生 15 克，菟丝子 15 克，䗪虫 9 克，蜈蚣 1.5 条，乌梢蛇 9 克，全蝎 9 克，麝香 0.15 克^{冲服}，自然铜 3 克^{醋淬研末，胶囊装吞}，葛根 15 克，川芎 9 克，鹿筋 12 克，续断 24 克，何首乌 24 克，川贝母 9 克，石斛 9 克，千年健 24 克。1 周 6 剂，连服 12 周。

六诊：1976 年 4 月 1 日。病人服上方 100 剂后，诸症均平，体力恢复。舌质淡红，脉平缓。治法：柔肝化瘀，佐以益肾固督，调节奇经。处方：河间地黄饮子合通窍活血汤加减。党参 24 克，鸡血藤 18 克，生黄芪 60 克，川贝母 9 克，蜈蚣 1 条，蕲蛇 9 克，全蝎 6 克，石斛 9 克，桑寄生 15 克，菟丝子 15 克，麝香 0.3 克^{冲服}。1 周 4 剂，常服。

疗效：病人上方服至 1976 年 8 月，约 60 剂，遂停药。经治疗 14 个月，终于痊愈。

按：本病例治疗处方中，当归、川芎、赤芍、桃仁有活血行血作用，瘀去则络通。党参、黄芪益气升发，得麝香芳香辛窜，上达于奇恒之腑。自然铜健筋骨，散结，强督。蜈蚣、全蝎、乌梢蛇、蕲蛇、䗪虫、桑寄生、菟丝子、葛根、续断等，补肾气，益精髓，软坚舒络，共起祛风镇痉作用。全方对痉挛抽搐、痿痹瘫痪等都有祛筋络瘀阻之功，故对侧索硬化症有显著疗效。由于病人罹病日久，气血两虚，脾阴不足，故后来处方加用川贝母、石斛等药养阴生津，运脾阴，以利舒筋活络。

10. 血栓性静脉炎

本病发生在浅层者，称为浅层静脉炎。临床表现为患肢局部发红、疼痛，可有索条状炎症性肿物，按之则痛。下肢可有轻度肿胀，不能行走或行走后下肢浮肿、沉重、疼痛，一般无全身症状。急性期严重的病人，特别是产后并发者，可伴有发烧、寒战等全身症状。

本病发生在深层者，称为深层静脉炎。临床表现为深部静脉栓塞，肌肉疼痛，下肢皮色红紫，并有水肿。患肢粗硬，有时会发生血栓脱落，造成脑或肺栓塞。本病如得不到及时治疗，会影响内脏，又会形成与雷诺病相似的脱指（脱趾）。

本病属于中医学"肿胀""脉痹""恶脉""瘀血流注""筋痹""青蛇毒"等范畴。《素问·痹论》指出痹"在于脉则血凝而不流"，可认为是对脉痹病机的最早阐述，认识脉痹应抓住"血凝而不流"这一主要病机。《素问·五脏生成》提到"凝于脉者为泣"，以致"血不得反其空"，可引起"痹厥"，有助于进一步认识脉痹的机理。唐代医家王冰在注释时认为，"泣，谓血行不利。空者，血流大道，大经隧也"。说明血瘀痹阻于较小脉络，以致难以反流于大的经脉，引起经脉痹阻，进而发展，还可以引起手足逆冷。清代何梦瑶《医碥·痹》提到"血脉不流而色变"，也是对脉痹病机的阐述，并且指出"外感之风寒湿能痹，岂内生之寒湿独不痹乎"。认为内生之瘀血、痰饮亦可致痹，"死血阻塞经隧，则亦不通而痹矣"。

王氏认为，在妇科，本病多见于产后、术后、长期卧床抵抗力降低、静脉注射后等。本病分器质性和感染性两种证型。器质性型，病因多为寒湿凝滞经脉，气血失调；感染性型，病因为湿热瘀结，壅滞经脉。王氏治疗本病时以活血化瘀通络的通窍活血汤为基础加减，佐温化药以祛寒湿，感染性型在通窍活血、软坚化结基础上清热利湿，加用银甲煎剂以抗感染，故收效较速。

【辨证论治】

（1）器质性型

主要证候：下肢抽搐，疼痛酸胀、麻木，不能行走，行走后病情加剧，舌质润，苔白腻，脉沉迟。

治法：活血通络化瘀。

处方：通窍活血汤（《医林改错》）加减。

赤芍 9 克	川芎 6 克	红花 9 克	桃仁 9 克
生蒲黄 9 克	䗪虫 9 克	蜈蚣 2 条	乌梢蛇 9 克
全蝎 9 克	麝香 0.15～0.3 克^{冲服}		

方义分析：方中桃仁、红花活血化瘀；赤芍通顺血脉，川芎行气活血，二者与桃仁、红花相配，用于瘀滞重者最为适宜。配伍生蒲黄加强活血化瘀之效；麝香开窍活血通络，消肿止痛。虫类药物蜈蚣、乌梢蛇、䗪虫、全蝎散结通络止痛。诸药合用，共奏活血化瘀通络之效。

加减：王氏临床常酌加自然铜 3 克^{醋淬研末，胶囊装吞}，以强健督脉；针对体虚久病者，常加党参 24～60 克，鸡血藤 18 克，生黄芪 24～60 克，以益气补虚，活血化瘀；病在上肢者，加用升麻 24 克；病在下肢者，加牛膝 9 克；病在胸壁者，加桔梗 9 克；其余兼症酌情加减。

（2）感染性型

主要证候：病情突然发作，下肢抽搐、剧痛，屈伸困难，走路困难，舌脉正常。

治法：活血通络，佐以祛风化湿。

处方：通窍活血汤（《医林改错》）合银甲煎剂（王渭川经验方）加减。

蜈蚣 2 条	乌梢蛇 9 克	全蝎 9 克	䗪虫 9 克
生蒲黄 9 克	桃仁 9 克	红花 9 克	赤芍 9 克
川芎 6 克	红藤 24 克	蒲公英 24 克	琥珀末 6 克^{冲服或布包煎}
大青叶 9 克	麝香 0.15～0.3 克^{冲服}		

方义分析：方中桃仁、红花活血化瘀；赤芍通顺血脉，川芎行气活血，二者与桃仁、红花相配，用于瘀滞重者最为适宜。麝香开窍活血通络，消肿止痛。在器质性型方药通窍活血汤基础上配合自制银甲煎剂中红藤、蒲公英、大青叶、琥珀清热解毒，活血祛湿，以增强化瘀除湿消炎之功。全方共奏活血通络、祛风化湿之功，使血栓得化，血脉通畅，疾病自愈。

加减：同器质性型。

【典型医案】

（1）器质性型

高某，女，32 岁。

初诊：1975 年 6 月 16 日。病人因在野外工作感受寒湿，两小腿抽搐，疼痛酸胀，双脚麻木，逐渐发展到上肢抽筋样疼痛。经四川省某医院检查，确诊为"器质性血栓静脉炎"。喜热饮，月经紊乱，量多。苔白腻，脉迟。治法：活血通络，调气化瘀，祛湿固冲。处方：通窍活血汤加减。党参 60 克，鸡血藤 18 克，生黄芪 60 克，黑故脂 12 克，䗪虫 9 克，炒蒲黄 9 克，益母草 24 克，茜草根 9 克，蜈蚣 2 条，白花蛇（乌梢蛇）9 克，桂枝 9 克，白芍 9 克，姜黄 9 克，炒小茴香 9 克，地龙 15 克，全蝎 9 克，麝香 0.3 克^{冲服}。1 周 6 剂，连服 2 周。病情好转。

二诊：7 月 3 日。病人月经量转少，双脚麻木，上肢和两小腿抽搐疼痛均减轻，食欲仍差，苔薄白，脉缓。治法：活血通络，调气化瘀，祛湿固冲。处方：通窍活血汤加减。党参 60 克，鸡血藤 18 克，生黄芪 60 克，黑故脂 12 克，䗪虫 9 克，炒蒲黄 9 克，益母草 24 克，茜草根 9 克，蜈蚣 2 条，白花蛇（乌梢蛇）9 克，桂枝 9 克，白芍 9 克，姜黄 9 克，全蝎 9 克，麝香 0.3 克^{冲服}，桑寄生 15 克，菟丝子 15 克，鸡内金 9 克。1 周 6 剂，连服 4 周。

三诊：8 月 5 日。病人因天热，要求改服丸方，以巩固疗效。苔薄白，脉缓。治法：活血通络，调气化瘀，祛湿固冲。处方：通窍活血汤加减（改丸方）。党参 90 克，鸡血藤 60 克，生黄芪 120 克，桑寄生 6 克，菟丝子 60 克，益母草 90 克，蜈蚣 20 条，乌梢蛇 9 克，䗪虫 4 克，炒蒲黄 24 克，肉桂 24 克，炒五灵脂 90 克，全蝎 90 克，麝香 3 克。以上诸药共研细末，炼蜜为丸，1 个月内服完。

疗效：病人服完 1 料丸方后，来信说体力恢复，病已痊愈。现已停药，并上班工作。

按：本病例由于寒湿凝滞经络而致病，故用活血化瘀通络治法。但本病例非因感染引起，故不用清热化湿药，而佐温化药以祛寒湿，桂枝调和营卫，桑寄生、菟丝子、益母草固肾调冲。本病例又兼有妇科病，故用药兼及妇科。

（2）感染性型

崔某，男，50 岁。

初诊：1975 年 3 月 5 日。病人身体健康，半年前突发四肢剧痛，屈伸困难，下肢抽筋疼痛，左脚大踇趾隐痛，走路渐显跛行。经四川省某医院检查，确诊为因感染引起"血栓性静脉炎"。舌淡红，脉平缓。治法：活血通络，佐以祛风化湿。处方：通窍活血汤合银甲煎剂加减。党参 60 克，鸡血藤 18 克，生黄芪 60 克，桃仁 9 克，土红花 9 克，桂枝 6 克，白芍 12 克，蜈蚣 2 条，白花蛇（乌梢蛇）9 克，全蝎 9 克，䗪虫 9 克，生蒲黄 9 克，水蛭 6 克，大青叶 9 克，红藤 24 克，蒲公英 24 克，牛膝 9 克，麝香 0.3 克^{冲服}，自然铜 3 克^{醋淬研末，胶囊装吞}，琥珀末 6 克^{冲服或布包煎}。1 周 6 剂，连服 2 周。

二诊：3 月 20 日。四肢剧痛减轻，屈伸自如。下肢抽搐作痛减轻，左脚大踇趾隐痛消失，跛行逐渐消失。食欲增加，睡眠安静。舌质淡红，脉平缓。治法：活血通络，佐以祛风化湿。处方：通窍活血汤合银甲煎剂加减。党参 60 克，鸡血藤 18 克，生黄芪 60 克，桃仁 9 克，土红花 9 克，桂枝 6 克，白芍 12 克，蜈蚣 2 条，白花蛇（乌梢蛇）9 克，全蝎 9 克，䗪虫 9 克，生蒲黄 9 克，水蛭 6 克，大青叶 9 克，红藤 24 克，蒲公英 24 克，牛膝 9 克，自然铜 3 克^{醋淬研末，胶囊装吞}，麝香 0.3 克^{冲服}，琥珀末 6 克^{冲服或布包煎}。1 周 6 剂，连服 4 周。

三诊：4 月 20 日。病情基本痊愈。健步如常，毫无痛感。但尚需巩固疗效。舌质淡红，脉平缓。治法：活血通络，佐以祛风化湿。处方：通窍活血汤合银甲煎剂加减。党参 60 克，鸡血藤 18 克，生黄芪 60 克，桂枝 6 克，白芍 12 克，蜈蚣 2 条，白花蛇（乌梢蛇）9 克，全蝎 9 克，䗪虫 9 克，生蒲黄 9 克，水蛭 6 克，红藤 24 克，蒲公英 24 克，自然铜 3 克^{醋淬研末，胶囊装吞}，琥珀末 6 克^{冲服或布包煎}，炒北五味子 12 克，三七粉 3 克^{冲服}。1 周 6 剂，连服 4 周。

疗效：病人症状消失，经四川省某医院复查，病已痊愈。

按：叶天士有久病入络之说。本病例用王清任通窍活血汤，以通窍活血、软坚化结，合银甲煎剂以抗感染，故收效较速。

11. 雷诺病

雷诺病，是一种血管神经功能紊乱引起的肢端小动脉痉挛性疾病，以阵发性四肢肢端间歇性苍白、紫红和潮红为主要临床特征，以手指指端多见，且呈对称性。本病可使小血管闭塞，指端缺血坏死，严重者可出现指（趾）末端指腹变平、坏疽，末节指骨可因缺血而坏死，出现变短或截指现象。

中医学称本病为脱疽。王氏对本病的认识源于《素问·五脏生成》，其曰："卧出而风吹之，血凝于肤者为痹。"首次提到外风、血瘀为本病之病因病机。《伤寒论》云"手足厥寒，脉细欲绝者，当归四逆汤主之"，提倡温经散寒、养血通脉的治疗法则。《诸病源候论》进而指出："经脉所引皆起于手足，虚劳则血气衰损，不能温其四肢，故四肢逆冷也。"对病因病机进行了探讨。王氏认为，本病的病因为风、寒、湿三气阻滞指、趾关节，血瘀气滞积于关节而发病，故治疗时宜活血化瘀，舒筋活络，方能奏效。

王氏在治疗本病时惯以活血化瘀、舒筋活络为大法，常用活血化瘀的通窍活血汤加减，佐以舒筋活络的虫类药物，多获显效。

【辨证论治】

主要证候：手指、脚趾疼痛，指甲变白，形状改变，不能沾冷水，一接触冷水就会发病。

治法：活血化瘀，舒筋活络。

处方：通窍活血汤（《医林改错》）加减。

赤芍 9 克	川芎 6 克	桃仁 9 克	土红花 9 克
桂枝 6 克	生白芍 12 克	䗪虫 9 克	生蒲黄 9 克
全蝎 9 克	蜈蚣 2 条	乌梢蛇 9 克	麝香 0.15 ~ 0.3 克^{冲服}

自然铜 3 克^{醋淬研末，胶囊装吞}

方义分析：方中桃仁、土红花活血化瘀；赤芍通顺血脉，川芎行气活血，二者与桃仁、土红花相配，用于瘀滞重者最为适宜；配伍生蒲黄加强活血化瘀之效；麝香合自然铜疏经通络，消肿止痛；桂枝温经通络；配伍虫类药物蜈蚣、乌梢蛇、䗪虫、全蝎使化瘀通经之功更著。诸药合用，共奏活血化瘀通络之效。

【典型医案】

陈某，女，40 岁。

初诊：1980 年 8 月 24 日。1980 年初，病人手指、脚趾同时出现脱疽症状。当地治疗无效，特来成都诊治。经成都市某医院检查，确诊为"雷诺病"。医生主张手术切除患指及患趾。病人不同意，故求中医诊治。其手指、脚趾浮肿，不能沾冷水，一沾冷水指、趾甲即变白、剧痛，洗衣均用温水。体现肥胖，色素沉着，以口唇、手纹、乳头处最明显。精神疲乏，心悸易累。舌质淡红，苔薄白，脉平缓。治法：益气通络，活血化瘀。处方：河间地黄饮子合通窍活血汤加减。潞党参30克，鸡血藤18克，生黄芪30克，黑故脂12克，䗪虫9克，炒蒲黄9克，桃仁9克，丹参9克，蜈蚣2条，乌梢蛇9克，全蝎9克，地龙9克，炒北五味子12克，山茱萸9克，山楂9克，自然铜3克^{醋淬研末，胶囊装吞}，麝香0.3克^{冲服}。1周6剂，连服2周。

二诊：9月12日。病人服上方12剂后，试用冷水洗手帕，指甲不再变白，疼痛感消失，浮肿亦消失。再服上方6剂后，已能用冷水洗蚊帐，并无异常感觉。精神好转，口唇、手纹、乳头处色素沉着转淡。但带下黄白，有腥味。病人拟回家中休养。舌质淡红，苔薄白，脉平缓。处方：河间地黄饮子合通窍活血汤加减。潞党参30克，鸡血藤18克，生黄芪30克，黑故脂12克，䗪虫9克，炒蒲黄9克，丹参9克，蜈蚣2条，乌梢蛇9克，全蝎9克，地龙9克，炒北五味子12克，山茱萸9克，山楂9克，自然铜3克^{醋淬研末，胶囊装吞}，麝香0.3克^{冲服}，水蛭9克，红藤24克，蒲公英24克，琥珀末6克^{冲服或布包煎}。1周6剂，连服8周。

三诊：1981年2月15日。病人来信述服上方48剂后，病情基本痊愈，诸症悉解。色素沉着已基本消失。要求处方，以巩固疗效。舌质淡红，苔薄白，脉平缓。治法：益气通络，活血化瘀。处方：河间地黄饮子合通窍活血汤加减。潞党参30克，鸡血藤18克，生黄芪30克，黑故脂12克，䗪虫9克，炒蒲黄9克，丹参9克，蜈蚣2克，乌梢蛇9克，全蝎9克，地龙9克，炒北五味子12克，山茱萸9克，山楂9克，自然铜3克^{醋淬研末，胶囊装吞}，麝香0.3克^{冲服}，水蛭9克，红藤24克，蒲公英24克，琥珀末6克^{冲服或布包煎}。1周4剂，常服。

疗效：病人病情痊愈，上班工作，从未复发，体健如常人。

按： 王氏过去治脱疽病，多引用《外科大全》《医宗金鉴》中的成方，但疗效不显。后来，用活血化瘀的通窍活血汤加减，佐以舒筋活络的虫类药物，多获显效。

12. 急性肾小球肾炎

急性肾小球肾炎常急性起病，以蛋白尿、血尿、高血压、水肿、少尿、氮质血症为常见临床表现。常于感染后发病，最常见的病原菌为β溶血型链球菌，而其他细菌、病毒及寄生虫感染亦可引起。

本病属中医学"水肿病"范畴。《素问·至真要大论》指出："故其本在肾，其末在肺，皆积水也。"又说："诸湿肿满，皆属于脾。"《景岳全书·肿胀》指出："凡水肿等证，乃肺脾肾三脏相干之病，盖水为至阴，故其本在肾；水化于气，故其标在肺；水唯畏土，故其制在脾。今肺虚则气不化精而化水，脾虚则土不制水而反克，肾虚则水无所主而妄行。"其中指出了以肾为本、肺为标、脾为制水之脏，三脏是相互联系的，同时又是相互制约的。

王氏认为，本病病因为风邪外袭，或冒雨涉水、居处潮湿，或劳倦过度等，导致三焦气化功能失职而起。三焦之气机不畅，决渎功能失常，上下出入之机关都不通利，水因气闭，气因水塞，渐成肿胀。本病为水病，肾主水，故肾居主要地位；脾能节制肾水，故脾居次要地位；肺主气，气滞则水停，故与肺也密切有关。因此，水肿病的病理，有"其本在肾，其标在肺，其制在脾"之说。本病乃本虚标实，故治疗上遵循健脾温肾，清热化湿，标本同治。

本病乃本虚标实，王氏在治疗上遵循健脾温肾，清热化湿，以达标本同治之效。常以活血化瘀的通窍活血汤合清热、化湿、消炎的银甲煎剂为主方；但因病人脾肾受损，正气虚衰，故辅以温补脾肾、益补气血的河间地黄饮子加减；疾病日久，伤损脾肾之阴，故常佐以生地黄、枸杞子、石斛、淮山药养脾肾之阴。

在治疗过程中，尤其注意以下两方面：其治法主要为促进肾功能恢复；本病后期，由于肾小球损坏，尿中蛋白增多，血浆胶体渗透压降低，此时应选用鹿角胶、阿胶、鱼鳔胶、龟胶、补骨脂等，使血浆胶体渗透压提高，因消除尿中蛋白，非清利所能收效，要靠补充肾小球的缺损来恢复肾功能。

【辨证论治】

主要证候：早晨眼睑、脸部浮肿，下午渐退，以后发展到脚肿和全身浮肿，出现胸水和腹水；小便量减少、色深而混浊，有时像红茶（血尿），小便常规检查发现蛋白、红白细胞、管型细胞；并有头痛、血压升高、气急、腹胀等症状。

治法：清热化湿，健脾温肾。

处方：通窍活血汤（《医林改错》）合银甲煎剂（王渭川经验方）加减。

红藤 24 克	蒲公英 24 克	败酱草 24 克	茵陈 12 克
萹蓄 9 克	瞿麦 9 克	肉桂 9 克	附片 24 克先煎 2 小时

方义分析：方中红藤、蒲公英、茵陈清热解毒，通利湿热；萹蓄、瞿麦利尿通淋，使邪有出路；附片、肉桂温肾助阳。诸药相配，共奏清热化湿之功，辅以

健脾温肾，则邪去正安，水肿诸症自灭。

加减：王氏临床中常加仙鹤草 60 克凉血以治疗血尿；加入党参 24 克，鸡血藤 18 克，生黄芪 60 克，桑寄生 15 克，菟丝子 15 克益气固肾；肾阳虚轻者选用黑故脂 12 克，冬虫夏草 9 克；面部浮肿者酌加糯米草 60 克，海金沙 12 克，夜明砂 12 克，谷精草 60 克；清热化湿加金银花 9 克，连翘 9 克，桔梗 9 克，大青叶 9 克。

【典型医案】

任某，男，28 岁。

初诊：1974 年 2 月 3 日。病人 2 个月前觉清晨眼睑浮肿，头痛眩晕，腰痛，尿量少，有沉渣。小便常规检查，尿中有蛋白、红细胞、脓细胞等。经成都市某医院检查，确诊为"肾小球肾炎"，住院 2 个月，屡查小便常规异常，遂出院来我院门诊。现除有上述症状外，亦可见面色萎黄，心悸，口干唇燥，手足心热，食欲差。舌质红，苔少，脉细数。治法：清利湿热，养阴生津。处方：银甲煎剂加减。沙参 24 克，生地黄 24 克，红藤 24，蒲公英 24 克，败酱草 24 克，大青叶 9 克，板蓝根 24 克，萹蓄 9 克，茵陈 12 克，淮山药 24 克，枸杞子 12 克，槟榔 9 克，鸡内金 9 克，川贝母 9 克，海金沙 12 克，夜明砂 12 克，仙鹤草 60 克，知母 9 克，鱼鳔胶 15 克，琥珀末 6 克^{冲服或布包煎}。1 周 6 剂，连服 2 周。

二诊：2 月 20 日。病人手足心热、浮肿已消。腰痛、心悸、食欲、精神均好转。尿常规检查，尚有少数蛋白和脓细胞，红细胞已查不到。舌质淡红，脉平缓。治法：清利湿热，养阴生津。处方：银甲煎剂加减。沙参 12 克，生地黄 12 克，红藤 24 克，蒲公英 24 克，淮山药 24 克，萹蓄 9 克，茵陈 12 克，枸杞子 12 克，鸡内金 9 克，川贝母 9 克，石斛 12 克，山楂 9 克，炒北五味子 12 克，杜仲 9 克，续断 24 克，砂仁 6 克，蔻仁 6 克，车前子 9 克，冬瓜子 24 克，琥珀末 6 克^{冲服或布包煎}。1 周 6 剂，连服 2 周。

三诊：3 月 8 日。诸症悉解。小便检查正常。嘱再服原方 2 周，以期巩固。

按：本病例虽拖延日久，但尚在急性阶段。由于炎症未消，故仍按湿热蕴结下焦论治。但因炎症日久，伤损脾肾之阴，故佐以生地黄、枸杞子、石斛、淮山药养脾肾之阴。后期用药多半巩固肾功能，防止肾小球实质性变化。

13. 再生障碍性贫血

再生障碍性贫血是一组因骨髓功能障碍引起的综合征，以全血细胞减少、贫血、出血、感染为主要表现。病人黏膜、皮肤苍白，心慌、气急，头昏、眼花，耳鸣，记忆力减退。由于脑部缺氧可发生昏厥，并可有贫血性心脏病的表现。

本病属中医学"虚劳""血证"范畴。王氏认为，本病病机为脾肾虚损，气血两亏。脾主运化，脾虚则运化功能失常，不能生血。肾主骨、生髓，肾亏则不能化精生髓，使造血机能衰竭。脾虚即气不摄血，肾阴虚则生内热，热则迫血妄行，都能引起出血。肾为先天之本，脾为后天之源，肾阳不足则使脾失健运。脾失健运，则生化之源匮乏，肾气更加亏损。如此互相影响，使病情日益严重。

王氏将本病分为脾肾两虚、肝肾阴虚 2 型。

【辨证论治】

（1）脾肾两虚型

主要证候：头晕目眩，心慌气短，耳鸣畏寒，手足不温，疲倦乏力，声音低微，面色苍白，唇色淡白，胃纳差；常鼻衄、齿龈、皮下出血，便血，妇女经血不止；由于体虚，易于感染而发高热；舌质淡，苔薄白，脉沉细。

治法：健脾补肾，补血益气。

处方：补中益气汤（《脾胃论》）。

| 黄芪 18 克 | 人参 6 克 | 升麻 6 克 | 柴胡 6 克 |
| 橘皮 6 克 | 白术 6 克 | 甘草 9 克 | 当归身 6 克 [酒洗] |

方义分析：方中黄芪、白术、甘草甘温补中，健脾益气；橘皮调理气机，使诸药补而不滞。少入轻清升散的柴胡、升麻，协助益气之品以升清气。甘草又调和诸药。诸药配伍，可使脾胃健运，元气内充。

加减：王氏运用此方时，若偏于气血两虚者，加鸡血藤、桑寄生、菟丝子、鹿角胶、龟胶、鱼鳔胶益气补肾养血；若偏于任督二脉虚弱者，加自然铜强固任督二脉。若气血虚甚选用红参、鹿角胶大补气血；若出血者，加仙鹤草止血。若腹胀甚者，加槟榔、厚朴、木香理气健脾，行气消胀；若食欲不振者，加鸡内金、山楂、神曲、生谷芽健脾和胃；若心悸者，加北五味子、龙眼肉、山茱萸滋阴安神；若有虚热之象者，加地骨皮、银柴胡、知母滋阴清热凉血；常加夜交藤、朱茯神改善睡眠；本病若因感染引起的高热，应积极消除感染，防止病情恶化。在服用药物外，还须辅以食物疗法。

选用如下食疗方：

活鳖数只，将活鳖倒挂起来，砍去头，取鲜血100毫升，趁热喝下。每周2～3次，疗程不限。

黑木耳30克，红枣30粒，红糖适量。将黑木耳加水浸30分钟左右取出，加红枣一起炖熟，加红糖调味，食用。每日1次，疗程不限。

羊胫骨2根，红枣20个，糯米适量。将羊胫骨敲碎，加红枣、糯米同煮成粥，每日3次分服。15日为1个疗程。

（2）肝肾阴虚型

主要证候：头晕目眩，耳鸣，腰酸腿软，遗精盗汗，颧红，潮热，手足心热；常有鼻衄、齿龈、皮下出血；舌质绛，少苔，脉细数。

治法：滋养肝肾，佐以固督益血。

处方：一贯煎（《续名医类案》）。

北沙参9克　　麦门冬9克　　当归9克　　生地黄18克

枸杞子9克　　川楝子5克

方义分析：方中重用生地黄为君，滋阴养血，补益肝肾；北沙参、麦门冬、当归、枸杞子，益阴养血柔肝，育阴而涵阳；并佐以少量川楝子，疏肝泄热，理气止痛，遂肝木条达之性。该药性苦寒，但与大量甘寒滋阴养血药配伍，则无苦燥伤阴之弊。

加减：若遗精盗汗者，王氏加金樱子、阿胶、鱼鳔胶，补肾固精敛汗。

【典型医案】

（1）脾肾两虚型

文某，女，30岁。

初诊：1975年4月30日。面色萎黄，体软乏力，不思饮食。形寒肢冷，腰骶酸痛，头晕目眩。自汗，鼻衄，齿龈出血，下肢有皮下出血紫斑，月经紊乱。经某医院检查诊断为"再生障碍性贫血"。辨证：脾肾阳虚，气血大损。治法：健脾补肾，固督益血。处方：河间地黄饮子合补中益气汤加减。潞党参60克，鸡血藤18克，生黄芪60克，桑寄生15克，菟丝子15克，鹿角胶30克，仙鹤草60克，槟榔6克，厚朴6克，益母草24克，鸡内金9克，山楂9克，炒北五味子 12 克，龙眼肉 24 克，琥珀末 6 克，自然铜 3 克。1 周 6 剂，连服 2 周。

二诊：5 月 18 日。服上方 12 剂，病情有所好转。精神渐复，渐思饮食，月经按期而至。鼻衄、齿龈出血已止。在四川省某医院复查血象，各项指数渐上升。治法：健脾补肾，固督益血。处方：河间地黄饮子合补中益气汤加减。潞党参 60 克，鸡血藤 18 克，生黄芪 60 克，桑寄生 15 克，菟丝子 15 克，鹿角胶 30 克，槟榔 6 克，厚朴 6 克，鸡内金 9 克，山楂 9 克，炒北五味子 12 克，龙眼肉 24 克，琥珀末 6 克，自然铜 3 克，胎盘 12 克，杜仲 9 克，阿胶珠 9 克，广藿香 6 克。1 周 6 剂，连服 4 周。

三诊：6 月 20 日。服上方 24 剂后，病情大有好转，精神较好，饮食睡眠均好。再查血象，渐近正常。准备回家继续休息治疗，要求改为丸方，以便长期服用。治法：健脾补肾，固督益血。处方：河间地黄饮子加减。潞党参 120 克，鸡血藤 60 克，生黄芪 60 克，桑寄生 60 克，菟丝子 60 克，鹿角胶 90 克，阿胶 30 克，炒北五味子 60 克，杜仲 9 克，槟榔 24 克，砂仁 24 克，巴戟天 60 克，鸡内金 24 克，自然铜 24 克^{醋淬}。以上诸药共为细末，炼蜜为丸，1 个月服完，可常服。

疗效：1975 年 12 月 10 日患者来信说，服丸药 4 料后，自觉腰围转壮，精神益佳，到当地医院复查血象，各项指标均正常。已开始上半天班，并继续服丸药，以期巩固疗效。

按：本病例证属脾肾两虚。方中炒北五味子、龙眼肉用以温煦心阳；鹿角胶是补血要品，用以补血而助生血；阿胶有增蛋白，并兼有止血养血作用；自然铜有强督固肾作用，肾主水，肾水强则生津柔肝，肝气平而不犯脾，则脾气旺，水谷精微化而入血以补血，气充血旺，病则愈。

（2）肝肾阴虚型

冉某，男，20 岁。

初诊：1954 年 8 月 21 日。病人眩晕，耳鸣、潮热，遗精盗汗，精神极差，四肢无力。疲乏，胃口差。鼻衄，齿龈出血，皮肤有青斑。经当地医院检查（血常规检查：红细胞 1.98×10^{12}/升，血红蛋白 51 克/升，白细胞 2.2×10^{9}/升，血小板 40×10^{9}/升），诊断为"再生障碍性贫血"。辨证：肝肾阴虚，气血大损。治法：滋养肝肾，佐以固督益血。处方：一贯煎加减。红参 9 克，沙参 12 克，生熟地黄各 12 克，炒川楝子 9 克，枸杞子 12 克，桑寄生 15 克，菟丝子 15 克，地骨皮 9 克，鹿角胶 30 克^{冲服}，阿胶珠 9 克^{冲服}，自然铜 3 克^{醋淬研末，胶囊装吞}，鱼鳔胶 15 克^{冲服}，肥知母 9 克，鸡内金 9 克，琥珀末 6 克^{冲服或布包煎}。1 周 6 剂，连服 2 周。

　　二诊：9 月 6 日。服上方 12 剂后，病情好转，眩晕、耳鸣渐减，潮热盗汗消失。鼻衄、齿龈出血渐止，皮肤青斑渐淡。在某医院检查血象，各项指标均上升。治法：滋养肝肾，佐以固督益血。处方：一贯煎加减。红参 9 克，沙参 12 克，生熟地黄各 12 克，炒川楝子 9 克，枸杞子 12 克，桑寄生 15 克，菟丝子 15 克，鹿角胶 30 克^{冲服}，阿胶珠 9 克^{冲服}，鱼鳔胶 15 克^{冲服}，龟胶 15 克^{冲服}，生白芍 9 克，杜仲 9 克，鸡内金 9 克，自然铜 3 克^{醋淬研末，胶囊装吞}，琥珀末 6 克^{冲服或布包煎}。1 周 6 剂，连服 4 周。

　　三诊：10 月 6 日。服上方 24 剂后，病情大有好转。精力比以前好，饮食增加，眩晕、耳鸣、遗精等已消失。皮肤斑痕渐消。但仍感疲乏。治法：滋养肝肾，佐以固督益血。处方：一贯煎加减。潞党参 60 克，生黄芪 60 克，生地黄 12 克，熟地黄 12 克，炒川楝子 9 克，枸杞子 12 克，桑寄生 15 克，菟丝子 15 克，鹿角胶 30 克^{冲服}，阿胶珠 9 克^{冲服}，鱼鳔胶 15 克^{冲服}，龟胶 15 克^{冲服}，生白芍 9 克，杜仲 9 克，鸡内金 9 克，自然铜 3 克^{醋淬研末，胶囊装吞}，琥珀末 6 克^{冲服或布包煎}。1 周 6 剂，连服 4 周。

　　四诊：11 月 6 日。上方连服 1 个月后，患者自觉精神眠食均好，诸症悉平。复查血象，各项指标均正常。治法：滋养肝肾，佐以固督益血。处方：一贯煎加减。潞党参 60 克，生黄芪 60 克，生地黄 24 克，生白芍 12 克，杜仲 9 克，炒川楝子 9 克，枸杞子 12 克，桑寄生 15 克，菟丝子 15 克，鹿角胶 30 克^{冲服}，阿胶珠 9 克^{冲服}，鱼鳔胶 15 克^{冲服}，自然铜 3 克^{醋淬研末，胶囊装吞}。1 周 4 剂，常服。

　　疗效：上方连服 3 个月，检查血象 3 次均正常。病已痊愈。

　　按：本病例证属肝肾阴虚，气血大损，并有鼻出血、齿龈出血、皮下出血等出血症状。明代张介宾说："血本阴精，不宜动，血动则为病；血主营气，不宜损也，血损则为病。盖动多由于火，火盛逼血妄行；损者多由于气，气伤则血无以存。"本病例肝阴肾阴不足，脉弦数而细，为心热血燥之候，故王氏处以滋养肝肾为主，以壮水制火，补阴抑阳，使水升火降，鼻衄、齿龈出血渐止，皮肤青斑渐消。血止后，加入党参、黄芪等补肾之品，以利充髓生血。因此，本病虽凶险，但服药后竟使血象上升，获得痊愈。

14. 白血病

白血病病是一类造血干细胞的恶性克隆性疾病，因白血病细胞增殖失控、分化障碍、凋亡受阻等机制，而停滞在细胞发育的不同阶段。在骨髓和其他造血组织中，白血病细胞大量增生累积，使正常造血受抑制并浸润其他组织和器官。本病按起病的缓急，可分为急性、慢性白血病。

本病在中医古籍中没有明确的记载。但从症状看，属中医学"温毒""癥瘕""积聚""痰癖"范畴。王氏认为，本病因肾阳虚损，精髓内亏，气血两虚所致。王氏将本病分为急性型和慢性型2种证型。急性型之实证，治以清热排毒，佐以活血化瘀；虚证则为补气益血，除毒化瘀。慢性型者以活血化瘀、软坚疏络解毒为主。王氏治疗本病一大特色在于采用标本同治之法，不论何种证型，都使用了"8种草药"同煎，代茶长期服用，以求更好地清除血中有毒物质，并辅以虫类药物及麝香芳香辛窜化浊，共起推陈出新的作用。

【辨证论治】

（1）急性型

主要证候：头痛倦怠，眩晕失神，食欲减退，心悸亢进，呼吸短促，下腹膨满，浮肿腹水，发热长期不退，衄血，下血，咯血，严重者有肝出血及脑出血；血常规检查，白细胞显著增高；发病急，症状严重，舌质红，或淡白，苔薄白，脉细数或沉迟。

治法：发高热和白细胞不断增高时，按实证治。治法为清热排毒，佐以活血化瘀。贫血严重，红细胞、血红蛋白、血小板数目显著降低时，按虚证治，治法为补气益血，除毒化瘀。

处方：银甲煎剂（王渭川经验方）合通窍活血汤（《医林改错》）加减。

金银花 15 克	连翘 15 克	升麻 15 克	红藤 24 克
蒲公英 24 克	生鳖甲 24 克	紫花地丁 30 克	生蒲黄 12 克
椿根皮 12 克	大青叶 12 克	西茵陈 12 克	琥珀末 12 克
桔梗 12 克	䗪虫 9 克	蜈蚣 2 条	麝香 0.3 克^{冲服}
白花蛇 9 克	全蝎 9 克	自然铜 3 克^{醋淬研末，胶囊装吞}	

方义分析：本方采用标本同治之法，银甲煎剂清热化湿，虫类药物及麝香芳香辛窜化浊，共起推陈出新的作用；金银花、连翘、红藤、大青叶、茵陈清热解

毒，可以清除血中毒素；琥珀末消炎镇痛；自然铜强肾固督。诸药协调，使病人白细胞增高，恶性网状细胞减少，肝脾肿大消失。全方使肝恢复其藏血和疏泄的功能，脾能起统血作用，营卫调和，造血功能恢复正常。

加减：王氏运用此方时，常加入犀角 3 克研末冲服，或用牛角 30 克代研末冲服，或生地黄 24 克，或至宝丹、紫雪丹、牛黄清心丸，以增强清热功效。

若白细胞增高显著，加败酱草、秦皮降白细胞。

若热毒甚者，加 8 种草药（蛇头一颗草、白花蛇舌草、半枝莲、石大年、无花果、隔山撬、苦荞头、瞿麦根）清热解毒。

若偏于血瘀者，加桃仁、红花、蜈蚣、白花蛇、全蝎、蟅虫、黑故脂、炒蒲黄、水蛭活血化瘀，软化血管。

若有出血者，加仙鹤草、地榆、槐花、三七止血。若偏于气血虚弱者，加红参、鹿角胶、潞党参、鸡血藤、生黄芪、桑寄生、菟丝子补益气血，扶正祛邪。

若偏于自汗者，加金樱子敛汗。

若高热不止可按症状选用药物：弛张热，选用乌犀尖 3 克^{研末冲服}，生地黄 60 克，牡丹皮 9 克，紫草 60 克，红藤 24 克，蒲公英 24 克，大青叶 9 克，青蒿 9 克，知母 9 克，白薇 9 克，琥珀末 6 克^{冲服或布包煎}；间歇热，选用柴胡 9 克，煨草果 9 克，煨常山 9 克，乌犀尖 3 克^{研末冲服}，牡丹皮 9 克，紫草 60 克，红藤 24 克，蒲公英 24 克，大青叶 9 克，青蒿 9 克，知母 9 克，琥珀末 6 克^{冲服或布包煎}，白薇 9 克；稽留热，选用乌犀尖 3 克^{研末冲服}，大青叶 9 克，知母 9 克，生地黄 60 克，红藤 24 克，蒲公英 24 克，全瓜蒌 18 克，牡丹皮 9 克，紫草 60 克，佩兰 12 克，茵陈 12 克，甘露消毒丹 9 克^{入煎}，枳壳 9 克，琥珀末 6 克^{冲服或布包煎}。

此证亦可选用河间地黄饮子（《宣明论方》）合通窍活血汤（《医林改错》）加减。

（2）慢性型

主要证候：起病缓慢，病程较长，早期多无自觉症状，往往因检查其他疾病而发现。病人逐渐消瘦，贫血，肝脾肿大，腹部隆起；衄血，下血，咯血，皮下出血；血常规检查，白细胞显著增高；舌质淡，苔薄，脉沉迟。

治法：活血化瘀，软坚舒络解毒。

处方：河间地黄饮子（《宣明论方》）合银甲煎剂（王渭川经验方）、通窍活血汤（《医林改错》）加减。

潞党参 30 克	鸡血藤 18 克	生黄芪 60 克	桑寄生 15 克
菟丝子 15 克	黑故脂 12 克	䗪虫 9 克	生蒲黄 9 克
红藤 24 克	蒲公英 24 克	当归 9 克	甘露消毒丹 9 克^{入煎}
川芎 9 克	紫草 60 克	山茱萸 12 克	乌梅 9 克
柴胡 24 克	丹参 24 克	生地黄 60 克	紫雪丹 1.5 克^{冲服}
蜈蚣 2 条	白花蛇 9 克	全蝎 9 克	琥珀末 6 克^{冲服或布包煎}
仙鹤草 60 克	麝香 0.3 克^{冲服}	自然铜 3 克^{醋淬研末，胶囊装吞}	

另加"8 种草药"同煎：蛇头一颗草 60 克，白花蛇舌草 60 克，半枝莲 30 克，石大年 30 克，无花果 30 克，隔山撬 15 克，苦荞头 15 克，瞿麦根 15 克。

方义分析：方中潞党参、鸡血藤、生黄芪、桑寄生、菟丝子、山茱萸补益气血，气行血畅，则正气存内，邪不可干；䗪虫、蜈蚣、白花蛇、全蝎、琥珀末、自然铜直入血分，活血化瘀之力强；生蒲黄、紫草、乌梅、仙鹤草止血，当归、川芎、丹参、红藤、柴胡补血活血行气。共同配伍，使瘀血去，新血生。甘露消毒丹、紫雪丹、生地黄、蒲公英、麝香清热解毒，凉血开窍醒神。"8 种草药"共奏清热解毒之功。全方重在活血化瘀之中寓有补益之力，清热解毒之中寓有扶正之势，消补兼施。

加减：同急性型。

【典型医案】

杨某，男，40 岁。

初诊：1977 年 10 月 17 日。病人自从 1975 年 12 月中旬起，每晚发烧，体温 38.5 ~ 39.5℃。经单位医院查血象（白细胞 8.7×10^9/升，淋巴细胞 45%，中性粒细胞 38%，中性杆状核粒细胞 8%，嗜酸性粒细胞 7%，变异淋巴细胞 2%），医生按感冒治疗，注射安乃近、青霉素、链霉素未见效。1 个月后高热达 40℃，病人头昏乏力，全身皮肤出现紫斑及出血点，口鼻黏膜出血，一次鼻出血达 300 毫升。胸骨疼痛，皮肤瘙痒，肝脾肿大，全身浅表淋巴结肿大，疼痛。经成都市某医院血液常规检查，结果示：白细胞 3.4×10^9/升，淋巴细胞 90%（变异淋巴细胞 5% 以上），中性粒细胞 10%，血小板 71×10^9/升。确诊为"慢性白血病"。1976 年 2 月，经四川省某医院检查，血象结果相同。骨髓穿刺检查示：粒细胞形态正常，增生活跃。较多变异淋巴细胞，浆细胞呈反应性增生，网状细胞增生，形态异常。诊断为"慢性白血病网状细胞增多症"。医生建议化疗，病人不愿意，服用中药治疗，但疗效不显，故来我院就诊。病人头昏乏力，食欲差，胸骨痛，精力极度衰减。皮肤呈现紫斑及出血点，肝脾肿大，淋巴结肿大，疼痛，关节痛。血液常规检查：白细胞降低至 0.8×10^9/升（变异淋巴细胞 7%），血小板 30×10^9/升。恶性网状细胞增多，浆细胞增多。黏膜有出血现象。苔薄白，脉沉。治法：清血固血，扶正祛邪，调和营卫。处方：河间地黄饮子合通窍活血汤加减。潞党参 24 克，鸡血藤 18 克，生黄芪 60 克，桑寄生 15 克，菟丝子 15 克，覆盆子 24 克，淫羊藿 24 克，黑故脂 12 克，巴戟天 12 克，鹿角片 24 克，杜仲 9 克，续断 60 克，䗪虫 9 克，炒蒲黄 9 克，韭菜子 9 克，自然铜 3 克[醋淬入煎]，山楂 9 克，鸡内金 9 克；"8 种草药"同煎。1 周 6 剂，连服 2 周。

二诊：11 月 18 日。病人服上方 12 剂后，精神略有好转，其余症状未减。并有心悸、阵发性心绞痛。心电图检查：窦性心动过缓 51 次/分，心律不齐，低电压趋势，电轴左偏。苔薄白，脉沉迟。治法：清血固血，扶正祛邪，调和营卫。处方：河间地黄饮子合通窍活血汤加减。潞党参 24 克，鸡血藤 18 克，生黄芪 60 克，桑寄生 15 克，菟丝子 15 克，淫羊藿 24 克，黑故脂 12 克，巴戟天 12 克，杜仲 9 克，续断 60 克，䗪虫 9 克，炒蒲黄 9 克，韭菜子 9 克，自然铜 3 克[醋淬入煎]，山楂 9 克，鸡内金 9 克，葛根 15 克，柴胡 6 克，阿胶 15 克[冲服]，鹿角胶 24 克[冲服]；"8 种草药"同煎。1 周 6 剂，连服 8 周。

三诊：1978 年 3 月 17 日。病人服上方 44 剂后，病情好转，出血症状减轻。白细胞上升到 2.8×10^9/升。苔薄白，脉沉迟。治法：清血固血，扶正祛邪，调和营卫。处方：河间地黄饮子合通窍活血汤加减。潞党参 24 克，鸡血藤 18 克，生黄芪 60 克，桑寄生 15 克，菟丝子 15 克，淫羊藿 24 克，黑故脂 12 克，巴戟天 12 克，杜仲 9 克，续断 60 克，䗪虫 9 克，炒蒲黄 9 克，韭菜子 9 克，山楂 9 克，自然铜 3 克[醋淬入煎]，鸡内金 9 克，葛根 15 克，柴胡 6 克，阿胶 15 克[冲服]，鹿角胶 24 克[冲服]，麝香 0.3 克[冲服]；"8 种草药"同煎。1 周 6 剂，连服 8 周。

疗效：病人病情显著好转。以后数诊，随症选加下列药物：炒北五味子 12 克，琥珀末 6 克[冲服或布包煎]，三七粉 3 克[冲服]，蜈蚣 2 条，白花蛇（乌梢蛇）9 克，仙鹤草 60 克，槐花 9 克，地榆 9 克，龟胶 18 克[冲服]，乳香 9 克，夜交藤 60 克，酸枣仁 6

克，台乌药 9 克，九香虫 9 克。至 1978 年 6 月 16 日，病人共服药 138 剂。白细胞由 0.8×10^9/ 升升至 5.1×10^9/ 升，血小板由 30×10^9/ 升升至 98×10^9/ 升。肝脾肿大、头痛眩晕等症状俱显著减轻。病人要求上班，于 1978 年 7 月 15 日恢复工作。此后半年出差外地，继服中药。1979 年 2 月后，因药中缺麝香，在 1979 年 5 月中旬病情发生反复，白细胞下降至 4.1×10^9/ 升，变异细胞 3% 以上，皮下出血严重，体温在 37.5 ~ 38.5℃ 之间。1979 年 6 月底加服麝香后好转，病情稳定，一直能坚持全天工作。

按： 本病例属慢性白血病恶性网状细胞增生症，是全身网状细胞系统及其衍生细胞的一种弥漫性、预后不良、难以逆转的异常增殖性疾病，具有恶性肿瘤的一些特征，累及肝、脾、骨髓、淋巴结等重要器官。临床上以高热、肝脾肿大、贫血、出血及进行性衰竭为主要症状。本病病情险恶，进展急剧，预后极差。而本病例能较长时间存活，并能正常工作，不能不推中药之功。

本病例证属虚中夹实，因营血卫气为外邪所侮，出现白细胞降至 0.8×10^9/ 升，血小板降至 30×10^9/ 升，血液中物质基础大量衰减，故有倦怠眩晕、头痛乏力等症状，已成大虚之候。病邪侵扰督脉，使骨髓造血功能严重削弱，血液严重不足，出现气血两虚征象。恶性网状细胞及淋巴细胞这些有毒害的细胞大量增生，影响内脏，使肝脾肿大，形成了虚中夹实证型。

治疗本病例采用标本同治之法，以"8 种草药"清除血中有毒物质，辅以虫类药物及麝香芳香辛窜化浊，共起推陈出新作用。以鹿角胶、阿胶、龟胶益肾强督，补益气血；以党参、黄芪益气；炒蒲黄祛邪；虫类药物镇痛除瘀，消除肝脾肿大；自然铜强肾固督；葛根防止脑供血不足。诸药协调，使病人白细胞增高，恶性网状细胞减少，肝脾肿大消失，肝恢复其藏血和疏泄的功能，脾能起统血作用，营卫调和，造血功能恢复正常。

15. 精神分裂症

精神分裂症是神志异常的精神疾病，病人思维、情感和行为紊乱，临床表现为幻觉，妄想，语无伦次，哭笑喜怒无常，胡言乱语，内容多不连贯并单调重复，甚至异常兴奋暴怒，毁物，自伤或伤人。

本病属中医学的"癫狂"范畴。王氏对本病的认识源于《难经》"重阴者癫，重阳者狂"。认为癫属阴证，狂属阳证。《丹溪心法》云"癫属阴，狂属阳……

大率多因痰结于心胸间"，提出了癫狂与痰的密切关系。《医林改错》提出"癫狂……乃气血凝滞脑气"，开创从瘀治疗癫狂之先河。基于前人对本病的认识，王氏提出独到的见解，认为情志抑郁不遂，五脏之火内燔煎熬成痰，上蔽心窍而致神志失常。本病涉及肝、脾、心、肾四脏。

　　本病治法以调理脾胃、化瘀平风镇痉为主。根据病因不同，又有虚实之分。王氏除用犀角地黄汤合天麻钩藤饮加减解郁平肝镇痉外，常酌加通窍醒脑之品，故收效较速。

【辨证论治】

　　主要证候：精神错乱，语言行为异常，或幻觉、幻听，思维行为幼稚；或情感淡漠，言语动作明显减少，甚至推之不动，呼之不应；或哭笑喜怒无常，言语杂乱，动作古怪，做令人难解的手势、姿态或鬼脸，甚至玩弄大小便，吞食昆虫；或突然兴奋暴怒，毁物、自伤或攻击他人。

　　治法：调理脾胃，化瘀平风镇痉。

　　处方：犀角地黄汤（《外台秘要》）合天麻钩藤饮（《中医内科杂病证治新义》）。

犀角 30 克	生地黄 30 克	牡丹皮 9 克	芍药 12 克
天麻 9 克	钩藤 12 克	栀子 9 克	黄芩 9 克
杜仲 9 克	益母草 9 克	石决明 18 克	桑寄生 9 克
夜交藤 9 克	朱茯神 9 克		

　　方义分析：方中犀角凉血清心而解热毒，使火平热降，毒解血宁；生地黄凉血滋阴生津；苦微寒之赤芍与辛苦微寒之牡丹皮配伍，清热凉血，活血散瘀。四药相配，使热清血宁而无耗血动血之虑。天麻、钩藤、石决明均有平肝息风之效。栀子、黄芩清热泻火，使肝经不致偏亢。益母草活血利水，配合杜仲、桑寄生能补益肝肾，夜交藤、朱茯神安神定志。

　　加减：王氏运用此方时，常加蜈蚣、乌梢蛇、全蝎通络之药增强开窍通络之功，青葙子、珍珠母、犀角尖凉肝，共同增强息风镇痉功效；加天竺黄、制胆南星化痰开窍；加生地黄、滁菊花清热醒脑；加鸡内金、砂仁、蔻仁健脾益胃，理气开窍；加党参、鸡血藤、生黄芪、桑寄生、菟丝子补益气血，填充髓海；加炒五灵脂、葛根治疗头痛。

【典型医案】

张某，男，50岁。

初诊：1970年5月24日。因受刺激，出现神志不清，语言失常，对别人不理或抗拒，有时狂躁，打人骂人。病人形体健壮，人多畏之。四川省某医院诊断为"精神分裂症"。舌质暗红，苔薄白，脉滑。辨证：肝郁狂躁，肝风内动。治法：柔肝镇痉，化瘀息风。处方：犀角地黄汤合天麻钩藤饮加减。犀角尖3克^{锉末冲服}，生地黄24克，天竺黄9克，生蒲黄9克，制胆南星9克，蜈蚣2条，乌梢蛇9克，竹沥15克^{冲服}，全蝎9克，青葙子24克，珍珠母24克，滁菊花9克，钩藤9克，刺蒺藜18克，夜交藤60克，鸡内金9克，砂仁3克，蔻仁3克。1周6剂，连服2周。

二诊：6月9日。服上方后，神志渐清醒，语言较清楚。但体软乏力，食欲尚差。苔薄白，脉缓。治法：健胃益气，佐以柔肝镇痉。处方：生地黄24克，天竺黄9克，生蒲黄9克，蜈蚣2条，乌梢蛇9克，全蝎9克，青葙子24克，珍珠母24克，滁菊花9克，钩藤9克，刺蒺藜18克，夜交藤60克，鸡内金9克，砂仁3克，蔻仁3克，沙参12克，生黄芪80克，女贞子24克，旱莲草24克，白芍9克，枸杞子12克。1周6剂，连服4周。

疗效：基本痊愈，并准备上班。

按：本病例狂躁忧郁，病因为情志抑郁不遂，五脏之火燔煎熬成痰，上蔽心窍，而致神志失常。本病涉及肝、脾、心、肾四脏，特别是脾气弱则湿盛，痰液停滞而上蔽心窍。王氏除用犀角地黄汤合天麻钩藤饮加减解郁平肝镇痉外，酌配蒲黄、菊花以醒脑、清脑，故收效较速。

16. 癫痫

癫痫是一种发作性神志异常的疾病，分为原发性和继发性两种。临床表现为突然发作，大叫一声，随即意识丧失，全身抽搐，咬牙，皮肤紫绀，口吐白沫，或因舌、唇咬破而出现血沫，眼红，瞳孔扩大，大小便失禁；持续几分钟后，进入昏睡，半小时以后，才慢慢清醒；醒后头痛，精神疲倦，浑身疼痛不适，对病情记忆不清。如癫痫持续发作，其间神志不清，必须立即抢救。西医学认为，癫痫是慢性反复发作性短暂脑功能失调综合征，以脑神经元异常放电引起反复痫性发作为特征。

　　王氏对本病的认识源于《内经》，属"癫疾"范畴，本病在中医古籍中有详细记载，《素问·奇病论》说："痫风得之在母腹中，其母有所大惊，气上而不下，精气并居，故令子发为癫疾也。"孙思邈《千金要方》说："其一月四十日已上至期岁而痫者……病先身热，惊啼叫唤而发痫。脉浮者为阳痫。"明代鲁伯嗣《婴童百问》说："发痫者，小儿之恶病也，因幼小血脉不敛，骨气不聚，为风邪所伤，惊怪所触，乳哺失节，停滞经络而得之。其候神气怫郁，瞪眼直视，面目牵引，口噤涎流，腹肚膨紧，手足搐搦。"这些描述，都和癫痫的症状极其相似。王氏认为，本病的病因一为先天遗传，一为情志刺激，或大脑受外伤，或续发于其他疾病。多由心肾虚怯，肝风胆火内动，肝风夹痰，随气上逆，壅滞心包，闭阻经络而致。儿童患本病，多与先天因素有关。本病分为风痰壅阻和肝经火郁2型。

【辨证论治】

　　（1）风痰壅阻型（发作比较频繁）

　　主要证候：发作前常觉头痛眩晕，胸闷，随即昏仆倒地，神志不清，全身抽搐，两目直视，两拳紧握，口吐涎沫，并发出类似猪、羊的叫声，甚至二便失禁，不久渐渐苏醒，症状消失，除感疲乏无力外，饮食起居如常，舌质红，苔白腻，脉滑数。

　　治法：疏肝豁痰，息风通络。

　　处方：通窍活血汤（《医林改错》）合天麻钩藤饮（《中医内科杂病证治新义》）加减。

赤芍 3 克	川芎 3 克	桃仁 9 克	红花 9 克
鲜姜 9 克	红枣 7 个	麝香 0.16 克	朱茯神 12 克
黄酒 250 克	天麻 9 克	钩藤 9 克	生石决明 18 克
栀子 9 克	川牛膝 12 克	杜仲 9 克	益母草 9 克
桑寄生 24 克	夜交藤 18 克		

　　方义分析：本病由于肝风胆火内动，肝风夹痰，随气上逆，壅滞心包，闭阻经络，酿成本证，故治以疏肝豁痰，息风通络。其中通窍活血汤是由血府逐瘀汤加减而来，其中配伍通阳开窍的麝香等，活血通窍作用较优，主治瘀阻头面之证。天麻钩藤饮方中天麻、钩藤平肝息风；石决明平肝潜阳，加强平肝息风之力，

杜仲、桑寄生补益肝肾以治本；栀子清肝降火；益母草合川牛膝活血利水，有利于平降肝阳；夜交藤、朱茯神宁心安神。王氏合用二方，共奏疏肝豁痰、息风通络之效。

加减：王氏运用此方时常加刺蒺藜 18 克，蜈蚣 2 条，白花蛇（乌梢蛇）9 克，全蝎 9 克，以增强平肝息风之功；眠差者选加青葙子 12 克，珍珠母 24 克，琥珀末 6 克^{冲服或布包煎}，以镇静安神；痰多者选加天竺黄 9 克，半夏 6 克，制胆南星 9 克，竹沥 15 克^{冲服}，以豁痰。

（2）肝经火郁型

主要证候：病人素性急躁，心烦失眠，心悸怔忡，口苦咽干；突发项背拘急，全身抽搐，两目直视，两拳紧握，昏迷不知人事，舌质红，苔黄，脉弦数。

治法：养阴息风，疏肝解郁。

处方：天麻钩藤饮（《中医内科杂病证治新义》）合羚羊角散（《太平圣惠方》）加减。

天麻 9 克	钩藤 9 克	生石决明 18 克	栀子 12 克
川牛膝 12 克	杜仲 9 克	益母草 9 克	桑寄生 24 克
夜交藤 60 克	朱茯神 12 克	防风 9 克	独活 9 克
茯神 12 克	酸枣仁 6 克	当归 9 克	木香 9 克
甘草 9 克	薏苡仁 12 克	杏仁 9 克	羚羊角 1.5 克^{锉末冲服}

方义分析：本证由肝阳偏亢，肝经火郁所致，治以养阴息风，疏肝解郁。天麻钩藤饮中天麻、钩藤平肝息风；石决明平肝潜阳，加强平肝息风之力；杜仲、桑寄生补益肝肾以治本；栀子清肝降火；益母草合川牛膝活血利水，有利于平降肝阳。羚羊角散中羚羊角之辛凉，以平肝火；防风、独活以散肝邪；茯神、酸枣仁宁神；当归活血；杏仁、木香利气；薏苡仁、甘草调脾。王氏合用二方，共奏养阴息风、疏肝解郁之功效。

加减：王氏运用此方时常酌加生地黄 12 克，女贞子 24 克，旱莲草 24 克，蜈蚣 2 条，白花蛇（乌梢蛇）9 克，全蝎 9 克，以增强养阴息风之功；心悸者选加炒北五味子 12 克，山茱萸 12 克；选加夏枯花 15 克，薤白 12 克，以增强解郁之功；脑有瘀血者选加三七粉 3 克^{冲服}，炒五灵脂 12 克，麝香 0.15～0.3 克^{冲服}，以活血化瘀；其余兼症，同风痰壅阻型。

【典型医案】

（1）风痰壅阻型

蔡某，女，24岁。

初诊：1955年8月10日。病人于1955年3月9日结婚，当夜突然发癫痫。10日早晨，由家人抬至当地医院诊治（王氏当时在当地医院工作）。病人呈阵发性神志昏迷，四肢抽搐，双目直视，两拳紧握，口吐涎沫，牙关紧闭，无从察舌，脉弦数。治法：疏肝豁痰，息风通络。处方：通窍活血汤合天麻钩藤饮加减。钩藤9克，刺蒺藜18克，夜交藤60克，青葙子24克，珍珠母24克，蜈蚣2条，白花蛇（乌梢蛇）9克，全蝎6克，天竺黄9克，京半夏6克，制胆南星9克，朱茯神12克，竹沥15克^{冲服}，琥珀末6克^{冲服或布包煎}。另服猫头鹰脑丸，每日早、中、晚各服1丸。嘱病人于4天后复诊。

疗效：病人服上药4剂，并服猫头鹰脑丸12粒后，病已痊愈。并在同年10月怀孕。

按：方书中有时癫与痫并称，其实，癫与痫有显然区别。癫即癫狂，即西医学所谓精神失常兴奋性病症。痫则为一种间歇性、阵发性神志昏迷病症。痫与脏腑失调有关，主要由肝、脾、肾影响心脏而致。本病例因心肾虚怯，肝风胆火内动，肝风夹痰，随气上逆，壅滞心包，闭阻经络，酿成痫证，服上方奏效。为了预防再发，宜常服丸剂。如能两年不发，始为彻底治愈。

（2）肝经火郁型

李某，女，35岁。

初诊：1976年10月12日。病人是待产的初产妇，本素性急躁，有心烦、失眠等症。临产前一日，突发项背拘急，全身抽搐，两目直视，两拳紧握，昏迷不知人事。尿中蛋白极多。由该院院长面邀会诊。舌质红，苔黄，脉弦数。治法：养阴息风，疏肝解郁。处方：天麻钩藤饮合羚羊角散加减。羚羊角1.5克^{锉末冲服}，生地黄12克，钩藤9克，女贞子24克，旱莲草24克，朱茯神12克，夏枯花15克，薤白12克，炒北五味子12克，山茱萸9克，石斛12克，川贝母9克^{冲服}，珍珠母24克，天竺黄9克。同时用醋炭法急救：好醋一盆，用铁锤等铁器在炭火上烧红，投入醋盆中，让病人闻嗅腾起来的气味，即可苏醒。

疗效：病人连夜服上药1剂，并经醋炭法急救后苏醒，次晨分娩，母子平安。

按：本病例由于肝火偏旺，火动生风，燔灼津液，结而为痰。肝火上扰心神，则心烦失眠。痰热闭塞清窍，则神志昏迷。以养阴息风、疏肝解郁为治。因病人临产，故处方中减去蜈蚣、白花蛇、全蝎三味药，加入石斛、川贝母、珍珠母、天竺黄四味药。虽暂时收效，尚须长期服药。

17. 夜游症

夜游症属神经系统疾病，病人白天健康如常人，晚上睡眠后发病，会不由自主地下床，有的在各处乱走；有的会重复日间所做过的事，如挑水、劈柴等；有的甚至会持刀杀鸡宰鹅。病人当时神志模糊，旁边有人劝阻，也不能使他清醒，一定要有人强行夹持上床睡眠，夜游行动才会停止。第二天醒来，再问其昨晚上的情景，则茫然不知。西医学认为，本病是由于大脑皮层兴奋过程与抑制过程彼此间的失调造成皮层下中枢互相作用失调，产生从睡眠状态进入一种意识障碍状态的表现。而本病所表现的症状属中医学所描述的"心神不宁""神不守舍"范畴。

中医学认为，夜游一症，其病原病所，多由心、肝二脏之虚所致。心主血而藏神，肝藏血而舍魂。阳入于阴则寐，出于阳则寤。气血充盈，心神得养，肝魂得藏，睡眠自安。王氏认为，本病是由于阴血亏损，肝火旺而心火自炎，故魂梦迷离而寐不安，头昏目眩同时俱作，夜游症则出现矣。

王氏治疗本病处以天麻钩藤饮合通窍活血汤加减以养血安神，息风通络，佐以活血化瘀，使得肝火平则神自归，心得养则魂自守。

【辨证论治】

主要证候：头昏疲乏，四肢无力，心悸健忘，失眠多梦；半夜里会不由自主地下床乱走，下意识地做各种动作，必须由人强行夹持上床，第二天对昨夜发生的事毫无记忆，舌质淡红，苔薄白，脉平缓。

治法：养血安神，息风通络，佐以活血化瘀。

处方：天麻钩藤饮（《中医内科杂病证治新义》）合通窍活血汤（《医林改错》）加减。

天麻 9 克	钩藤 9 克	生石决明 18 克	栀子 12 克
川牛膝 12 克	杜仲 24 克	益母草 9 克	桑寄生 24 克
夜交藤 18 克	朱茯神 12 克	赤芍 9 克	川芎 9 克

桃仁 9 克　　　　红花 9 克　　　　麝香 0.16 克　　　　黄酒 250 克

方义分析：本病多由肝肾不足，肝阳偏亢，生风化热所致，证属本虚标实，治以平肝息风为主，佐以清热安神、补益肝肾之法。方中天麻、钩藤平肝息风；石决明平肝潜阳，加强平肝息风之力；杜仲、桑寄生补益肝肾以治本；栀子清肝降火，益母草合川牛膝活血利水，有利于平降肝阳；夜交藤、朱茯神宁心安神。通窍活血汤是由血府逐瘀汤加减而来，其中配伍通阳开窍的麝香等，活血通窍作用较优，主治瘀阻头面之证。王氏合用二方，意在共奏养血安神、息风通络、活血化瘀之功，使得肝火平则神自归，心得养则魂自守。

加减：王氏临床应用此方时常加沙参 18 克，酸枣仁 15 克，大枣 9 克，草河车 9 克，生地黄 9～24 克，青葙子 24 克，珍珠母 24 克，铁落 9 克^{布包煎}，以增强养血安神之功；选加明天麻 9 克，刺蒺藜 18 克，蜈蚣 2 条，白花蛇（乌梢蛇）9 克，全蝎 9 克，以增强息风通络之功；选加当归 9 克，䗪虫 9 克，生蒲黄 9 克，以活血化瘀；有痰者选加京半夏 9 克，天竺黄 9 克；食欲差者选加台乌药 9 克，九香虫 9 克，山楂 9 克，鸡内金 9 克，生谷芽 24～60 克，砂仁 3 克，蔻仁 3 克。其余兼症，酌情加减。

【典型医案】

李某，男，26 岁。

初诊：1924 年 6 月 28 日。病人为安徽芜湖某单位厨房勤杂工。1924 年 6 月 20 日晚上，病人睡至半夜，突然起床，没穿衣服，拿起扁担，开始到江边挑水，一连挑了十余担。当时已是凌晨 4 点多，天色渐亮，被值班警察看见。警察见病人赤身露体，即叫其回去穿上衣服。见其并不理睬，遂赶快送至医院就诊。经检查，诊断为"夜游症"。用嗅剂治疗无效，即请来王氏诊治。舌质淡红，苔薄白，脉平缓。治法：养血安神，息风通络，佐以活血化瘀。处方：天麻钩藤饮合通窍活血汤加减。钩藤 9 克，刺蒺藜 18 克，夜交藤 60 克，青葙子 24 克，珍珠母 24 克，明天麻 9 克，酸枣仁 9 克，铁落 9 克^{布包煎}，蜈蚣 2 条，白花蛇（乌梢蛇）9 克，全蝎 9 克，桃仁 9 克，土红花 9 克，京半夏 9 克，生谷芽 60 克。1 周 6 剂，连服 2 周。

疗效：病人服上方 12 剂后，夜游症状即消失，健康如常人。

按：本病例因阴血亏损，肝火旺而心火自炎，故神魂失守，而发夜游症。王氏处以天麻钩藤饮合通窍活血汤加减，以天麻、钩藤、青葙子、珍珠母、铁落平肝潜阳；酸枣仁养心，肝火平则神自归，心得养则魂自守。再佐以蜈蚣、白花蛇、全蝎息风通络，桃仁、土红花活血化瘀；京半夏祛痰；生谷芽健脾胃。诸药协和，故收效较速。

18. 癔病

癔病多发生在青年人，女性比男性多。病人在发病前，有比较明显的性格特征，如自尊心强，往往好表现自己。本病的发病原因，是精神受到刺激，常常反复发作。发病时，病人会有癫痫样的发作，口中叫喊，四肢或单侧有强直性或松弛性的抽搐或瘫痪；病人突然发生意识障碍，好像梦游一样，无故哭笑吵闹，并有手舞足蹈、装模作样的戏剧性表演；或突然耳聋，失明或失音；而在一般情况下，不会影响个人生活自理。癔病和其他神经系统疾病相鉴别的主要特点有：病人所叙述的症状，与实际器官的检查情形不一致。病人暗示性很强，很容易在暗示下促使症状反复发作。同样也可以在暗示下治疗痊愈。本病属中医学"脏躁"范畴，最早见于张仲景的《金匮要略》。其载"妇人脏躁，喜悲伤，欲哭，象如神灵所作，数欠伸"，颇与现代所指的癔病症状相近。西医学将其称为分离性障碍，是一类由精神因素作用于易感个体引起的精神障碍。

在临床运用中，王氏将本病分为单纯脏躁型、阴虚阳亢型、气血两虚型 3 种证型。

【辨证论治】

（1）单纯脏躁型

主要证候：喜悲伤，欲哭，象如神灵所作，数欠伸，舌苔薄，脉缓或数，或乍大乍小。

治法：养心宁神。

处方：甘麦大枣汤加减（《金匮要略》）。

甘草 18 克　　小麦 45 克　　大枣 10 枚

方义分析：方中甘草甘缓和中，以缓急迫；小麦味甘微寒，以养心气；大枣甘平，能补益中气，坚志除烦。合用共奏养心宁神、甘润缓急之功效。

加减：养心选加酸枣仁 9 克，炒北五味子 12 克，山茱萸 9 克。镇静安神选加钩藤 9 克，刺蒺藜 18 克，夜交藤 60 克，青葙子 24 克，珍珠母 24 克，朱茯神

9克。

（2）阴虚阳亢型

主要证候：心虚惊悸，悲伤不止，虚烦不解，严重眩晕，舌质红绛，脉弦细而数。

治法：滋养肝肾，佐以潜阳。

处方：一贯煎（《续名医类案》）加减。

沙参9克	炒川楝子9克	生白芍12克	川贝母9克^{冲服}
枸杞子9克	生地黄12克	青龙齿24克	青葙子24克
钩藤9克	珍珠母24克		

方义分析：全方以滋养肝肾为主，佐以平肝潜阳。方中以生地黄、枸杞子滋水涵木，川贝母清金制木，沙参、白芍培土抑木；并在大队甘凉柔润药中，少佐一味川楝子苦辛疏泄，故有滋阴而不碍脾胃、疏泄而不伤阴血之效；同时佐以平肝潜阳之青龙齿、青葙子、钩藤、珍珠母。

（3）气血两虚型

主要证候：抑郁悲伤，神倦乏力，面色萎黄，肌肉消瘦，月经量少，舌质淡，苔薄，脉细弱无力。

治法：补气益血，佐以安神。

处方：河间地黄饮子（《宣明论方》）加减。

熟地黄20克	石菖蒲15克	鸡血藤18克	远志10克
桑寄生15克	菟丝子15克	生黄芪24克	党参24克
珍珠母24克	朱茯神9克	鹿角胶10克^{冲服}	

方义分析：方中以熟地黄大补阴血，桑寄生、菟丝子、鹿角胶温煦荣血，鸡血藤补血活血，党参、黄芪健脾益气，再加远志、石菖蒲涤浊开窍，与补肾药合用交通心肾，佐以朱茯神、珍珠母安神。诸药相合，实为气血双补之良方。

【典型医案】

陈某，女，46岁。

初诊：1975年6月20日。因长子溺亡，病人因忧思郁结，出现失眠，少食，耳鸣。月经紊乱，渐至量少或数月一行，点点滴滴而已。面容极端愁苦，心乱失眠，悲伤即哭。其爱人百般劝慰，亲友相问，概不理睬。有时彻夜不眠，开门外出，须臾返回，闷闷无语，已历数月之久。家人亲友苦劝就医不去。忽喜长女产子抱外孙，次子又考进中学读书，因而转忧为喜，其爱人乘机带来我院就诊。舌质红绛，弦细而数。此因忧思郁结，耗伤营阴，遂致阴不潜阳，阳气偏亢而引起本病，证属阴虚阳亢。治法：滋养肝肾，佐以潜阳。处方：一贯煎加减。沙参9克，生地黄12克，炒川楝子9克，生白芍12克，当归9克，枸杞子9克，银柴胡10克，川贝母10克^{冲服}，青葙子24克，珍珠母24克，青龙齿24克，钩藤30克，槟榔6克，鸡内金10克，广藿香6克。1周6剂，连服2周。

二诊：7月16日。病人服上方12剂后，病情好转。愁苦忧思大减，食欲增健，能睡眠。心悸自汗、头眩咽干等症状减轻。但尚有自汗。舌质淡红，苔薄，脉弦缓。治法：滋养肝肾，佐以潜阳。处方：一贯煎加减。炒川楝子10克，生白芍12克，鸡内金10克，淮山药24克，金樱子60克，佛手6克。1周6剂，常服。

疗效：1975年8月20日，病人的爱人带外孙来我处治病时，告知病人服上方半个月后，病情基本痊愈，诸症悉解。

按：妇人脏躁，如果病属更年期，月经紊乱，冲任二脉功能减退，并见精神委顿，烦躁易怒，头晕耳鸣，悲哀欲哭，处方用《金匮要略》中的甘麦大枣汤加味，自有卓效。本病例病机，因伤子而起，故影响冲任受损。但关键是损伤奇恒之腑，形成阴虚阳亢之候。治法以滋养肝肾为主，佐以潜阳。本病例疗效较显，一半是因病人连有喜事，忧郁自解，肝郁所结，已解脱一半；另一半才是药物的功效。处方中以生地黄、当归养阴益血；川贝母、枸杞子滋养肝肾；生白芍补血敛汗；川楝子、银柴胡柔肝；青龙齿、珍珠母潜阳。诸药协同，使阴平阳秘，病症痊愈。通过本病例可知，治疗癥病，应以精神治疗和药物治疗并重。在临床证治中，更应注意法宜活用，不宜死守前人的定例。

19. 糖尿病

西医学认为，糖尿病是一组以高血糖为特征的代谢性疾病，是由于胰岛素分泌缺陷或其生物作用受损，或两者兼有引起。典型的临床表现为"三多一少"症状，即多饮、多食、多尿，体重减轻。

本病属中医学"消渴"范畴。张仲景《金匮要略》说："男子消渴，小便反多，以饮一斗，小便亦一斗。"唐代王焘《外台秘要》说："焦枯消瘦，或寒热口干，日夜饮水，小便如脂，不止欲死。"唐代孙思邈《千金要方》说："内消之为病，当由热中所作也。小便多于所饮，令人虚极短气，夫内消者，食物消作小便也，而又不渴……梓州刺史李文博，先服白石英久，忽然房道强盛，经月余，渐患渴，经数日，小便大利，日夜百行以来。百方治之，渐以增剧，四体羸惫，不能起止，精神恍惚，口舌焦干而卒。"这些症状与糖尿病的症状十分相似。

王氏认为，本病病因为多食肥甘厚味，酿成内热；或因精神刺激，五志过极，郁而化火，火热太过，势必燔燎消烁，损耗肺、胃、肾阴液而导致本病。本病分为上消、中消、下消。王氏认为在治疗时，须五脏六腑和三焦统筹兼顾，从之则治，违之则危。

【辨证论治】

（1）上消：*热伤肺阴，津液枯竭，属心肺病*

主要证候：口大渴喜饮，随饮随渴，咽如火烧，小便频数，皮毛焦枯，夜寐不宁，舌质红，有裂纹，苔黄而干，脉数。

治法：润肺，清热生津。

处方：一贯煎（《续名医类案》）加减。

沙参9克	麦门冬9克	生地黄12克	当归9克
枸杞子9克	川楝子9克		

方义分析：本方重用生地黄为君药，益肾养肝，滋水涵木；枸杞子、当归养血益阴，滋补肝肾，同为臣药；佐以沙参、麦门冬滋养肺胃，益阴生津，佐金平木，扶土抑木；川楝子苦寒，疏肝清热，行气止痛，配入大队甘寒滋阴养血药物之中，既无苦燥伤阴之弊，又有利于泻肝火而平横逆，为佐使药。诸药合用，使肝体得养而阴血渐复，肝气得疏，则诸痛自除。

（2）中消：*热伤胃阴，胃阳亢盛，属脾胃病*

主要证候：多食善饥，或刚食即饥，饮食不充肌肤，形体日瘦，口渴喜饮，大便燥结，小便频数，舌质红，苔黄，脉滑数。

治法：润燥养阴，清胃。

处方：天王补心丹（《世医得效方》）加减。

南沙参30克	茯苓15克	玄参12克	丹参9克
桔梗12克	远志9克	当归9克	五味子12克

麦门冬 15 克　　天门冬 15 克　　生地黄 30 克　　柏子仁 15 克

酸枣仁 15 克

方义分析：方中重用生地黄为君，下滋肾水，上养心血，清内扰之虚火，则心神得宁；配玄参、天门冬、麦门冬，滋阴清热，生津养液，壮水制火，以增君药之力；伍酸枣仁、柏子仁养心安神，补血润燥，合而为臣；用丹参、当归补养心血，补而不滞，使心血足而神自安；南沙参、茯苓、远志益心气，宁心神，交通心肾，安魂魄而定志；五味子酸收敛神；桔梗为使，载药上行，藉药力缓留于上。诸药合用，心肾两顾，共奏滋阴清热、养心安神之功。

（3）下消：胃热下传，虚阳灼阴，精髓枯竭，属肝肾病

主要证候：口渴多饮，小便频数，心烦，手足心热，或饮一溲，四肢不温，形瘦神疲，舌绛无苔，脉细数。

治法：潜阳养肾。

处方：一贯煎（《续名医类案》）加减。

方药及方义分析同上消。

王氏临床应用时常选加枸杞子 9 克，柴胡 9 克，白芍 9 克，女贞子 24 克，旱莲草 24 克，以滋肾养肝；选加桑螵蛸 9 克，生龟板 30 克^{先煎 2 小时}，以增强敛肾之功；大便燥结者，选加火麻仁 9 克，郁李仁 9 克；选加知母 9 克，石斛 12 克，竹叶 9 克，瓜蒌 9 克，天花粉 9 克，以增强清热生津之功；加用琥珀末 6 克^{冲服或布包煎}，以镇痉。

治疗本病时，除服药外，同时需采用兽肉代米麦法：每日吃兽肉 250 克（最好是兔肉，因兔肉脂肪少，蛋白高，含糖分较少），只吃米或面条 2.5 两（125 克）。

【典型医案】

高某，女，47 岁。

初诊：1975 年 8 月 20 日。王氏回镇江探亲时，途经南京时病人就诊。病人患糖尿病已 2 年，曾用胰岛素治疗 1 年多，但血糖日渐升高，故停用。近来体力日渐衰弱，异常口渴，不断饮水但并不解渴，小便频数量多，混浊如脂膏，味甜。晚上小便次数多，影响睡眠，故极度失眠。眩晕，心情烦躁。皮肤发痒，牙齿脱落，腰骶痛。胃部隐痛，但不能指出疼痛部位。肝区不舒，但肝功正常，经

闭，舌质绛，舌面如镜，脉弦细而数。治法：育阴潜阳，调节脏腑气机。处方：一贯煎合逍遥散加减。沙参 12 克，生地黄 24 克，炒川楝子 9 克，枸杞子 12 克，川贝母 9 克，柴胡 9 克，白芍 12 克，女贞子 24 克，旱莲草 24 克，桑螵蛸 15 克，杜仲 9 克，鸡内金 9 克，炒五灵脂 12 克，生龟板 60 克^{先煎2小时}，生鳖甲 30 克，鸡血藤 18 克，薤白 12 克，紫草 24 克，九香虫 9 克，鲜车前草 30 克，三七粉 3 克^{冲服}，琥珀末 6 克^{冲服或布包煎}。1 周 6 剂，连服 2 周。病人从服药之日起，改进饮食：早餐稀饭或面条 2 两，炒腰花做菜。午餐兔肉 2 两，羊腰 1 两（炖极烂），禁食米和面条。晚餐同午餐。

二诊：9 月 4 日。病人服上方 12 剂，并采用食物疗法 2 周后，病情显著好转。异常口渴感消失，皮肤痒止。小便清淡，不混浊。情志愉快，恬静能眠，精力恢复。舌质淡红，苔薄白，脉平缓。治法：育阴潜阳，调节脏腑气机。处方：一贯煎加减。太子参 24 克，生地黄 12 克，枸杞子 12 克，柴胡 6 克，白芍 9 克，桑螵蛸 15 克，杜仲 9 克，鸡内金 9 克，生龟板 24 克^{先煎2小时}，九香虫 9 克，地龙 6 克，三七粉 3 克^{冲服}，琥珀末 6 克^{冲服或布包煎}。1 周 6 剂，连服 4 周。

因王氏准备回成都，嘱病人以后通信易方。同时考虑到猪腰和兔肉等有时不好买，将食谱更改如下：早餐稀饭或面条 2 两，炒鸡蛋 2 个做菜。中餐牛羊肉 2 两，猪腰 1 两。晚餐同午餐。嘱病人克服困难，继续治疗 1 个月。

疗效：1975 年 10 月 8 日，病人来信说：其身体状况已恢复到患病前。现已停药，恢复上班，并吃单位食堂的普通伙食。患了 2 年之久的糖尿病，仅一个半月即治愈。她的两个亲友也患糖尿病，采用上列处方和食物疗法治疗，同样收到了良好效果。

按：古人对消渴曾形容为，"口大渴恣意饮水，饮一斗，溲一斗，溲于地群蚁趋之"。消渴有上、中、下三消之别。由于脏腑气机失常，使体内精气亏虚，肾阴耗竭。所以，治疗时必须五脏六腑和三焦统筹兼顾，从之则治，违之则危。方中生地黄、枸杞子、川贝母为养阴补肾要药；柴胡、白芍、女贞子、旱莲草养肝，使肝不因肾阴不足而伤其功能；桑螵蛸、生龟板具有收敛肾气作用，使体内精微物质不因肾失其摄纳之功而逸出。鲜车前草排散污浊，琥珀镇痉。特别是食物疗法，能使损失的物质得以恢复，与恶性贫血输血抢救之义相似。

20. 梅尼埃病

梅尼埃病是以膜迷路积水的一种内耳疾病，以突发性眩晕、耳鸣、耳聋或眼球震颤为主要临床表现，眩晕有明显的发作期和间歇期。目前认为，本病的发病机理是膜迷路积水，临床青壮年多见，老年人少见，男性多于女性。

本病属中医学的"眩晕"范畴。古人有"诸风掉眩，皆属于肝"；"心下有痰，胸胁满，目眩"（《金匮要略》）；"无虚不眩"（《景岳全书》）等记载，王氏同样认为本病的发病离不开肝风、痰湿、虚弱、实火。本病兼症可有高血压、脑血栓，朱丹溪曾有"眩晕为中风之渐"之说。

在临床运用中，王氏将本病分为脾肾阳虚、肝肾阴虚、肝胆实火3型。脾肾阳虚者，宜温肾益阳，敛阴通络，理脾化瘀，并需在益阳药中略佐敛阴之品，方能收效；肝肾阴虚者，治法以滋肾柔肝为主，清心、活络潜阳为辅；肝胆实火者宜柔肝清脑息风，本证来之也暴，如对症治疗，则愈之亦速。

【辨证论治】

（1）脾肾阳虚型

主要证候：眩晕，眼花，有时见屋转或有物飞动，肌肉、舌震颤，喘息，自汗，腹胀便溏，心悸腰痛，舌质淡润，苔薄白或灰腻，脉迟缓或微涩。

治法：温肾益阳，理脾化瘀。

处方：河间地黄饮子（《宣明论方》）合天麻钩藤饮（《中医内科杂病证治新义》）加减。

巴戟天 12 克	淫羊藿 24 克	山茱萸 12 克	枸杞子 12 克
覆盆子 24 克	桂枝 3 克	茯苓 12 克	生黄芪 24 克
党参 24 克	五味子 12 克	天麻 9 克	钩藤 9 克
鹿角胶 15 克	益母草 24 克	满天星 24 克	金钱草 60 克
乌梢蛇 9 克	连头水蛭 6 克	生蒲黄 9 克	熟附片 24 克 先煎 2 小时

方义分析：本方巴戟天、山茱萸、淫羊藿大补肾脏之不足；黄芪、党参大补脾胃之气；鹿角胶、覆盆子、五味子滋阴益精；又以附、桂之辛热温养真阳；茯苓渗湿；天麻、钩藤平肝息风；益母草、蒲黄活血化瘀利水，有利于平降肝阳；再加上乌梢蛇、水蛭等虫类药，加强息风化瘀的作用。全方共奏温肾益阳、理脾化瘀之功。

（2）肝肾阴虚型

主要证候：眩晕气短，容易晕倒，四肢麻，舌震颤，潮热心悸，口苦咽干，面色青暗，两颧红晕，心烦腰痛，胁痛，大便干，舌质绛，苔少，无津，舌尖多见红色小点，脉细数。

治法：滋肾养肝，活络潜阳。

处方：一贯煎（《续名医类案》）合天麻钩藤饮（《中医内科杂病证治新义》）加减。

生地黄 24 克	麦门冬 12 克	当归 9 克	川楝子 9 克
沙参 9 克	天麻 9 克	钩藤 9 克	益母草 24 克
夜交藤 60 克	黄芩 9 克	朱茯神 12 克	生石决明 12 克
栀子 9 克	川牛膝 20 克	杜仲 12 克	菊花 6 克
桑寄生 15 克			

方义分析：方中重用生地黄滋阴养血，补益肝肾；当归滋阴柔肝，有滋水涵木之意；沙参滋养肺胃，养阴生津，培土抑木；并在大队甘凉柔润药中，少佐一味川楝子苦辛疏泄，故有滋阴而不碍脾胃、疏泄而不伤阴血之效；同时佐以天麻钩藤饮疏肝豁痰，息风通络。全方共奏滋肾养肝、活络潜阳之功。

加减：临证运用中，王氏常加女贞子、旱莲草、生白芍以加强滋养肝肾之功；烦躁不寐者酌情加用刺蒺藜、青葙子、珍珠母、磁石、琥珀末镇静安神；脾胃虚弱者加砂仁、蔻仁、鸡内金健脾胃；大便干燥者加火麻仁、郁李仁润肠通便。其余兼症药物加减同脾肾阳虚型。

（3）肝胆实火型

主要证候：发作来势猛烈，但缓解也快，头目眩晕剧痛，耳鸣失聪，肢麻足冷，唇红面赤，食欲减退，口燥咽干，失眠，小便黄，大便结，舌质红，苔黄薄，脉洪数兼弦。

治法：柔肝清脑息风。

处方：犀角地黄汤（《千金要方》）合天麻钩藤饮（《中医内科杂病证治新义》）加减。

犀角 3 克^{锉末冲服}	生地黄 24 克	赤芍 12 克	牡丹皮 9 克
桑寄生 15 克	天麻 9 克	钩藤 9 克	益母草 24 克

夜交藤 60 克　　黄芩 9 克　　　朱茯神 12 克　　生石决明 12 克

栀子 9 克　　　川牛膝 20 克　　杜仲 12 克　　　菊花 6 克

方义分析：犀角地黄汤治热毒炽盛于血分所致者，以苦咸寒之犀角凉血清心降火，甘苦寒之生地黄清热滋阴生津；赤芍、牡丹皮清热凉血，活血散瘀。本方凉血与活血祛瘀共用，使热清而无冰伏留瘀之弊。佐以天麻钩藤饮疏肝豁痰，息风通络，共奏柔肝清脑息风之功。

加减：痰多者选用天竺黄、川贝母、半夏润肺化痰；眩晕重者加用生僵蚕、蚕沙增强镇肝息风之功。其余兼症，药物加减同脾肾阳虚型、肝肾阴虚型。

【典型医案】

（1）脾肾阳虚型

李某，男，42 岁。

初诊：1963 年 4 月 3 日。1962 年 4 月，病人住院治疗严重眩晕症，住院 1 年，病情日益严重，医院曾 3 次发病危通知书。现症见面色萎黄，眩晕剧烈，不能起坐，坐时觉房屋旋转，小便时容易昏倒。气紧心悸，胸痛，每日常痛 1~8 小时，常发心绞痛，肝区痛。转氨酶 180 单位 / 升。腰剧痛，四肢有麻木感。脑痛项强，舌震颤，潮热自汗，内衣常湿，腹胀便溏，面足浮肿，目眶暗。舌质淡润，苔黄腻，脉缓迟微涩。治法：温肾益阳，敛阴通络。处方：河间地黄饮子、鹿茸散、天麻钩藤饮加减。熟附片 24 克^{先煎 2 小时}，枸杞子 12 克，党参 24 克，覆盆子 24 克，山茱萸 12 克，蝎尾 1.5 克，炒北五味子 9 克，桂枝 3 克，巴戟天 12 克，鹿角胶 15 克，淫羊藿 24 克，天麻 9 克，生黄芪 24 克，乌梢蛇 9 克，金钱草 60 克，满天星 24 克，砂仁 6 克，连头水蛭 6 克，生蒲黄 9 克。1 周 6 剂，连服 2 周。

二诊：4 月 14 日。服药 2 周后，转氨酶由 180 单位 / 升降至 110 单位 / 升。心绞痛次数减少，隔数日发作 1 次，半小时即消失，眩晕、肢麻及舌震颤显著减轻。自汗略减，血压时高时低，胸痛减轻。舌质润，苔薄腻，脉迟缓。治法：温肾益阳，敛阴通络。处方：上方去巴戟天、满天星，加钩藤 9 克，鸡血藤 18 克。1 周 6 剂，连服 2 周。

三诊：5 月 2 日。胸痛大减，心绞痛两周未发，气紧心累减轻，四肢麻木消失。低热，体温降至 38℃以下，转氨酶降至 108 单位 / 升，血压稳定，食欲转好。眩晕显著减轻，能起坐，上厕所不需人扶，大便转干成条状。舌苔薄白微腻，左脉弦细，右脉弦数。治法：温肾益阳，敛阴通络。处方：上方去熟附片、蝎尾、连头水蛭，加桑寄生 15 克，菟丝子 15 克，蜈蚣 2 条，金樱子 60 克。1 周 6 剂，连服 2 周。

四诊：5 月 26 日。热度降至 37℃，眠食均好。散步和看电影均不感眩晕，肝区不痛，自汗甚微，病人要求出院。舌质淡红，苔薄白，脉平缓。治法：温肾益阳，敛阴通络。处方：河间地黄饮子加减（膏方）。潞党参 120 克，生黄芪 120 克，山茱萸 120 克，鹿角胶 90 克，黑故脂 60 克，满天星 90 克，金钱草 120 克，茵陈 60 克，淫羊藿 90 克，明天麻 90 克，川楝子 60 克，冬虫夏草 90 克，乌梢蛇 90 克，枸杞子 60 克，厚朴 60 克。制法：上药煎 4 次取浓汁，加砂仁、木香各 24 克，鸡内金 60 克，共研细末，合蜂蜜 2 斤搅匀，缓缓收膏。每日早、中、晚各服一大食匙。

疗效：服用膏方后，能参加半天工作。并能出差外地，身体已完全康复。

按：头居人体最高部位，属诸阳之会。肝的经脉上颠络脑，如风邪侵犯，或清阳不升，气虚不举，俱能导致眩晕。本病例证属脾肾阳虚。由于脾为生化气血之本，脾阳虚则气血不足，使肾阳衰虚，肾气不纳，出现喘息自汗、腹胀便溏等脾肾阳虚症状。在本证型中，往往兼有颠顶痛、头强硬、四肢与舌震颤等并发症。以河间地黄饮子合鹿茸散、天麻钩藤饮加减为主方，以温肾益阳，敛阴通络，并需在益阳药中略佐敛阴之品，方能收效。

（2）肝肾阴虚型

李某，女，38 岁。

初诊：1963 年 12 月 11 日。病人经四川省某医院检查诊断为"梅尼埃病，风湿痛"。现眩晕，两颧红赤，咽干耳鸣，心烦肢麻，心悸气紧，胸胁痛，关节痛，腰痛。失眠多梦，大便干燥，小便短黄。月经按期，但淋沥不断，舌绛苔少，少津，脉细数。治法：滋水柔肝，疏风通络。处方：一贯煎合天麻钩藤饮加减。川楝子 9 克，沙参 9 克，石斛 12 克，明天麻 18 克，钩藤 9 克，夜交藤 60 克，刺蒺藜 18 克，枸杞子 12 克，砂仁 6 克，桑寄生 15 克，朱茯神 12 克，生地黄 9 克，鸡血藤 18 克，蔻仁 6 克，山茱萸 12 克，菟丝子 15 克。1 周 6 剂，连服 2 周。

二诊：12 月 25 日。头晕、心悸、胸痛显著减轻，潮热已退，唯腰骶骨痛影响睡眠，有时半身痛，大便稍干，月经情况如前，舌质红，苔薄白，脉细数。治法：滋水柔肝，疏风通络。处方：上方加蜈蚣2条，乌梢蛇9克，千年健24克，火麻仁9克，三七1.5克^{冲服}。1周6剂，连服2周。

三诊：1964年1月16日。诸症悉解，基本痊愈，舌质淡红，苔薄白，脉平缓。治法：滋水柔肝，疏风通络。处方：照上方连服4周，1周6剂。

疗效：病情痊愈，上班工作。

按：本病例由于肾阴虚竭，不能养肝，肝阴不足，形成肝阳虚亢，水不涵木，肝气横逆生风，出现眩晕等症。《内经》谓"诸风掉眩，皆属于肝"，即指此种症状。肝阳亢则动心火，故心烦不寐，并有口苦咽干、大便干燥等症。治法以滋肾柔肝为主，清心为辅。其实肾能育肝，肝不横逆，则心烦口苦诸病即迎刃而解。

（3）肝胆实火型

林某，男，21岁。

初诊：1963年10月7日。病人于1963年春季出现血压高，眩晕头痛。经当地某医院诊断为"梅尼埃病"。因多方治疗效果不显，由当地来我处诊治。现头晕较剧，不能转动。头剧痛，面红赤，失眠多梦，咽干胁痛，肢麻舌颤，饮食尚可，舌质红，苔光剥，脉洪数。治法：柔肝清脑，佐以息风。处方：犀角地黄汤合天麻钩藤饮加减。犀角1.5克，牡丹皮9克，焦栀子9克，生僵蚕9克，蚕沙12克，桑寄生15克，天麻9克，生地黄12克，菊花9克，磁石9克，珍珠母24克，山茱萸12克，枸杞子12克，青葙子24克，菟丝子15克。1周6剂，连服2周。

二诊：10月21日。眩晕、头痛显著减轻，面红退，精神好转，午后略有头痛微晕，睡眠仍差。舌质淡红，苔薄腻，脉细弱。治法：柔肝清脑，佐以息风。处方：前方去犀角、磁石、菊花、僵蚕、蚕沙。加炒北五味子12克，熟地黄12克，夜交藤60克，川楝子9克，当归9克。1周6剂，连服2周。

三诊：11月6日。头已不痛，头晕显著减轻，二便正常，唯睡眠仍不酣。舌质淡红，苔薄白，脉弦缓。治法：柔肝清脑，佐以息风。处方：前方加朱茯神12克，熟酸枣仁9克。1周6剂，连服4周。

疗效：病已痊愈，重新工作。

按语：肝胆属风木之脏，如风阳侵扰，使肝阳偏亢，化火生风，则胆火与心火相结而致病。本证型来之也暴，但如对症治疗，则愈之也速。

21. 红斑狼疮

红斑狼疮是一种表现为多系统损害的慢性系统性自身免疫疾病，其血清具有以抗体为代表的多种自身抗体，临床表现为发烧、血沉增高、关节酸痛；皮肤的暴露部位多有病变，往往在面部两颊及鼻梁之间出现蝴蝶状红斑；发于四肢，则呈对称性，皮肤出现红斑丘疹、水疱鳞屑和结疖，并有痒和烧灼感。本病的特殊症状是对日光过敏。西医学认为，本病的发生与遗传因素、环境因素等密切相关。

中医学对本病的认识并未见于文献典籍中。王氏则根据临床症状和外感内伤、阴阳表里和脏腑阴阳转换的理论，审证求因，进行辨证施治。其认为可将本病分为两类三型：第一类是盘状红斑狼疮，以局部皮肤病变为主，症状近似古代医典所载之"猫眼疮"。《素问·至真要大论》云："诸痛痒疮，皆属于心。"心属火，故此证属痒疮热证，毒热内盛，与系统类热盛型外部症状相似。第二类是系统性红斑狼疮，病情错综复杂，往往累及内脏，常伴有心、肝、脾、肺、肾五脏病症，而以肾的病变为主，如耳鸣（肾开窍于耳）、腰痛（腰为肾之府）、头发稀疏或脱落（肾之华在发）。肾主生殖机能，故患本病的男子多阳痿遗精，女子多有月经紊乱。肾阴虚而毒热内盛，必致心阳偏亢而化火，形成热盛型。如肾阳虚不能制水，必致脾阳亦虚，不能运化水湿，形成脾肾阳虚型。如肾阴虚引起肝阳上亢，形成肝肾阴虚型。

《素问·评热病论》云："邪之所凑，其气必虚。"故治疗本病，王氏强调必须遵循治外必本其内、知其内以求其外的原则，无论何类何型，都要内外兼顾，攻补兼施。治疗本病，王氏常用 3 种治法进行治疗。

清法：是治疗红斑狼疮的一种重要方法。用以清营解毒，驱赶、消灭狼疮细胞，主要用于红斑狼疮热盛型，其余各型均可酌情采用。

温补法：以补益脾肾为主，常用于系统性红斑狼疮脾肾阳虚型。但本型常兼有多部位疼痛、关节肿大及腹部癥瘕、痞块等瘀血症状，故必须同时活血化瘀，才符合补虚不忘化瘀之理。

柔肝养阴法：用以滋养肝阴和肾阴，常用于系统性红斑狼疮肝肾阴虚型。

用药方面，在辨证论治的基础上，王氏善用虫类药加强活血化瘀通络之功，疗效确切。另外，无论何种证型，治疗本病，王氏多年临床经验总结出加用蛇头一颗草、白花蛇舌草、半枝莲、石大年、无花果、苦荞头、隔山撬、瞿麦根这 8 味中药能够更好地驱除红斑狼疮病毒，临床运用颇有成效。

【辨证论治】

（1）盘状红斑狼疮

主要证候：对日光过敏，面部两颊及鼻梁之间出现蝴蝶状红斑，或四肢皮肤出现红斑丘疹、水疱鳞屑和结节，往往呈对称性，发烧，关节酸痛，如患病久，易致气虚，舌质淡润，苔腻，脉沉迟或沉弱。

治法：除湿解毒，活血化瘀，佐以益气。

处方：通窍活血汤（《医林改错》）合补中益气汤（《脾胃论》）加减。

赤芍 12 克	川芎 9 克	桃仁 9 克	红花 9 克
麝香 1.5 克	柴胡 9 克	橘皮 12 克	升麻 9 克
生黄芪 60 克	党参 24 克	当归 9 克	白术 15 克
炙甘草 6 克			

方义分析：通窍活血汤是由血府逐瘀汤加减而来，补中益气汤则是补气的代表方，方中桃仁、红花活血祛瘀，为主药。川芎、赤芍加强逐瘀，重用黄芪、党参，补中益气，升阳固表，共为辅药。配以麝香芳香辛窜，能舒畅胸膈之气，活血通窍；术、草助其补气健脾之力；气虚日久，常损及血，故配入当归养血和营；清阳不升，则浊阴不降，故配伍橘皮调理气机，再少入轻清升散的柴胡、升麻，协黄芪以升提下陷之中气。王氏合用二方，意在共奏除湿解毒、活血化瘀、佐以益气之功。

加减：王氏在治疗本病时，常选用蜈蚣、乌梢蛇、紫草、生蒲黄、全蝎、琥珀末、黑故脂等加强活血化瘀之力；若热重则酌情选用红藤、蒲公英、大青叶、佩兰、肥知母、地骨皮、银柴胡增强清热之功；腰痛，查尿有脓细胞、红细胞或蛋白者，选用仙鹤草、夏枯草、大蓟、小蓟等清热通淋；肝区痛选用金钱草、满天星、虎杖、茵陈疏肝解郁止痛；伴腹水者可选用熟附片 24 ~ 60 克（先煎 2 小时）、生地黄、石斛。

另用 8 种草药（蛇头一颗草 60 克，白花蛇舌草 60 克，半枝莲 30 克，石大年 30 克，无花果 30 克，苦荞头 15 克，隔山撬 15 克，瞿麦根 15 克）同煎，以求更有效地清除红斑狼疮病毒。

（2）系统性红斑狼疮

①热盛型

主要证候：对日光过敏，日光照射后，病情转剧骤发，发热烦躁，关节酸痛，全身不适，口渴，喜冷次，目赤唇红，或口舌生疮，大便秘结，小便短赤，舌质红，苔黄燥，脉弦数。

治法：清营养阴，活络解毒。

处方：犀角地黄汤（《千金要方》）合清营汤（《温病条辨》）加减。

犀角 3 克^{锉末冲服}　　生地黄 24 克　　赤芍 12 克　　牡丹皮 9 克

玄参 9 克　　　　丹参 9 克　　　黄连 6 克　　金银花 9 克

连翘 6 克　　　　麦门冬 12 克　　竹叶 9 克

方义分析：犀角地黄汤、清营汤都是治疗热入营血的代表方剂，以苦咸寒之犀角凉血清心降火；甘寒之生地黄、麦门冬清热滋阴生津；赤芍、牡丹皮、丹参、玄参清热凉血，活血散瘀；于清营的药物中加入金银花、连翘、竹叶等促进邪热外透而解，使热清而无冰伏留瘀之弊。

加减：同盘状红斑狼疮。

②脾肾阳虚型

主要证候：日光照射后，病情转剧骤发，头眩耳鸣，腰痛，关节痛，脚跟痛，心累乏力，甚至不能支持，气紧自汗，脱发，食欲不振，腹胀，喜热饮，大便结而不爽，小便短，浮肿，舌苔润滑，脉沉迟或濡弱。

治法：补益脾肾，活血化瘀，清利病毒。

处方：河间地黄饮子（《宣明论方》）合通窍活血汤（《医林改错》）加减。

熟地黄 12 克　　山茱萸 12 克　　石斛 12 克　　熟附片 24 克^{先煎 2 小时}

石菖蒲 12 克　　肉苁蓉 12 克　　桂枝 6 克　　茯苓 12 克

麦门冬 12 克　　远志 12 克^{冲服}　　五味子 12 克　　巴戟天 12 克

赤芍 12 克　　　川芎 9 克　　　桃仁 9 克　　红花 9 克

麝香 1.5 克

方义分析：以熟地黄、巴戟天、山茱萸、肉苁蓉大补肾之不足；以附、桂之辛热，协四味以温养真阳；茯苓渗湿，远志、五味子宁心安神。而通窍活血汤中配伍通阳开窍的麝香等，使赤芍、川芎、桃仁、红花之活血通窍作用更优，且可作用于头面。两方合用，共奏补益脾肾、活血化瘀、清利病毒之功。

加减：浮肿明显者加稻米草、海金沙、夜明砂等利水消肿；食欲不振加山楂、神曲、鸡内金健脾开胃；其余加减同盘状红斑狼疮。

③肝肾阴虚型

主要证候：日光照射后，病情转剧骤发，腰痛耳鸣，午后发热，面部潮红，腰腿痿软，口苦咽干，眩晕畏光，头发枯脆，肢麻或肌肉眴动，大便干结，小便短黄，男子遗精盗汗，妇女乳胀胸痛，月经紊乱或停经，舌质红，苔黄，脉弦细或弦数。

治法：柔肝养阴，活血化瘀，清利病毒。

处方：一贯煎（《续名医类案》）合通窍活血汤（《医林改错》）加减。

生地黄 24 克	麦门冬 12 克	当归 9 克	川楝子 9 克
沙参 9 克	赤芍 12 克	川芎 9 克	桃仁 9 克
红花 9 克	麝香 1.5 克	枸杞子 9 克	

方义分析：方中重用生地黄滋阴养血，补益肝肾；当归、枸杞子滋阴柔肝；沙参滋养肺胃，养阴生津；少佐一味川楝子苦辛疏泄，故有滋阴而不碍脾胃、疏泄而不伤阴血之效；同时佐以通窍活血汤活血化瘀。全方共奏柔肝养阴、活血化瘀、清利病毒之功。

加减：临床实践中，王氏常加用女贞子、旱莲草增强其滋阴柔肝之力；胸痛者加夏枯草、薤白宽胸理气，散结镇痛；其余加减同盘状红斑狼疮。

【典型医案】

（1）盘状红斑狼疮

吕某，女，52 岁。

初诊：1974 年 1 月 8 日。病人两颧部明显对称性红斑，惧阳光，阳光照射一会儿即发病，经北京某医院确诊为"盘状红斑狼疮"。现腰痛耳鸣，脚跟痛，心悸气紧，浮肿，精神疲乏，无力登楼，同时脱发、自汗、食欲差、腹胀、形寒喜热饮、失眠。舌质红，苔薄白，脉濡弱。治法：温补脾肾，清解病毒，活血化瘀。处方：河间地黄饮子合通窍活血汤加减。党参 60 克，鸡血藤 18 克，生黄芪60 克，桑寄生 15 克，菟丝子 15 克，蜈蚣 2 条，乌梢蛇 9 克，䗪虫 9 克，生蒲黄9 克，黑故脂 12 克，土红花 9 克，桃仁 9 克，紫草 60 克，山茱萸 12 克，槟榔 6

克，炒北五味子 12 克。8 种草药同煎：蛇头一棵草 60 克，白花蛇舌草 60 克，半枝莲 30 克，无花果 30 克，石大年 30 克，隔山撬 18 克，苦荞头 15 克，瞿麦根 15 克。1 周 6 剂，连服 2 周。

二诊：1 月 22 日。服上药 12 剂后，病情好转，浮肿减轻，步行较前有力，耳鸣渐减。但腹微胀，关节痛，舌脉同前。治法：守前法继进。处方：前方去桃仁、土红花，加鹿角胶 15 克，阿胶珠 9 克，厚朴 9 克，砂仁 10 克，蔻仁 6 克，鸡内金 3 克；"8 种草药"同上。1 周 6 剂，连服 2 周。

三诊：12 月 6 日。服上药 12 剂后，病情显著好转。在阳光下走路未引起皮肤痛感，其余各症亦有减轻。但仍浮肿、血沉高。病人准备返回北京。治法：守前法继进。处方：前方加炒五灵脂 12 克；"8 种草药"同上。1 周 6 剂，连服 2 周。

疗效：病人回北京后，通信易方，但治法基本不变。服药至 1974 年 8 月底，病人自行停药观察。同年 9 月初到南京、上海、杭州等地旅行，年底回北京。1975 年 3 月 15 日来信说：经复查，病已基本痊愈。为防止复发，处以膏方巩固疗效：潞党参 120 克，鸡血藤 120 克，生黄芪 120 克，熟酸枣仁 90 克，鱼鳔胶 120 克，槟榔 30 克，厚朴 60 克，茅术 30 克，糯米草 120 克，五灵脂 60 克，生地黄 120 克，桑椹 120 克，女贞子 90 克，旱莲草 90 克，覆盆子 120 克，淫羊藿 120 克，紫草 120 克，苦荞头 60 克，半枝莲 60 克，无花果 120 克，蜈蚣 20 条，乌梢蛇 90 克，威灵仙 30 克，枸杞子 60 克。上药熬 4 次取浓汁，加鸡内金、䗪虫、炒蒲黄、琥珀末各 24 克，共研极细末，合蜂蜜 2 斤，缓缓搅匀收膏。每日早、午、晚各服一大汤匙。风寒感冒时停服。

按：本病例属盘状红斑狼疮。皮疹发于两颧部，呈明显的蝴蝶斑。本病例病情较长，因而有心悸气紧、浮肿、精神疲乏、腹胀等气虚瘀滞症状。因此，在治疗时，除以除湿解毒、活血化瘀的清营汤合通窍活血汤加减外，在病情好转、脸部红斑逐渐消退时，则用河间地黄饮子合通窍活血汤加减为膏方，以补气益血，水火并济，巩固疗效。

（2）系统性红斑狼疮（热盛型）

杨某，女，36 岁。

初诊：1975 年 8 月 15 日。病人对日光过敏，晒阳光后，病情转剧骤发，经南京市某医院诊断为"系统性红斑狼疮"。现颧部有对称形红斑狼疮溃疡，发热，体温常为38℃左右，烦躁，坐卧不安，关节疼痛，全身不适，口渴，喜冷饮，唇红目赤，咽痛，牙龈红烂，大便秘结，小便短赤。舌质红，苔黄燥，脉弦数。治法：清营养阴，活络解毒。处方：犀角地黄汤加减。犀角1.5克^{研末冲服}，生地黄60克，牡丹皮9克，紫草60克，蜈蚣2条，乌梢蛇9克，玄参9克，川贝母9克，䗪虫9克，炒蒲黄9克，板蓝根24克，肥知母9克，生牛蒡子24克，西瓜翠衣60克。8种草药同煎：蛇头一棵草60克，白花蛇舌草60克，半枝莲30克，无花果30克，石大年30克，隔山撬18克，苦荞头15克，瞿麦根15克。1周6剂，连服4周。

二诊：8月30日。服上药12剂后，病情好转，对日光过敏减低。体温降至36.8℃已4日，精神渐好转，能吃稀饭，并排出大便。但关节仍痛，颧部仍有对称性红斑狼疮溃疡。舌质淡红，苔薄黄，脉弦缓。治法：守前法继进。处方：前方去犀角、知母、西瓜翠衣，生地黄易为30克，加沙参24克，鸡内金9克，琥珀末6克^{冲服或布包煎}；"8种草药"同上。1周6剂，连服2周。外用青砖墙上的青苔，敷颧部红斑狼疮溃疡。

三诊：9月14日。服上方12剂后，病情显著好转。体温正常，不再烦躁，大小便已正常，饮食渐增，精神好转。治法：守前法继进。处方：上方去生地黄，加石斛12克，玉竹9克。1周6剂，连服4周。

疗效：服药2个月后，自动停药。经南京市某医院复诊，病已基本痊愈。病人来信，索求处方巩固。处方：异功散小量加蜈蚣2条，乌梢蛇9克，紫草21克，无花果24克，常服。

随访：曾于1977年见到病人，已恢复健康。

按：本病例属系统性红斑狼疮热盛型，病人发热，体温高，烦躁，病邪热入血分，因而必须采用清营养阴、活络解毒的犀角地黄汤，以犀角凉血解毒，化斑定惊；大剂量的生地黄养阴清热，凉血止血；再辅以板蓝根、西瓜翠衣等清热之品遏制热邪深入；再以紫草、蜈蚣、乌梢蛇合"8种草药"，主攻红斑狼疮病邪，故收效甚速。

（3）系统性红斑狼疮（脾肾阳虚型）

杨某，女，42岁。

初诊：1974年10月1日（通信处方）。病人经杭州某医院诊断为"系统性红斑狼疮"，血液检查发现狼疮细胞。病人畏光怕晒，经阳光一晒，病情转剧骤发。腰部和关节剧痛，心累乏力不能支持，卧床不起，自汗浮肿，腹胀，纳差，大便秘结，小便短黄。舌苔薄润，脉沉迟。治法：温肾健脾。处方：河间地黄饮子合通窍活血汤加减。党参 60 克，鸡血藤 18 克，桑寄生 15 克，菟丝子 15 克，熟附片 24 克^{先煎 2 小时}，黑故脂 12 克，䗪虫 3 克，炒蒲黄 9 克，海金沙 12 克，紫草 60 克，乌梢蛇 9 克，炒北五味子 12 克，山茱萸 9 克，槟榔 6 克，厚朴 6 克，琥珀末 6 克^{冲服或布包煎}。8 种草药同煎：蛇头一棵草 60 克，白花蛇舌草 60 克，半枝莲 30 克，无花果 30 克，石大年 30 克，隔山撬 18 克，苦荞头 15 克，瞿麦根 15 克。1 周 6 剂，连服 4 周。

二诊：11 月 3 日。服上方 1 个月后，病情好转，能起床到附近商店购物、散步，对日光敏感度降低。腰部和关节痛减，饮食较前好转，脉舌同前。治法：守前法继进。处方：上方加杜仲 9 克，生地黄 12 克。"8 种草药"同上。1 周 6 剂，连服 2 周。

三诊：1975 年 1 月 5 日。病情显著好转，诸症悉减，复查血中已查不到狼疮细胞。中药已收效，不必易方。处方：继用上方，连服 2 个月。

四诊：3 月 7 日。基本痊愈，因服药不便，要求改为膏方。处方：党参 60 克，鸡血藤 18 克，桑寄生 15 克，菟丝子 15 克，黑故脂 12 克，糯米草 150 克，炒北五味子 60 克，山茱萸 60 克，蜈蚣 20 条，乌梢蛇 90 克，紫草 120 克，槟榔 24 克，石大年 120 克，无花果 120 克。上药熬 4 次取浓汁，加砂仁、炒蒲黄、琥珀末、鸡内金各 21 克，共研细末，合蜂蜜 2 斤搅匀缓缓收膏，每日早、中、晚各服一大汤匙。1 个月内服完。

疗效：1975 年 7 月 2 日病人来信说：膏方已服 3 个月，经本地医院检查，病已痊愈。自动停药，精神、体力恢复正常。

按：本病例因红斑狼疮病毒侵入内脏，心、脾、肾三脏皆虚，膀胱气化失职，以致出现心悸、气紧形寒、尿少纳差、浮肿腹胀、腰痛等症。肾阳久虚，脾阳失健，故证属脾肾阳虚。王氏以温肾健脾的河间地黄饮子为主方，附片温阳散寒；党参补血益气；五味子、山茱萸酸收，以制心动不宁；黑故脂、炒蒲黄活血化瘀；槟榔、厚朴消除腹胀；再加上紫草、乌梢蛇、"8 种草药"，主攻红斑狼疮病毒，攻补兼施，照顾整体，故疗效较显。

（4）系统性红斑狼疮（肝肾阴虚型兼经闭）

高某，女，26岁。

初诊：1975年4月4日。病人经福州市某医院检查诊断为"系统性红斑狼疮"。畏日光，太阳照晒后病情转剧骤发。眩晕耳鸣，腰腿酸痛，关节痛而红肿，胁肋痛，面赤颧红，午后潮热，咽干口苦，烦躁，经闭，大便秘结。舌红苔黄，脉弦细而数。治法：柔肝养阴，活血化瘀，清湿润燥解毒。处方：一贯煎合通窍活血汤加减。沙参12克，生地黄24克，枸杞子12克，炒川楝子9克，女贞子24克，旱莲草24克，紫草60克，蜈蚣2条，乌梢蛇9克，䗪虫3克，生蒲黄9克，鸡血藤18克，桃仁9克，土红花9克，地骨皮12克，知母9克。8种草药同煎：蛇头一棵草60克，白花蛇舌草60克，半枝莲30克，无花果30克，石大年30克，隔山撬18克，苦荞头15克，瞿麦根15克。1周6剂，连服4周。

二诊：5月4日。服上药1个月后，病情好转，肝痛、关节痛、胁肋痛显著减轻，潮热已退，食欲增加，精力稍好，脉舌同前，能起床。治法：守前法继进。处方：上方加红泽兰12克，阿胶9克；"8种草药"同上。1周6剂，连服4周。

三诊：6月6日。服上方1个月后，复查血中已找不到狼疮细胞，病情显著好转，诸症渐解。已不畏阳光，月经已来但量少，关节仍微痛，有时气紧乏力。舌质淡，苔薄白，脉微弦。治法：柔肝养阴，活血化瘀，佐以益气。处方：一贯煎合通窍活血汤加减。党参24克，鸡血藤18克，生黄芪24克，女贞子24克，旱莲草24克，紫草60克，蜈蚣2条，乌梢蛇9克，䗪虫3克，炒蒲黄9克，益母草24克，茜草根9克，槟榔6克，厚朴6克，砂仁6克，蔻仁3克，阿胶9克^{冲服}，琥珀末6克^{冲服或布包煎}；"8种草药"同上。1周6剂，连服4周。

四诊：7月6日。服上药后，诸症悉解，基本痊愈。病人要求回家调养。处方：照上方加当归3克，炒五灵脂12克，常服。"8种草药"同上。

疗效：病人回家后，连服2个月，经复查病已治愈。病人正式上班工作。

按：本病例证属肝肾阴虚，有眩晕耳鸣、腰腿酸痛、胁肋痛、咽干口苦、午后潮热等肝肾亏损症状，又有经闭、关节痛肿等血瘀症状，故处以柔肝养阴的一贯煎合通窍活血汤加减为主要处方。以沙参、生地黄滋阴增液；枸杞子补血养肝，川楝子疏肝泻火；女贞子、旱莲草柔肝养阴；䗪虫、生蒲黄、桃仁、土红花活血化瘀；地骨皮、知母凉血清热；紫草、蜈蚣、乌梢蛇、"8种草药"，主攻红斑狼疮病毒，取得较为满意的疗效。

（5）盘状红斑狼疮兼盆腔炎

钟某，女，45岁。

初诊：1981年2月13日。病人两颧部红斑溃疡已有2年之久，畏阳光，经日晒后，即烦躁发病。经重庆市某医院检查，确诊为"盘状斑狼疮兼盆腔炎"。病人消瘦乏力，口苦咽干，头眩失眠，胸痛，肝区痛，小腹痛，关节痛。月经紊乱，量多，带下黄臭。曾日服激素强的松30毫克，治疗无效。舌质淡红，苔光，脉沉弦。治法：柔肝滋肾，清湿解毒调冲。处方：清营汤合一贯煎加减。沙参12克，生地黄9克，枸杞子9克，红藤24克，蒲公英24克，败酱草24克，紫草60克，蜈蚣2条，乌梢蛇9克，女贞子24克，旱莲草24克，䗪虫9克，炒蒲黄9克，柴胡9克，生白芍9克，仙鹤草60克，金钱草60克，益母草24克，琥珀末6克^{冲服或布包煎}。8种草药同煎：蛇头一棵草60克，白花蛇舌草60克，半枝莲30克，无花果30克，石大年30克，隔山撬18克，苦荞头15克，瞿麦根15克。1周6剂，连服4周。

二诊：3月13日。病人服上药26剂，并遵医嘱日渐减少激素强的松服用量，病情好转。两颧部红斑溃疡处逐渐结疤，食欲增强，小腹不痛，白带减少，畏阳光症状减轻，精神转好。但肝区、关节、胸口仍疼痛，舌苔薄白，脉弦数。治法：柔肝滋肾，清湿解毒调冲。处方：清营汤合一贯煎加减。沙参12克，生地黄9克，红藤24克，蒲公英24克，紫草60克，蜈蚣2条，乌梢蛇9克，䗪虫9克，炒蒲黄9克，柴胡9克，生白芍9克，金钱草60克，益母草24克，当归9克，夏枯草12克，薤白9克，满天星24克，虎杖24克，广藿香6克，槟榔6克，琥珀末6克^{冲服或布包煎}；"8种草药"同上。1周6剂，连服4周。

三诊：5月31日。病人服上药1个月后，因工作繁忙，无法请假来就诊，故20多天未服药，激素强的松日渐减量到停服，病人两颧部红斑溃疡处脱疤痊愈，不畏阳光。胸痛消失，月经已至，量正常，白带极少。但其脸部和下肢有轻度水肿，心累唇冷，口苦。嘱即验血。血液常规示：白细胞、血红蛋白数值正常，血小板50×10^9/升，舌苔薄腻，脉濡缓。治法：益气血，调营卫，清湿解毒。处方：河间地黄饮子合补中益气汤加减。潞党参30克，鸡血藤18克，生黄芪60克，桑寄生 15 克，菟丝子 15 克，蜈蚣 2 条，乌梢蛇 9 克，紫草 60 克，糯米草 60 克，海金沙 12 克，夜明砂 12 克，桂枝 3 克，鹿角胶 15 克，炒北五味子 12 克，山茱萸 9 克，生白芍 12 克，杜仲 9 克，续断 30 克，琥珀末 6 克^{冲服或布包煎}；槟榔 6 克，8 种草药"同前。1 周 6 剂，连服 4 周。

疗效：病人于 1981 年 7 月 10 日来信说，上方服至 6 月底，觉浮肿消失，诸症悉解，精神大好，即停药观察，并到重庆市某医院检查，结论为红斑狼疮、盆腔炎均已基本痊愈。病人已上全日班。为了防止复发，巩固疗效，要求服中成药。处方：六味地黄丸，每日上午服 10 克；归脾丸，每日晚上服 10 克。服后如觉胸腹闷胀，可在中午加服香砂六君子丸 10 克。

按： 本病例采用标本兼施，异病同治之法。盘状红斑狼疮主要用清法治疗，而治疗盆腔炎也应用清法。中医学中的清法，起驱逐病邪、排除异物、恢复机体生理机能的作用。盘状红斑狼疮和盆腔炎虽是两种不同的疾病，但治法相同，故投以同一方即奏效。本病例原属肝肾阴虚，但因久服滋养肝肾之品及苦寒清剂，导致阴盛阳虚，出现浮肿、气虚心累等阳虚症状，故三诊时改用河间地黄饮子合补中益气汤加减，以对症治疗。方中用少量桂枝结合党参、黄芪，藉以调和营卫，鼓舞心阳，调节心肌，防止病情恶化而导致心力衰竭。

22. 阿狄森氏病

阿狄森氏病（肾上腺皮质功能减退症）最先由英国医生 Addison 确诊而得名，为肾上腺皮质功能低下引起的一种全身性疾病。本病最具特征的表现为皮肤及黏膜色素沉着，尤其以齿龈、乳头、口唇、手掌纹等处明显，其次可表现为全身乏力、血压降低、低血糖、食欲降低、表情淡漠等。

中医学对本病未见系统论述，但古籍记载："凡皮肤着色之病都为瘅。"汉代张仲景《金匮要略》一书中已有"黑瘅"及"女劳瘅"的记载，这些与本病临床表现有类似之处。王氏认为，本病病因在肾，"肾主黑，皆为水脏"，"肾热者色黑而齿槁"。在临床中将本病分为脾肾阳虚和肝肾阴虚 2 种证型，如肾阳虚损而使肾间动气不足，命门真火大衰，出现肾水过盛，脾阳为湿所困，运化功能失职，导致脾肾阳虚。如肾阴不足，虚火上炎，水火不济，肾水枯竭，致使水不涵木，肝阳偏亢，出现肝肾阴虚。

【辨证论治】

（1）脾肾阳虚型

主要证候：齿龈、面部、唇、乳头、手纹黑，腰部呈带状黑，腰痛耳鸣，畏寒肢冷，腹胀喜热饮，精神疲乏，气弱懒言，周身浮肿，夜尿多，毛发失泽，腋毛、阴毛脱落，大便溏薄，小便清长，性欲减退，男子可见阳痿、滑精，妇女可见腹冷多带和不孕，舌质淡、胖嫩，苔白润而滑，脉沉细而迟或濡弱。

治法：温补脾肾，佐以化瘀。

处方：河间地黄饮子（《宣明论方》）合膈下逐瘀汤（《医林改错》）加减。

潞党参 24 克	鸡血藤 18 克	生黄芪 60 克	桑寄生 15 克
菟丝子 15 克	黑故脂 12 克	鹿角胶 15 克	鸡内金 3 克
生蒲黄 9 克	砂仁 6 克	蔻仁 6 克	水蛭 6 克
䗪虫 9 克	当归 9 克	桃仁 9 克	琥珀末 6 克 冲服或布包煎

方义分析：王氏运用潞党参、鸡血藤、生黄芪补气兼养血活血，为君药；桑寄生、菟丝子、黑故脂、鹿角胶温补肾阳，为臣药；当归、桃仁活血化瘀；蔻仁、鸡内金、砂仁具健脾行气之功；生蒲黄、水蛭、䗪虫、琥珀末破血祛瘀，取缓中补虚之意。全方共奏滋肾阴、温补脾肾之阳、兼活血化瘀之功。

加减：脾肾阳虚重者选用熟附片、巴戟天、续断、淫羊藿、覆盆子、黄狗鞭、鹿茸温补肾阳；血瘀甚者酌加土红花以活血化瘀；脾胃弱者选用山楂、神曲、生谷芽；关节痛者选用蜈蚣、白花蛇（乌梢蛇）、千年健、威灵仙活血通络止痛；选用糯米草、海金沙、夜明砂利水消肿；选用苍术、广藿香健脾化湿；呕吐呃逆者选用柿蒂、制旋覆花降逆止呕；腹胀者选用槟榔、厚朴、枳壳行气导滞；腹泻者选用神曲、焦白术；便秘者选用火麻仁、郁李仁润肠通便；心累心悸者选用炒北五味子、山茱萸、龙眼肉滋阴益精；夜尿多者用桑螵蛸、龟板敛阴涩精。

（2）肝肾阴虚型

主要证候：齿龈、面部、口唇、乳头、手纹黑，腰部呈带状黑，腰酸痛，头眩耳鸣，手足麻木，肌肉瘛动，手足心热或低热，腹胀，大便燥结，男子可见遗精、盗汗，妇女可见乳胀、胸痛、月经紊乱或停经，舌质红，苔薄黄，脉细或弦数。

治法：滋肾柔肝，佐以化瘀。

处方：一贯煎（《续名医类案》）合六神汤（《永类钤方》）加减。

沙参 12 克	生地黄 12 克	枸杞子 9 克	鸡血藤 18 克
黑故脂 12 克	蟅虫 9 克	生蒲黄 9 克	桑寄生 15 克
菟丝子 15 克	女贞子 24 克	旱莲草 24 克	旋覆花 12 克
柿蒂 9 克	琥珀末 6 克 冲服或布包煎		

方义分析：王氏运用生地黄、黑故脂、桑寄生、菟丝子、女贞子、旱莲草意在益肾养肝，滋水涵木；枸杞子、鸡血藤养血益阴，滋补肝肾；沙参滋养肺胃，益阴生津，佐金平木；柿蒂、制旋覆花和胃止呕；蒲黄、蟅虫、琥珀末活血化瘀。全方共奏滋肾柔肝、活血化瘀之功。

加减：王氏常选加当归身、炒川楝子以滋肾柔肝；低热或手足心热者选用地骨皮、肥知母、银柴胡；遗精、盗汗者选用金樱子；胸胀、乳胀者选用夏枯花、薤白、柴胡。其余兼症加减同脾肾阳虚型。

【典型医案】

（1）脾肾阳虚型

周某，女，33 岁。

初诊：1962 年 4 月 21 日。病人从 1959 年春季起，面部和腋窝皮肤颜色变深。1960 年 10 月，面部皮肤呈黑褐色，头晕，疲倦乏力。经四川省某医院检查，诊断为"阿狄森氏病"。住院用甘草硫浸膏、去氧皮质酮等治疗，效果不显著，后来我院门诊。病人肺上有陈旧性结核，右侧膈肌顶部粘连。自述头晕、心悸、耳鸣、疲乏、食欲极差、腹胀畏冷、腰剧痛，经闭 1 年多，白带多，小便混浊如油，有肺结核和子宫内膜结核病史，身体羸瘦，两颧和额部有黑色团块，环口黧黑，腰脐周围有黑线。舌苔黄腻，脉弦涩。病人肺部有陈旧性结核，右侧膈肌顶部粘连。治法：补阳益阴，调补冲任，佐以化瘀。处方：河间地黄饮子合膈下逐瘀汤加减。潞党参 24 克，鸡血藤 18 克，生黄芪 60 克，桑寄生 15 克，菟丝子 15 克，黑故脂 12 克，蟅虫 9 克，水蛭 6 克，鹿角胶 15 克，鸡内金 3 克，砂仁 6 克，蔻仁 6 克，琥珀末 9 克 冲服或布包煎。1 周 6 剂，连服 2 周。

二诊：5 月 6 日。病人耳鸣减轻，小便颜色转正常。精神、饮食好转，但睡眠尚差，梦多，脚微肿。舌苔薄腻，脉迟缓。治法：补阳益阴，调补冲任，佐以化瘀。处方：河间地黄饮子合膈下逐瘀汤加减。潞党参 24 克，鸡血藤 18 克，生黄芪 60 克，桑寄生 15 克，菟丝子 15 克，黑故脂 12 克，䗪虫 9 克，蒲黄 9 克，水蛭 6 克，鹿角胶 15 克^{冲服}，鸡内金 9 克，砂仁 6 克，蔻仁 6 克，夜交藤 60 克，琥珀末 6 克^{冲服或布包煎}，糯米草 60 克。1 周 6 剂，连服 3 周。

三诊：5 月 30 日。病人服上方 20 剂后，病情显著好转，脸部黑色渐退，小便清利，油状物已消失殆尽。体重渐增，精神转佳，但时觉心悸，睡后感肌肉掣动，走路较多时腰痛脚胀。舌苔薄白，脉沉细。治法：补阳宣阴，调补冲任，佐以化瘀。处方：河间地黄饮子合膈下逐瘀汤加减：潞党参 24 克，鸡血藤 18 克，生黄芪 60 克，桑寄生 15 克，菟丝子 15 克，黑故脂 12 克，䗪虫 9 克，生蒲黄 9 克，水蛭 6 克，鹿角胶 15 克^{冲服}，鸡内金 9 克，砂仁 6 克，蔻仁 6 克，琥珀末 6 克^{冲服或布包煎}，夜交藤 60 克，糯米草 60 克，蜈蚣 2 条，白花蛇（乌梢蛇）9 克。1 周 6 剂，连服 4 周。

疗效：病人服上方后，病情继续好转。以后随证加减下列药物：杜仲、山茱萸、巴戟天、续断、当归、熟地黄、木香、明天麻、槟榔、肉苁蓉、益母草、胎盘。至 1962 年 10 月 20 日，病人共服药 120 余剂，色素减退，诸症均愈，已上班工作。

按：本病例病因在肾，因肾阳虚损而影响脾阳，以致影响其他脏腑，引起冲任失调，脉络瘀阻。因此，王氏以河间地黄饮子合膈下逐瘀汤加减为主方，用以固本培元，调理冲任，通络祛瘀。方中加水蛭、䗪虫、蒲黄，即师仲景大黄䗪虫丸"缓中补虚"之意。

（2）肝肾阴虚型

赵某，男，37 岁。

初诊：1973 年 5 月 16 日。病人于 1969 年回家探亲时，因过累和生气，返回途中发高烧。此后经常头晕，腰痛，精神不佳，四肢无力，食欲减退，厌油，甚至一闻炒菜油味即恶心，全身肌肉酸痛，脚后跟痛，脸色逐渐变黑，齿龈和口腔黏膜出现黑色斑块，身体明显消瘦，住当地医院检查，诊断为"阿狄森氏病"。用激素强的松治疗，但症状不减，遂到成都治疗。1973 年 3 月 26 日，病人在四川省某医院诊治，亦诊断为"阿狄森氏病"，静脉注射葡萄糖及生理盐水，口服激素强的松、甘草硫浸膏、镇静剂等，并建议服中药治疗。病人由家属推车送来我院，并背至诊室。现病人面色黧黑，精神淡漠，少气懒言，时而打嗝呕恶，舌质红，苔厚腻而黄，脉弦数而虚。治法：滋肾柔肝，佐以化瘀。处方：一贯煎合六神汤加减。沙参 12 克，生地黄 12 克，枸杞子 9 克，鸡血藤 18 克，黑故脂 12 克，蟅虫 9 克，生蒲黄 9 克，桑寄生 15 克，菟丝子 15 克，女贞子 24 克，旱莲草 24 克，柿蒂 9 克，制旋覆花 12 克，鸡内金 9 克，琥珀末 6 克^{冲服或布包煎}。1 周 6 剂，连服 4 周。

疗效：病人精神好转，呕恶减轻，此后共服药 3 个多月，随症加减如下药物：石斛、玄参、生柿蒂、槟榔、炒川楝子、夜交藤、金樱子、蜈蚣、白花蛇（乌梢蛇）等。1973 年 9 月 25 日，经四川省某医院检查，病情明显好转，色素减退，病人返回家乡后，曾来信致谢。

按：本病例因肾阴不足，以致肝阳偏亢，并因受精神刺激，情志失调，肝气郁结，横逆犯胃，引起食欲减退、恶心呕吐等症状。王氏除以一贯煎合六神汤加减为主方，以滋肾柔肝，活血化瘀之外；还加入柿蒂、制旋覆花等和胃止呕之品，桑寄生、菟丝子、鸡内金等健脾胃之药，使脾胃气和，饮食能进。

23. 肥胖病

肥胖病是指体内脂肪堆积过多和（或）分布异常、体重增加，是一种包括遗传和环境因素在内的多种因素相互作用所引起的慢性代谢性疾病，分为单纯性和继发性。这里就后者进行论述。继发性肥胖病多由内分泌代谢异常引起，其临床表现为身体肥胖，尤其以面部、腹部、背部、臀部脂肪特别肥厚，出现"满月脸""水牛肚""水牛背"等典型体征，体重可短时间内迅速增加，齿龈、口唇、乳头、手掌纹线等处色素沉着明显等。

中医学认为，本病病因在肾，这里所指的肾，包括"肾间动气"和"命门"。肾藏精，即所谓"先天之精"，主人体的生长发育和生殖机能；脾主消化和吸收，经过脾功能而生成的营养物质，称为"后天之精"，与"先天之精"二者合而藏于肾。肾为水脏，与脾关系密切，肾水泛滥，引起脾湿阻滞。肾与肝有相依关系，肾水不足则肾阴津液枯竭，水不涵木。

王氏论治本病时，常从"脾肾阳虚""阴虚阳亢""气虚痰湿"3 种证型入手。

【辨证论治】

（1）脾肾阳虚型

主要证候：色素沉着，齿龈、口唇、乳头、手纹等处最明显，满月脸，向心性肥胖，胸、腹、臀部脂肪特别多；疲乏无力，腰痛耳鸣，畏寒肢冷，食欲减少；性欲减退或消失，尿中17-羟类固醇、17-酮类固醇含量减低，胸腹胀，便溏，男子阳痿，女子带下清稀、月经紊乱或停经；舌质淡，苔薄白，脉沉细或濡缓。

治法：温肾运脾，固督安脑，佐以化瘀。

处方：王渭川固督安脑化瘀汤（自拟方）。

熟附片 24 克	肉苁蓉 12 克	党参 60 克	桑寄生 15 克
菟丝子 15 克	黑故脂 12 克	䗪虫 9 克	炒蒲黄 9 克
川芎 6 克	红泽兰 6 克	苍术 9 克	山楂 3 克
京半夏 3 克	自然铜 3 克 醋淬研末，胶囊装吞		鸡内金 3 克
生黄芪 60 克			

方义分析：王氏运用附片、肉苁蓉、黑故脂、桑寄生、菟丝子温肾通阳固督；党参、黄芪补气；川芎、红泽兰调冲通经；炒蒲黄、虫类药、自然铜活络化瘀；苍术、京半夏除湿；山楂、鸡内金健脾以通络化脂。

加减：王氏常选用杜仲、肉苁蓉温补肾阳；选用蜈蚣、白花蛇（乌梢蛇），活血化瘀；服药后头痛不减者选用麝香；体重减轻不显著者选加全蝎燥湿祛脂；男性病人选用黄狗鞭、韭菜子、淫羊藿；女性病人选用益母草、茜草根活血调经。

（2）阴虚阳亢型

主要证候：色素沉着，齿龈、口唇、乳头、手纹等处最明显，满月脸，向心性肥胖，胸、腹、臀部脂肪最多；心累乏力，两颧潮红，眩晕耳鸣，烦躁易怒，头昏胀痛，胸胁痛，口苦咽干，潮热失眠；17-羟类固醇、17-酮类固醇显著增高，性欲亢进，男子遗精自汗，妇女月经紊乱、经量少或停经、带下色黄；舌质红，少苔或无苔，脉弦数。

治法：柔肝滋阴，安脑潜阳，佐以化痰。

处方：滋水清肝饮（《医宗己任编》）加减。

生地黄 12 克	山茱萸 12 克	柴胡 9 克	女贞子 24 克
旱莲草 24 克	地骨皮 9 克	黑故脂 12 克	䗪虫 9 克
炒蒲黄 9 克	山楂 9 克	枸杞子 12 克	玄参 9 克
钩藤 9 克	夜交藤 60 克	当归 9 克	红泽兰 12 克
水牛角 60 克	琥珀末 6 克 冲服或布包煎		

方义分析：王氏运用玄参、生地黄、女贞子、旱莲草、枸杞子、山茱萸滋养肝肾之阴；琥珀、钩藤、夜交藤镇心平肝安神；地骨皮配玄参、生地黄可退虚热；蒲黄、山楂、䗪虫配合琥珀散结力强；同时加当归、红泽兰，则活血调经的目的可达；水牛角代用犀角，凉血解毒。

加减：月经量少者选加川芎、赤芍、益母草。其余兼症加减，同脾肾阳虚型。

（3）气虚痰湿型

主要证候：色素沉着，齿龈、口唇、乳头、手纹等处最明显，满月脸，向心性肥胖，胸、腹、臀部脂肪最多，腹、腿部可见玫瑰色条纹；畏寒乏力，气短多痰，腹胀便溏，腰痛浮肿，面色淡红，性欲减退，妇女带下黄臭；舌苔薄白，脉濡缓或濡滑。

治法：益气化痰，固肾活血化癥。

处方：补中益气汤（《内外伤辨惑论》）加减。

党参 60 克	鸡血藤 18 克	生黄芪 30 克	京半夏 9 克
山楂 9 克	黑故脂 12 克	䗪虫 9 克	炒蒲黄 9 克
槟榔 6 克	桑寄生 15 克	菟丝子 15 克	炒葶苈 9 克
麝香 0.3 克	红藤 24 克	蒲公英 24 克	琥珀末 6 克 冲服或布包煎

方义分析：本方以党参、黄芪补气血；桑寄生、菟丝子、黑故脂固肾；鸡血藤补血活血，红藤、琥珀清下焦湿热；半夏、葶苈子化痰；蒲黄、虫类药活络祛瘀；麝香芳香开窍，通调督任及奇恒之腑。

加减：其余兼症加减同脾肾阳虚型、阴虚阳亢型。

王氏认为，本病与阿狄森氏病有相似之处，如病因都在肾，但病理机能不同。治疗阿狄森氏病，要防止心力衰竭，对本病要防止脑积水和垂体肿瘤。在治法上，阿狄森氏病以化瘀营心、补肾柔肝为主；肥胖病人，则以化瘀消脂养脑、补肾柔肝为主。

【典型医案】

（1）脾肾阳虚型

肖某，女，28 岁。

初诊：1975 年 6 月初。结婚近 3 年未孕，已停经 2 年，食欲较差，体重反而从 60 公斤增至 70 公斤，身高 1.61 米，满月脸，呈向心性肥胖，面部、齿龈、口唇、乳头色素沉着明显，浮肿，颈部欠舒，左侧偏头痛，腰痛，性欲减退，尿中17- 羟类固醇 5 毫克，17- 酮类固醇 4.5 毫克。舌质淡，脉沉细而缓。治法：温肾运脾，固督通络，佐以益气化瘀。处方：河间地黄饮子合膈下逐瘀汤加减。熟附片 24 克^{先煎 2 小时}，肉苁蓉 12 克，党参 60 克，桑寄生 15 克，菟丝子 15 克，黑故脂 12 克，䗪虫 9 克，炒蒲黄 9 克，川芎 6 克，红泽兰 12 克，苍术 9 克，山楂 3 克，京半夏 3 克，自然铜 3 克^{醋淬研末，胶囊装吞}，鸡内金 9 克，生黄芪 60 克。1 周 6 剂，连服 2 周。

二诊：6 月 28 日。病人服上方 12 剂后，精神好转，食欲增加，其他如故。舌质淡，脉濡缓。治法：温肾运脾，固督通络，佐以益气化瘀。处方：河间地黄饮子合膈下逐瘀汤加减。熟附片 24 克^{先煎 2 小时}，肉苁蓉 12 克，党参 50 克，桑寄生 15 克，菟丝子 15 克，黑故脂 12 克，䗪虫 9 克，炒蒲黄 9 克，川芎 6 克，红泽兰 12 克，苍术 9 克，山楂 3 克，京半夏 3 克，鸡内金 9 克，生黄芪 60 克，蜈蚣 2 条，白花蛇（乌梢蛇）9 克，杜仲 9 克。1 周 6 剂，连服 2 周。

三诊：7 月 29 日。病人服上方 24 剂后，病情显著减轻。体重减轻 2.5 公斤，头痛、腰痛减轻。精神转佳，色素变淡，性欲微增，怀孕心切，经妇科检查示输卵管不通。舌质仍淡，脉濡缓。治法：温肾运脾胃，固督通络，佐以益气化瘀。处方：河间地黄饮子合膈下逐瘀汤加减。熟附片 24 克^{先煎 2 小时}，肉苁蓉 12 克，党参 60 克，桑寄生 15 克，菟丝子 15 克，䗪虫 9 克，炒蒲黄 9 克，川芎 6 克，红泽兰 12 克，苍术 9 克，山楂 3 克，鸡内金 9 克，生黄芪 60 克，蜈蚣 2 条，白花蛇（乌梢蛇）9 克，杜仲 9 克，覆盆子 24 克，淫羊藿 24 克，麝香 0.3 克^{冲服}，炒川楝子 9 克，山甲珠 9 克。1 周 6 剂，连服 8 周。

四诊：9 月 29 日。病人服上方 48 剂后，病情进一步好转，体重减至 60 公斤，色素更淡，精力和食欲大增，月经已来潮，但量少，有白带。尿中 17- 羟类固醇已上升到 6.8 毫克，17- 酮类固醇已升到 7.5 毫克。舌质仍略淡，脉缓。治法：温肾运脾，固督通络，佐以益气化瘀。处方：河间地黄饮子合膈下逐瘀汤加减。肉苁蓉 12 克，党参 60 克，桑寄生 15 克，菟丝子 15 克，䗪虫 9 克，炒蒲黄 9 克，川芎 6 克，红泽兰 12 克，苍术 9 克，鸡内金 9 克，生黄芪 60 克，蜈蚣 2 条，白花蛇（乌梢蛇）9 克，杜仲 9 克，覆盆子 24 克，淫羊藿 24 克，麝香 0.3 克^{冲服}，炒川楝子 9 克，山甲珠 9 克，续断 60 克，鹿角胶 9 克^{冲服}。1 周 6 剂，连服 8 周。

五诊：11 月 30 日。肥胖体态及色素沉着均消失，眠食俱佳。月经按期适量，有性欲要求，病已基本痊愈，返回原单位工作。舌苔薄白，脉缓。应继续治疗，以巩固疗效。治法：温肾运脾，固督通络，佐以益气化瘀。处方：河间地黄饮子合膈下逐瘀汤加减。肉苁蓉 12 克，党参 60 克，桑寄生 15 克，菟丝子 15 克，䗪虫 9 克，炒蒲黄 9 克，川芎 6 克，红泽兰 12 克，苍术 9 克，鸡内金 9 克，生黄芪 60 克，蜈蚣 2 条，白花蛇（乌梢蛇）9 克，杜仲 9 克，覆盆子 24 克，淫羊藿24 克，麝香 0.3 克^{冲服}，炒川楝子 9 克，山甲珠 9 克，续断 60 克，鹿角胶 9 克^{冲服}，水蛭 6 克。1 周 3 ~ 4 剂，常服。

疗效：1976 年随访，病人已怀孕 6 个月。

按：本病例由于命门火衰而导致脾阳不足，冲任失调，停经不孕。因肾阴肾阳失调，致虚胖及色素沉着。方中附片、肉苁蓉、黑故脂、桑寄生、菟丝子温肾通阳固督；党参、黄芪补气；川芎、红泽兰调冲通经；虫类药、自然铜活络化瘀；苍术、山楂通络化脂。其中自然铜一味，除有活络化瘀作用外，还能促进骨折愈合，故对骨质疏松也有疗效，但不宜长服。诸药配伍，共奏温肾通阳、固督调冲、益气祛瘀之效。瘀去证除，则肥胖、色素沉着亦消。

（2）阴虚阳亢型

苏某，女，38 岁。

初诊：1977 年 6 月 30 日。面色淡黑，两颧潮红，齿龈、乳晕处色素沉着显著，脸圆，腰肥，身高 1.58 米，体重由病前的 51 公斤增至 65 公斤，腰痛，关节痛。尿中 17– 羟类固醇 56 毫克，17– 酮类固醇 48 毫克，性欲异常亢进，月经紊乱，量少，带下色黄。当地医院力劝手术治疗，病人不愿意，要求中药治疗。舌质红，无苔，脉弦数。治法：滋肾柔肝，育阴潜阳，佐以通络化瘀。处方：滋水清肝饮合膈下逐瘀汤加减。生地黄 12 克，山茱萸 12 克，柴胡 9 克^{醋炒}，女贞子 24克，旱莲草 24 克，地骨皮 9 克，黑故脂 12 克，䗪虫 9 克，炒蒲黄 9 克，山楂 9克，枸杞子 12 克，炒五灵脂 12 克，钩藤 9 克，夜交藤 60 克，玄参 9 克，当归9 克，红泽兰 12 克，水牛角 60 克^{先煎 2 小时}，琥珀末 6 克^{冲服或布包煎}。1 周 6 剂，连服2 周。

二诊：7 月 15 日。病人服上方 12 剂后，体重减轻 1 公斤，诸症大减，面潮红减退，精力转佳，色素变淡，性欲已不亢进，但腰、腿、关节仍痛。舌质不红，脉弦数。治法：滋肾柔肝，育阴潜阳，佐以通络化瘀。处方：滋水清肝饮合膈下逐瘀汤加减。生地黄 12 克，山茱萸 12 克，柴胡 9 克醋炒，女贞子 24 克，旱莲草 24 克，地骨皮 9 克，黑故脂 12 克，䗪虫 9 克，炒蒲黄 9 克，山楂 9 克，枸杞子 12 克，炒五灵脂 12 克，钩藤 9 克，夜交藤 60 克，玄参 9 克，当归 9 克，红泽兰 12 克，犀牛角 1.5 克锉末冲服，琥珀末 6 克冲服或布包煎，杜仲 9 克，蜈蚣 2 条，白花蛇（乌梢蛇）9 克。1 周 6 剂，连服 3 周。

三诊：8 月 6 日。病人服上方 20 剂后，病情继续好转，面部、腰部肥胖消除，体重降至 60 公斤。性欲恢复正常，腰、腿、关节痛亦减轻，尿中 17– 羟类固醇已降至 22.5 毫克，17– 酮类固醇降至 22.8 毫克，但仍有自汗，月经紊乱，带下黄。脉舌基本正常。病人拟返回原地休养。治法：滋肾柔肝，育阴潜阳，佐以通络化瘀。处方：滋水清肝饮合膈下逐瘀汤加减。生地黄 12 克，山茱萸 12 克，柴胡 9 克醋炒，女贞子 24 克，旱莲草 24 克，地骨皮 9 克，黑故脂 12 克，䗪虫 9 克，炒蒲黄 9 克，山楂 9 克，枸杞子 12 克，炒五灵脂 12 克，钩藤 9 克，夜交藤 60 克，玄参 9 克，当归 9 克，红泽兰 12 克，杜仲 9 克，犀牛角 1.5 克锉末冲服，琥珀末 6 克冲服或布包煎，蜈蚣 2 条，白花蛇（乌梢蛇）9 克，益母草 24 克，红藤 24 克，蒲公英 24 克。1 周 3 ~ 4 剂，常服。

疗效：1977 年 10 月底，病人来信说，返回原地后，又服药 60 剂，病情消失，体重降至 57 公斤。1978 年 4 月随访，身健如常。

按：本病例由于肝肾阴虚，阴虚生内热，水不涵木，而致肝阳偏亢，冲任失调。方中玄参、生地黄、女贞子、旱莲草、枸杞子、山茱萸滋养肝肾之阴；琥珀、钩藤、夜交藤镇心平肝安神，配合养阴药，则阴虚阳亢可除。地骨皮配玄参、生地黄，可退虚热；加柴胡和解退热，则力更强。阳亢既除，阴虚内热也消，则性欲亢进可平。蒲黄、山楂、䗪虫配合琥珀散结力强，同时加当归、红泽兰，则活血调经的目的可达。水牛角代用犀角，价廉效好，凉血解毒，若有余热余毒未尽，足赖以肃清。如此用药，使阴阳俱平，故虚胖、色素沉着、性欲亢进等症悉除。

（3）气虚痰湿型

冯某，女，26 岁。

初诊：1977 年 11 月 2 日。色素沉着，齿龈、掌纹、乳晕等处最显著，面圆，身体肥胖，腹臀部特别肥厚，身高 1.61 米，体重 72 公斤，腹部与大腿内侧有紫纹，疲倦乏力，背痛浮肿，时有畏寒。月经基本正常，带下黄臭，性欲减退。苔薄白，脉濡缓。治法：益气化痰，固督活络化瘀。处方：补中益气汤合通窍活血汤加减。党参 60 克，鸡血藤 18 克，生黄芪 30 克，京半夏 9 克，山楂 9 克，黑故脂 12 克，䗪虫 9 克，炒蒲黄 9 克，槟榔 6 克，桑寄生 15 克，菟丝子 15 克，炒葶苈子 9 克，麝香 0.3 克^{冲服}，红藤 24 克，蒲公英 24 克，琥珀末 6 克^{冲服或布包煎}。1 周 6 剂，连服 2 周。

二诊：11 月 16 日。病人服上方 12 剂后，病情好转，诸症已减，腹腿纹明显减少，体重减轻 1.5 公斤。苔薄白，脉濡缓。治法：益气化痰，固督活络化瘀。处方：补中益气汤合通窍活血汤加减。党参 60 克，鸡血藤 18 克，生黄芪 30 克，京半夏 9 克，山楂 9 克，黑故脂 12 克，䗪虫 9 克，炒蒲黄 9 克，桑寄生 15 克，菟丝子 15 克，炒葶苈子 9 克，麝香 0.3 克^{冲服}，红藤 24 克，蒲公英 24 克，琥珀末 6 克^{冲服或布包煎}，苏子 9 克，桔梗 6 克。1 周 6 剂，连服 2 周。

三诊：12 月 1 日。病人服上方 12 剂后，病情显著好转，诸症继续减轻，腹腿条纹基本消失，体重又下降 1.5 公斤。脉濡缓，苔薄白。治法：益气化痰，固督活络化瘀。处方：补中益气汤合通窍活血汤加减。党参 60 克，鸡血藤 18 克，生黄芪 30 克，京半夏 9 克，山楂 9 克，黑故脂 12 克，䗪虫 9 克，炒蒲黄 9 克，槟榔 6 克，桑寄生 15 克，菟丝子 15 克，炒葶苈子 9 克，麝香 0.3 克^{冲服}，红藤 24 克，蒲公英 24 克，琥珀末 6 克^{冲服或布包煎}，苏子 9 克，桔梗 6 克，蜈蚣 2 条，白花蛇（乌梢蛇）9 克，细辛 3 克。1 周 6 剂，连服 2 周。

疗效：经近 8 个月的随访，病人已健康如常人。

按：本病例由于气虚而导致痰湿壅滞，既具有脾湿生痰，又兼有湿热蕴结下焦。虽然补气化湿固属重要，但主要环节仍在固肾活络及调理督任与奇恒之腑。方中红藤、琥珀清下焦湿热；半夏、葶苈子化痰；党参、黄芪、鸡血藤补气血；桑寄生、菟丝子、黑故脂固肾；蒲黄、虫类药活络祛瘀；麝香一味尤有独到之处，由于其芳香开窍，对通调督任及奇恒之腑有重要作用。诸药配合，标本同治，则其肥胖、色素沉着及紫纹均消失。

24.鼓胀

鼓胀系指肝病日久，肝脾肾功能失调，气滞、血瘀、水停于腹中所致的以腹胀大如鼓、皮色苍黄、脉络暴露为主要临床表现的一种病症，包括西医学的血吸虫病、钩虫病、慢性肝炎、肝硬化腹水、肝脾肿大腹水等。其临床表现为，腹大如鼓，中空无物，手按之而不急起，面色萎黄，肝脾区痞硬而满，同时胃痞。

本病在中医古籍中又称单腹胀、臌、蜘蛛蛊等。鼓胀病名最早见于《内经》。《灵枢·水胀》载："鼓胀如何？岐伯曰：腹胀，身皆大，大与肤胀等也，色苍黄，腹筋起，此其候也。"《素问·腹中论》记载："有病心腹满，旦食则不能暮食……名为鼓胀……治之以鸡矢醴。"《医宗必读》记载："在病名有鼓胀与蛊胀之殊。鼓胀者，中空无物，皮肤绷急，多属于气也。蛊胀者，中实有物，腹形充大，非虫即血也。"《诸病源候论·水蛊候》提出鼓胀的病机是"经络痞涩，水气停聚，在于腹内"。《医学入门》认为"凡胀初起是气，久则成水……治胀必补中行湿，兼以消积，更断盐酱"。

基于前人对鼓胀的认识，王氏认为，本病病因为饮食失节、思虑过度、寄生虫侵袭及其他感染，导致脾阴受伤，不能运化水谷而成。或由怒气伤肝，渐蚀脾之气机和功能，使脾气大虚，功能失职，气血两虚，虚中夹实，导致积聚而成鼓胀。

本病的治疗以理气行气、调理肠胃功能为主。治疗上，王氏常以补虚化瘀、佐以清湿理气为主要治法，方以血府逐瘀汤、通窍活血汤合河间地黄饮子加减，疗效显著。

【辨证论治】

主要证候：初起脘腹作胀，食后尤甚，继而腹部胀大如鼓，重者腹壁青筋显露，脐孔突起，常伴乏力、纳差、尿少及齿衄、鼻衄、皮肤紫斑等出血现象，可见面色萎黄、黄疸、手掌殷红、面颈胸部红丝赤缕、血痣及蟹爪纹。

治法：补虚化瘀，软坚消癥，佐以清湿理气。

处方：鳖甲煎丸（《金匮要略》）加减。

炙鳖甲 90 克	射干 22.5 克	黄芩 22.5 克	柴胡 45 克
鼠妇 22.5 克	干姜 22.5 克	大黄 22.5 克	白芍 37.5 克
桂枝 22.5 克	葶苈子 7.5 克	石韦 22.5 克	厚朴 22.5 克

牡丹 37.5 克	瞿麦 15 克	紫葳 22.5 克	半夏 7.5 克
人参 7.5 克	䗪虫 9 克	炙阿胶 37.5	炙蜂巢 30 克
赤硝 90 克	蛴螬 45 克	桃仁 15 克	

方义分析：方中以鳖甲为君药，取鳖甲入肝软坚化癥；赤硝、大黄、䗪虫、蛴螬等攻逐之品，以助破血消癥之力；柴胡、黄芩、白芍和少阳而调肝气；厚朴、射干、葶苈子、半夏行郁气而消痰癖；干姜、桂枝温中，与黄芩配伍，辛开苦降而调节寒热；人参、阿胶补气养血而扶正气；桃仁、牡丹、紫葳、蜂巢活血化瘀而去干血；再以瞿麦、石韦利水渗湿。

除本方外，王氏临证时还酌情选用血府逐瘀汤（《医林改错》）、通窍活血汤（《医林改错》）、河间地黄饮子加减（《宣明论方》）以活血化瘀，软坚消癥。

加减：王氏运用此方时常加用党参、鸡血藤、生黄芪、桑寄生、菟丝子调补气血；若偏于肾虚者加熟附片（先煎 2 小时）、肉桂、肉苁蓉、巴戟天补肾温阳；体质平和者加黑故脂、冬虫夏草；血瘀甚者加蜈蚣、乌梢蛇、䗪虫、生蒲黄、水蛭、炒五灵脂、琥珀末（冲服或布包煎）加强活血化瘀之效；血鼓者加桃仁、土红花化瘀消鼓；腹痛甚者加延胡索行气止痛；肝区痛甚者加金钱草、虎杖、满天星、茵陈入肝经化湿理气止痛；胁痛者加柴胡、丹参疏肝止痛；胃痛者加台乌药、九香虫止痛；若偏血尿者加仙鹤草收敛止血；浮肿加糯米草、海金沙、夜明砂、谷精草渗湿利水；湿热者加金银花、连翘、大青叶利湿清热；腹胀者加槟榔、厚朴、广木香行气消胀；小便短黄者加海金沙、夜明砂；食欲不振者加鸡内金、山楂、神曲、生谷芽消食健脾。

【典型医案】

吴某，女，36 岁。

初诊：1977 年 7 月 27 日。腹部鼓胀，胁肋痞硬疼痛，触之更甚，经四川省某医院诊断为"肝脾肿大"（中等硬度）。病程已 3 年，面暗黑无华，气短懒言，心悸，头目眩晕，倦怠无力，四肢酸软，自汗，胸痞，不思饮食。舌质淡，苔薄白，脉弦细。辨证：气血两虚，瘀块积聚。治法：补虚化瘀，佐以温运脾肾，除湿理气。处方：河间地黄饮子合鳖甲煎加减。熟附片 24 克^{先煎 2 小时} 鸡血藤 18 克，生黄芪 60 克，阿胶珠 9 克，柴胡 9 克，䗪虫 9 克，炒蒲黄 3 克，炒五灵脂 12 克，炒北五味子 12 克，满天星 24 克，龙眼肉 24 克，党参 60 克，鹿角胶 15 克，水蛭 6 克，生鳖甲 24 克，金钱草 60 克，枳壳 9 克。

二诊：8 月 6 日。服上方 12 剂后食欲好转，胸部不胀，自汗、心悸减轻，肝脾触痛现象缓解，月经按期、量少。舌淡红，苔薄白，脉弦缓。治法：补虚化瘀，佐以温运脾肾，除湿理气。处方：熟附片 24 克^{先煎 2 小时}，鸡血藤 18 克，生黄芪 60 克，阿胶珠 9 克，柴胡 9 克，䗪虫 9 克，炒蒲黄 3 克，炒五灵脂 12 克，满天星 24 克，龙眼肉 24 克，党参 60 克，鹿角胶 15 克，水蛭 6 克，生鳖甲 24 克，金钱草 60 克，枳壳 9 克，桂枝 3 克，白芍 9 克，山茱萸 9 克，麝香 0.15 克^{冲服}。

三诊：9 月 15 日。病情显著好转，肝脾显软，触之不痛，再经四川省某医院复查，肝脾肿大已缩小，只腹微胀。患者要求改服丸方。处方：河间地黄饮子合鳖甲煎加减（丸方）。党参 120 克，鹿角胶 60 克，丹参 24 克，炒五灵脂 60 克，鸡内金 24 克，益母草 60 克，槟榔 24 克，鸡血藤 60 克，熟附片 120 克，水蛭 24 克，山茱萸 60 克，蔻仁 9 克，覆盆子 60 克，生黄芪 120 克，肉桂 24 克，生鳖甲 120 克，炒北五味子 60 克，砂仁 9 克，胎盘 60 克。共研细末，炼蜜为丸，在 1 个月内服完。

疗效：患者连服 2 个月，于 12 月 15 日来我处，述病已痊愈，准备上班。

按：鼓胀分实证及虚证两种。实证较为常见，凡有癥结硬块，多为实证。硬块在上腹，属癥瘕积聚，包括西医学的血吸虫病、钩虫病、慢性肝炎、肝硬化腹水、肝脾肿大腹水等。硬块在下腹，则包括西医学的子宫肌瘤、卵巢囊肿等。治法以益气化瘀为主。虚证较为少见，病人腹大如鼓，中空无物，亦无硬块，但自觉腹中极不舒畅。此属肠间积气所致，治法以理气行气、调理肠胃功能为主。

本病例为肝脾肿大，有癥结硬块，当然属鼓胀实证。但因病延日久，气血两虚，因而治法除益气化瘀外，还须补虚。王氏以补益气血的河间地黄饮子合化瘀的鳖甲煎加减为主方，对症治疗，因而疗效较显。

25. 黑变病

皮肤黑变病是以暴露部位皮肤色素沉着为主的一组皮肤色素代谢性疾病。本病是一种慢性皮肤病，病因未完全明确，可能是在缺乏 B 族维生素的基础上发生的光感性皮炎，也可因长期接触焦油类物质，发生慢性中毒所致。本病好发于中年女性。临床表现为皮疹，主要见于前额、颧部、耳部、颈部，亦可发生于手背、前臂、胸部、腋窝、腹、脐等处，皮疹开始常为晒太阳后皮肤发红，以后渐出现点状及网状的淡褐色或深褐色的色素斑，边界不清楚。皮疹多发生在毛囊周围，常有毛囊角化过度和鳞屑。本病特点为：面部和四肢皮肤逐渐变黑，而齿龈、乳头、口唇、手掌纹线等部位却无色素沉着。严重者全身皮肤发黑，令人望而生畏，给病人造成沉重的思想负担。

本病属于中医学"黑疸"范畴。中医古籍记载："凡皮肤着色之病都称为疸。"王氏认为，本病病因在肾，"肾主黑"，"肾热者色黑而齿槁"，临床上有少数病例并发颈椎骨质增生，病因都和这些论述相吻合。如肾阳不足，阴气弥漫，使肌肤发褐，血滞成斑，脾气不足，不能使气血润泽肌肤，也可成斑，出现脾肾阳虚。如肾阴不足，肝火上炎，肝气郁结，使血液瘀滞于肌肤，形成褐斑，出现肝肾阴虚。因而王氏临床常分脾肾阳虚型和肝肾阴虚型论治。

【辨证论治】

（1）脾肾阳虚型

主要证候：颜面、四肢甚则全身皮肤发黑，但齿龈、口唇、乳头、手掌纹线不黑；腰痛畏寒，气短心悸，全身乏力，手足不温，腹胀，食欲差，大便溏，妇女月经错后、经血稀淡；舌质淡，苔滑润，脉沉弱。

治法：温补脾肾，活血化瘀。

处方：河间地黄饮子（《宣明论方》）合通窍活血汤（《医林改错》）加减。

生地黄 10 克	巴戟天 10 克	山茱萸 10 克	肉苁蓉 10 克
石斛 10 克	石菖蒲 10 克	茯苓 10 克	炮附子 30 克^{先煎 2 小时}
远志 10 克	肉桂 10 克	麦门冬 10 克	五味子 10 克
赤芍 10 克	川芎 10 克	桃仁 9 克	红花 9 克
麝香 0.15 克			

方义分析：本证重在温补脾肾，活血化瘀，选用河间地黄饮子补肾益精，滋心开窍。方中生地黄、山茱萸补肾益精，肉苁蓉、巴戟天温补肾阳，四味共为君药。配伍附子、肉桂之辛热温养下元，引火归元；石斛、麦门冬、五味子滋养肺肾，金水相生；石菖蒲、远志合用开窍化痰，交通心肾。另配伍赤芍、川芎行血活血，桃仁、红花活血通络，麝香开窍。全方共奏温补脾肾、活血化瘀之效。

加减：除方中所选药物外，还可酌情选用党参、鸡血藤、生黄芪、桑寄生、菟丝子、鹿角胶、续断增强温补脾肾之功；若瘀血重者可加用蜈蚣、乌梢蛇、黑故脂、䗪虫、生蒲黄、当归增强活血化瘀之效；腹胀者选用槟榔、厚朴行气；另可随症加用砂仁、蔻仁、山楂、鸡内金、生谷芽开胃健脾，消食化积；伴心悸气短者可选用苦参、龙眼肉养心安神。

（2）肝肾阴虚型

主要证候：颜面、四肢，甚则全身皮肤发黑，但齿龈、口唇、乳头、手掌纹线不黑；腰酸耳鸣，手足心热或低热，头晕目眩，四肢麻木，肌肉瞤动，胸胁疼痛，大便燥结，妇女月经紊乱或停经、经血中有黑褐色血块；舌质红，苔黄，脉弦。

治法：滋养肝肾，活血化瘀。

处方：一贯煎（《续名医类案》）合通窍活血汤（《医林改错》）加减。

沙参 9 克	炒川楝子 9 克	生白芍 15 克	川贝母 10 克^{冲服}
枸杞子 10 克	生地黄 12 克	青龙齿 10 克	青葙子 10 克
钩藤 10 克	珍珠母 10 克	赤芍 10 克	川芎 10 克
桃仁 10 克	红花 10 克	麝香 0.15 克	

方义分析：全方以一贯煎滋养肝肾，方中以生地黄、枸杞子滋水涵木，川贝母清金制木，沙参、白芍培土抑木；并在大队甘凉柔润药中，少佐一味川楝子苦辛疏泄，故有滋阴而不碍脾胃、疏泄而不伤阴血之效；同时佐以平肝潜阳之青龙齿、青葙子、钩藤、珍珠母。另合用通窍活血汤活血化瘀，通窍活络，共奏滋养肝肾、活血化瘀之效。

加减：王氏运用此方时常加用当归身、枸杞子、女贞子、旱莲草增强滋养肝肾之功；若兼手足心热或低热者可选用地骨皮、肥知母、银柴胡；伴胸胁胀痛者选用夏枯花、薤白、醋柴胡、玄参；其余兼症同脾肾阳虚型。

【典型医案】

何某，男，37 岁。

初诊：1980 年 7 月 17 日（通信处方）。1975 年 10 月，病人前额皮肤出现五分硬币大小的黑灰色斑块。到年底，逐渐扩散到前额大部分，以及上下眼睑好像戴上了眼镜，黑色素逐渐向全身发展。1976 年 3 月，经湖北省某医院检查，确诊为"黑变病"。口服维生素 C，注射葡萄糖及维生素 C，外敷肤氢松软膏，治疗均无效，1977 年至 1979 年 10 月，曾先后去上海、北京、郑州各大医院求医，服中药近 200 剂，西药不计其数，疗效均不佳，病人全身皮肤呈灰黑色，以面、颈、躯干部分最明显。齿龈、口唇、乳头、手掌纹线无色素沉着，尿中 17- 羟类固醇、17- 酮类固醇无异常。低热，消瘦，体重明显减轻，疲乏无力，头晕目眩，精神差，记忆力减退，怕冷，易感冒咳嗽，食量减少，性功能减退。舌质红，苔黄，脉弦。治法：滋养肝肾，活血化瘀。处方：一贯煎合通窍活血汤加减。蜈蚣 2 条，乌梢蛇 9 克，黑故脂 12 克，炒蒲黄 9 克，当归 9 克，桑寄生 15 克，菟丝子 15 克，旱莲草 24 克，炒川楝子 9 克，沙参 15 克，生地黄 9 克，牡丹皮 9 克，琥珀末 6 克^{冲服或布包煎}。

二诊：12 月 24 日。病人服上方 12 剂后，病情逐渐好转。病人认为药已对症，竟连服 30 多剂。色素消退，皮肤逐渐变白。但鼻梁两侧有黑斑，前额仍微褐色，颈部有些黑色，两腿伸展时有酸痛感，性欲转正常，其余诸症悉解。舌质淡红，脉平缓。治法：滋养肝肾，活血化瘀。处方：一贯煎合通窍活血汤加减。蜈蚣 2 条，白花蛇 9 克，黑故脂 12 克，䗪虫 9 克，炒蒲黄 9 克，川当归 9 克，桑寄生 15 克，菟丝子 15 克，女贞子 24 克，旱莲草 24 克，炒川楝子 9 克，沙参 15 克，生地黄 9 克，山楂 3 克，牡丹皮 9 克，琥珀末 6 克^{冲服或布包煎}，党参 18 克，山甲珠 9 克，土红花 9 克，鸡内金 9 克。

疗效：诸症悉解，病情基本痊愈。

按：本病例起病急，病情发展快，虽经多方治疗，疗效却不显，病人已失去信心。王氏认为，本病应标本兼治。本病例证属肝肾阴虚，阴虚生内热，热壅经脉，营卫不和，发为黑斑。王氏以滋养肝肾、活血化瘀为主要治法，以一贯煎合通窍活血汤为主要处方。由于投方对证，因而获得较为满意的疗效。

（二）外科疾病证治

对于外科疾病，王氏临床中运用"辨病与辨证"相结合的思路，首先明确疾病诊断，根据其病因、病机，采用中医内外合治，运用古方加减化裁出新。临床中王氏发现，外科疾病常兼夹有瘀，故常常灵活运用王清任化瘀之法，加入具有活血通络之功的虫类药物，使效专力雄。王氏凭借多年临床经验，结合四川盆地气候多湿的特点，创制银甲系列方药，用于治疗外科疾病证属湿热瘀结者，取得良效。

1. 阑尾炎

阑尾炎是外科最常见的疾病之一，发病率居各种外科急腹症首位。王氏对该病的认识源于《金匮要略》"肠痈者，小腹肿痞，按之即痛如淋，小便自调，时时发热，自汗出，复恶寒……大黄牡丹汤主之"。并在临床中总结该病特点以右下腹痛、恶心、呕吐、发热为主症，符合现代外科学对阑尾炎的认识。

结合临床体会，王氏认为该病病机主要为肠道气血蕴积，聚而成痈。究其病因大多由于饮食不节，或食后剧烈活动等原因诱发。饮食不节，易致脾胃运化失常，湿热蕴滞肠内。饭后剧烈活动，易致肠络受伤，瘀血凝滞肠中。两者均可导致气血蕴积，聚而成痈。如热盛气血蒸腐，则可化为脓毒，即为现代的化脓性阑尾炎，病情危急。

王氏认为，本病的治疗应先分轻重缓急，病情较急、症状较重、已化脓或穿孔的应采取西医手术治疗。中药治疗应针对主要病机运用清热解毒、祛湿化瘀之法，方用《金匮要略》治疗肠痈的大黄牡丹汤加减或自拟方银甲煎剂加减。常加入红藤、败酱草、蒲公英、紫花地丁等增强清热解毒之功；运用桔梗、木香、槟榔等行气，使气机通畅而瘀血化，大便通利；对于术后后遗症者，王氏还选用蜈蚣、乌梢蛇、全蝎等虫类入络之品增强活血化瘀之功，临床中取得较好疗效。

【辨证论治】

主要证候：转移性右下腹疼痛，多自中上腹部、脐周开始，经数小时后转移至右下腹，为持续性疼痛，阵发性加剧。右下腹阑尾点有局限性不同程度的压痛、反跳痛和肌紧张。对盲肠后位阑尾，可有腰大肌征阳性，即左侧卧位大腿强度后伸，出现右下腹疼痛加剧。轻度发热，恶心呕吐，食欲不振，小便短赤，大便秘结或溏泄，血中白细胞计数增加，中性白细胞比例升高。舌苔多薄腻或微黄，脉滑数。

治法：行气化瘀。

处方1：大黄牡丹汤（《金匮要略》）加味。

| 生大黄 15 克 | 牡丹皮 9 克 | 桃仁 9 克 | 土红花 9 克 |
| 冬瓜子 24 克 | 芒硝 3 克 | 红藤 24 克 | 紫花地丁 24 克 |

桔梗 9 克　　　　金银花 15 克　　　连翘 15 克　　　琥珀末 6 克^{冲服或布包煎}

方义分析：方中大黄泻火逐瘀，通便解毒；牡丹皮凉血清热，活血散瘀，二者合用，共泻肠腑湿热瘀结，为方中君药。芒硝软坚散结，协大黄荡涤实热，促其速下；桃仁性善破血，助君药以通瘀滞，俱为臣药。冬瓜子清理利湿，导肠腑垢浊，排脓消痈，是为佐药。本方加减攻下泄热与逐瘀并用，使结瘀湿热速下，痛随利减，痈肿得消，诸症自愈。

处方 2：王渭川自制方。

红藤 24 克　　　蒲公英 24 克　　　败酱草 24 克　　　板蓝根 24 克

黄连 9 克　　　木香 9 克　　　延胡索 9 克　　　槟榔 6 克

厚朴 6 克　　　藿香 6 克　　　琥珀末 6 克^{冲服或布包煎}

方义分析：红藤、蒲公英、败酱草、板蓝根、黄连共奏清热解毒燥湿之效；木香、延胡索行气止痛；槟榔消积，下气，行水；厚朴、藿香行气消积，燥湿除满；琥珀末镇静，利尿，活血。本方加减，共奏清热解毒、行气化瘀之功。本病在未溃时用上列处方有效，已溃者应采取手术治疗。

【典型医案】

（1）急性阑尾炎

陈某，男，24 岁。

初诊：1978 年 3 月 16 日。病人于 3 月 16 日上午突发右下腹绞痛，呕吐，发热，腹胀，解不出大便。即往四川省某医院急诊，诊断为"急性阑尾炎"，需要做手术。但由于病人过去因肠外伤及肠粘连，腹部已做过两次手术，医生对第三次手术有顾虑，建议找中医诊治。其家属当晚来我处求方。辨证：湿热蕴结下焦。治法：清热祛湿消炎。处方：银甲煎剂加减。红藤 24 克，蒲公英 24 克，败酱草 24 克，桔梗 9 克，大青叶 9 克，板蓝根 24 克，生牛蒡子 24 克，麻仁 9 克，郁李仁 9 克，黄连 9 克，广木香 9 克，制旋覆花 9 克，柿蒂 9 克，知母 9 克，琥珀末 6 克^{冲服或布包煎}。每日 2 剂，每 3 小时服药 1 次。

疗效：3 月 19 日患者亲属来告：患者连服 4 剂药后，解出大便，腹痛、发烧、呕吐诸症皆消，已能下床行走。要求处方巩固疗效。嘱按前方续服 5 剂。患者服 4 剂后，觉病已痊愈，不想再服药，上班工作。随访至今，身体健康如常。

按：阑尾炎如急性发作，抢救不及时，阑尾即化脓，引起部分或全部坏死，并发生穿孔。如脓肿破溃进入腹腔，将引起弥漫性化脓性腹膜炎，危及生命。

本病例属于急性阑尾炎，因情况特殊无法手术，改用中药治疗。王氏以清热祛湿消炎的银甲煎剂加减为主方，方中红藤、蒲公英、败酱草、大青叶、板蓝根清除下焦湿热；生牛蒡子、火麻仁、郁李仁帮助排便；黄连、广木香、制旋覆花、柿蒂和胃止呕；知母退热；琥珀末化瘀。由于对症治疗，故收效较速。

本病例因病势峻急，故不能按常规服药。必须服大剂量，即每日服 2 剂，每 3 小时服 1 次。只有大量药物源源进入，才能控制病情，转危为安。

（2）阑尾炎手术后遗症

朱某，女，20 岁。

初诊：1970 年 4 月 21 日。病人因患阑尾炎，经四川省某医院手术治疗。术后右腿瘫痪，不能落地动步。伤口有硬结，疼痛难受。其他无异常。舌质淡红，苔薄白，脉平缓。辨证：经络瘀阻。治法：活血通络，佐以舒筋。处方：通窍活血汤加减。赤芍 9 克，川芎 6 克，土红花 9 克，桂枝 6 克，白芍 9 克，蜈蚣 2 条，乌梢蛇 9 克，全蝎 9 克，䗪虫 9 克，水蛭 6 克，麝香 0.3 克^{冲服}。1 周 6 剂，连服 2 周。外用药：伤口硬结处用金黄散油膏、活血散油膏各半，调匀敷患处。

二诊：5 月 6 日。病人服上方 12 剂后，能下地行走，伤口硬结变软，不感疼痛。但因服活血药物，月经量增多。舌质淡红，苔薄白，脉平缓。治法：活血通络，舒筋调冲。处方：通窍活血汤加减。赤芍 9 克，川芎 6 克，土红花 9 克，桂枝 6 克，白芍 9 克，蜈蚣 2 条，乌梢蛇 9 克，全蝎 9 克，䗪虫 9 克，水蛭 6 克，麝香 0.3 克^{冲服}，仙鹤草 60 克，夏枯草 60 克，阿胶珠 9 克。1 周 6 剂，连服 2 周。外敷药同上。

疗效：病人服上药 12 剂后，走路已不觉疼痛，伤口硬结渐消。再服 12 剂，诸症悉愈。后结婚生子，一切正常。

按：本病例由于手术时损伤经络，而出现上述后遗症。方中用虫类药物软坚散结，疏经络之创伤，配麝香辛窜而获痊愈。俗称麝香能伤胎，王氏认为纯属子虚，其临床实践，凡肾气极弱之妇女，从未见因用麝香而致习惯性流产者。

2.胆囊炎

胆囊炎是常见的胆囊疾病。女性病人多于男性，多见于 40 岁左右的肥胖妇女。本病分急性、慢性两种，常伴有结石。王氏此处所述的胆囊炎包括西医学中的胆道感染和胆石症。

胆囊炎急性发作表现为右上腹疼痛，疼痛可放射到右侧背部或肩部，常伴呕吐。有结石的病人疼痛更甚，多呈绞痛，出冷汗，出现高热寒战。右上腹肌肉紧张，有明显压痛，有时可扪到肿大的胆囊。慢性胆囊炎常有反复急性发作史。病人常有消化不良的症状，如食后上腹饱胀、嗳气，油腻饮食常可引起发作。

中医古籍对本病的记载，散见于"胆心痛""胁痛""肝气痛""黄疸"等病症中。王氏认为，本病多因饮食不节、寒暖失常、情志不畅、外邪内侵而诱发。肝喜条达，胆为中精之腑，主疏泄。若肝胆气郁，肝失条达，胆失疏泄，即见胁痛。日久化热，湿热蕴结，发为黄疸。湿热煎熬胆汁，日久则可生砂石。若湿热炽盛，气血两燔，灼伤津液，则会发生正虚邪陷的危候。

王氏认为，本病的主要病机为湿热蕴结于胆管，导致胆汁输布失常而发病。治疗的关键在于清利疏导，故临床上选用《金匮要略》茵陈蒿汤配以自制银甲丸加减，彰显清热利湿、化瘀疏导之功。王氏在运用该方时，必加入玉米须、硼砂。玉米须具有泄热通淋、平肝利胆之效，硼砂可增强清热解毒之功；加入金钱草、满天星以增强清热化湿的功效；选用柴胡、生鳖甲以增强柔肝止痛的功效；常选用生蒲黄、鸡内金、琥珀末以增强化瘀消炎的功效；若腹胀者，常选用槟榔、厚朴行气导滞。

【辨证论治】

主要证候：右上腹疼痛，发作时疼痛可放射到右侧背部或肩部，腹部肌肉紧张，有明显压痛，并有发热畏寒、恶心呕吐、食欲不振、腹部饱胀、嗳气等症状，吃了油腻饮食，常可引起发作，舌质红，苔黄腻，脉弦紧或弦数。

治法：清热化湿，消炎，防结石。

处方：茵陈蒿汤（《伤寒论》）合银甲丸（王渭川经验方）加减。

茵陈 24 克	栀子 12 克	大黄 10 克	金银花 9 克
连翘 15 克	蒲公英 24 克	紫花地丁 30 克	红藤 24 克
大青叶 9 克	椿根皮 12 克	生鳖甲 24 克	生蒲黄 9 克
升麻 15 克	桔梗 9 克	琥珀末 6 克^{冲服或布包煎}	

方义分析：茵陈蒿汤是治疗湿热蕴结黄疸的名方，方中重用茵陈，清利肝胆湿热，使之从小便而出；配以栀子、大黄增强其清热利湿之效，使瘀热从大便而

解。王氏自制银甲丸，方中金银花、连翘、蒲公英清热解毒，消肿散结；紫花地丁、红藤、大青叶清热解毒凉血；椿根皮清热除湿；配伍生鳖甲、蒲黄、琥珀活血化瘀，软坚散结。两方合用，是取畅其表、清其里，使清热解毒之力增强，且清降与升散并用，清泄肝胆之火而不伤阳，共收清热除湿、活血化癥散结之功。

加减：王氏临床中常加入玉米须、硼砂、败酱草、金钱草、满天星以增强清利湿热之功。常选用柴胡以增强柔肝止痛的功效；选用生蒲黄、鸡内金以增强化瘀消炎的功效；伴腹胀者，常加入槟榔、厚朴以行气导滞。

【典型医案】

范某，女，37 岁。

初诊：1972 年 5 月 25 日。病人有胆囊区痛并伴有多次胆囊绞痛史。常有低热（38℃左右），倦怠，不思饮食。现右上腹疼痛，畏寒，恶心呕吐。经四川省某医院诊断为"胆囊炎，疑有结石"。舌苔薄腻，脉弦数。辨证：湿热蕴结中焦。治法：清利湿热，消炎，防结石。处方：茵陈蒿汤合银甲煎剂加减。茵陈 24 克，柴胡 9 克，红藤 24 克，蒲公英 24 克，败酱草 24 克，玉米须 60 克，金银花 9 克，生鳖甲 24 克，金钱草 60 克，满天星 24 克，鸡内金 9 克，炒川楝子 9 克，制旋覆花 9 克，知母 9 克，柿蒂 6 克，生蒲黄 9 克，琥珀末 6 克^{冲服或布包煎}，硼砂 3 克^{胶囊装吞}。1 周 6 剂，连服 2 周。

二诊：6 月 9 日。病人服上方 12 剂后，低热退，有两天未发，食欲好转，已不呕吐，右上腹疼减。但仍感精力不足。舌苔薄，脉弦数。治法：清利湿热，消炎，防结石。处方：茵陈蒿汤合银甲煎剂加减。党参 24 克，生黄芪 60 克，柴胡 9 克，金钱草 60 克，满天星 24 克，茵陈 12 克，鸡血藤 18 克，鸡内金 9 克，玉米须 60 克，红藤 24 克，蒲公英 24 克，大青叶 9 克，厚朴 6 克，砂仁 6 克，蔻仁 6 克，广藿香 6 克，硼砂 3 克^{胶囊装吞}。1 周 6 剂，连服 4 周。

三诊：7 月 10 日。病人服上方 24 剂后，诸症悉解。经四川省某医院复查，胆囊炎已愈。但精力尚差。舌苔薄，脉弦数。治法：补气血，消炎。处方：河间地黄饮子加减。党参 24 克，鸡血藤 18 克，生黄芪 60 克，桑寄生 15 克，菟丝子 15 克，阿胶 9 克^{冲服}，鹿角胶 15 克^{冲服}，板蓝根 24 克，琥珀末 6 克^{冲服或布包煎}，生谷芽 24 克。1 周 6 剂，连服 4 周。

疗效：病情痊愈。

按：本病例辨证为湿热蕴结中焦，故治以分利湿热为主，佐以化瘀疏导，防止胆囊管及胆总管阻塞，避免引起胆汁郁结。处方以茵陈、金钱草、满天星分利湿热，柴胡疏导，柿蒂、旋覆花止呕，生蒲黄、鸡内金化瘀，玉米须、硼砂化结石。因病人气虚，故加党参、黄芪等益气。

3. 前列腺炎

前列腺炎是老年男性较常见的疾病，大多发生在 50 ~ 70 岁之间。现代多指前列腺受到致病菌和某些非感染因素刺激而出现骨盆区域疼痛不适、排尿异常、性功能障碍等临床表现的疾病。

王氏认为，本病病因多为内分泌紊乱及前列腺炎症，引起前列腺腺体增大，阻塞尿道前列腺部及膀胱颈，使膀胱逐渐扩张，膀胱肌肉肥厚，日久输尿管也可扩张，引起肾盂积水和肾功能衰退，严重者可引起尿毒症。

王氏认为，本病虽在中医古籍中无明确记载，但根据其典型症状会阴、腹股沟、精索、睾丸部不适，腰痛，轻度尿频，尿后点滴，尿道刺痛或尿道口有分泌物渗出，常伴有性欲减退及遗精，前列腺液检查有脓细胞，与中医学的淋浊、膏淋有相似之处。淋是小便点滴淋沥，兼有痛感；浊即白浊，茎中热痛，溺道窍端时有脓状黏液排出。淋病可兼浊，浊症又常夹淋。《诸病源候论》云："诸淋者，由肾虚而膀胱热故也……肾虚则小便数，膀胱热则水下泄，数而且涩，则淋沥不宣。"《景岳全书》说："淋如浊者，此唯中气下陷及命门不固之证也。"《类证治裁》说："浊在便者，色白如泔，乃湿热内蕴。"这些描述，与前列腺炎症状相似。

王氏根据中医古籍相关描述结合临床实践，总结本病病机为脾肾两虚、湿热下注。本病为本虚标实之证，结合西医学认识，认为其治疗应以清热化湿、活血化瘀为主，选用王氏经验方银甲丸加减。常选用仙鹤草、阿胶珠以增强凉血止血的功效；瘀证明显者常选用黑故脂、蟅虫、生蒲黄、蜈蚣、乌梢蛇、炒五灵脂以增强活血化瘀的功效；常加入琥珀末以增强消炎镇痛的作用；前列腺肿大者，加入柴胡疏导；睾丸坠胀者，用大剂量升麻以升提，再用治疝气的荔枝核、橘核以行气；选用黄芪扶正益气，预防变证。

【辨证论治】

主要证候：排尿次数增多，排尿困难，夜间尤甚，下腹部膨胀，疼痛，有尿急感，但排尿困难，排精时发现精液中混有脓血，舌脉可无异常。

治法：清热化湿，活血化瘀。

处方：银甲丸（银甲煎剂）加减（王渭川经验方）。

茵陈 24 克	金银花 9 克	连翘 15 克	蒲公英 24 克
紫花地丁 30 克	红藤 24 克	大青叶 9 克	椿根皮 12 克
生鳖甲 24 克	生蒲黄 9 克	升麻 15 克	桔梗 9 克

琥珀末 6 克^{冲服或布包煎}

方义分析：王氏自制银甲丸，因沿袭银翘散及升麻鳖甲汤之意而命名。王氏善用此方治疗湿热蕴结下焦诸证。方中金银花、连翘、蒲公英清热解毒，消肿散结；紫花地丁、红藤、大青叶清热解毒凉血；椿根皮清热除湿；配伍生鳖甲、蒲黄、琥珀末活血化瘀，软坚散结；升麻辛散发表，清热解毒；桔梗辛散排脓。诸药合用，共奏清热除湿、化瘀行滞之效。

加减：兼血热者常选用仙鹤草、阿胶珠以增强凉血止血的功效。瘀证明显者常选用黑故脂、䗪虫、蜈蚣、乌梢蛇、炒五灵脂以增强活血化瘀的功效。

附：简便方

蜈蚣 2 条

制法：焙干研末，冲服或用馒头皮包吞，每日 3 次服完。可预防前列腺肥大。50 岁以上男子常服本方有效。

【典型医案】

梁某，男，46 岁。

初诊：1974 年 4 月 24 日。病人发觉精液中有血，射精时有痛感，经四川省某医院诊断为"前列腺炎"。精液中有血细胞、脓细胞。排尿次数增多，排尿困难，小腹有下坠感。舌质淡红，脉平缓。辨证：湿热蕴结下焦。治则：清热化湿，敛血疏导。处方：银甲煎剂加减。金银花 9 克，连翘 12 克，红藤 24 克，蒲公英 24 克，大青叶 9 克，败酱草 24 克，桔梗 9 克，茵陈 12 克，仙鹤草 60 克，蜈蚣 2 条，乌梢蛇 9 克，阿胶 9 克，炒五灵脂 12 克，藿香 6 克，琥珀末 6 克^{冲服或布包煎}，柴胡 9 克。1 周 6 剂，连服 2 周。

二诊：5 月 20 日。病人服上方 12 剂后，射精时痛感消失，精液中已无血液，小便逐渐正常。仍感精力不足，睾丸有下坠感。舌质淡红，苔薄白，脉平缓。治法：清热化湿，敛血疏导。处方：银甲煎剂加减。党参 24 克，鸡血藤 18 克，生黄芪 60 克，红藤 24 克，蒲公英 24 克，荔枝核 12 克，橘核 12 克，炒蒲黄 9 克，炒升麻 24 克，桔梗 9 克，茵陈 12 克，仙鹤草 60 克，蜈蚣 2 条，乌梢蛇 9 克，阿胶 9 克，炒五灵脂 12 克，藿香 6 克，琥珀末 6 克^{冲服或布包煎}，柴胡 9 克。1 周 6 剂，连服 2 周。

三诊：6 月 8 日。病人病情显著好转，病渐痊愈，眠食均好。经四川省某医院复查，精液中已查不到脓细胞和红细胞。睾丸无坠痛感，小便正常。但有时心悸，腰部胀痛。舌质淡红，苔薄白，脉平缓。治法：清热化湿，敛血疏导。处方：银甲煎剂加减。党参 24 克，鸡血藤 18 克，生黄芪 60 克，红藤 24 克，蒲公英 24 克，炒蒲黄 9 克，桔梗 9 克，茵陈 12 克，仙鹤草 60 克，蜈蚣 2 条，乌梢蛇 9 克，阿胶 9 克，炒五灵脂 12 克，藿香 6 克，琥珀末 6 克^{冲服或布包煎}，柴胡 9 克，杜仲 9 克，续断 24 克，炒北五味子 12 克。1 周 6 剂，连服 4 周。

四诊：8 月 10 日。病人诸症悉解，病已痊愈。病人要求开一张预防处方。处方：银甲煎剂加减。党参 24 克，鸡血藤 18 克，生黄芪 24 克，红藤 24 克，蒲公英 24 克，紫花地丁 15 克，仙鹤草 60 克，茵陈 12 克，生龟板 24 克，琥珀末 6 克^{冲服或布包煎}。并嘱病人平时不必服，若小便黄而有沉渣时服用。

疗效：病人痊愈后，未再复发，身体健康如常。

按：本病例因湿热下注，蕴结膀胱，以致气化不行，故小便不畅、溺时淋沥；下焦湿热内阻，厥阴经气不宣，故下腹与睾丸胀痛有下坠感。王氏从湿热蕴结论治有效。由于前列腺既罹炎症，局部组织会起变化，必引起腺体肿大，故处方中加入柴胡疏导。中期因睾丸坠胀，故用大剂量升麻以升提，再用治疝气的荔枝核、橘核以行气，又加参芪益气。黄芪用治外科疾病有排脓拔毒的作用，本例虽未化脓，但用黄芪能预防化脓。

4. 肠粘连

肠粘连为腹部手术后遗症，临床症状有腹痛、腹胀、食欲差、消化功能差、便秘与腹泻交替进行。严重者可引起粘连性肠梗阻，如病人有阵发性腹痛、呕吐、腹胀、便秘、肠鸣音增加、脉搏加快等症状，应该考虑肠梗阻的可能，必须立即救治。

王氏认为，本病为金刃所伤致病，其病机初起以瘀为主，久病肠道传导不行，则腹痛、腹胀、食欲差、消化功能差，从而导致气血不足，形成虚实夹杂的病症。治疗以补虚化瘀，因瘀久易化热，故佐以清热除湿。方用补中益气汤、通窍活血汤合银甲丸加减。胃痛者，常选用台乌药、九香虫、琥珀末、白及、煅牡蛎、乌贼骨、岩乳香以行气制酸止痛；伴有腹胀者，常选用槟榔、厚朴舒畅气机；伴有便秘者，常选用生牛蒡子、火麻仁、郁李仁润肠通便；伴有腹泻者，常选用秦皮炭、地榆炭以止泻；食欲差者，常选用山楂、神曲、鸡内金、生谷芽消食助胃。王氏在临床中发现九香虫、蜈蚣、乌梢蛇、䗪虫等药物，具有促进组织再生的作用，将舒筋通络的原理移用于此，可取得较快疗效。

【辨证论治】

主要证候：腹痛，腹胀，食欲差，消化功能差，便秘与腹泻交替进行，舌脉多无异常。

治法：补虚化瘀，佐以消热除湿。

处方：补中益气汤（《脾胃论》）合通窍活血汤（《医林改错》）、银甲煎剂加减（王渭川经验方）。

黄芪 60 克	潞党参 24 克	白术 12 克	橘皮 12 克
升麻 24 克	当归 10 克	柴胡 9 克	炙甘草 6 克
赤芍 12 克	川芎 9 克	桃仁 9 克	红花 9 克
麝香 0.3 克[冲服]	金银花 9 克	连翘 12 克	红藤 24 克
蒲公英 24 克	大青叶 9 克	桔梗 9 克	生鳖甲 24 克
紫花地丁 30 克	生蒲黄 12 克	椿根皮 12 克	茵陈 12 克
琥珀末 6 克[冲服或布包煎]			

方义分析：补中益气汤中黄芪补中益气、升阳固表为君；潞党参、白术、甘草甘温益气，补益脾胃为臣；橘皮调理气机，当归补血和营为佐；升麻、柴胡协同参、芪升举清阳为使。通窍活血汤中赤芍、川芎行血活血，桃仁、红花活血通络，麝香开窍通络。王氏自制银甲煎，因沿袭银翘散及升麻鳖甲汤之意而命名。王氏善用此方治疗湿热蕴结下焦诸证。方中金银花、连翘、红藤、大青叶、蒲公英、紫花地丁清热解毒，茵陈、椿根皮清热燥湿，生蒲黄、琥珀末活血化瘀止痛，生鳖甲滋阴潜阳、软坚散结，桔梗辛散苦泄。诸药合用，共奏清热解毒除湿、补虚化瘀之效。

加减：王氏运用此方时体虚血瘀者常选用鸡血藤、桑寄生、菟丝子、䗪虫以补虚化瘀。兼湿热者常选用黄连、广木香清热除湿。伴有胃痛者，常选用台乌药、九香虫、白及、煅牡蛎、乌贼骨、岩乳香抑酸止痛。伴有腹胀者，常选用槟榔、厚朴行气导滞。伴有便秘者，常选用生牛蒡子、火麻仁、郁李仁以润肠通便。伴有腹泻者，常选用秦皮炭、地榆炭收涩止泻。食欲差者，常选用山楂、神曲、鸡内金、生谷芽以消食健胃。

【典型医案】

李某，女，35岁。

初诊：1978年2月15日。病人剖腹产后半月，恶露未净，腹绞痛一日阵发数次。四川省某医院诊断为"手术后肠粘连，子宫复旧不全"。食欲差，头目眩晕，心悸，疲乏。舌苔光薄，脉细数。辨证：气血两虚，经络阻滞。治法：补气益血，通络化瘀缩宫。处方：补中益气汤加减。潞党参24克，鸡血藤18克，生黄芪60克，红藤24克，桑寄生15克，菟丝子15克，䗪虫9克，蒲公英21克，炒蒲黄9克，九香虫9克，台乌药9克，黄连9克，广木香9克，鸡内金9克，琥珀末6克^{冲服或布包煎}，鹿角胶15克，阿胶9克，益母草24克，仙鹤草60克。1周6剂，连服2周。

二诊：3月1日。服上方12剂后，恶露已净，精力和饮食增加，腹绞痛缓解，尚有隐痛。舌苔薄白，脉平缓。治法：补气益血，通络化瘀缩宫。处方：补中益气汤加减。潞党参24克，鸡血藤18克，生黄芪60克，红藤24克，桑寄生15克，菟丝子15克，䗪虫9克，蒲公英21克，炒蒲黄9克，九香虫9克，台乌药9克，黄连9克，广木香9克，鸡内金9克，琥珀末6克^{冲服或布包煎}，鹿角胶15克，蜈蚣2条，乌梢蛇9克，炒五灵脂12克。1周6剂，连服2周。

三诊：3月16日。服上方12剂后，病情已基本痊愈，腹隐痛已消失。照上方连服2周以巩固疗效。

按：王氏体会，九香虫、蜈蚣、乌梢蛇、䗪虫等药物，具有促进组织再生的作用，将舒筋通络的原理移用于此，故收效较快。

5. 鼻息肉

鼻息肉是指因湿浊停聚鼻窍所致的鼻内光滑柔软、状如葡萄或荔枝肉样的赘生物，多由慢性炎症刺激引起黏膜水肿及组织浸润而成。鼻息肉一名，首见《灵枢·邪气脏腑病形》，其曰"若鼻息肉不通"，原指鼻塞症状而言；《诸病源候论》

始列为病名，并对其病机、症状做了扼要论述。

王氏在临床中观察本病病人常有头痛、缓慢发展性鼻塞。鼻息肉可使鼻内完全阻塞，甚至延伸至鼻前庭。巨大鼻息肉可使鼻梁变宽，外鼻膨大饱满，成为"蛙形鼻"，并可常流脓鼻涕。对病人进行鼻腔检查，可见到灰白色或淡红色的半透明光滑的圆形新生物，蒂活动，触之不易出血。本病注意与恶性肿瘤相鉴别，癌肿多有反复出血或鼻涕中带血病史，表面粗糙不平或有溃疡，触之易出血。

王氏认为，本病多为慢性起病，迁延日久，病程较长，久病多瘀，故治疗上应以祛湿活血、化瘀消炎为主，选用银甲煎剂合通窍活血汤加减。每方必选用入鼻窍的苍耳子、辛夷花为主药；时常选用蜈蚣、乌梢蛇、䗪虫、炒蒲黄、水蛭以增强活血化瘀的功效；常选用红藤、蒲公英、桔梗、琥珀末以增强消炎的作用；常选用台乌药、九香虫、鸡内金以理胃。同时王氏还采用内外合治，以增强疗效。

【辨证论治】

主要证候：头痛鼻塞，嗅觉减退，呼吸不畅，流脓鼻涕，说话带鼻音。检查鼻孔，可以看到灰白色或淡红色、表面光滑有似剥皮葡萄样的肿物；舌脉可无异常。

治法：活血化瘀消炎。

处方：银甲煎剂（王渭川经验方）合通窍活血汤（《医林改错》）加减。

金银花 9 克	连翘 12 克	红藤 24 克	蒲公英 24 克
大青叶 9 克	桔梗 9 克	生鳖甲 24 克	紫花地丁 30 克
生蒲黄 12 克	椿根皮 12 克	茵陈 12 克	赤芍 12 克
川芎 9 克	桃仁 9 克	红花 9 克	麝香 0.3 克 ^{冲服}

琥珀末 6 克 ^{冲服或布包煎}

方义分析：王氏自制银甲煎剂中金银花、连翘、红藤、大青叶、蒲公英、紫花地丁清热解毒，茵陈、椿根皮清热燥湿，生蒲黄、琥珀末活血化瘀止痛，生鳖甲滋阴潜阳、软坚散结，桔梗辛散苦泄。通窍活血汤中赤芍、川芎行血活血，桃仁、红花活血通络，麝香开窍通络。诸药合用，协同发挥活血化瘀消炎的作用。

加减：王氏常在方中加苍耳子、辛夷花对症通鼻窍。血瘀较甚者常选用蜈蚣、乌梢蛇、䗪虫、水蛭以增强活血化瘀的功效。胃胀不适者常选用台乌药、九香虫、鸡内金以理胃行气。外用方：青砖墙上青苔 3 克，鲜辛夷花 3 克，蟑螂 1 只（取腹内白浆），和药捣绒，用纱布包塞一鼻孔，留一鼻孔呼吸，隔日 1 换。

【典型医案】

冉某，男，15 岁。

初诊：1955 年 4 月 8 日。病人原患鼻黏膜炎，发展为鼻塞、头痛、呼吸障碍，嗅觉失灵，语音变调，常流脓鼻涕。病人体本健壮，眠食如常人。经四川省某医院检查，诊断为"鼻息肉"。舌质淡红，苔薄白，脉平缓。治法：活血化瘀消炎。处方：银甲煎剂合通窍活血汤加减。苍耳子 9 克，辛夷花 9 克，䗪虫 9 克，炒蒲黄 9 克，水蛭 6 克，蜈蚣 2 条，乌梢蛇 9 克，炒升麻 24 克，桔梗 6 克，红藤 24 克，蒲公英 24 克，琥珀末 6 克。1 周 6 剂，连服 2 周。外用方：鲜辛夷花 3 克，蟑螂 1 只（取腹内白浆），合青砖墙上青苔，一并捣绒，用纱布包塞患鼻，每日塞一鼻孔，留一鼻孔呼吸，隔日 1 换。

二诊：4 月 22 日。病人服用上方 12 剂后，病情好转，诸症减轻。但仍流鼻涕。舌质淡，苔薄白，脉平缓。治法：活血化瘀消炎。处方：银甲煎剂合通窍活血汤加减。苍耳子 9 克，辛夷花 9 克，䗪虫 9 克，炒蒲黄 9 克，水蛭 6 克，蜈蚣 2 条，乌梢蛇 9 克，炒升麻 24 克，桔梗 6 克，红藤 24 克，蒲公英 24 克，琥珀末 6 克，鸡内金 9 克，台乌药 9 克，九香虫 9 克。1 周 6 剂，连服 4 周。外用药方同上。

三诊：5 月 23 日。病人服药及外敷药后，从鼻内落出厚黏状物一小块，从此呼吸恢复正常，诸症悉解。经四川省某医院检查，病已痊愈。病人要求再服药，以巩固治疗。处方：继续服用上方。1 周 4 剂，连服 2 周。

按：本病是耳鼻喉科中一种较难治的病，因其缠绵难愈，且最易复发。手术治疗虽收效较快，但复发的可能性也较大。

王氏认为，治疗本病以银甲煎剂合通窍活血汤加减为主方，以苍耳子、辛夷花为主药。苍耳子原是治鼻渊、脑漏（即西医学所指慢性鼻窦炎）的要药。在《医方集解》中，有用苍耳子散治鼻渊的记载。王氏用来治疗鼻息肉也有较好的疗效。台乌药、九香虫、鸡内金三药，既有健脾胃的作用，又有消除肿块的效能，故笔者在治疗鼻息肉、子宫肌瘤等疾病时，往往三药合用。再辅以蟑螂合辛夷花、青砖上青苔外敷，诸药协同作用，故本病例疗效较显。

6. 硬皮病

硬皮病又称系统性硬化症，是一种自身免疫性弥漫性结缔组织疾病，病因未明。王氏总结其发病为慢性经过，好发于女性。根据发病情况分为局部性和全身性。

局部性硬皮病，仅有皮肤症状，而无内脏损害。皮肤症状主要为皮肤硬化，并在不同部位出现不同形态的皮疹。头面部多见斑片状皮疹，大小不一的单个或多个分散的圆形或椭圆形象牙色斑块，皮肤发硬，光滑如蜡样，可有毛细血管扩张，周围绕以红晕；以后皮疹消退，皮肤萎缩，色素沉着或减退。躯干多见点状皮疹，皮损面积小，呈点状，皮肤发硬亦较轻，唯数目较多。

全身性硬皮病，病毒多能侵犯内脏。临床表现为，初起时，皮肤出现皮疹，皮疹红肿，后渐变硬，蜡样光泽，不能移动，毛发渐脱落。皮色先减淡，后变为淡棕褐红色，最后皮肤、皮下组织及皮肤附属器官均萎缩，形成木板样硬片。

本病在中医古典籍中没有明确的记载。但从临床症状来看，似属中医学"虚损"范畴。本病病因为肺、脾、肾三脏亏损。肺主皮毛，肺之气阴亏损，失却"熏肤充身泽毛，若雾露之溉"的作用，故肌肤失其柔润；脾主肌肉、四肢，脾气虚亏，失其健运，气血衰少，饮食不能为肌肤，故肌肉萎缩，而四肢活动困难；肾主骨，肾阴亏损，则骨质受害。故本病的治法，应以温补脾肾、益肺为主。

王氏在临床中治疗该病，首先要辨病位的深浅，辨病邪是否已经侵袭内脏。局部为患者多以实证为主，全身性多为虚实夹杂。治疗采用内外合治，内治以温补脾肾、活血化瘀、舒筋软坚为主，外治以清热解毒、活血化瘀为主。内治采用补中益气汤合通窍活血汤或乌头汤加减。临床运用灵活加减，常用鸡血藤、桑寄生、菟丝子以增强温补脾肾之效果；选用桃仁、土红花、䗪虫、生蒲黄、炒五灵脂、麝香以增强活血化瘀之功；选用蜈蚣、乌梢蛇、全蝎、制川乌、水蛭、肉桂以舒筋软坚。外敷选用蟑螂、䗪虫、水蛭、地龙、生蒲黄、自然铜、三七粉共研细末，合活血散、金黄散增强活血之功，故收效较快。

【辨证论治】

主要证候：初起时，皮肤出现块状形小红斑，逐渐扩张成为大小不一的单个或多个分散的圆形或椭圆形硬斑，皮肤发硬，紧张增厚如木板状，常有色素沉着，最后皮肤、皮下组织和皮肤附属器官均萎缩，形成木板样硬片。病变皮肤毛发脱落，无汗液分泌。舌无异常或舌质淡，苔薄白，脉无异常或细弱，或沉缓。

治法：温补脾肾，活血化瘀，舒筋软坚，佐以益肺。

处方：补中益气汤（《脾胃论》）合通窍活血汤（《医林改错》）或乌头汤（《金匮要略》）加减。

麻黄 9 克	芍药 9 克	黄芪 18 克	甘草 6 克
川乌 6 克	人参 6 克	当归 3 克	橘皮 3 克
升麻 6 克	柴胡 6 克	白术 9 克	川芎 3 克
桃仁 9 克	红花 9 克	老葱 3 根	鲜姜 9 克
红枣 7 个	麝香 0.3 克[冲服]	黄酒 250 克	

方义分析：王氏以川乌为主药，其性善走窜，能搜筋骨之风寒；麻黄开腠以止痛；同时重用黄芪，味甘微温，入脾、肺经，益气固表，既能助麻黄、乌头温经散寒之力，又能解其燥热之性；配伍人参、甘草、白术补气健脾，以增强黄芪补益中气之功；当归养血和营，助人参、黄芪补气养血；橘皮理气和胃；芍药合甘草疏挛急而止痛；川芎行血活血；桃仁、红花活血通络；葱、姜通阳，麝香味辛性温，功专开窍通闭，解毒活血；黄酒通络；红枣缓和芳香辛窜药物之性。诸药相合，共奏补益中气、活血化瘀、舒筋软坚之效。

加减：王氏运用此方时常酌加鸡血藤、桑寄生、菟丝子以增强温补脾肾之效。血瘀较甚者选用䗪虫、生蒲黄、炒五灵脂以增强活血化瘀之功。常加入蜈蚣、乌梢蛇、全蝎、水蛭、肉桂以舒筋软坚。咳嗽者常加入麻绒、炒葶苈子以益肺。另外，可加服加味乌头丸。

附：加味乌头丸

麻绒 21 克	生黄芪 21 克	官桂 36 克	杏仁 15 克
制川乌 36 克	桂枝 24 克	白芍 36 克	蜈蚣 20 克
乌梢蛇 90 克	䗪虫 18 克	炒蒲黄 18 克	干姜 48 克
薏苡仁 36 克	细辛 3 克	全蝎 18 克	熟附片 36 克
麝香 3 克			

用法：上药共为细末，炼蜜为丸，每日早、中、晚各服 9 克。

【典型医案】

王某，女，35 岁。

初诊：1974 年 11 月 15 日。病人面部和胸部皮肤出现块状型红斑，逐步扩张成椭圆形硬块，周围有紫红色晕，皮肤紧张、硬厚，皮温低，天气再炎热，此处皮肤也不出汗。精神疲乏，食欲差，浮肿，腹痛便溏，扁桃体肿大，经常喉痛，并有耳鸣、关节痛及低热。月经紊乱，量多。经四川省某医院检查，诊断为"硬皮病"。舌质淡红，苔白薄，脉沉缓。辨证：脾肾阳虚，经络瘀积，冲任失固。治法：活血化瘀，温运脾肾，舒筋软坚，佐以益肺调冲。处方：补中益气汤合乌头丸加减。党参 21 克，鸡血藤 18 克，生黄芪 60 克，制川乌 9 克^{先煎 2 小时}，肉桂 3 克，蜈蚣 2 条，乌梢蛇 9 克，䗪虫 9 克，水蛭 6 克，麝香 0.3 克^{冲服}，麻绒 5 克，板蓝根 24 克，仙鹤草 60 克，柴胡 9 克，槟榔 9 克，蟑螂 2 个，阿胶珠 9 克^{冲服}。1 周 6 剂，连服 2 周。外敷方：蟑螂 20 个^{焙干}，䗪虫 9 克，水蛭 9 克，地龙 15 克，生蒲黄 15 克，自然铜 3 克^{醋淬}，三七粉 3 克。上药共研细末，合活血散 15 克、金黄散 24 克，蜂蜜适量，调匀，敷患部。

二诊：11 月 29 日。病人服上方 12 剂，并用外敷药敷患处半个月后，病情有显著好转。月经量多、期长、不净已止。低热消失，面部肿消，食欲好转，腹泻止，精神渐增。局部硬皮块显软，有汗，紫红色晕减轻。但仍觉心累心跳，咽痛。舌苔薄白，脉缓。治法：活血化瘀，温运脾肾，舒筋软坚，佐以益肺调冲。处方：补中益气汤合乌头丸加减。党参 21 克，鸡血藤 18 克，生黄芪 60 克，熟附片 24 克^{先煎 2 小时}，肉桂 3 克，蜈蚣 2 条，乌梢蛇 9 克，䗪虫 9 克，水蛭 6 克，麝香 0.3 克^{冲服}，麻绒 5 克，苦参 24 克，柴胡 9 克，槟榔 9 克，蟑螂 2 个，龙眼肉 24 克，阿胶珠 9 克^{冲服}，益母草 24 克，射干 9 克。1 周 6 剂，连服 2 周。外敷药同上。

三诊：12 月 15 日。病人服上方 12 剂，并外敷药后，病情稳定好转，精神好转，眠食均好。局部皮肤已不显硬块，也无萎缩现象。心累心跳减轻，大便不溏。脉缓，苔薄白。治法：活血化瘀，温运脾肾，舒筋软坚，佐以益肺调冲。处方：补中益气汤合乌头丸加减。党参 20 克，鸡血藤 18 克，生黄芪 60 克，熟附片 24 克^{先煎 2 小时}，肉桂 3 克，蜈蚣 2 条，乌梢蛇 9 克，䗪虫 9 克，水蛭 6 克，麝香 0.3 克^{冲服}，麻绒 5 克，槟榔 9 克，蟑螂 2 个，阿胶珠 9 克^{冲服}，桑寄生 15 克，菟丝子 15 克，炒五灵脂 12 克，生白芍 12 克，炒蒲黄 9 克。1 周 6 剂，连服 4 周。外敷药同上。

四诊：1975 年 1 月 20 日。病人服上方 1 个月后，诸症悉解。经复查，病已痊愈。因病人怕病情复发，要求暂不停药。改丸方服用，以巩固疗效。舌苔薄白，脉平缓。治法：活血化瘀，温运脾肾，舒筋软坚，佐以益肺调冲。处方：补中益气汤合乌头丸加减（改丸方）。党参 120 克，生黄芪 120 克，麻绒 20 克，官桂 15 克，白芍 30 克，蜈蚣 20 条，乌梢蛇 90 克，䗪虫 24 克，全蝎 9 克，蟑螂 20 个，熟附片 90 克，地龙 15 克，九香虫 15 克，自然铜 9 克^{醋淬}，麝香 4.5 克，槟榔 15 克，厚朴 15 克，鸡内金 15 克，山楂 15 克，炒北五味子 30 克。上药共研细末，炼蜜为丸，每丸重 9 克，每日早、中、晚各服 1 丸。

疗效：病人服上丸方 2 料后，自动停药，身体健康如常。

按： 本病例病情以皮肤症状为主，内脏虽受到病毒侵扰，但并不严重，因而能较快治愈。王氏以温补脾肾、活血化瘀、舒筋软坚为主要治法，以补中益气汤合乌头汤加减为主方。其中乌头为治疗本病的主要药物，但有微毒，一定要先煎 2 小时，以消除毒性。虫类药物为活血化瘀、舒筋软坚的主要药物，辅以麝香芳香辛窜，以助药行。再用外敷药敷贴皮肤患处，如此外敷内服，内外夹攻，故收效较速。

7. 颈椎病

颈椎病又称颈椎综合征，是颈椎骨关节炎、增生性颈椎炎、颈神经根综合征、颈椎间盘脱出症的总称，是一种以退行性病理改变为基础的疾患。

本病多见于中年以上者，一般无明显的外伤史。因年龄关系或其他某些原因，颈椎发生肥大性变化（骨刺），在此时还不一定产生症状。但当增生的骨刺伸入椎间孔使其孔变小时，颈神经根就受到刺激和压迫而产生症状。有的亦可因颈椎间盘后突，压迫神经根而产生症状。早期症状是，颈肩部酸痛，多为一侧；以后逐渐发生上肢麻痛，放射到手指；上肢关节不受影响；颈部的伸屈旋转活动常属正常，但活动到极度时，可以加重症状；手部握力减弱，皮肤感觉减退，肱二头肌和肱三头肌腱反射可较健侧敏感或减退；有时高举患肢，可以减轻症状。

本病在中医古籍中无明确记载。而从临床实践看，本病多发生于 40 岁以上者，病因可有外伤后遗、痰浊瘀阻、颈椎劳损、风寒湿痹、肝肾亏损、气血虚弱等因素，主要与肾有关。肾主骨，如肾气虚亏，不能生髓，加之气血不足，寒湿之邪乘虚而入，凝聚于颈项，壅闭经络，气血不通，不通则痛，而成此病。

　　王氏认为，本病为颈椎的退行性改变，其病机虚实夹杂，多为脾肾不足兼受外邪所致。颈椎为督脉循行之处，故治疗温运脾肾，固督化瘀，方用河间地黄饮子合通窍活血汤加减。常选用党参、鸡血藤、生黄芪、桑寄生、菟丝子以加强温运脾肾之功；选用黑故脂、䗪虫、炒蒲黄、蜈蚣、白花蛇（乌梢蛇）、全蝎等虫类药物以软化血管，增强活血化瘀的作用；选用自然铜、麝香以加强固督之功；选用鹿角胶、阿胶、鱼鳔胶增加增益骨髓之效；选用山楂、鸡内金、神曲、生谷芽健脾消食。

【辨证论治】

　　主要证候：颈后、上背、肩胛及胸前区或肩、臂、手疼痛，肌肉萎缩无力，舌苔薄白，脉弦细或弦迟。

　　治法：温运脾肾，固督化瘀。

　　处方：河间地黄饮子（《宣明论方》）合通窍活血汤（《医林改错》）加减。

熟地黄 12 克	巴戟天 12 克	山茱萸 12 克	肉苁蓉 12 克
附子 12 克	五味子 12 克	肉桂 12 克	白茯苓 12 克
麦门冬 12 克	石菖蒲 12 克	远志 12 克	川芎 3 克
桃仁 9 克	红花 9 克	老葱 3 根	鲜姜 9 克
红枣 7 个	麝香 0.3 克^{冲服}		

　　方义分析：王氏用熟地黄、山茱萸滋补肾阴，肉苁蓉、巴戟天温壮肾阳；配伍附子、肉桂之辛热，以助温阳下元，摄纳浮阳，引火归元；麦门冬、五味子滋养肺肾，金水相生，壮水以济火；石菖蒲与远志、白茯苓合用，是开窍化痰、交通心肾的常用组合；川芎行血活血；桃仁、红花活血化瘀；姜枣和调。诸药相合，共奏温脾补肾、固督化瘀之功。

　　加减：王氏运用此方时针对脾肾虚甚者常选用鸡血藤、生黄芪、桑寄生、菟丝子以加强温运脾肾之功；血瘀较甚者选用黑故脂、䗪虫、炒蒲黄、蜈蚣、白花蛇（乌梢蛇）、全蝎以增强活血化瘀的作用；加入自然铜以加强固督之功；常加入鹿角胶、阿胶、鱼鳔胶增强增益骨髓之效。若脾胃虚弱可选用山楂、鸡内金、神曲、生谷芽。

【典型医案】

　　徐某，男，40 岁。

初诊：1937年6月28日。病人头向左偏，不能转动，转动则剧痛。不能饮食，腰痛乏力。经湖北省某医院检查，诊断为"颈椎骨质增生"。经内服药物，疗效不大。苔薄腻，弦迟。治法：温运脾肾，固督化瘀。处方：河间地黄饮子合通窍活血汤加减。潞党参30克，鸡血藤18克，生黄芪30克，桑寄生30克，菟丝子30克，黑故脂12克，䗪虫9克，炒蒲黄9克，蜈蚣2条，白花蛇（乌梢蛇）9克，鹿角胶15克^{冲服}，阿胶15克^{冲服}，鱼鳔胶15克^{冲服}，全蝎9克，自然铜3克^{醋淬研末，胶囊装吞}，麝香0.3克^{冲服}，鸡内金9克。共研细末，自然铜醋淬研末，胶囊装吞；麝香、鹿角胶、阿胶、鱼鳔胶冲服，水煎服。1周6剂，连服2周。

二诊：7月14日。病人服上方12剂后，病情好转，颈已止痛，头能伸直。饮食渐增，腰痛减。唯觉得药中虫类药可怕，请求换去。弦迟，苔薄腻。处方：河间地黄饮子合通窍活血汤加减。潞党参30克，鸡血藤18克，生黄芪30克，桑寄生30克，菟丝子30克，黑故脂12克，炒蒲黄9克，鹿角胶15克^{冲服}，阿胶15克^{冲服}，鱼鳔胶15克^{冲服}，自然铜3克^{醋淬入煎}，麝香0.3克^{冲服}，鸡内金9克，炒五灵脂12克。共研细末，自然铜醋淬研末，胶囊装吞。1周6剂，连服2周。

三诊：7月30日。病人服上方12剂后，诸症悉解，病人登门感谢。

按：本病例由于肝肾气虚，血脉不荣，风寒湿邪乘虚入络而成。王氏以固肾强督、活络化瘀为主要治法，以河间地黄饮子合通窍活血汤加减为主方。方中以自然铜强督，辅以麝香芳香辛窜，功效更著。以鹿角胶、阿胶、鱼鳔胶等数种胶质增补髓液，以虫类药物软化血管、活络化瘀。诸药协和，使督脉之阳畅盛，病自然痊愈。

三、六法通治四十二类病

人体脏腑，互相制约，互相配合。其病理形成，往往互相关联，并有共同的特点。掌握病理的发生及转归规律，往往可以推本求源，异病同治。王渭川常用六法通治四十二类病。

1. 活血通络化瘀法

主治：脑震荡，脑垂体肿瘤，桥脑失调，静脉曲张，血栓性静脉炎，雷诺病，脑肿瘤手术后半身麻痹，侧索动脉硬化，红斑狼疮，无脉症（大动脉炎）。

常用药物：蜈蚣、乌梢蛇、全蝎、赤芍、川芎、桃仁、土红花、桂枝、白芍、䗪虫、生蒲黄、水蛭、麝香、自然铜、琥珀。

加减

脑震荡：加生三七。

脑垂体肿瘤：加黑故脂。

血栓性脉管炎：加红藤、蒲公英。

侧索动脉硬化：加牛膝。

红斑狼疮：加紫草、蛇头一棵草、白花蛇舌草、石大年、半枝莲、无花果、苦荞头、隔山撬、瞿麦根。

2. 活血化瘀舒筋软坚法

主治：真中风（高血压、脑出血），冠状动脉硬化，肌萎缩侧索硬化，子宫肌瘤，卵巢囊肿，宫外孕，视网膜中央静脉阻塞，风湿性心脏病，象皮腿，硬皮病。

常用药物：蜈蚣、乌梢蛇、全蝎、桃仁、土红花、䗪虫、水蛭、生蒲黄、当归、生白芍、桔梗、化癥回生丹、七厘散。

3. 补虚化瘀理气法

主治：慢性肝炎，肝硬化腹水，肝脾肿大，阿狄森氏病。

常用药物：党参、鸡血藤、生黄芪、桑寄生、菟丝子、炒五灵脂、桃仁、土红花、䗪虫、生蒲黄、槟榔、厚朴、夏枯花、化癥回生丹、薤白。

加减

慢性肝炎：加金钱草、满天星、花斑竹、茵陈、柴胡。

肝硬化腹水：加熟附片、肉桂、肉苁蓉、鹿角胶。

脾肿大：加生鳖甲。

4. 清热化湿消炎法

主治：盆腔炎，子宫内膜炎，阑尾炎，肾盂肾炎，肾炎，膀胱炎，大叶性肺炎，急性黄疸型肝炎，胆囊炎，白血病，胸膜炎。

常用药物：金银花、连翘、桔梗、大青叶、蒲公英、败酱草、炒升麻、茵陈、琥珀末、槟榔、厚朴、牡丹皮。

加减

肾炎：随症选加熟附片、肉桂、黑故脂、冬虫夏草、党参、鸡血藤、生黄芪、桑寄生、菟丝子。

膀胱炎：选加萹蓄、瞿麦、海金沙、夜明砂、仙鹤草、玉米须。

大叶性肺炎：加麻黄、杏仁、生石膏、荆芥、薄荷。在 24 小时内煎 2 剂，每 4 小时内服 1 次，可退高热。6 岁以下小儿用量减半。

胸膜炎：分为渗出性、干酪性两种。前者加桔梗、京半夏以排除黏液，后者加柴胡、瓜蒌、冬瓜子。无论何种类型，都要加麻绒以宣肺利膈，加生石膏以清热，加山茱萸以营心，加乳香、三七以镇痛。

急性黄疸型肝炎：加柴胡以疏通组织；加茵陈以利胆退黄；加金钱草、满天星、花斑竹以清除肝组织病邪，防止细胞坏死，恢复肝功能，防止转成慢性。

白血病：高热和白细胞不断增高时，按实证治，清热排毒佐以活血化瘀。选加犀角（或牛角）、生地黄、至宝丹、紫雪丹、牛黄清心丸以清热；加败酱草、秦皮以降白细胞；加蛇头一棵草、白花蛇舌草、半枝莲、苦荞头、瞿麦根、石大年、隔山撬、无花果以排除血内毒素；选加桃仁、红花、蜈蚣、乌梢蛇、全蝎、䗪虫、水蛭以软化血管兼活血化瘀；选加大量仙鹤草，中量阿胶、地榆、槐花及小量三七以止血；选加熟附片、桂枝、生白芍、鲜生地黄、山茱萸以强心。白血病在红细胞、血红蛋白、血小板显著降低时，按虚证辨治，治虚与温凉并用，选加鹿角胶、红参以益气补血，加自然铜以健督脉，加麝香、肉桂以调营，加炒五灵脂、琥珀末以镇脑。

5. 息风通络法

主治：癫痫，子痫，精神分裂症，夜游症。

常用药物：明天麻、钩藤、桃仁、铁落、蜈蚣、乌梢蛇、全蝎、天竺黄、半夏、九香虫、生地黄、夜交藤。

加减

子痫：加山楂、蚕沙降低尿蛋白。

6. 疏肝通络消胀法

主治：乳核（乳腺小叶增生），胰腺炎，眩晕，腹胀（痞满）。

常用药物：柴胡、丹参、刺蒺藜、钩藤、夜交藤、桑寄生、菟丝子、薤白、夏枯花、蜈蚣、乌梢蛇、九香虫、蜣螂、琥珀末、铁落。

加减

胰腺炎：加大量仙鹤草、阿胶以止血，加三七粉、麝香、炒五灵脂、乳香以防组织坏死。

腹胀：凡由肝脾肿大等引起者，加熟附片、桃仁、土红花、党参、肉桂以温脾肾、理气活血；脾功能亢进加花斑竹根、鹿角胶。

四、常用独特方剂及药物

（一）常用方剂

1. 妇科方

（1）1号调经合剂（益黄八珍散改汤剂）

处方：党参24克，白术9克，茯苓12克，当归9克，生地黄12克，赤芍9克，川芎8克，益母草30克，䗪虫9克，炒蒲黄9克，鸡血藤18克。

主治：气血两虚夹瘀所致之月经先期、月经后期、月经先后无定期、漏下色污有块、痛经。

（2）2号调经合剂（益鹤四君子汤）

处方：党参60克，焦白术9克，炒升麻24克，仙鹤草60克，生黄芪60克，阿胶珠9克，夜交藤60克，桑寄生15克，菟丝子15克，血余炭9克，茯苓9克。

主治：肝脾气虚，冲任失固所致的崩下量多色红、子宫脱垂、膀胱壁膨出。

（3）3号调经合剂（桑䗪四物汤）

处方：全当归9克，丹参9克，赤芍9克，生地黄9克，川芎6克，䗪虫9克，炒蒲黄9克，桑寄生15克，菟丝子15克，炒川楝子9克，艾叶9克，鸡内金9克，三七粉3克^{冲服}。

主治：气血凝结，冲任瘀阻所致的原发性无月经、经闭。

（4）1号调经丸方

处方：党参15克，白术12克，香附12克，当归9克，桑寄生15克，巴戟天6克，菟丝子15克，台乌药6克，川芎6克，益母草24克，艾叶9克，小茴香3克，河车粉12克。

用法：上药共研细末，炼蜜为丸。此为 1 周量。

主治：虚证之月经紊乱。

（5）2 号调经丸方

处方：丹参 9 克，白芍 9 克，白术 15 克，茯苓 12 克，当归 9 克，姜黄 9 克，桃仁 9 克，香附 12 克，红泽兰 15 克，益母草 12 克，柴胡 6 克。

用法：上药共研细末，炼蜜为丸。此为 1 周量。

主治：实证之月经紊乱。

（6）银甲丸

处方：金银花 15 克，连翘 15 克，升麻 15 克，红藤 24 克，蒲公英 24 克，生鳖甲 24 克，紫花地丁 30 克，生蒲黄 12 克，椿根皮 12 克，大青叶 12 克，西茵陈 12 克，琥珀末 12 克，桔梗 12 克。

用法：上药共研细末，炼蜜成 63 丸。此为 1 周量，亦可改成煎剂。

主治：湿热蕴结下焦所致的黄白带、赤白带（子宫内膜炎、子宫颈炎及多种下焦炎症）。

（7）加味四君子合剂

处方：党参 24 克，苍术 6 克，茯苓 9 克，白果仁 9 克，椿根皮 9 克，桔梗 9 克，红藤 24 克，蒲公英 24 克，藿香 6 克。

主治：气虚脾弱所致的虚带，带下色白质薄、无腥臭味。

（8）保胎方

处方：党参 15 克，云苓 9 克，焦白术 9 克，桑寄生 15 克，菟丝子 10 克，杜仲 6 克，续断 9 克，竹茹 6 克，藿香 6 克。

加减：腹胀加厚朴 6 克；胃气上逆加旋覆花 9 克；吐酸过剧，用灶心土 60 克泡开水搅匀，待澄清后用此水熬药。

主治：胎动呕逆、恶阻。

（9）阴痒外洗方

处方 1：苦参 30 克，黄柏 15 克，蛇床子 60 克，鹤虱 30 克，雄黄 15 克，狼毒 1.5 克。（注意：本药有毒，禁止入口。洗阴道时，用药水洗后再用温开水洗 1 次，防止阴道黏膜中毒）

处方 2：黄柏 24 克，蛇床子 24 克，枳壳 24 克，椒目 20 粒，明矾 6 克。（附

注：本方也可作为外阴白斑外洗方）

用法：煎水洗患处。

主治：阴痒。

（10）外阴白斑内服药方

处方：沙参9克，党参60克，地肤子30克，蛇床子12克，夜交藤60克，苍术3克，何首乌15克，黄精60克，白鲜皮30克，鸡血藤18克，续断24克，一支箭30克，鱼腥草12克，无花果30克，羌活1.5克。

用法：每日1剂，水煎，分3次服。

主治：外阴白斑。

（11）外阴白斑外洗方

处方1：冬蒜杆60克，向阳花柄60克，地肤子30克，铁扫把30克，瓜壳12克，蛇倒退30克，闹羊花15克，野菊花60克，蛇床子30克，陈艾30克，青蛙草60克。

处方2：青蒿9克，夏枯花12克，白菊花12克，土茯苓12克，浮萍草12克，地肤子12克，蛇床子12克，吴茱萸9克，乌梅9克，一支箭15克，玄参12克，六谷根30克，旱莲草12克，地龙15克，桑椹30克，苦参30克，无花果30克，千里光30克。

用法：煎水洗患处。

主治：外阴白斑。

（12）启宫丸

处方：京半夏9克，苍术9克，香附9克，神曲9克，茯苓9克，橘皮3克，川芎3克。

用法：每日1剂，水煎，分3次服。可以常服。

加减：热痰，可加天竺黄9克，石菖蒲9克；寒痰，加鹿角霜9克。

主治：痰脂阻络之肥胖病。

（13）育麟珠

处方：当归60克，枸杞子30克，鹿角胶30克，川芎60克，党参30克，白芍60克，杜仲30克，巴戟天30克，淫羊藿30克，桑寄生30克，菟丝子30克，胎盘60克，鸡血藤膏120克。

用法：共研细末，炼蜜为丸，每日早、中、晚各服9克。

主治：妇女不孕。

（14）种子方

处方：鹿角胶15克，肉苁蓉12克，枸杞子12克，巴戟天12克，柏子仁9克，杜仲9克，牛膝3克，小茴香9克，桑寄生15克，菟丝子15克，覆盆子24克，淫羊藿24克。

用法：每日1剂，水煎，分3次服。

主治：妇女不孕。

2. 内科方

（1）百日咳方

处方：鸡苦胆1枚。（附注：如无鸡苦胆，用鸭苦胆也可）

用法：开水泡洗后白糖包吞，每日3次分服。

主治：百日咳。

（2）钩虫病方

处方：雷丸9克，榧子9克，槟榔9克，鹿角胶9克。

用法：每日1剂，水煎服。可常服。

主治：钩虫病。

（3）血丝虫病散方

处方：凤仙花子60克，苍术30克，全蝎9克，蛇蜕30克，柴胡60克，蜈蚣5条。

用法：共研细末，每日服6克，分3次服完。

主治：血丝虫病。

（4）气管炎方

处方：五匹草30克，枇杷叶24克，肺经草30克，兔儿风30克，刺黄芩15克，六月寒30克，青蛙草30克，蜂蜜15克。

用法：水煎服。每日1剂，分3次服。

主治：气管炎。

（5）自发性气胸方

处方：百部9克，海浮石15克，炒葶苈9克，鸡血藤18克，冬虫夏草15

克，白及 15 克，夏枯花 15 克，薤白 12 克，桃仁 9 克，土红花 9 克，蛤蚧 1 对，琥珀末 6 克，三七粉 1.5 克^{冲服}。

用法：水煎服，每日 1 剂，分 3 次服。连服 1 周。（附注：连服 1 个月后，再加麝香 0.15 克，冲服）

主治：自发性气胸。

（6）银甲合剂

处方：连翘 9 克，金银花 9 克，红藤 24 克，蒲公英 24 克，杏仁 9 克，生石膏 9 克，川贝母末 6 克，生蛤蚧 3 克^{冲服}，炒韭子 9 克，炒葶苈 6 克，麻绒 3 克，竹沥 6 克^{冲服}，琥珀末 6 克^{冲服或布包煎}。

用法：每日 1 剂，水煎服，分 3 次服。

加减：肺结核，加黄精 30～60 克；痰中夹血，加仙鹤 24 克，阿胶珠 9 克。

主治：热痰咳嗽、气喘自汗（包括急性支气管炎、肺结核）。

（7）麻黄合剂

处方：熟附片 12 克^{先煎 2 小时}，麻黄 6 克，细辛 3 克，桂枝 6 克，京半夏 9 克，白芍 12 克，炒北五味子 9 克，百部 9 克，炒白果仁 9 克，炒葶苈 6 克，川贝母末 6 克^{冲服}，鹿角胶 9 克，海浮石 15 克。

用法：每日 1 剂，水煎服，分 3 次服。

加减：喘息咯血加仙鹤草 60 克，白及 15 克。

主治：痰呕喘咳（包括肺心病、支气管扩张）。

（8）肝胃痛丸

处方：台乌药 60 克，仙鹤草 60 克，地榆 30 克，白及 30 克，槐花 30 克，吴茱萸 9 克，九香虫 30 克，麝香 2.4 克，鸡内金 24 克，厚朴 24 克，炒五灵脂 24 克，淮山药 60 克。

用法：共为细末，炼蜜制成 63 丸，每日早、中、晚各服 3 丸，共 1 周量。可连续配服。

主治：肝胃气痛、大便黑（便血或隐血）、吐血。

（9）风湿性心脏病方

处方：白蜡 2.1 克，蜂蜜、猪油各一小匙。

用法：上药蒸鸡蛋 2 个做早餐吃。早餐再不吃其他东西，中午、晚上可照常吃饭。

主治：风湿性心脏病、先天性二尖瓣闭锁栓性心脏病。

（10）风湿性关节炎方

①外敷方 1

处方：针砂 69 克，川乌 3 克，木瓜 3 克，苍术 3 克，白矾 3 克，羌活 3 克。

用法：共研细末，用稠大米汤调敷患处。

主治：严重风湿痛。

②外敷方 2

处方：当归尾 6 克，赤芍 6 克，红花 6 克，桃仁 6 克，川乌 6 克，细辛 6 克，独活 6 克，南星 6 克，生半夏 6 克，姜黄 6 克，大黄 6 克，草乌 6 克。

用法：共研细末，姜、葱捣烂后调敷患处。

主治：关节风湿红肿畸形。

③内服方

处方：汉防己 9 克，当归 9 克，天麻 12 克，羌活 6 克，独活 6 克，制川乌 9 克^{先煎 2 小时}，威灵仙 9 克，草乌 9 克^{先煎 2 小时}，海风藤 15 克，桑枝 24 克，熟附片 12 克^{先煎 2 小时}，黄精 24 克。

用法：水煎服。每日 1 剂，分 3 次服完。

主治：风湿性关节肌肉痛。

（11）风湿痛方

①泡酒方 1

处方：海龙 7.5 克，碎蛇 7.5 克，石燕半个，血竭 4.5 克，儿茶 7.5 克，乳香 7.5 克，没药 7.5 克，自然铜 15 克^{醋淬}，杜仲 9 克，草乌 3 克，制川乌 3 克，炒北五味子 30 克，何首乌 24 克，蜈蚣 5 条^{焙，研细末}。

用法：用大曲酒 2 斤泡 2 周，再加白酒 3 斤，混合后随量饮用。每日服用 3 次。

主治：风湿痛。

②泡酒方 2

处方：贡木 30 克，制川乌 30 克，熟附片 20 克，羌活 15 克，独活 15 克，当归 15 克，姜黄 15 克，乌梢蛇 60 克，蜈蚣 20 条^{焙，研细末}，枸杞子 30 克，黄精 30

克，千年健 60 克，威灵仙 35 克。

用法：用大曲酒 2 斤泡 2 周，每日中、晚各服 9 克。

主治：风寒湿痛，四肢麻木。

③内服方 1——风痛方

处方：鸡血藤 18 克，威灵仙 9 克，千年健 18 克，蜈蚣 2 条，乌梢蛇 9 克，桑枝 24 克。

用法：水煎服，每日 1 剂，分 3 次服。

加减：属风而袭于胃及头颅者，加细辛 3 克，藁本 9 克；属风而袭于腰髋骨者（坐骨神经痛），加杜仲 9 克，续断 9 克，全蝎 9 克，羌活 6 克。

主治：风痛。

④内服方 2——湿痛方

处方：秦艽 6 克，汉防己 9 克，细辛 3 克，威灵仙 9 克，苍术 9 克。

用法：水煎服，每日 1 剂，分 3 次服完。

主治：风湿痛。

⑤内服方 3——痹痛方

处方：熟附片 15 克^{先煎2小时}，制川乌 9 克^{先煎2小时}，威灵仙 9 克，千年健 18 克，细辛 3 克，蜈蚣 2 条，乌梢蛇 9 克。

用法：水煎服，每日 1 剂，分 3 次服完。

主治：痹痛偏寒夹湿。

（12）风湿疹外洗方

处方：铁扫把 15 克，紫荆皮 15 克，鱼腥草 30 克，红浮萍 15 克，防风 9 克，钩藤 9 克。

用法：煎水外洗患处。

主治：风湿疹。

（13）落发丸

处方：明天麻 30 克，当归 60 克，熟地黄 60 克，鹿角胶 60 克，龟胶 60 克，生黄芪 60 克，淫羊藿 60 克，枸杞子 60 克，胎盘 60 克，黑芝麻 120 克，桑椹 120 克，砂仁 60 克。

用法：共研细末，炼蜜为丸，每日服 3 次，每次服 9 克。可连续配服。

主治：内分泌紊乱引起落发。

（14）起死回生痧药方

处方：西牛黄 1.2 克，赤金箔 10 张，冰片 1.8 克，蟾酥 3 克，火硝 9 克，滑石 12 克，煅石膏 60 克。

用法：共研细末，越细越好，瓷瓶贮存，不可泄气。用时将本药吹入病人鼻中。（附注：骡马受热昏倒，以本药吹入鼻中同样收效）

主治：夏月受暑，昏倒不省人事，或急痧腹痛。

（15）七厘散

处方：麝香 1.5 克，冰片 1.5 克，朱砂 15 克，红花 18 克，乳香 18 克，没药 18 克，儿茶 30 克，血竭 120 克。

用法：共研细末，瓷瓶贮存，黄蜡封口。外伤血流不止，用本药干敷伤处，可止血。受内伤而表皮不破，伤处用烧酒调敷本药，并用烧酒冲调本药内服。冠心病，用本药 0.03～0.15 克配合汤药冲服。

主治：冠心病、跌打损伤、骨折筋断。

3. 外科方

（1）乳痈消散方

处方：蒲公英 24 克，炒川楝子 9 克，柴胡 6 克，夏枯草 15 克，王不留行 24 克，山甲珠 9 克，金银花 24 克，连翘 12 克，生地黄 9 克，赤芍 9 克，琥珀末 6 克^{冲服或布包煎}。

用法：每日 1 剂，水煎，分 3 次服。

主治：乳痈。

（2）外敷止痛方

处方：针砂 69 克，川乌 3 克，生半夏 3 克，苍术 3 克，黄连 3 克，蜈蚣 3 克。

用法：共研极细末，半酒半汤调敷患处。

主治：外科痛证。

（3）骨碎补丸

处方：何首乌 24 克，碎蛇 7.5 克，石燕半个，血竭 9 克，儿茶 9 克，乳香 9 克，没药 15 克，自然铜 4.5 克^{醋淬}，蜈蚣 5 条，鸡内金 9 克，淮山药 30 克，炒北五味子 15 克。

用法：共为细末，炼蜜为 63 丸，每日早、中、晚各服 1 丸。可连服。

主治：外科骨折筋断。

（4）外科瘘管方

处方：千捶膏。

松香半斤^{熔7次滤去渣}，乳香 4.5 克，血竭 3 克，杏仁 6 克，麻油 120 克，没药 7.5 克，麝香 0.6 克，铜绿 7.5 克，冰片 1.5 克，儿茶 0.6 克，琥珀末 9 克，蓖麻子 60 克^{去壳}。

用法：共为细末，合麻油搅匀，捶捣千次成膏，摊细布贴患处。

主治：长期瘘管不愈合。

附：千捶膏老方（即红毛坠金膏原方）

嫩松香 480 克，制乳香 36 克，银珠 50 克，蓖麻子仁 300 克，麝香 2.4 克。

制法：先将蓖麻子仁入臼内捣极烂如泥后，再入各药捶数千次，成膏后再入麝香末，搅匀后入砂罐贮藏。

主治：本方可治疗恶疮，使其消散不易成脓。

（5）火伤方

处方：大黄 9 克，苦参 9 克，黄柏 9 克，生石膏 9 克，煅龙骨 9 克，儿茶 6 克，地榆炭 6 克，青黛 12 克，三七 4.5 克，冰片 1.2 克，琥珀末 6 克。

用法：共研细末。水、火烫伤，用香油调敷；刀伤、外伤流血，用干粉末敷。

主治：水、火烫伤，刀伤外伤。

（6）活血散方

处方：当归 150 克，桂枝 60 克，地龙 30 克，䗪虫 18 克，赤芍 60 克，细辛 30 克，牛膝 30 克，木香 30 克，虻虫 18 克，淮山药 60 克，木通 30 克，土红花 30 克，水蛭 18 克，威灵仙 60 克，石缝丹 30 克，紫绿草 30 克。

用法：共研细末，蜂蜜调匀外敷患处。内服每日早、晚各 15 克，开水煎服。

主治：气血凝滞，经络阻塞。

4. 眼科方

（1）泪道阻塞内服方

处方：蒲公英 30 克，刺蒺藜 30 克，金银花 30 克，蔓荆子 24 克，白薇 24

克，皂角刺9克，赤芍30克，苍耳子15克，川芎12克。

用法：共为细末，炼蜜为丸，每日空腹服3次，每次15克。

主治：泪道阻塞。

（2）色盲方

处方：炙甘草汤加减。

党参12克，生地黄12克，麦门冬12克，阿胶6克，火麻仁12克，柴胡9克，炙甘草12克。

用法：每日1剂，水煎，分3次服。

主治：肝肾阴虚，肝气不和之两眼轮痛、视赤如白、视黄如红、辨不清色彩。

（3）视物模糊方

处方：驻车丸加减。

木瓜6克，菟丝子24克，楮实子24克，枸杞子6克，车前子9克，寒水石6克，炒北五味子6克，茺蔚子6克，胎盘6克，生三七15克。

用法：共研细末，炼蜜为丸，每日早、中、晚各服30克。

加减：如属肝肾阴虚，宜加滋补肝肾药及化瘀药。

主治：双目无外部表现，视物模糊，似觉眼前黑蚊飞舞遮睛。

（4）眼花方

处方：真武汤加减。茯苓9克，白芍9克，生姜9克，附片18克。

用法：每日1剂，水煎，分3次服。

主治：肾水上泛之眼轮正常，眼中常见白色，光亮微小，圆点，不停晃动。

（5）受寒失明方

处方：麻黄附子细辛汤。麻黄4.5克，附片9克，细辛3克。

用法：每日1剂，水煎，分3次服。

主治：性交后伤于寒，眼无丝毫外症而突然失明。

（6）巩膜充血方

处方：龟板15克，牡蛎15克，珍珠母30克，地骨皮12克，桑白皮9克，藿香6克。

用法：每日1剂，水煎，分3次服。

主治：阴虚阳亢，巩膜充血发红。

（7）玻璃体混浊方

处方：菟丝子 18 克，茺蔚子 18 克，枸杞子 12 克，河车粉 9 克，牡丹皮 12 克，芡实 9 克，白头翁 15 克，木瓜 6 克。

用法：每日 1 剂，水煎，分 3 次服。

主治：眼玻璃体混浊。

（8）白内障方

处方：加味磁朱丸。磁石 60 克，琥珀末 15 克，朱砂 30 克，神曲 120 克，生蒲黄 15 克。

用法：共研细末，炼蜜为丸，每日早、中、晚各服 9 克。

主治：白内障。

（9）近视方

处方：楮实子 24 克，茺蔚子 18 克，木瓜 9 克，菟丝子 24 克，青皮 15 克，三七粉 3 克[冲服]，枸杞子 15 克，枳壳 9 克。

用法：每日 1 剂，水煎，分 3 次服。

主治：近视。

（10）视神经病变方

处方：珍珠母 24 克，生地黄 12 克，防风 9 克，蛇蜕 9 克，当归 9 克，楮实子 24 克，女贞子 24 克，旱莲草 24 克，枸杞子 12 克，炒蒲黄 9 克，琥珀末 6 克。

用法：共研细末，炼蜜为丸，每日早、中、晚各服 9 克。（附注：本方可与磁朱丸交替服用）

主治：平眼压，预防发展为青光眼，治疗视神经病变、视神经衰弱、视弱仅见人影。

（11）先天性视网膜色素变性方

处方：木贼草 24 克，党参 60 克，鸡内金 9 克，桑寄生 15 克，菟丝子 15 克，冬虫夏草 15 克，蜈蚣 2 条，乌梢蛇 9 克，䗪虫 9 克，炒蒲黄 9 克，鹿角片 24 克，琥珀末 6 克[冲服或布包煎]。

用法：每日 1 剂，水煎，分 3 次服。

主治：先天性视网膜色素变性。

（12）后天性视网膜色素变性

处方：钩藤 9 克，刺蒺藜 18 克，夜交藤 60 克，楮实子 24 克，木贼草 24 克，蛇蜕 9 克，蒲公英 24 克，茺蔚子 15 克，生蒲黄 9 克，琥珀末 6 克^{冲服或布包煎}，三七粉 4.5 克^{冲服}。

用法：每日 1 剂，水煎，分 3 次服。

主治：后天性视网膜色素变性。

（13）视网膜中央静脉阻塞方

处方：当归 9 克，川芎 6 克，桃仁 9 克，红花 9 克，䗪虫 9 克，炒蒲黄 12 克，桂枝 3 克，生白芍 12 克，生地黄 12 克，楮实子 24 克，木贼草 24 克，蜈蚣 2 条 乌梢蛇 9 克，麝香 0.15 克^{冲服}。

用法：每日 1 剂，水煎，分 3 次服。

主治：视网膜中央静脉阻塞，眩晕，视物不清。

（14）中心性视网膜炎方

处方：楮实子 24 克，茺蔚子 24 克，木瓜 9 克，青皮 15 克，三七粉 9 克^{冲服}，枸杞子 12 克，枳壳 9 克，寒水石 9 克，淮山药 6 克^{冲服或布包煎}。

用法：每日 1 剂，水煎，分 3 次服。

主治：中心性视网膜炎、脉络膜炎。

5. 皮肤科方

（1）神经性皮炎外搽药方

处方：斑蝥 10 个，雄黄 15 克，硫黄 15 克，白及 15 克，轻粉 6 克。

用法：用 75% 酒精 200 毫升，泡 1 周后搽患处。

主治：神经性皮炎。

（2）癣疮外搽方

处方：蛇床子 9 克，雄黄 9 克，硫黄 9 克，轻粉 6 克，冰片 3 克，青黛 3 克，黄柏 24 克，枳壳 24 克。

用法：共研细末，香油熬搽。严禁入口。

主治：癣疮。

（3）癣疮猫头鹰丸

处方：制胆南星 45 克，法半夏 30 克，天竺黄 30 克，琥珀末 15 克，蜈蚣 14

条，全蝎18克，橘皮30克，生蒲黄15克，牛膝15克，冰片3克，朱砂9克，五灵脂15克。

用法：共研细末，合猫头鹰鲜脑1具，炼蜜制成45丸。每日服3次，每次1丸。半个月为1个疗程。可连续配用。

主治：癫疝，癫痫。

（4）五妙散

处方：大黄120克，黄柏150克，苍术150克，羌活120克，红花120克。

用法：共研细末，加凡士林调敷。

主治：慢性疮病。

（5）金黄散

处方：胆南星60克，黄柏90克，黄芩150克，生大黄60克，白芷45克，天花粉30克，厚朴30克，苍术30克，橘皮60克，甘草30克，杜仲30克，姜黄30克，白及60克。

用法：共研细末，加蜜调敷。

主治：急性疮病。

（6）痤疮外搽药方

处方：糯米粉30克，制乳香9克，制没药9克，朱砂9克，赤石脂9克，五倍子9克，煅雄黄9克，蛇含石6克^{醋制}，琥珀末6克，薄荷6克，胆南星6克。

用法：共研细末，和水搽患处。

主治：痤疮。

（7）湿疹外搽方

处方：青黛3克，冰片0.3克，黄柏3克，琥珀末1.5克。

用法：共研极细末，加油调搽患处。

主治：婴儿湿疹、女阴白斑、皮肤湿疹。

（8）白癜风方

处方1：雄黄6克，雌黄6克，硫黄6克，白砒6克，白矾6克。共为细末。用时先浴令出汗，再捣生姜拌药搽。

处方2：密陀僧3克，雄黄1.5克，轻粉1.5克。共为细末，用茄子或萝卜片蘸药搽患处。

主治：白癜风。

（9）皮肤瘙痒外洗方

处方：陈艾60克，雄黄6克，花椒6克，防风60克。

用法：熬水洗患处。

主治：皮肤瘙痒。

（10）痒症1号散

处方：乌梢蛇9克，土红花6克，地龙9克，何首乌30克，刺蒺藜18克，金银花12克，菊花12克，赤芍12克，刺猬皮9克，地肤子30克，桑白皮12克，紫荆皮12克，千里光30克，蒲公英30克，夏枯花30克，甘草3克，防风6克，白芷6克。

用法：共研细末。每日3次，每次15克，水煎服。

主治：皮肤痒症。

（11）痒症2号散

处方：金银花12克，菊花12克，土茯苓12克，莪术24克，龙胆草9克，地肤子30克，苍术9克，防风9克，千里光30克，白芷9克，萆薢9克，蒲公英30克，夏枯草30克，甘草梢3克。

用法：共研细末，每日3次，每次15克，水煎服。

主治：皮肤痒症。

（12）痒症外洗方

处方：苦参30克，蛇床子30克，地肤子30克，蒲公英60克，千里光60克。

用法：煎水洗患处。

主治：皮肤痒症。

（13）面部雀斑方

处方：蛇床子、海桐皮、鸦胆子、芙蓉花、水仙花根、蛇蜕、穿山甲、大枫子。

用法：各等分，共研细末，和上等搽面粉，每日搽脸1次。在外搽的同时，可酌情常服下方：四君子汤加桑寄生15克，菟丝子15克。

主治：面部雀斑。

（14）带状疱疹特效方

处方：雄黄、明矾。

用法：各等分，共研细末，冷开水调匀，用毛笔蘸涂患处，可立即止痛，几日内可治愈。

主治：带状疱疹。

（15）荨麻疹方

处方：大青叶9克，大黄6克，槐花9克，紫草15克，红藤24克，蒲公英24克，茜草9克，板蓝根24克，青荆芥6克，生蒲黄9克。

用法：每日1剂，水煎，分3次服。

加减：血虚加熟地黄9克，当归9克；血热加生地黄9克，鳖甲9克。

主治：荨麻疹。

6. 其他

牙痛方

处方：瓦楞子、鹅管石、风化硝、青黛、冰片。

用法：各等分，研为细末，搽患处。

主治：牙痛。

（二）常用药物选要

1. 虫类药物的临床应用

虫类药物有攻坚破积、活血化瘀、息风镇痉、消痈散肿、疏风通络等作用。

（1）全蝎

性味功用：甘、辛，平，有毒；祛风，定惊，止痉。王氏认为，全蝎还有软坚活络、消除淋巴肿大的作用，可用治血丝虫病。全蝎与蜈蚣配伍，可治疗结核性脑膜炎、脑室炎、颜面神经麻痹、动脉硬化、脉管炎、雷诺病、癫痫、精神分裂症及其他一些神经系统疾病。

（2）蜈蚣

性味功用：辛，温，有毒；祛风，定惊，镇痉，解毒。王氏认为，蜈蚣还有舒筋软坚活络、除湿、软化血管等作用，并能抑制结核杆菌，促进人体的新陈代谢。蜈蚣与蛇类药物配伍，可治疗风湿痛、风湿性关节炎、风湿性心脏病、瘫痪、眼底动脉硬化、侧索硬化症、高血压、冠心病、脑血管意外、小儿麻痹后遗症、脑栓塞、冻结肩、红斑狼疮。孕妇忌用。

说明：蜈蚣息风镇痉、软化血管、舒筋活络效果较好。但其有毒，治疗慢性病须长期服用，故用量不宜过大。王氏处方每用2条，大的约有0.9克重，小的只有0.6克，虽长期连服，也不会中毒。

（3）僵蚕

性味功用：咸、辛，平；息风，定惊，化痰散结。王氏认为，僵蚕为平性息风药，多用于惊痫抽搐、喉风喉痹、面瘫、荨麻疹等病症。僵蚕配逍遥散可防痞。

（4）蚕沙

性味功用：甘，辛，温；祛风散湿，止泻止痛。王氏认为，蚕沙主要效用为蠲痹舒络，多用于泄泻腹痛、痹证关节痛、胃气上逆等病症。

（5）白花蛇

性味功用：甘、咸，温，有毒；祛风湿，舒筋通络，搜风，定惊。王氏认为，白花蛇是祛风除湿的要药。主治中风半身不遂、风湿麻痹不仁、筋脉拘急、口面㖞斜、骨节疼痛、大癞风疥，以及通治诸风：风湿疹、白癜风、小儿风热、急慢性惊风搐搦。白花蛇与蜈蚣配伍，可治疗风湿痛、风湿性关节炎、风湿性心脏病、瘫痪、眼底动脉硬化、侧索硬化症、高血压、冠心病、脑血管意外、小儿麻痹后遗症、冻结肩、红斑狼疮等。

（6）乌梢蛇

性味功用：甘，平，无毒；祛风，通络，定惊。主治诸风湿痹皮肤不仁，风瘙瘾疹，疥癣，皮肤生癞，眉发脱落。功用同白花蛇，但效力较小。王氏常用于中风半身不遂、风湿麻痹不仁、筋脉拘急、口面㖞斜、骨节疼痛、大癞风疥，以及通治诸风：风湿疹、白癜风、小儿风热、急慢惊风搐搦等病症。

（7）䗪虫（地鳖虫）

性味功用：咸，寒，有小毒；破瘀活血，消癥瘕散结，接骨续筋。王氏认为，䗪虫是化瘀活络、破癥下血积要药，主治慢性肝炎、肝硬化，也可用治心腹寒热、留血积聚、乳脉不通、妇女经闭、产后血瘀及红斑狼疮等。

（8）水蛭

性味功用：苦、咸，平，有小毒；破瘀通经、消癥，逐恶血，外治肿痛。水蛭是破血泻结的要药。王氏认为，该药主要用于逐恶血、破癥积、通经、堕胎。水蛭与䗪虫配伍，可治疗风湿性心脏病。水蛭与阿胶、鱼鳔胶配伍，可治疗冠状动脉粥样硬化性心脏病。孕妇忌用。

（9）九香虫

性味功用：温，咸，无毒；入肝、脾、肾三经；壮元阳，通气滞。主治脾胃气滞、胸腹气滞、脾肾亏损。王氏认为，该药多用于脾胃虚弱、腰膝疼痛、胃痛、胃溃疡、十二指肠溃疡、肠粘连、消化不良引起的腹痛、胃炎、肠炎等。以九香虫为主药的乌龙丸（九香虫45克，车前子12克，茯苓皮12克，白术12克，杜仲24克），共研细末，炼蜜为丸，每次服4.5克，主治泄泻。胃火、血热者慎用。

（10）蟑螂

性味功用：咸，寒，有小毒；散瘀破癥结，解毒利尿通二便。王氏认为，该药可治极顽固的大便不通。蟑螂体内有一种防癌物质，可以用治癌症。蟑螂配合九香虫、槟榔、厚朴，可治由肠梗阻引起的吐粪症。蟑螂与辛夷花、苍耳子配伍（将辛夷花、苍耳子捣烂，取蟑螂腹中白浆拌和，用纱布包裹塞于鼻孔中），可治鼻咽癌、鼻息肉、鼻窦炎、流脓鼻涕久治不愈等。

（11）地龙

性味功用：咸，寒；清热，止痉，镇静，定喘，通络，降压，解毒，利尿。主治惊风抽搐。王氏认为，该药用于中风后遗症半身不遂、风湿痹痛、小便不通。慢性下肢溃疡或烧伤、烫伤，用活地龙和白糖共捣烂，外敷。

（12）虻虫

性味功用：苦，微寒，有小毒；破瘀通经，散结消癥瘕。王氏认为，该药可用于血瘀经痛、产后恶露不尽、癥瘕积聚、跌扑瘀积等病症。孕妇忌用。

2. 几种常用的中草药

（1）9种消肿中草药

鸡血藤（大血藤、血枫藤）、矮桐子（臭梧桐、八角梧桐）、金针菜（黄花菜、萱草根）、浮萍参、刺萝卜、鸡骨草（相思子）、何首乌（山何首乌、赤何首乌）、糯米草（糯稻根）、谷精草（珍珠草）各 30 克。

临床应用：上述诸药都有健脾胃作用，脾健则水液运化，多余水液即从小便排出，以达到消肿目的。适用于气虚、血虚、脾胃虚弱、消化功能不良引起的浮肿。

（2）8 种消除病毒的中草药

蛇头一棵草（夜关门）60 克，白花蛇舌草 60 克，半枝莲 30 克，石大年（黄毛耳草、石打穿）30 克，无花果 30 克，瞿麦根 15 克，隔山撬 15 克，苦荞头 15 克。

临床应用：上述 8 种中草药都有活血、消除病毒的作用。常用来治疗癌症、红斑狼疮等疾病。从王氏个人临床经验来看，如经西医检查，确诊有癌细胞或狼疮细胞，服用上述 8 种中草药，会收到一定疗效。

（3）血吸虫病消水用药

半边莲（半枝莲）30 克，配以麝香 0.15 克，木香丸适量，佐入汤药内服。

临床应用：血吸虫病由虫积引起。初起虫积热毒蕴结肠胃，出现恶寒发热、腹痛腹泻等症状。继则虫阻经隧，肝脾受损，气滞血瘀，出现腹胀、胁下痞块（肝脾肿大）；更因脾失健运，水湿不化，气血停聚，遂形成腹水。脾病日久影响及肾，肾阳不足，水湿凝聚，则腹水日渐加重。因此，治疗血吸虫病，首先要消腹水，待腹水清退后，再服杀虫药。

3. 药物杂谈

（1）丁香

性味功用：辛，温，无毒。降气，健脾胃，补肾阳。

主治：祛胃寒，理元气，疗虚哕，止湿滞，治阴寒腹痛、奔豚、杀虫。

用量：0.9 ~ 3 克。

禁忌：病非属虚，一切有火之症忌用。呃逆由热引起者忌用。本药畏郁金。

按：呃逆病的治法分 3 种。

寒呃：用丁香柿蒂汤。

热呃：用五汁饮（梨汁、地栗汁、鲜苇根汁、麦门冬汁、鲜藕汁或蔗汁），或单用一二汁，如梨汁、地栗汁、蔗汁。

偶然呃逆：清痰理气便可，不可误诊而妄用丁香。

（2）三七

性味功用：甘、微苦，温，无毒。止血，止痛，散瘀消肿。能散一切恶血，生新血。

主治：吐血，衄血，下血，血痢，崩漏，经水不止，产后恶露不绝，血滞腹痛，血晕，目赤肿痛，外伤出血，疮疡，肿痛，虫蛇咬伤等。外敷消肿、止痛、止血，如金刃箭伤、跌扑外伤、血出不止者，嚼烂涂或研末搽之，血即止。

用量：4.5～9克；大剂30克左右。

按：三七散瘀血之功既宏，安心血之效亦佳。止血则能安心血，治疮退肿则能化毒血，故凡血证初期即欲止血，亦当先服三七，以免瘀血留滞，为他日患。单方，无论男女，红眼十分严重，用三七根打汁涂眼四周。无名肿毒用此法涂之，亦效。

（3）山茱萸

性味功用：酸、涩，微温，无毒。为滋阴、助阳、养血、涩精要药，补肝肾，止汗，逐寒温痹，安五脏，通九窍，暖腰膝精髓。

主治：阳痿遗精，血弱体痛。

配伍：和党参、当归配合，补气血。和生地黄、茯苓配合，补阴泻火。和益智仁、牡蛎、金樱子配合，治虚汗，小便淋沥不尽。和炒北五味子、苦参配合，调节心脏功能。和杜仲、牛膝、山药配合，补脑及骨髓。和桑寄生、菟丝子、金樱子配合，治精关不固，遗精，滑精。

用量：4.5～12克。

禁忌：命门火燥、强阳不痿，膀胱热结、小便不利者均忌用。阴虚血热不宜用，可用当归、地黄代替。本药忌海藻、龙胆草。

（4）山慈姑

性味功用：甘、微辛，平，有小毒。清热解毒，消肿散结。

主治：痈肿疮疡，淋巴结核，喉症，毒蛇、狂犬咬伤，粉刺雀斑及各种肿瘤。治痈疽疔毒、肿毒恶疮、肿瘤，则山慈姑连根煎汤内服，同时以本药研细末调醋外敷患处。治粉刺、雀斑，本品则夜涂日洗。

用量：一般 3～9 克。

（5）五灵脂

性味功用：甘，温，无毒。散瘀，行血，止痛。

主治：痛经，血滞经闭，产后腹痛，恶露不下，血痹，血积，崩漏，以及瘀血积滞，心腹胁痛，少腹诸痛，虫积，小儿惊风，癫痫。

用量：3～9 克。

禁忌：血虚无瘀滞忌用，孕妇忌用。

按：五灵脂散瘀行血，大有奇效。古医籍记载：一妇女自缢苏醒，次日遍身青紫黑色，血已瘀结，气息奄奄，即用酒炒净五灵脂 15 克，再用当归、红花、香附各酒炒 4.5 克煎汤，调五灵脂末灌下，半日许下瘀血块一桶，然后进调补气血药而愈。

（6）自然铜

性味功用：辛，平，无毒。为散瘀、破积、续筋接骨要药。

主治：跌打骨折，外伤肿痛，骨质增生，瘫痪。

用量：1.5～3 克。

注意：自然铜内服，必须火煅后醋淬研末，胶囊装吞。因为自然铜入汤药煎熬内服，会引起呕吐。研成粉末内服，会引起胃痛。用胶囊装吞，则可免除上述弊病。病情好转即停用，不可过服。

（7）鹿茸

性味功用：甘、咸，温，无毒。为大补真阳之药，补督脉，壮元阳，生精髓，强筋骨，养血益血。

主治：男子虚劳，老人精衰，腰膝无力，滑精眩晕，妇女崩漏带下及肾阳不足所致阳痿、遗精、遗尿、腰酸、腿痛、耳聋、耳鸣；又治再生障碍性贫血。

用量：2～4.5 克。多入丸散，很少入煎剂。

禁忌：壮年慎用。阴虚火旺者忌用。畏大黄。

附：鹿角胶

鹿角胶为鹿角熬成的胶。

性味功用：甘，平，无毒。补中气，长肌，增髓，止痛，安胎，强筋骨，生精血，壮腰膝，黑须发。

主治：伤中虚损劳嗽，吐血，尿血，下血；多汗淋沥，腰痛羸瘦，四肢作痛，崩中带下，疮疡肿毒。

鹿茸性温而燥，专补元阳，凡男子虚怯、老人阳亏用之皆宜。吐血、便血、尿血等症，如属阴虚火旺，多为下焦有热，误用鹿茸病反加重。因此，用鹿茸治血证、肠弱气虚而不摄血者、痈疽，都必须为阴证而火衰者。

（8）琥珀

性味功用：甘，平，无毒。为行水散瘀、安神要药，壮心气，定魂魄，破癥结，消瘀血，通五淋，明目磨翳，镇静大脑。

主治：心悸，多梦，惊痫，淋病，产后瘀血阻滞腹痛，脑血管意外，精神分裂症，癫痫，神经衰弱。

用量：2～7.5克。入汤药宜冲服或用布包煎。外用敷皮肤疮疡能止血、生肌收口。

禁忌：凡阴虚内热，小便少而不利者忌服。

（9）瓦楞子

性味功用：咸，平，无毒。为软坚散积要药，止血，散瘀，止痛，消痰。

主治：痰积，胃痛反酸，癥瘕痞块。

用量：6～9克。瓦楞入药用壳，火煅醋淬研末内服。

附：瓦楞肉

性味功用：甘，平，无毒。益气血，温中，祛风，利五脏，消痰，化食。

主治：心脊冷气，腰脊冷风，痿痹泻痢，大便脓血，积食痰壅。

（10）皂角刺

性味功用：辛，温，无毒。消肿排脓，祛风杀虫，通天窍（两眼、两耳、两鼻孔），消痈疽。

主治：痈疽肿毒，疮癣，乳痈，胞衣不下。本药功同皂荚，但力大锋锐，能直达病所。

用量：3～9克。

禁忌：痈疽已溃气虚者、孕妇均忌用。

附：皂荚

皂荚为苏木科皂荚树的果实。

性味功用：辛、咸，温，有小毒。通窍搜风，拔毒杀虫。

主治：痈疽肿毒，疮癣，乳痈，胞衣不下，风痹死肌，肠痈腹痛。

用量：3～5克。

禁忌：本药药性颇峻，中病即停用，孕妇忌用。畏人参、苦参。

凡由阴虚火旺煎熬成疾，热极生风致卒然仆厥之中风，不可用本药或以本药为主的稀涎散，以防耗伤津液，变为拘挛偏废之病。

附：皂角子

皂角子即皂荚子。

性味功用：辛，温，无毒。除风秘，和血润肠，导五脏，止泻，消肿。

主治：风热牙痛，膈痰吞酸，大便虚秘，下利不止，肠痈初起，妇女难产，瘰疬肿毒。

用量：3～6克。

禁忌：孕妇忌用。

（11）臭牡丹

性味归经：辛、苦，平。入心、胃、大肠经。

功能主治：解毒消肿，祛风除湿，平肝潜阳。用于眩晕，痈疽，疔疮，乳痈，痔疮，湿疹，丹毒，风湿痹痛等。

用量：60克。

按： 王氏治疗高血压无论何种证型必选用此药以平肝潜阳，治疗冠心病肝肾阴虚证时亦选用此药。

（12）石大年

性味归经：辛、苦，微寒。入肝、脾经。

功用主治：活血化瘀，清热利湿，散结消肿。主月经不调，痛经，闭经，崩漏，便血，黄疸，肝炎，乳痈，疖肿，血痢，淋痛，带下，风湿骨痛，跌打伤肿等。

用量：30克。

按： 石大年别名石见穿、黄毛耳草。王氏在临床中不论何种证型，常与其他7味草药（蛇头一棵草、白花蛇舌草、半枝莲、无花果、瞿麦根、隔山撬、苦荞头）合用，治疗癌症、红斑狼疮、白血病等病症，具有一定的疗效。

（13）鱼鳔胶

鱼鳔胶是以鱼鳔制成的胶状物。

性味归经：甘，平。入肾经。

功用主治：补肾益精，滋养筋脉，止血，散瘀，消肿。治肾虚滑精，产后风痉，破伤风，吐血，血崩，创伤出血，痔疮等。

用量用法：9～20克，蒸化冲服。

按：王氏认为，本品为血肉有情之物，对于大虚之证，非草木可补。临床常选用本品配伍鹿角胶、龟甲胶、阿胶、胎盘粉等血肉有情之品治疗血枯所致的闭经；配伍鹿角胶、阿胶珠等治疗妊娠胞阻、产后痉证属气血虚损者；配伍大剂量黄芪、升麻等治疗气血俱虚之阴挺；治疗肾小球肾炎常配伍鹿角胶、阿胶、龟胶、补骨脂等，以提高血浆胶体渗透压、消除尿中蛋白；配伍水蛭、阿胶等治疗冠状动脉粥样硬化性心脏病；常配伍鹿角胶、阿胶、龟胶益肾增髓、补益气血，以治疗白血病、颈椎病、再生障碍性贫血等。王氏治疗男子不育症的"聚精丸"亦用本品，效果显著。

（14）一支箭

性味归经：苦、甘，微寒。入心、脾经。

功用主治：清热解毒，活血散瘀。治乳痈，疔疮，疥疮身痒，跌打损伤，瘀血肿痛。

用量用法：25～50克，煎汤内服或外用捣敷。

按：一支箭别名青藤、蛇咬子。王氏认为，本品清热解毒，与蛇床子、白鲜皮、地肤子等配伍内服，具有良好的止痒效果。临床常加入鸡血藤、何首乌、党参、黄精等治疗由血虚生风所致的外阴白斑、阴痒等。

（15）铁扫把

性味归经：甘、微苦，平。入肺、胃经。

功用主治：清热利湿，消食除积，祛痰止咳。用于小儿疳积，消化不良，胃肠炎，细菌性痢疾，胃痛，黄疸型肝炎，肾炎水肿，白带，口腔炎，咳嗽，支气管炎；外用治带状疱疹，毒蛇咬伤。

用量用法：15～30克，煎汤外洗。

按：铁扫把别称黄蒿。王氏认为，本品入肺经，清热利湿之效较良，临床运用中主要配伍冬蒜杆、向阳花柄、地肤子、蛇床子等祛湿止痒之品煎汤外洗，用于治疗外阴白斑；配伍防风、钩藤等祛风止痒之品外洗，治疗风湿疹。

（16）蛇倒退

性味归经：性冷，味酸。入肺经。

功用主治：清热解毒，利尿消肿。主治咳嗽，蛇串丹，蛇咬伤。

用量用法：10～30克，煎汤内服或捣烂外敷。

按：蛇倒退别称扛板归、拦路虎。王氏认为，本品性冷味酸，有较好的清热利湿止痒作用，临床常配伍冬蒜杆、向阳花柄、地肤子、铁扫把、蛇床子等祛湿止痒之品，佐以野菊花等清热解毒之品煎汤外洗，用于治疗外阴白斑。

（17）闹羊花

性味归经：辛，温，有毒。入肝经。

功用主治：有镇痛、祛风、除湿功效。可治风湿顽痹，伤折疼痛，皮肤顽癣等，并用于手术麻醉。

禁忌：全株有毒，误服过量可致呕吐、腹泻、腹痛、痉挛、心跳减慢、血压下降及呼吸困难等症状，严重可致呼吸停止而死亡。

用量用法：10～15克，外洗。

按：闹羊花学名羊踯躅。王氏认为，本品内服有毒，但外洗具有较好的除湿止痒功效，临床主要配伍祛湿止痒之品外洗，用于治疗外阴白斑。

（18）青蛙草

性味：苦、辛，凉。

功用主治：清热，解毒，凉血，利尿。用于咽喉肿痛，支气管炎，肾炎水肿，痈肿；外用治乳腺炎，痔疮肿痛，出血。

用量用法：30～60克，内服或外用。

按：青蛙草学名癞蛤蟆草。王氏认为，本品入肺经，可用于治疗皮肤疾病，常配以冬蒜杆、向阳花柄、地肤子、铁扫把、蛇床子等祛湿止痒之品煎汤外洗，治疗外阴白斑；配以五匹草、枇杷叶、肺经草、兔儿风、刺黄芩、六月寒等清肺热之品，内服入肺经，治疗痰热所致的气管炎等肺系疾病。

（19）五匹草

性味归经：苦、辛，凉，有毒。入脾、胃、大肠经。

功用主治：全草捣烂投入粪坑或污水中，杀蛆虫、孑孒；茎、叶杀虫。化积，消肿，散瘀。治顽癣、秃疮、疟疾，小儿疳积，痢疾，痈疖疮肿，瘰疬，跌打损伤。

用量用法：15～30克，内服。

禁忌：孕妇慎服，肾炎及肾功能不全者禁服。

按：五匹草学名破碗花花。王氏认为，本品入肺经，配以枇杷叶、肺经草、兔儿风、刺黄芩、六月寒等清肺热之品，内服入肺经，治疗痰热所致的气管炎等肺系疾病。

（20）肺经草

性味：甘、辛，微温。

功用主治：散寒止咳，行血痛经。用于风寒咳嗽，百日咳，月经不调，经闭，腰痛。

用量用法：15～30克，内服。

按：肺经草学名大肺经草。王氏认为，本品散寒止咳，主要用于治疗气管炎等喘咳。

（21）六月寒

性味归经：辛，温。归肺经。

功用主治：散寒，化积，祛瘀，消肿。用于感冒风寒，痢疾，小儿疳积，皮肤瘙痒等。本品还有解毒止痛的功效，亦能治疗胃痛及蛇虫咬伤等。

用量用法：30克，内服。

按：六月寒学名宜昌楼梯草。王氏临床中常配枇杷叶、肺经草、兔儿风、刺黄芩等，治疗气管炎等肺系疾病。

（22）针砂

性味归经：酸、辛，平。入脾、大肠经。

功用主治：补血，除湿，利水。治血虚黄胖，水肿。

用量用法：60克，稠大米汤调敷患处。

按：针砂别名钢砂、铁砂，为制钢针时磨下的细屑。王氏临床中常配以川乌、木瓜、苍术、白矾、羌活，以稠大米汤调敷患处，用于治疗风湿性关节炎的严重风湿痛；配以生半夏、黄连、蜈蚣外敷，治疗乳痈肿痛。

（23）海龙

性味归经：咸、甘，温。入肝、肾经。

功用主治：温肾壮阳，散结消肿。用于阳痿遗精，癥瘕积聚，瘰疬痰核，跌扑损伤；外治痈肿疔疮。

用量用法：7.5 克，用大曲酒 2 斤泡 2 周，再加白酒 3 斤，混合后随量饮用。

按：海龙学名海龙鱼。王氏临床中用本品配以碎蛇、石燕、血竭、儿茶、乳香、没药、自然铜、杜仲、草乌、制川乌、蜈蚣等活血通络之品，泡酒内服补肾活血，用于治疗外伤导致的骨折筋断。

（24）碎蛇

性味归经：咸，平。入肝、脾、肾经。

功用主治：散瘀，祛风，消肿，解毒。治跌损折伤，大麻风，痈疽肿毒。

用量用法：7.5 克，研末炼蜜为丸。

按：碎蛇学名脆蛇。王氏认为，本品散瘀消肿，临床中常与血竭、乳香、没药、自然铜等活血化瘀、续筋接骨药物合用，研末炼蜜为丸内服，治疗外科骨折筋断。

（25）石燕

性味归经：甘、咸，凉，无毒。入肾、肝经。

功用主治：除湿热，利小便，退目翳。治淋病，小便不通，带下，尿血，肠风痔漏，眼目障翳。

用量用法：半个，泡酒或研末为丸。

按：石燕别名石燕子，为化石类药物。王氏临床中常以本品配伍血竭、乳香、没药、自然铜等活血化瘀、通络中药，泡酒内服，治疗风湿痛；或研末炼蜜为丸，治疗外科骨折筋断。

（26）鹅管石

性味归经：甘、咸，温，无毒。入肺、肾经。

功用主治：补肺，壮阳，通乳。用于肺痨咳嗽气喘，吐血，阳痿，腰膝无力，乳汁不下等症。

用量用法：研为细末，搽患处。

按：鹅管石别名滴乳石。王氏临床中主要与瓦楞子、风化硝、青黛、冰片研末合用外敷，治疗牙痛。

川派中医药名家系列丛书

学术思想

王渭川

一、衷中参西，汇通诊治

王渭川近师张锡纯、张山雷、丁甘仁、恽铁樵等"中西医汇通派"学者，深刻了解中西医结合是中医学向现代化发展的必然趋势。王氏认为，"中国医学者必须以祖国医学体系辨证详明，发扬遗产，结合新知为主旨"。在疾病的诊治中也充分运用中西医结合的优势。在子宫肌瘤、盆腔炎、输卵管阻塞性不孕、慢性肝炎、高血压、风湿性心脏病等妇科、内科疾病的诊治中，王氏基本参照西医诊断，结合中医辨证论治和随证施治规律，以提高临床疗效。王氏认为西方现代的解剖学、药物分析学和检测水平优于我国传统医学，但中医学的阴阳五行、经络气血、辨证施治、随症论治等精髓，至今仍为西医所不能企及。因此，王氏在疑难病人、急症病人的临床诊治中，尤其注重发挥中医学四诊八纲的长处，同时参考西医学的检测结果，为病人取得更精细科学的确诊依据，然后对症治疗，以求速效。

如对红斑狼疮的治疗，王氏采用西医红斑狼疮细胞检查的方法确诊，然后根据外感内伤、阴阳表里和脏腑阴阳转化、审证求因进行辨证论治，认为本病主要是肝肾受损或脾肾不足所致，治疗首先祛除和杀灭狼疮细胞、清营解毒，主张重用紫草60克配蜈蚣、白花蛇舌草作为治疗本病的必用药物。其次根据阴阳偏颇或补益脾肾，选用附片、肉苁蓉、巴戟天或桑寄生、菟丝子等药物，伴关节肿痛或腹部癥块则佐以活血化瘀之䗪虫、蒲黄、红花、桃仁、补骨脂、鸡血藤等，在草木药的基础上常选加蛤蚧、海狗肾、海参、鹿茸等血肉有情之品；肝肾阴虚者则用柔肝养阴之一贯煎加知母、地骨皮、玄参、山茱萸等，必用药物不变，同时每位病人还需配合服用8种草药（蛇头一棵草60克，白花蛇舌草60克，半枝莲30克，石大年30克，无花果30克，苦荞头15克，隔山撬15克，瞿麦根15克）煎汤代茶常服，以消灭狼疮细胞，清除体内病毒以提高疗效。对兼证按中西医汇通观点随证用药。在临床症状消失后，经常借助于西医检查技术，以检查血中的狼疮细胞是否消失，来判定是否基本治愈。其他如山楂能消除尿中蛋白，降低血脂；仙鹤草、阿胶养血敛血，消除尿中红细胞；败酱草、秦皮能降低白细胞；毛冬青有洋地黄样作用，能调节心脏功能；红藤、蒲公英、升麻抵抗病毒侵袭心脏瓣膜，诸药合用，可收到满意疗效。对危重症病人处方中有时还加大剂量甘草30克。甘草具有肾上腺皮质激素样作用，能起到缓解病情的作用。王氏通过辨证论治结合西医学检查及现代中药药理研究的结果选方用药，常取得显著的临床疗效。

二、提出四大纲、六大法、四大方剂系列作为辨治纲要

妇科疾病所含病种繁多，表现各异。鉴于人体脏腑互相制约、互相配合，其病理形成常是互相关联并有共同特点，掌握疾病病理的发生及转归规律，往往可以推本究源。王渭川老先生因此创造性地提出"四纲""六法""四大方剂系列"作为辨治纲要，通治妇科各种疾病。

1. 王氏认为辨证要点有四纲，即寒、热、虚、实

寒证特征为喜热饮、热熨、喜按，手足厥冷，经行后期、色暗，唾液多；热证特征为喜冷恶热，手足温，腹痛拒按，经色多紫，经行先期；虚证特征为形寒厥冷，腹痛喜按，经色淡，经行后期；实证特征为腹痛拒按，经色紫，有血块及腐臭气。

2. 王氏将妇科治疗大法归为温、清、攻、补、消、和六法

温法常用于寒性病，温法有兴奋作用，总则为通阳散寒，多用于温脾、温肾、温宫。清法常用于温热病，清法包括镇痉和解毒，如湿热蕴结下焦而致的盆腔炎、子宫内膜炎、宫颈炎等病症，用清解下焦湿热的"银甲丸"为主，多可奏效，清法总则是清血热、息风润燥。攻法在妇科常用于攻坚、消积、化瘀，如子宫肌瘤、宫外孕、卵巢囊肿及瘀血包块、堕胎等，攻法总则是通瘀、破结。补法是滋补机体，从而消除一切衰弱证候的方法，分为温补即补火，用于补气血、补脾肾、补肝肾；清补又称补水，为滋养肝肾；平补，用于一般虚弱证。补法又可配固涩法，如妇女血崩、白带过多。总则是补气血、益肾水、安神、生津液。消法在妇科主要为软坚，因瘀血凝结成形，如癥瘕积聚、乳核等，比攻法缓，缓而图攻，又有消痰、涤痰、豁痰作用，如痰湿气阻的停经可用。消法不宜用于体

质极虚者和急性病。和法寓和解之意，在妇科多用于调和肝脾，治月经不调、恶阻，总则为调气血、柔肝养肾、健脾。

在妇科疾病的脏腑辨证方面，王氏注重肝、脾、肾三脏，据此总结出了治疗妇科疾病的"四大方剂系列"：四物汤系：具有调经补血镇痛功效，为妇科调经总方。四君子系：益气健脾，适用于脾气虚弱证，为健脾益气的基础方，常去甘草，改用藿香。王氏认为，甘草虽有缓急和诸药的功效，但有类似泼尼松的作用，用后满中，不利祛湿，而藿香能活百药，芳香化湿健脾。逍遥散系：疏肝解郁、理气健脾、养血调经，妇科调经的常用方。用于肝郁脾虚，疏泄失常所致的月经失调、闭经、痛经等病症，但需要注意柴胡、薄荷性能疏泄，必须依据病人禀赋适当选用。一贯煎系：滋阴疏肝，乃是滋补肝肾、滋肾柔肝的良方，凡肝肾阴虚，水不涵木出现的月经失调、崩漏、经行诸证、绝经前后诸证均可用。

三、注重个体差异，因人随证施药

王氏治病的一大特色是十分注意病人的个体差异和病情的发展变化。王氏认为，患同样疾病的病人，因年龄长幼、身体强弱不一，因而药物用量也应不一。如对肝炎、肾炎一类病人，在急性发作期，常用清热除湿法迅速祛除病邪，但倘若病人体虚，则在清热除湿的同时必兼以补虚。王氏常说治病就像打仗，攻药如前线作战部队，补药如后勤部队，前线奋力作战，后方能源源不断给前方补充给养，仗才能打胜。如有个咳喘病人，经西医、中医久治均无效，来王氏处求治。王氏详审病人病体、病史后认为，并非前医用药全错，关键在于病人体质太弱，前医注意了治标，而未能注意固本，故咳喘总是去而复来，于是一反止咳平喘的常规医路，从培补病人肾气入手，让病人服用少量鹿茸，结果一举奏效。

四、异病同治，同病异治

王氏将其对妇科、内科疾病病因病机的多方探讨实践于临床，体现了"同病异治""异病同治"的思想。王氏认为，人体脏腑病理形成互相关联，并有共同的特点，掌握疾病的发生及转归规律，往往可以"推本求源，异病同治"。有些疾病病名虽异，但究其发病病因、病机是相同的，就可用同一治疗方法。比如肝经湿热之带下病与湿热瘀结之癥瘕，王氏常用自制方"银甲丸"治之，此方具有清热解毒、活血化癥散结之功效，主治湿热蕴结下焦诸证，有较好的疗效。现代用于治疗湿热瘀结型慢性盆腔炎，疗效较好。再如，对无脉症、静脉曲张、侧索硬化症、血栓性静脉炎等病，王氏常用活血通络化瘀法，以加减血府逐瘀汤长服，疗效甚为显著。至今仍使中西医界广大同行感到棘手的红斑狼疮，王氏则审证求因，将系统性红斑狼疮划分为热盛型和脾肾阳虚型、肝肾阴虚型三型论治，疗效突出。

五、博采众家，不拘一格

1. 广收名家经验，师其法而不泥其方

王氏临床处方，善于吸收前人宝贵经验，但从来不墨守成规。比如临床善于使用王清任的诸"逐瘀汤"，特别对通窍活血汤更是情有独钟，运用自如，但是具体应用绝不是照搬原方。王氏认为，对古人成方，师其意即可，不能全搬照用，否则会贻误病情。此外，王氏对刘河间的地黄饮子、甘露饮，魏之琇的一贯煎，仲景鳖甲煎丸、大黄䗪虫丸、桂枝茯苓丸，李东垣的补中益气汤，吴鞠通的化癥回生丹、叶天士的甘露消毒丹等都灵活应用，取其特长，结合自己的经验，加减化裁，无不收效显著。如王氏用通窍活血汤治疗下肢静脉曲张，处方中的桂枝、䗪虫、水蛭、蒲黄、琥珀、浮萍参、鸡血藤、山茱萸、柴胡、茯苓、蜈蚣、乌梢蛇、鱼腥草等药物非王清任通窍活血汤所有，而是大黄䗪虫丸、桂枝茯苓丸、化癥回生丹等方化裁而来，结合通窍活血汤主旨，通窍活血收到疗效。另外，王氏吸取张锡纯用药经验，如固脱强心敛汗喜用山茱萸；滋阴清热治五心烦热用枸杞子配地骨皮；活血化瘀攻坚消积习用水蛭；鸡内金为健补脾胃之妙品、消化瘀积之要药，张锡纯用之治男子疢癖，女子癥瘕，室女月信未至。王氏认为，法宜活用，不宜死守前人的定例，医学是前进的，今日以为是，明日或成非，但师古人之意，做到发挥古为今用，才是不可更易的定则。王氏这种师古而不泥古的思想值得后学借鉴。

2. 善于采集民间草药、验方治疗疑难杂病

王氏临床善于广采民间草药、偏方、验方，通过辨证论治合理配合使用，简便廉效。比如王氏在红斑狼疮、白血病等的治疗中，不论何种证型，都必须使用前述的"8种草药"同煎，代茶长期服用，以求更好地清除血中有毒物质。治疗口腔溃疡，习惯加用草药红姑娘。治疗高血压选用草药日鸡头30克，臭牡丹60克，辅以杜仲9克，利尿降压用鲜地龙。预防前列腺肥大，王氏经常用蜈蚣2条焙干研末，冲服或馒头皮包吞，50岁以上男子常服有效。

3. 寓医于文，从文学作品汲取灵感

王氏业余喜爱文学，常对历史上医而兼文或文而长医，身通数艺的人物，如葛洪、陶弘景、皇甫谧、苏东坡、傅青主、曹雪芹、李汝珍等深表钦佩。王氏在医余也常吟咏诗词，或以达情，或仿濒湖老人和陈修园等人，借诗词精炼易诵的形式总结自己的临床经验，如王氏作词《鹧鸪天·咏缓脉》《咏浮脉词》二首，便是将自己对于脉诊的感悟以古词的形式表达出来。王氏不仅从很多文学作品中汲取精神营养，而且也从中得到许多医学上的启示，转而成为触发临床创新的灵感。例如，王氏的一些妇科调经验方即是从《红楼梦》中的有些医方化裁而来的。《镜花缘》中描写林之洋在女儿国被迫做王妃，用凤仙花根煎水洗脚销蚀脚上肌肉，以便缠足的故事，王氏看过后触发了灵感，经过化裁用凤仙花根250克熬水泡腿之法用以治疗象皮腿，取得意想不到的疗效。

六、勇于创新，大胆突破

古人讲："医者，意也。"王氏认为，这个"意"字不能当"随心所欲"解，而应解为"新创造""新发展"。王氏在多年临床中确实做到了这一点。

1. 补充完善《金匮要略》方药，治疗疑难病多有创新及卓见

《金匮要略》为我国古代医学古籍名著之一，时至今日仍指导临床，被后世传承。不少方剂用之可立见奇效，但限于时代条件，有些理论尚不完善，有些方剂亦欠妥。王氏结合行医经验，运用现代医学成果，肯定仲景学说的优点，补其不足，取其精华，古为今用，事半功倍。例如，血痹，仲景用"黄芪桂枝五物汤"温阳除痹，其理可通，其效不显。王氏认为血痹成因不在卫气营血，而在卫气营

血之间的"脉",脉非空洞无形,而是在人体内无所不到,运用王清任的通窍活血汤佐以虫类药物活血舒筋通络,治疗多获良效。用以治疗冠心病、静脉曲张、无脉症、血栓静脉炎等也屡屡获效。再如,王氏弃仲景治疗阳毒之"升麻鳖甲汤",改用犀角地黄汤加升麻、大青叶、板蓝根治疗"阳毒"("烂喉痧"——猩红热)获效。又如大黄䗪虫丸,原方治疗虚劳兼血瘀的证候,王氏用其治疗输卵管囊肿、子宫肌瘤、肝硬化、脑出血、丝虫病引起的象皮腿均获满意疗效。

2. 独创"色素沉着"望诊,以补虚化瘀法治疗"黑瘅"

王氏尤其强调望诊在中医诊断中的重要地位。根据《内经》所说"得神者昌,失神者亡","阴平阳秘,精神乃治","阴阳离决,精气乃绝"之理,王氏在望诊时,特别重视观察病人色、神、形等几个方面的变化,并且逐步摸索出一些规律,创造了一套独特的望诊方法。王氏的这一望诊经验源于对中医内科疾病(如女劳瘅)的治疗经验积累,而在应用于诊治妇科疾病时,则主要集中在月经紊乱伴色素沉着的诊治方面。

《金匮要略》记载:"额上黑,微汗出,手足中热,薄暮即发,膀胱急,小便自利,名曰女劳瘅。"女劳瘅是黑瘅病的一种类型,不但额上黑,面容萎黄,牙龈、口唇、乳头、手掌纹都出现明显的色素沉着,与西医肾上腺皮质功能减退症的症状相似。中医古籍认为"凡皮肤着色之部皆称为瘅"。《灵枢》云:"肾病者,颧与颜黑。"《素问》云:"肾热者色黑而齿槁。"亦云:"肾主骨,肾主黑。"王氏断定本病属肾虚血瘀,其病机或因脾肾阳虚,命门火衰,或因肝肾阴虚夹血瘀而致。治疗此类疾病,《金匮要略》用硝石矾石散清湿散结化瘀,王氏则以补肾化瘀为主,佐以健脾疏肝。

3. 创制银甲丸等多首著名方剂

"银甲丸(银甲合剂)",是王氏遵《温病条辨》之银翘散合《金匮要略》升麻鳖甲汤大意,增化湿解毒活血诸药而成。处方如下:金银花15克,连翘15克,升麻15克,红藤24克,蒲公英24克,生鳖甲24克,紫花地丁30克,生蒲黄12克,椿根皮12克,大青叶12克,茵陈12克,琥珀末12克,桔梗12克。此方功效清热解毒、利湿通淋、化瘀散结,广泛用治下焦湿热证,如盆腔炎、子宫内膜炎、子宫颈炎、黄白带下、赤白带下、肾盂肾炎、膀胱炎等下焦湿热所致的炎症,临床应用50余年,疗效显著,被多版《中医妇科学》教材收载。1995年,该方经杨家林教授研制开发为中药新药"银甲口服液"，2003年更名为"妇康口服液"上市。另外，王氏还自拟1号调经合剂（益黄八珍散）、2号调经合剂（益鹤四君子汤）、3号调经合剂（桑藘四物汤）、1号调经丸、2号调经丸以治疗月经紊乱，保胎方以治疗恶阻，加味四君子合剂治疗气虚脾弱之带下病，这些均为当今妇科名方。

再如，治疗男子不育症的"聚精丸"，处方由黄鱼鳔胶500克、沙苑蒺藜240克组成，共研细末，炼蜜为丸，如梧桐子大，每次服6~9克，每日2~3次，效果显著。此外，王氏参清代名方赞化丹合五子衍宗丸、千金种子等方而成"鹿茸丸"，为治疗男子不育的有效方剂，处方如下：鹿角胶30克，鹿筋60克，驴肾60克，党参60克，桑寄生30克，菟丝子30克，锁阳60克，阳起石60克，巴戟天30克，韭菜子24克，黄狗鞭60克，胎盘粉30克，覆盆子60克，淫羊藿60克，杜仲30克，补骨脂30克，广木香24克。

4. 打破传统禁锢，提出新观点

例如，对于"阴证不用阳药"的观点，王氏认为此说不可拘泥，因为阳极似阴，阴极似阳，阴阳互根，因而在阴极时用阳药，就可以达到"阴平阳秘"，其疾乃治的效果。对于"十九畏"中人参与五灵脂不能同用的观点，王氏认为如果患者气虚，又兼胸痛、肝脾痛，党参与五灵脂可同用，而且可收相辅相成之效，临证运用较多，并无不适。对于阳虚性浮肿、心源性腹水、肝硬化腹水等症，附子为温肾通阳、强心利尿之要药，王氏认为，以往小量运用效果不佳，因而临床使用最小用量为24克，最大量可达60克，临床应用从未发现副作用，但必须先煎2小时。再如，王氏认为，厚朴小量通阳，大量则破气，诚乃经验之谈。另外，王氏参照古人"热入血室"之说，结合临床经验，对于月经正来，突下冷水，造成临时停经之证，将其称为"寒入血室"。同时，对"血室"的认识，王氏认为血室包括了胞宫（子宫）、冲任二脉及肝脏，以胞宫为主体。

七、用药独到，自成一家

1. 善用虫类药以出奇制胜

王氏对虫类药的应用有独到的经验，喜用并善用虫类药是其治病的一大特色。早在跟随袁桂生、何叶香两师学习时，王氏对王清任的通窍活血汤比较欣赏，大胆应用虫类药于临床，收到了意外之效。因麝香价高，王氏便逐步用虫类药代替麝香，仍取得了显著疗效。通过长期的临床实践、总结摸索，王氏对虫类药的使用积累了丰富的经验，逐渐形成了自己的治疗特色。虫类药物有攻坚破积、活血化瘀、息风镇痉、消痛散肿、疏风搜经通络的作用，多年来，王氏在临床上无论内科疾病还是妇科领域均广泛使用，以活血化瘀药加虫类药用于临床治疗，往往能出奇制胜。如全蝎，有软坚活络、消除淋巴肿大的作用，对丝虫病形成的象皮腿配合大量柴胡有卓效。蜈蚣具有舒筋软坚活络、除湿、软化血管的作用，并能抑制结核杆菌，促进人体新陈代谢；蜈蚣与蛇类药配伍，可治风湿痛、风湿性关节炎、腰痛、瘫痪、冻结肩等；全蝎配蜈蚣可治神经系统疾病，如癫痫、子痫、精神分裂症。僵蚕疏肝和胃气，合旋覆花可治胃气上逆。白花蛇、乌梢蛇祛风湿，舒筋通络、搜风、定惊，王氏认为蛇类药是祛风湿的要药，治疗一切风湿痛，常与蜈蚣配用。䗪虫又名地鳖虫，王氏认为此药是化瘀活络、破癥下血积要药，常用于经闭、乳脉不通、产后血瘀、输卵管不通、肝炎、肝脾肿大等疾患。水蛭是破血泻结的要药，可逐恶血、破癥结、通经、堕胎，与䗪虫配伍，主要用于治疗风湿性心脏病。地龙清热止痉，通络降压，用于惊风抽搐、中风后遗症的半身不遂、风湿痹痛，地龙合全蝎搜经通络，输卵管不通之不孕亦用此。还有一味九香虫，入肝、脾、肾三经，壮元阳，通气滞，主要用于腹痛、胃炎、肠炎等。

2. 随证加减常用对药

王氏在加减用药中常用对药，如桃仁、红花配伍行血通络祛瘀；续断配羌活，补肾治腰痛，羌活启督肾之阳气。杜仲、续断合用治腰膝酸痛；山药、扁豆相伍补脾止泻；金樱子、芡实配伍涩精止带；桂枝配白芍，调和营卫，补督脉，且白芍制桂枝之热燥；鳖甲配青蒿以增强滋阴退蒸之效；泽兰配益母草以活血利湿调经；延胡索配艾叶增温经止痛之效；川楝子配炙穿山甲调畅输卵管气机使之畅通，为治不孕症必用；侧柏叶配白芍，养血柔肝止血，治月经过多；仙鹤草配贯众炭止血，治疗崩漏必用。出血量多势猛，仙鹤草可用至60克，效佳。

3. 善于配制丸剂、膏剂取效

在许多疾病后期，王氏喜用丸药、膏药以善后。有些是疾病已经痊愈，为防止复发，或者病人因各种原因服用汤药不便或困难者，王氏经常改汤药为膏方、丸方，嘱病人长期服用，以巩固疗效。同时，王氏认为，蜜丸容易发霉，故有时用水丸代替，因为水丸晒干后不易变质。此外，在一些疑难重症治疗中，除服用汤药外，王氏常配合使用膏方、丸药，以提高疗效，如治疗肝硬化、慢性肝炎等，王氏常以自制"肝积丸""肝硬化膏方"配合汤药使用，以加强疗效。

4. 根据病情轻重，确定用药剂量

王氏对疑难重症，药多量重，势大力沉，直达病所，药味可达20多味，党参、黄芪、紫草、仙鹤草、金樱子等药物剂量可用至60克，同时视病人病情程度和胃纳之强弱，确定服药时间、剂量和次数。而对于恶阻则药少量轻，每方八九味药，每味3~9克，以不伤胃气为原则。

八、重视食物疗法，药食同治

中医学自古以来，都非常重视食物疗法，王氏在临床上很善于运用这一方法，药食同治，疗效显著。如在红斑狼疮肝肾阴虚证的治疗过程中，常配合食物疗法，即银耳12克、莲子10克，炖服。王氏认为，银耳内含植物蛋白质，又多黏质胶液，能促使脾胃醒洁，配合莲子可养胃阴，增进食欲。胃气一开，水谷之精源源而入，体内平添一支抵抗病邪的生力军。在再生障碍性贫血的治疗中，购活鳖数只，取鳖血100毫升，趁热喝下，每周2~3次，疗程不限；或以黑木耳30克、红枣30粒、红糖适量，将黑木耳加水浸30分钟左右取出，加红枣一起炖熟，加红糖调味食用，每日1次，疗程不限；或者羊胫骨2根、红枣20个、糯米适量，将羊胫骨敲碎，加红枣、糯米同煮成粥，每日3次，15日为1个疗程。王氏认为，黑木耳味甘性平，具有滋养、益胃、活血、润燥之功；大枣味甘性平，能养胃健脾、益血壮神，入心、脾二经，为安中益气补血之良药；红糖含钙、铁，铁为造血的重要原料，其性温味甘，入脾，具有益气、缓中、化食、缓解疼痛、行血、养血的功用。三味共用，辅助药物治疗，收效较快。在糖尿病的治疗中，除服药外，同时采用食物疗法，王氏名之为"兽肉代米麦法"，即每日食用兽肉250克（最好是兔肉，因兔肉脂肪少，蛋白质高），食用米或面条2.5两（225克）。

九、常用外治法，内外合治

王氏临床上对很多疾病的治疗都常用内治和外治相结合的方法。例如，在丝虫病的治疗中，外用凤仙花根 250 克，煎汤泡患腿 2 小时，疗效确切，对于病情不太严重者，也常用野菊花捣烂外敷。再如，乳痈病人，王氏喜用如意金黄散，加蜂蜜外敷患处；或用蒲公英、芙蓉花、野菊花捣烂外敷患处，内外夹攻，消肿消炎，疗效显著。子宫脱垂病人，经常用"蛇床子洗方"煎水外洗患处，同时配合"王孟英坐药"坐入阴道内；或者用大青叶、黄柏、冰片、琥珀等研末加菜油涂搽患处。鼻息肉的治疗常用青砖墙上青苔 3 克，蟑螂 1 只^{取腹内白浆}，鲜辛夷花 3 克，合上药捣烂，用纱布包塞鼻孔，每日塞一鼻孔，留一鼻孔呼吸，隔日 1 换。硬皮病治疗中用蟑螂 20 只^{焙干}，水蛭 9 克，地龙 15 克，生蒲黄 15 克，自然铜 3 克^{醋淬}，蟑螂 15 克，共研细末，合活血散 15 克、金黄散 24 克，蜂蜜适量，调匀，外敷患处。参合上述外治方法，临床疗效显著提高。

十、巧施中医急救法，每获奇效

如一癫痫临产妇，因肝经火郁而致癫狂病发，王氏先用"醋炭法"进行急救，处方如下："好醋一盆，用铁锤等铁器在炭火上烧红，投入醋中，让患者嗅腾起来的气味，昏迷患者即可苏醒"。子痫病人昏迷不醒，王氏亦用此法。又如一转胞病人，预产期前 10 天突然小便不行 2 天，少腹胀急，强迫排尿却无点滴可排，西医主张手术剖腹取胎，病人不愿手术，急请王氏诊治。在服药前，王氏采用朱丹溪的"灯心刺鼻法"，"用灯心刺鼻孔，令孕妇打喷嚏，嚏使肺气开，则上窍通而胞压可减，小便淋沥自流"。再如产后血虚发痉时，王氏急以红参 30 克，浓煎，和童便，灌服。病人服此方后 2 小时，面色好转，神志清醒，可进食稀饭。中医治疗急症，观王氏之治可见一斑。

学术传承

川派中医药名家系列丛书

王渭川

王渭川是近代川蜀中医的代表人物，其医术精湛，中医功底深厚，且热心于教书育人，声名远誉全国。现今中医妇科名家杨家林、刘敏如及王氏学生李友梅、林丛禄、何焕霞、刘正才、罗兰等，亲自跟师学习，受王氏学术思想和临证经验影响至深，为第一代传人。其后辈魏绍斌、张庆文、吴克明、陆华、曾倩、谢萍等，受王氏学术思想熏陶，传承和发扬了王氏治疗妇科疾病重要的学术思想和临床经验，并进行推广应用，为第二代传人。第二代传人指导的研究生王妍、邓琳雯、季晓黎、石玲等，均受王氏学术思想和临床用药的影响，形成了第三代传人队伍。杨家林名老中医为王渭川老先生的拜师弟子，主要学术传承人，故在此部分中做重点介绍，同时简要介绍其其他弟子。

杨家林

杨家林（1937—　　），女，四川乐山人。主任中医师，教授，博士生导师。第二批全国老中医药专家，首届四川省名中医，享受国务院政府特殊津贴。1962年毕业于成都中医学院，毕业留校从事中医妇科临床、教学、科研工作。杨家林教授师从王渭川、卓雨农、唐伯渊等中医妇科名家，在长期的医疗实践中，潜心钻研，不断探索，积累了丰富的临床经验。其学术思想远源先贤，近师名家，治疗用药重视辨证，善用名方。尤其对月经疾病、子宫肌瘤、盆腔炎、绝经后骨质疏松、外阴白色病变等疾病的治疗进行了深入的临床研究，且取得了重要的研究成果。杨家林教授从事中医妇科临床医疗、教学、科研工作50余年，在国内中医妇科界有很深的学术造诣和影响力。在50余年的医学生涯中，杨家林教授勤求古训，博览医经，其学术专长和临床辨证思路源于《内经》《伤寒论》《太平惠民和剂局方》《景岳全书·妇人规》《傅青主女科》等经典。在前辈中医名家的影响下，杨家林教授在临证早期即具备了扎实的中医功底，积累了丰富的临床经验，逐渐形成了自己独特的学术风格和用药特色，并总结出在临床用之效验的方药研制成中药新药，为成千上万的妇科病病人解除了痛苦。其医术和学识在国内外均享有较高声誉，远道慕名求医、求学者络绎不绝。下面对杨家林教授学术思想及临床诊治经验做一介绍。

（1）妇科辨证，以肾肝脾三脏气血变化为要，治疗重在调理冲任

在妇科疾病的辨证方面，杨家林教授继承王渭川、卓雨农名老中医的辨证思想，如王渭川认为脏腑功能紊乱和气血阴阳失调，均可导致妇科疾病，其中关系最密切的就是肾、肝、脾三脏。卓雨农老先生重视"妇女以血为主，并以血为用"的生理状况，对妇科疾病的论治，重在调气血、养肝肾、和脾胃。杨家林教授秉承前辈的辨证思路，并在此基础上，通过深入研究、发展创新，提出了中医女性生殖轴理论及冲任九病和治冲任六法，完善了妇科辨证体系，学术影响深远。

①率先提出中医女性生殖轴理论——"肾－天癸－冲任－胞宫"轴

《素问·上古天真论》指出："女子七岁，肾气盛……二七而天癸至，任脉通，太冲脉盛，月事以时下……七七任脉虚，太冲脉衰少，天癸竭，地道不通……"说明肾气的盛衰导致天癸的至竭，冲任的通盛虚衰与月经的潮止有极为密切的关系，而月经是由胞宫储藏和排泄的，这就提示月经的产生与肾、天癸、冲任、胞宫间的密切关系。杨家林教授据此，在 1981 年全国中医妇科第一、第二届学术会议上率先提出了"月经产生的重要环节：肾－天癸－冲任－胞宫轴心"理论，开启了中医女性生殖轴理论研究的先河。在对中医妇科生殖轴理论的阐述中，杨家林教授强调肾、天癸、冲任、胞宫是月经产生的重要环节，认为月经产生的始动机制是"肾－天癸－冲任－胞宫"轴心，脏腑、气血、经络的协调活动是月经产生的基础。这一论点使中医妇科生殖轴调控理论在 20 世纪 80 年代初即具雏形，并逐渐被行业认可并不断充实与丰富，在论治月经不调、崩漏、闭经、绝经前后诸证、不孕症等方面具有重要的指导作用。

②强调冲任在妇科的重要作用，提出冲任九病和治冲任六法

《医学源流论》云："凡治妇人必先明冲任之脉……冲任脉皆起于胞中……此皆血之所从生，而胎之所由系，明于冲任之故，则本源洞悉，而后其所生之病，千条万绪，以可知其所从起。"杨家林教授认为，妇科疾病的主要病机是冲任损伤，病变主要在冲任二脉，多数情况下，不论外感、内伤、饮食劳倦、房劳孕产、手术或直接损伤冲任，或引起气血失调，脏腑功能失常，进而间接损伤冲任而致妇科疾病。因此，经、带、胎、产诸病绝大多数均与冲任有关。冲任受病的表现常见以下 9 种：冲任未充、冲任损伤、冲任不固、冲任血虚、热扰冲任、冲

气上逆、冲任不调、冲任阻滞、任脉湿热。

历代医籍对妇科治疗大法虽重视调理冲任，但治法上又多重肾、肝、脾胃，因"八脉隶于肝肾，冲脉隶于阳明"，故前人有治肝肾即治冲任之论。杨家林教授认为，虽然治冲任的方法及药物与肾、肝、脾胃有极为密切的关系，许多入肾、肝、脾胃的药，特别是入肝肾及养血药，具有治冲任的作用，但在治冲任方面仍有特殊的方法和药物，入肾、肝、脾胃的药是治冲任的用药基础，养肝肾、健脾胃是益冲任之源，源盛则流自畅，而入冲任药则能直达冲任，故治肝肾不等于治冲任。

对此，杨家林教授提出治冲任六法：补冲任：又分温补、滋补和养血补冲等方法。冲任虚寒为主者，温补为重，佐以滋补填精之品；精血不足者，重用滋补，适当伍入温补之药。固冲任：用于冲任气虚不固或冲任损伤不能约制经血所致月经先期量多、崩漏、胎漏、胎动不安、带下、阴挺等。调冲任：用于肝肾功能失常，冲任失调，气血紊乱所致月经失调、崩漏、不孕症等，治以疏肝补肾、调冲任、理气血。青春期、生育期通过调冲任使月经恢复正常。更年期通过调理冲任使肾中阴阳相对平衡，月经适时而止。补肾方面，视肾阴、肾阳之偏虚选用滋补和温补之品。在疏肝、调冲任、理气血方面，又有调冲理气和调冲理血的不同侧重。理冲任：用于气滞血瘀，冲任阻滞之月经后期量少、痛经、闭经、崩漏、不孕症、癥瘕等，治以理气导滞，活血化瘀，软坚散结。安冲任：用于热扰冲任，冲气上逆，或湿热损伤冲任所致的经带胎产等病。通过凉血安冲、降逆安冲、清利湿热等法，使血海得到安宁。温冲任：用于寒滞冲任或冲任虚寒所致的月经后期量少、痛经、闭经、带下病、不孕症等。补冲任、固冲任为虚证而设；安冲任用于热证、实证；温冲任则有实有虚，实者治以温散，虚者治以温补；调冲任用于证在虚实之间，病势尚浅之时；而理冲任则用于气滞血瘀，冲任阻滞之重证实证。

（2）秉承四纲、六法作为辨治纲要，治疗各种妇科疾病

杨家林教授秉承王渭川老先生的辨治纲要，即四纲寒、热、虚、实；六法温、清、攻、补、消、和，通治妇科各种疾病。以辨治纲要为基础，杨家林教授结合多年经验，对不同妇科疾病的病机、病性特点进行总结，形成了自己独特的治疗经验。

①月经不调以"月经太过""月经不及"辨治，施予清补二法

月经不调是月经病中最常见的病种之一，证型复杂，虚实寒热错杂，充满了对立和矛盾。杨家林教授在临床上将其概括为月经频多太过和稀少不及两大类，前者包括月经先期、月经过多、经期延长和崩漏，其发病多由血热所致，或因虚火，或因实火，扰动冲任，血海不宁或迫血妄行。后者主要包括月经后期、月经过少和闭经，其发病虽有虚实之分，但以虚证为主，肾虚血亏，冲任不调是其主要病机。对月经不调的治疗分别以清、补两法调治，即予清热凉血、滋肾养阴、调经止血之法调其频多太过，以《傅青主女科》清经散合《医方集解》二至丸为基础加减组方，形成清经二至乌茜汤：生地黄 10 克，牡丹皮 10 克，黄柏 10 克，地骨皮 15 克，白芍 15 克，女贞子 15 克，旱莲草 15 克，枸杞子 15 克，茜草 12 克，乌贼骨 24 克，炒地榆 15 克。以补肾益精、养血益气之法补其稀少不及，以《丹溪心法》五子衍宗丸合《兰室秘藏》圣愈汤加减组方，形成圣愈五子合剂：菟丝子 15 克，枸杞子 10 克，覆盆子 10 克，黄芪 15 克，党参 30 克，当归 10 克，熟地黄 15 克，白芍 15 克，川芎 10 克，肉苁蓉 15 克，补骨脂 15 克，鸡血藤 20 克，紫河车 10 克。在此基础上形成了治疗月经不调清补两大调经方药系列，在临床对月经不调诸多疾病的治疗中起到了异病同治、执繁驭简的作用。

②治崩漏注重因果转化，掌握标本缓急，适时治因治果

崩漏属妇科急危重症，临床常见病因为虚、热、瘀，导致冲任不固或损伤而致崩中漏下。杨家林教授认为，本病在发病初期这些原发病因起着主导作用，是崩漏发病的根本所在。但若病程日久，频繁过多的出血，致阴血丢失，气随血耗，阴随血失，常致气阴两虚或气血两亏的证候，为疾病的标象。此时气阴（血）两虚则上升为主要矛盾，由于气虚不能摄血，阴虚内热灼血又可成为崩漏新的病因，加重崩漏出血，即反果为因，造成崩漏病程中的因果交织、循环往复、证型错杂的病变过程。因为本，果为标，杨家林教授认为，治标仅在崩漏的出血期，崩漏日久或暴崩不止，气阴（血）两虚见证突出，此时宜"急则治标"，以益气止血或养阴止血为主。但有时始发病因已无从寻觅，病机已发生根本变化，或临床表现的征象与原发病因已无关联时，亦应以治标为主。"有形之血不能速生，生于无形之气故也"。杨家林教授认为，在治标止血方中加入益气之品，能明显增强止血之效。崩漏日久，因热、因虚均可致瘀，瘀血阻滞新血不得归经

又成为新的病因，加剧崩漏出血，这是崩漏病程中因果转化的又一种表现，血瘀既是导致崩漏的病因，也是崩漏其他病因引起的结果，治宜化瘀止血，常选用蒲黄、血余炭、益母草、三七等，若气虚明显当加入益气之品。

③治闭经辨证以肾精血亏虚为主，虚实夹杂当重肝郁和痰湿

杨家林教授认为，闭经为血病，以虚证为主，多由月经后期伴月经过少发展而致，亦可为原发闭经。其常见原因为先天禀赋不足，或后天多产、流产或手术金刃损伤冲任及肾之精气所致。若肾气不盛，冲任不通，则经血不能应时而行；肾精不足，则"肾水本虚，何能盈满而化经水外泄"。因此，辨证立足肾精亏虚，治以补肾益精，养血调冲。因经血同源，气血是月经产生的物质基础和动力，血亏则无以化经，气虚则无以行血。对此，杨家林教授在补肾益精的基础上，加养血益气之品，常用五子衍宗丸合圣愈汤或五子八珍汤加减。

杨家林教授认为，闭经除以虚证为主外，虚而夹实者亦较多。在肾精亏虚的基础上常兼见肝郁或痰湿之证，《万氏妇人科》认为肝郁多因"忧愁思虑，恼怒怨恨，气郁血滞而经不行"。痰湿阻滞则由脂膜壅塞而致，治疗当在补肾益精的基础上酌加疏肝理气，或祛痰除湿之品。在肾虚的基础上，若伴有明显的情志因素，当治以补肾疏肝，养血调经。方用五子衍宗丸合逍遥四物汤（菟丝子15克，枸杞子10克，覆盆子10克，柴胡10克，赤白芍15克，当归10克，白术15克，茯苓10克，川芎10克，熟地黄10克，鸡血藤20克，川牛膝15克，香附15克，桃仁10克）加减。肾虚痰湿阻滞者多见月经稀发，形体肥胖，治以补肾活血，祛痰除湿。常用五子苍附归芎二陈汤加减（菟丝子15克，枸杞子10克，覆盆子10克，苍术10克，香附10克，当归10克，川芎10克，橘皮10克，半夏15克，茯苓15克，甘草6克）。杨老认为，闭经是妇科临床疑难病症，治疗不可急于求成，虚证不可过用滋腻，实证不可过于攻破，治疗重在补肾益精，养血活血，调冲治本，并随其所兼肝郁、痰湿之证，酌情合用疏肝理气或祛痰除湿之品，适时酌加养血、活血之品，达到先补后攻、催经下行之目的。

④治疗子宫肌瘤活血化瘀、消癥破积、养阴清热，攻清补三法并用

子宫肌瘤是女性最常见的良性肿瘤，属中医学"癥积"范畴。瘀血留滞是致病的关键，如《景岳全书·妇人规》云："瘀血留滞作癥，唯妇人有之。"杨家林教授认为，瘀血内停是本病的病机关键。瘀血留滞，结而成癥，故见下腹包块；

瘀阻气机，不通则痛，故见下腹作胀作痛；新血不得归经，或瘀久化热，或阴血不足，虚火内生，迫血妄行，则见子宫异常出血，多表现为月经量多期长，甚或崩漏下血。长期异常子宫大量出血，易致失血伤阴耗气，又可伴见气阴两虚或阴虚内热之虚实夹杂之征象。因此，杨老认为，本病瘀血内停是病机之本，瘀久化热伤阴为病症之标。治疗当以活血逐瘀、消癥破积、养阴清热为法。研制宫瘤清胶囊，以大黄䗪虫丸为主方加减：大黄10克，䗪虫12克，水蛭10克，桃仁10克，黄芩10克，地黄10克，白芍15克，蒲黄10克，牡蛎18克，枳实10克。全方活血祛瘀为主，兼顾滋阴清热，凉血止血。攻清补三法并用，标本兼治。

杨老认为，肌瘤形成非一朝一夕，瘀血留滞凝结成有形之癥块，用药物治疗须待以时日，为临床治疗难点。必要时可考虑中西医结合，取长补短，利用手术除瘤、西药缩瘤的优势，再配合中药防治肌瘤复发。在临床治疗中，尚需运用中西医结合的思路寻找提高疗效的突破点：其一，对抗雌激素类药物：西医学认为，子宫肌瘤是卵巢激素依赖性肿瘤，特别与长期持续的高雌激素刺激有关。因此，治疗子宫肌瘤应选用既有活血化瘀、软坚散结作用，又能对抗雌激素的药物，可望提高疗效。其二，抗肿瘤药物：中药半枝莲、白花蛇舌草、龙葵、大黄、莪术、海藻、夏枯草等清热解毒散结药物，有增强消癥散结的疗效。其三，重视虫类药的开发利用：子宫肌瘤属痼疾顽症，对久病入络者仅以草木金石之药难以通幽消积，应加入味咸性走窜之虫类药，如水蛭、䗪虫等破血消癥之品。其四，注意发挥中医药整体治疗的优势：调整脏腑功能，调动体内防御机制，增强机体免疫功能，扶正以祛邪，养正以除积，有助于提高本病的临床疗效。

⑤针对四川地区多湿气候提出妇科湿邪致病特点及治湿五法

杨家林教授认为，四川盆地由于"春多夜雨，夏多洪涝，秋多绵绵细雨，冬多漫天大雾"的气候特点，平均相对湿度在82%左右，故湿邪是致病的主要病因之一。即便罹患一般妇科疾病，也常常出现夹湿证候，使疾病错杂纷繁，病程缠绵反复。湿邪所致妇科疾病以内湿酿生、外湿入侵，或内外两因相感发病。常随体质出现不同转化，导致系列妇科疾病的发生，而临床所见以湿热为病较多。湿热蕴结，扰于冲任，血海不宁致月经先期、经期延长、经间期出血、崩漏、产后恶露不绝、人流术后出血等；湿热下注伤及任带，可致带下量多、色黄或赤黄相间、阴痒、阴疮、阴蚀；湿热下注移热膀胱，可致小便频数疼痛、滞涩不畅；湿热蕴结，阻滞气机，可致经行腹痛或平时少腹疼痛、绵绵不止；湿热内侵，蕴结胞脉，湿瘀互结，可致产后发热、产后腹痛、癥瘕、不孕症等；如湿郁成痰，痰湿阻滞冲任，可致闭经、不孕症、癥瘕；若系寒湿入侵，胞宫失煦，可致痛经、宫寒不孕症、闭经。

湿邪所致妇科疾病的治法当以除湿为主。根据湿邪在体内的转化，杨家林教授采用或清或利，或补或泻，或调或祛之法。具体应用时结合妇女不同生理时期，不同病症拟定了治湿五法，即健脾益气升阳除湿法、清热利湿法、调气止痛清湿法、滋阴清湿法、补肾除湿法。

健脾益气升阳除湿法：用于脾虚湿陷之带下病。常用药物有党参、苍术、白术、茯苓、山药、薏苡仁、桔梗、柴胡、白芷，代表方完带汤加减方。

清热利湿法：清热利湿止带，用于湿热带下病。常用药物有苍术、黄柏、薏苡仁、土茯苓、车前子、茵陈、萆薢、椿根皮、贯众，代表方四妙散加减方。清热利湿止痒，用于湿热阴痒。常用药物有苍术、黄柏、萆薢、荆芥、地肤子、苦参、蛇床子、千里光、白芷、百部，代表方萆薢胜湿汤加减方。清热利湿止血，用于湿热蕴结胞宫所致的阴道出血，如经期延长、漏下、人流术后出血等。常用药物有苍术、黄柏、薏苡仁、茵陈、车前子、炒贯众、炒地榆、茜草、益母草、败酱草、炒荆芥、椿根皮等，代表方银翘四妙散坤茜汤加减。清热利湿通淋，用于湿热蕴结膀胱所致淋证。常用药物有茵陈、木通、车前子、萹蓄、瞿麦、黄柏、茯苓、连翘、生地黄、琥珀、白茅根、甘草梢等，代表方八正散加减方。

调气止痛清湿法：用于既有湿热内蕴又见气机阻滞之痛经、少腹痛及盆腔炎症性腹痛。常用药物有柴胡、赤芍、白芍、枳壳、苍术、黄柏、薏苡仁、贯众、广木香、炒川楝子、延胡索、牡丹皮、丹参、香附、青藤香、甘草等，代表方四逆四妙散合金铃子散。

滋阴清湿法：用于素体阴虚复感湿热之证，常表现为月经提前量多、经间期出血，或带下量多赤、黄相间之老年性阴道炎。常用药物有生地黄、牡丹皮、山药、茯苓、枸杞子、女贞子、旱莲草、黄柏、薏苡仁、炒贯众、茜草、乌贼骨、茵陈、车前子、琥珀、知母等，代表方知柏地黄丸合二至丸。

补肾除湿法：用于肾气不足、痰湿内停所致的月经后期量少、闭经、不孕症。常用药物有菟丝子、肉苁蓉、巴戟天、覆盆子、补骨脂、枸杞子、当归、川芎、鸡血藤、晚蚕沙、苍术、薏苡仁、茜草、益母草、川牛膝等。

（3）善用经方、成方，灵活化裁

杨家林教授秉承王渭川老先生治疗妇科疾病的四大方剂系列，并在此基础上对经方、成方运用延伸发展，在临床运用时抓住疾病核心病机，灵活加减化裁，用治多种妇科疾病，取得明显的临床疗效。

①寿胎四君芍甘汤治疗胎动不安

杨家林教授认为，胎动不安多因孕妇脏腑功能失常，脾肾两虚导致冲任不固，胎失所系，胎失所载，胎失所养而致。因肾为冲任之本，任主胞胎，若肾气肾精亏损，胎失所系，则致胎动不安；或因素体虚弱，久病失养，或脾虚化源不足，以致气血俱虚，不能滋养冲任，气虚不能载胎，血虚不能养胎，则可致胎漏、胎动不安。根据不同证型分别采用补肾安胎，或健脾益气安胎，或清热止血安胎，总以补肾健脾清热为主。杨老常用寿胎四君芍甘汤（菟丝子 15 克，桑寄生 15 克，续断 15 克，阿胶 10 克，党参 30 克，白术 15 克，茯苓 15 克，甘草 6 克，白芍 15 克）治疗，取得良效，并已成为妇科保胎治疗的协定处方。寿胎丸出自张锡纯《医学衷中参西录》，方中桑寄生寄生树上，善吸空中气化之物，犹胎之寄母腹中，气类相感，能使胎气壮旺；菟丝子蔓延草木之上，善吸他物之气以自养，大能补肾，肾旺则能荫胎；续断补肾续筋骨。以上三药均入肝肾二经，长于补肝肾、强筋骨、止血安胎，在治疗胎漏、胎动不安中常作为保胎主药入选方中。阿胶滋阴补肾、养血止血，党参健脾益气，白术、茯苓、甘草健脾和中，白芍配甘草缓急止腹痛。全方合用，共奏补肾健脾、益气止血安胎、缓急止痛之效。

②四逆散化裁加减治疗多种妇科痛症

四逆散源自《伤寒论》，由柴胡、白芍、枳实、甘草四药组成。杨家林教授临证以本方加减化裁用于肝脾不和、肝郁气滞、肝郁血虚、肝郁血瘀、肝郁湿热等所致的痛经、少腹痛、炎症性腹痛、经行乳房胀痛等多种妇科痛症。

肝郁气滞腹痛者用四逆散加广木香、香附、郁金、姜黄，疏肝行气止痛。气滞甚者加炒川楝子、延胡索组成金铃四逆散加减方，疏肝理气、活血止痛之力更强。疼痛偏热者以金铃四逆散加牡丹皮、栀子或黄柏组成金铃丹栀（或丹柏）四逆散，疏肝清热、行气止痛。疼痛偏寒者用四逆散加台乌药、艾叶组成乌艾四逆散疏肝行气、温经止痛，寒甚加吴茱萸、桂枝。腹痛伴乳房胀痛者加香附、川芎、橘皮化裁成柴胡疏肝散，或加郁金、全瓜蒌、丝瓜络疏肝理气通络。痛甚者加炒川楝子、鸡血藤活血通络止痛。

肝郁血瘀则用四逆散合失笑散组成失笑四逆散，意在疏肝理气、活血化瘀止痛。伴月经周期推后量少者加当归、川芎、鸡血藤养血活血、通络止痛；伴月经量多者加茜草、益母草、炒荆芥疏肝理气、活血化瘀、止血止痛；若瘀血重者，可用四逆散合桃红四物汤加牛膝、桔梗化裁成血府逐瘀汤，则疏肝理气止痛、活血化瘀之力更强；痛甚可加乳香、没药、蒲黄化瘀止痛，炒川楝子、延胡索行气活血止痛。

对肝郁气滞兼湿热蕴结的肝郁湿热证，治以疏肝行气止痛、清利湿热，方用金铃四逆散合四妙散加减。若见月经淋沥日久，不净气臭，色暗夹黏液，则去牛膝加炒贯众、炒地榆清热解毒、止带止血，加茜草、益母草化瘀缩宫止血；如湿热蕴结成毒，导致湿热瘀结，可见发热、腹痛或低热起伏或带多如脓、下腹包块疼痛拒按，治宜清热解毒、利湿化瘀、行气止痛，用红蒲贯酱四逆四妙散加丹参、赤芍之类；如瘀积成癥，则加蒲黄、鳖甲、䗪虫或夏枯草软坚散结。

肝郁血虚证既有肝郁气滞见证，又有血虚表现，治宜疏肝行气、养血调经止痛，以四逆散合四物汤组成四物四逆散。月经推后量少者重用当归、川芎加鸡血藤、茺蔚子养血活血通络、调理冲任气机；月经提前者去川芎、少用当归，加丹参、赤芍、香附。对肝郁气滞兼阴血不足痛经，则用四逆散合一贯煎加减，奏疏肝理气、滋水涵木之效。若伴脾虚者以四逆散加健脾之白术、茯苓、当归化裁成逍遥散肝脾同治，具疏肝健脾、养血调经之效。

四逆散虽系《伤寒论》调和肝脾的主方，但后世已大大扩大了它的使用范围。杨家林教授采用本方加减用于治疗妇科痛经、少腹痛、炎症性腹痛、经行乳房胀痛等，并随伴随症状灵活加减，均取得了满意的临床疗效。杨老应用四逆散加减治疗上述多种痛症及兼症，病种虽多，表现各异，而病机则一，均有肝气郁滞见证，或郁而化火，或气滞血瘀，或夹湿热，或兼血虚，或木横侮土，均可以四逆散加减治之，获得良效。

③归芍何首乌左归饮治疗外阴营养不良

外阴营养不良病以阴痒、外阴色素减退伴阴部不适或干涩疼痛为主症，属中医学"阴痒""阴蚀"范畴。杨家林教授认为，本病病机多由肝肾阴虚，精血不足，血虚生风化燥所致。因此，阴痒大多干涩无带，昼轻夜重，治法以滋补肝肾、养血润燥、祛风止痒为治疗大法。用经验方归芍何首乌左归饮加减（当归 10克，赤芍 15 克，白芍 15 克，制何首乌 25 克，生地黄 10 克，熟地黄 10 克，淮山药 15 克，茯苓 10 克，山茱萸 15 克，枸杞子 10 克，白鲜皮 15 克，荆芥 10克，紫荆皮 15 克，白芷 10 克）。左归饮为张介宾所创制，由六味地黄丸去牡丹皮、泽泻加枸杞子、甘草组成。本方为纯甘壮水之剂，适用于肝肾真阴不足，火不旺之证，选用此方恰合中医"治风先治血，血行风自灭"之意。加白芷、刺蒺藜、苦参祛风止痒。杨家林教授曾用此方治外阴营养不良之阴痒 64 例，服药 3个月显愈率 60.9%，总有效率 95.3%。服药 2 周阴痒可明显缓解，服药 2 个月病变部位及皮肤色泽开始变化，由白－粉红－淡黄，逐渐向正常皮肤过渡，半年后逐渐恢复正常。杨家林教授认为，中医治疗本病的优势在从整体出发调整脏腑气血，改善外阴肌肤营养，达到治疗效果。因疗程较长，对伴见症如月经失调、口干便结、五心烦热等亦可同时得到改善。同时嘱咐病人注意饮食宜忌，生活规律，减少手术创伤，这对防止伤阴耗血、巩固疗效、减少复发至关重要。

（4）勇于科研创新、研制中药新药

① 创制清经、补经两大系列调经中成药治疗月经不调

清补两大系列调经中成药为杨家林教授针对月经"频多太过之月经先期 / 量多"和"稀少不及之月经后期 / 量少"所创制。月经先期量多，杨老认为其病因多为血热伤阴，研制了清热凉血、滋肾养阴之清经颗粒（胶囊），该方以傅青主"清经散"合《医方集解》"二至丸"及《内经》四乌鲗骨一藘茹丸加减组成。于1992 年申报四川省中医管理局课题，进行"清经颗粒治疗月经先期 / 量多的临床和实验研究"。1993 年 10 月～1994 年 7 月，由成都中医药大学附属医院负责，与成都市中医院、四川省中医药研究院协作，观察清经颗粒与固经丸对照治疗月经先期 / 量多患者 160 例，其中治疗组 100 例，总显效率 84%，总有效率 93%；对照组 60 例，总显效率 58.3%，总有效率 81.7%。该课题于 1995 年获四川省政府科技进步三等奖及四川省中医药管理局科技进步三等奖。于 1996 年申报四川省科委课题，进行"清经胶囊治疗月经先期 / 量多的新药研究"。

月经后期 / 量少，杨家林教授认为以肾虚血亏为多，拟补肾益精、养血益气

之法，研制院内制剂补经合剂（现更名补益调经合剂）。该方由圣愈汤合五子衍宗丸两方化裁组成，经临床观察 103 例，调经显愈率 72.8%，总有效率 93.2%。经治疗后月经期量逐渐正常，伴随月经失调出现的腰膝酸软、头晕耳鸣、性欲减退等症得到了改善。目前该制剂临床应用 20 余年，已成为妇科治疗月经后期、量少、闭经的主要制剂。该制剂更名"补经胶囊"进行中药新药研究。

②研制出国内第一个治疗子宫肌瘤的中药新药宫瘤清胶囊

子宫肌瘤是女性生殖器官最常见的良性肿瘤，多见于 30 ~ 50 岁的中年妇女。子宫肌瘤的常见症状是子宫异常出血、下腹部肿块或伴腰腹疼痛下坠、白带增多及不孕等。杨家林教授认为，子宫肌瘤就其临床表现属中医学"癥积"范畴，病机主要是瘀血内停，郁而化热。治疗本着"坚者削之""结者散之""留者攻之""热者清之"的原则，以活血化瘀、破积消癥为主，佐以滋阴清热止血。研制了国内第一个治疗子宫肌瘤的中成药宫瘤清胶囊。该药方由大黄䗪虫丸为主加减化裁而成，原方虫药较多，虑其过于峻猛，组方时保留原方活血化瘀、消癥破积、养阴润燥功效的同时，增加了化瘀止血之品。

1995 年成功申报国家新药研究基金课题，进行宫瘤清胶囊治疗子宫肌瘤的新药研究，1997 年进行了宫瘤清胶囊治疗子宫肌瘤的新药临床试验，共观察患者 420 例，治疗组 300 例，对照组 120 例。治疗组：宫瘤清胶囊，每次 3 粒，每日 3 次，口服。对照组：桂枝茯苓胶囊，每次 3 粒，每日 3 次，口服。疗程 3 个月，经期停服。治疗结果：治疗组显效率 47.67%，总有效率 86.67%；对照组显效率 22.5%，总有效率 57.5%。研究结果表明，两组均有缩小子宫肌瘤的作用，但治疗组缩小子宫肌瘤的疗效明显优于对照组；对月经量多、经期延长、小腹疼痛等症状的改善，治疗组亦明显优于对照组。1999 年 4 ~ 9 月，中华医学会妇产科分会组织全国多家西医院开展了宫瘤清胶囊治疗子宫肌瘤的多中心临床观察，共治疗病例 166 例，显效率 40.4%，有效率 62.7%，对经期延长、月经量多等伴随症状的改善率达 70% 左右，进一步证实宫瘤清胶囊止血缩瘤的作用。宫瘤清胶囊的研制成功为部分子宫肌瘤患者，特别是近绝经期的患者提供了一种新的治疗选择，使其免除了手术之苦。

③整理王渭川经验方研制妇康口服液（银甲口服液）治疗盆腔炎

盆腔炎是妇科常见病，杨家林教授在中医药治疗方面积累了丰富的经验，如用四逆散、金铃子散合四妙丸加减治疗慢性盆腔炎，取得了确切的疗效，并形成科室的常用协定处方，广泛用于临床治疗。同时杨老亦十分重视对妇科前辈学术思想和临床经验的总结，通过继承整理名老中医王渭川的临床治疗经验，将王氏验方银甲丸研究开发为中药新药妇康口服液（原名银甲口服液）（国药准字B20020016），用于治疗盆腔炎，特别是慢性盆腔炎（现更名为盆腔炎性疾病后遗症）疗效确切。妇康口服液的药物组成：忍冬藤、鳖甲、连翘、草红藤、蒲公英、紫花地丁、大青叶等。功能主治：清热利湿，活血止痛。用于湿热蕴结所致的带下异常、腰腹疼痛的辅助治疗。1993 年 8 月 ~ 1994 年 4 月，予妇康口服液观察治疗慢性盆腔炎 120 例。试验方法：随机对照分组，试验组 90 例，妇康口服液，每次 10 毫升，每日 3 次；对照组 30 例，金鸡冲剂，每次 1 包，每日 3 次，疗程 4 周。结果显示：妇康口服液治疗慢性盆腔炎显效率 73.33%，对照组显效率 46.67%。两组比较有显著性差异（P<0.01）。这说明，妇康口服液治疗慢性盆腔炎疗效确切，安全方便，特别是对消散盆腔炎性包块和止带通淋疗效突出。目前，该药已成为全国各级医院治疗盆腔炎、带下病的常用中成药。

④拟坚骨胶囊治疗绝经后骨质疏松症

绝经后骨质疏松症是一种与绝经有关的代谢性骨病，其特征是在绝经后的短时间内，出现全身性的骨量减少及骨组织结构的改变，骨单位变得稀疏而脆性增加，引起腰背疼痛，躯体变形变矮，肢软乏力，不能持重，不耐久立，轻微外伤或跌倒即可致骨折。中医学将本病归属"骨痿""骨枯"等范畴，病因为肾虚精亏，髓生乏源，骨髓空虚，骨骼失养，导致骨骼疏松而脆性增加，终成绝经后骨质疏松症。杨家林教授对本病的治疗以补肾益精、强腰坚骨为主，拟坚骨胶囊治疗。坚骨胶囊来源于临床经验方，以《景岳全书》"左归丸"和《丹溪心法》"五子衍宗丸"两方加减组成，具体药物组成：熟地黄 10 克，枸杞子 10 克，菟丝子 15 克，覆盆子 10 克，补骨脂 10 克，紫河车 10 克，续断 18 克，川牛膝 15 克，牡蛎 15 克，阿胶 10 克，鹿茸 5 克。1994 ~ 1995 年由成都中医药大学附属医院负责，四川省第三人民医院、成都市铁二局中心医院协作，经 100 例治疗组、60 例对照组临床观察，疗程 3 个月。结果显示：该方对于缓解头晕耳鸣、腰背疼痛、膝软乏力等肾虚症状有较好疗效，治疗组显效率 29%，总有效率 95%。同时患者骨矿含量较治疗前明显增高，碱性磷酸酶增高，成骨细胞活跃。本方服用方便，使用安全，有防治并举之效。

魏绍斌

魏绍斌（1957—　　），女，第二批全国名老中医药专家杨家林学术经验继承人，主任医师，二级教授，博士生导师，四川省名中医，四川省第二批名中医工作室指导老师。四川省学术技术带头人，享受国务院政府津贴专家，四川省有突出贡献的优秀专家。中华中医药学会妇科分会常委兼副秘书长，世界中医药学会联合会妇科专业委员会副会长，中国民族医药委员会妇科专业委员会副会长，四川省中医学会妇科专业委员会主任委员。成都中医药大学附属医院国家"十一五""十二五"重点专科、国家临床重点专科学科项目负责人和学科带头人。从事中医妇科医、教、研工作30余年，深受王渭川、杨家林学术思想影响，秉承王渭川先生四纲六法、异病同治、内外合治，以及杨家林教授治疗月经不调的辨证思路、妇科湿邪致病特点及治湿五法、四逆散加减治疗妇科痛症的临床经验，提出了女性慢性盆腔疼痛病症的共性病因病机理论，认为盆腔炎性疾病后遗症、子宫内膜异位症、子宫腺肌病、痛经等妇科痛症，瘀血阻滞是其基本病机，导致瘀血形成的原因有气滞、寒凝、湿热、气虚、肾虚等，为妇科痛症的辨证治疗提出了执简驭繁的证治思路和治疗方法。结合四川地域饮食特点，以湿热瘀结立论治疗女性慢性盆腔疼痛病症，提出了"清湿化瘀、行气止痛"的基本治法，常用中药内服配合直肠给药、中药封包外敷或中药熏蒸、穴位敷贴，研制了治疗慢性盆腔疼痛病症的系列院内制剂。从异病同治的辨治思路治疗月经疾病、不孕症、绝经前后诸证等疾病，根据此类疾病的共性病机，对月经稀少、闭经、不孕症、绝经前后诸证，常以补肾疏肝、益气养血论治，对月经太过频多、期长、崩漏多以清热凉血、清湿化瘀论治。同时重视食疗在月经不调、不孕症等疾病中的应用，常选用甘平清淡、亦药亦食的药物，配以血肉有情之品以达"食借药威，药助食性，药食同用，相得益彰"之效。

曾倩

曾倩（1965—　　），女，杨家林教授学术继承人，主任医师，博士生导师，四川省名中医，四川省学术技术带头人。中华中医药学会妇科分会委员，世界中医药学会联合会妇科专业委员会常务理事，四川省中医药学会妇科专业委员会副主任委员，四川省中西医结合学会妇科专业委员会副主任委员。跟妇科名家杨家林教授系统学习3年，深受杨氏学术思想及临证经验的影响，擅长调经种子，如针对月经先期量多用清经散、二至丸合坤茜汤或乌茜汤加减；月经后期量少予五子衍宗丸合圣愈汤加减。同时有幸得卓雨农之子卓启墀的真传，作为第三批全国优秀中医临床人才班学员，又师承中医前辈尤昭玲、唐永淑、吴康衡、钟以泽、陈绍宏、胡天成等，注意博采众长，继承并发扬了名老专家学术思想及临证经验。如提出肝肾同为女子之先天的观点，重视耳穴、灌肠、封包等中医传统特色疗法，巧用具有蠕动、飞升走窜之性的虫类药治疗妇科顽疾。针对不孕症、复发性流产、"围试管期"调治等探索出系列行之有效的治疗方案，如治疗不孕症首重调经，针对不同原因的不孕症，采用系列配套治疗方案；针对"围试管期"者调治主张补肾疏肝、活血化瘀为核心。重视天人相应整体观，认为胎元在胞宫中受五脏气血的滋养而生长发育，如种子埋于地下，受天地和谐之气的滋养而生根发芽，开花结果。心肺为阳在天，施以阳光雨露，肝脾肾为阴，在地为有形，供万物生长之水土。然总以脾肾为主，他脏为辅。水曰润下，土爱稼穑，万物载生，病去胎安，则能足月生产。

谢萍

谢萍（1965— ），女，杨家林教授学术经验继承人，主任中医师，硕士研究生导师。中华中医药学会妇科分会委员，四川省中西医结合学会妇科专业委员会副主任委员。重视经典《内经》《伤寒论》《金匮要略》《温病条辨》《景岳全书·妇人规》《血证论》《傅青主女科》等学习，博览现代名家著述，对调经、治带、助孕、安胎、消瘤、产后调理等积累了丰富经验，逐渐形成了自己的学术思想和临证经验：如以清热育阴论治月经先期量多；补益精气血，治疗虚性月经后期量少闭经；审因果转化，分期论治崩漏；调经治带，论治不孕症；滋阴养血、息风止痒治疗外阴营养不良；从肝论治，调气和血治疗痛经；破积消癥、养阴清热治疗子宫肌瘤；补虚化瘀调理产后诸证。从理论及临床进一步探索调经治疗的难点及对策，提出从"毒"论治多囊卵巢综合征胰岛素抵抗，从"邪之所凑，其气必虚"论子宫肌瘤的因症治疗。并对杨氏特色服药方法、特殊用药时机、特效用药方剂进行归纳总结，进一步深入研究，开展间歇服药法调治妇科慢性病的特色服药法、先期服药治疗原发性痛经、养血息风治疗外阴营养不良、断经缩瘤治疗围绝经期子宫肌瘤的系统研究；多联疗法对妇科恶性肿瘤放化疗后生存质量的影响研究等，进一步发扬了杨氏学术思想。

彭卫东

彭卫东（1967—　　），男，医学硕士，全国第四批老中医药专家杨家林教授学术经验继承人。主任医师，硕士生导师。世界中医药学会联合会妇科专业委员会理事，世界中医药学会联合会肿瘤外治法专业委员会理事，四川省抗癌协会妇科专业委员会常委，四川省医学会妇科专业委员会委员，四川省中医妇科专业委员会常委。从事中医妇科医、教、研工作23年。熟读中医四大经典，虚心学习和继承老一辈专家的经验和学术思想。深受王渭川名老中医、杨家林教授学术思想的影响，秉承王渭川先生四纲六法治疗妇科疾病，杨家林教授"以肝、脾、肾为中心，重视气血"治疗月经不调的辨证思路，以及妇科湿邪致病特点及治湿五法、四逆散加减治疗妇科痛症的临床经验，并在此基础上予以创新发展，提出了"变被动除湿为主动除湿——温阳化气、健脾除湿法防治盆腔炎反复发作"，"六经辨证用于妇科炎症性疾病的治疗"等新观点，为妇科炎症性疾病的辨证治疗提出了新的思路和治疗方法，摸索出了一套把中医传统经典思维与中医妇科临床实践相结合的思路。结合现代社会生活和环境变化的特点与多囊卵巢综合征的临床发病特点，提出"从天癸论治多囊卵巢综合征和卵巢早衰"的理论，用于治疗多囊卵巢综合征，丰富了中医药治疗妇科疑难疾病的内容。擅长用"调和营卫"法治疗女性围绝经期综合征。同时重视中医学"以人为本"的思想，提出中医"治病求其本"，不能只考虑"疾病之本"，还要重视"人之本"，临床遣方用药一定要保护人体的脾胃和正气。

刘艺

刘艺（1975—　　），女，全国第四批老中医药专家杨家林教授学术经验继承人，副主任医师。中国中医药信息研究会妇科分会委员，四川省老年医学会委员，四川省中医药学会妇科专业委员会委员。从事中医妇科医、教、研工作17年。深受王渭川老先生、杨家林教授学术思想的影响。系统继承学习了杨家林教授清补二法治疗月经不调的辨证思路及妇科湿邪致病特点及治湿五法、四逆散加减治疗妇科痛症、滋肝养肾治疗外阴营养不良等临床经验，并在此基础上予以继承发展。在月经不调的临床诊治中，除遵循杨家林教授的学术思想调经以肾为先导以外，强调肝脾功能失调在月经不调中的重要性。在子宫肌瘤、子宫内膜异位症、盆腔炎性疾病等妇科疑难疾病瘀血阻滞的病机基础上，亦强调正虚血瘀，虚实夹杂，在疾病的治疗期及恢复期，注重调养正气以助祛瘀生新，以防传变。同时将《金匮要略》"治未病"的学术思想应用于妇科临床防病治病。临床上还善于配合针灸、耳穴、穴位埋线等治疗卵巢早衰、多囊卵巢综合征、盆腔炎性疾病、慢性疲劳综合征等疾病。

论著提要

川派中医药名家系列丛书

王渭川

王渭川一生笔耕不辍，临证之余凡有所得皆记录在案，涉及妇、产、内、外、眼鼻、皮肤、本草等多个方面。先生在万县卫生学校担任医学史教学，编写了《中国医学发展史概况》，后由万县奉调来成都中医学院，编写"中医妇科学"和"金匮要略"的教材。在悠悠岐黄路上，坚守袁门家法，力求广取各家之长，而又不墨守成规，对许多医界治疗尚感棘手的疑难病症，则根据疾病发生、发展的规律，不断摸索、总结，先后公开发表 10 余篇学术论文，留下 5 本医著传世，其医著已流传日本、东南亚各国，获得很高评价。

一、论文

王渭川先生发表的论文有：中草药"银甲丸"治疗盆腔炎（新中医，1973），"银甲丸"治疗慢性盆腔炎（山东中医学院学报，1981），产后痢（新中医，1981），子痫前驱目血（新中医，1977），我应用虫类药的体会（成都中医学院学报，1979），运用虫类药的经验（四川中医，1984），肝风两例（新中医，1977），阿狄森氏病二例治验体会（中医杂志，1964），肥胖病伴黑色素沉着的辨证治疗（中级医刊，1980），运用中医药治疗慢性肾上腺皮质机能减退症（新中医，1974），中医药治疗红斑性狼疮（附 31 例临床分析）（新医药学杂志，1976），运气学说概要（新中医，1981），古代医家葛洪学记（成都中医学院学报，1981），学习医古文的重要性（四川中医，1983），医史资料整理琐谈——在成都医史学会上的讲话（新中医，1982）等。针对先生发表的论文，总结其学术观点或治学特点如下。

1."银甲丸"用于治疗盆腔炎

王渭川经验名方银甲丸组成：金银花、连翘、升麻各五钱，生鳖甲、红藤、蒲公英、紫花地丁各一两，茵陈、大青叶、椿根皮、生蒲黄、桔梗、琥珀各四钱。共研细末，炼蜜为丸或制成片剂。作用：清热解毒，利湿通淋，活血化瘀，消炎止痛。王渭川老先生认为，盆腔炎当属中医学"带下病"范畴。根据中医四诊所得，与西医诊断相对照，常见湿热蕴结、肝郁气滞、寒湿凝滞等证型。湿热蕴结型治以清热利湿，解毒化浊，以"银甲丸"，每服1丸，日服3次。肝郁气滞型治以疏肝理气，清热化浊，以逍遥散或柴胡疏肝汤送服"银甲丸"。若肝郁气滞的一般症状消失，而仍有带下、腹痛，或妇科检查有炎症者，继续服"银甲丸"治疗。寒湿凝滞型治以温运通阳，防腐化浊，解凝散聚，以桂枝茯苓汤或桂附理中汤送服"银甲丸"。以上诸症，如服汤药治疗，则以"银甲煎剂"为主方，根据证型酌情加减药物。

2. 产妇痢疾之证，首宜兼顾其虚

治常人痢疾，一般以清热化湿解毒为主，必要时且须攻下。产妇痢疾之证，则首宜照顾其产后元气大虚、脾气不足、正不敌邪等特殊情况，谨慎从事。王渭川先生曾治疗一产后痢，病人产时大汗畏热，曾进冷饮冷食，产后出血量多，腹剧痛，发热，下痢赤白夹杂，一昼夜达三十次左右，下时腹痛如刺，肛门有灼热感。小溲短黄，恶露甚多，有块状物。体力大衰，饮食不进。心跳过速，气紧。观其舌脉，见舌质淡红边蓝，苔白腻如积粉，脉涩。王氏认为本例腹痛下痢赤白、里急后重为主要症状。致病之因，则为产时畏热，饮冷食冷，以致湿热疫毒入侵肠道。据此应断为实证、热证。但产妇痢疾论治，却与常人不同。本例病人虽因湿邪致病，但心悸气紧，舌质淡红而边蓝，苔白腻如积粉，皆为产后气虚脾弱之候，故以益气健脾为主，藉达清热祛湿、行血化瘀之效，以促进子宫收缩，排除恶露亦有必要。初诊以清热祛湿解毒、益气补虚、行气导滞为主加减，复诊处方虽有增损，但仍守前法，祛邪而不伤正，补正而不留邪。此即孔毓礼《痢疾论》之微旨，在临床运用时，深有指导价值。

3. 运用异病同治，辨治子痫前驱目血

子痫前驱目血一证虽少见，但与妇女经不下行，反从鼻腔、乳头、眼目流血者，其理正同，据此观点施治，大体上符合客观实际。王渭川先生曾治疗一管姓女子，其孕近十月，忽发足甲剧痛，同时两目流血，头痛。医以外感施治，头痛更甚，目血更多，呕吐大汗，神迷肢掣，目吊口噤，舌质淡，苔薄，脉虚弦劲急。王氏认为本例虽见双目出血，实非血证，而是子痫前驱之兼见证。患者肝肾阴虚，临盆期近，子在母腹，阴虚火炽，经脉空疏，精不养神，气不养筋，肝风内动，此即子痫发动之源。肝开窍于目，足厥阴属肝，足甲属肾，肝肾阴虚火

炽，亦即目出血、足甲痛致病之根。辨证：阴虚火炽，肝风内动，属子痫前驱证。治法：养阴濡液，平肝息风。处方：犀角尖三分磨冲，生地黄、熟酸枣仁、旱莲草、女贞子各八钱，阿胶珠、钩藤、滁菊、天门冬各三钱，沙参四钱，仙鹤草二两。服上方 3 剂后复诊，肢瘈渐平，目血已止，神志渐清。仍感胃气上逆，咽干，头痛，失眠。系大病后亏损未复，余波未静，再予和胃、养阴、安神之剂，连服 4 剂，诸症获愈。届期分娩，母子平安。

4. 运用虫类药物之体会

虫类药的运用首先见于《神农本草经》，其次如《伤寒论》中的"抵当汤"，《金匮要略》中的"鳖甲煎丸"，葛洪的《肘后方》。特别是在孙真人的《千金要方》中，广泛运用了虫类药。明末李时珍著《本草纲目》收集虫类药物有多种，清代赵学敏所著《本草纲目拾遗》亦载有多种虫类药，叶天士、吴鞠通、王孟英等则善用虫类药，吴鞠通的化癥回生丹列药 34 种，内有虫类药三种。"二张（张锡纯、张山雷）一恽（恽铁樵）"，也惯用虫类药治疗小儿惊风，甚效。王渭川先生在学习历代医家经验的基础上，对一些常用虫类药亦有体会：如全蝎软坚活络，消淋巴结肿大，对血丝虫病形成的象皮腿配合大量柴胡有卓效。蜈蚣舒筋软坚、活络、镇痉，可用于颜面神经麻痹（口角歪斜）、雷诺病（脱疽）及一切神经系统病。僵蚕疏肝和胃气，合旋覆花可治胃气上逆。䗪虫化瘀活络，对肝脾肿大、肝硬化腹水有效。水蛭破瘀通络，用于消癥瘕。乌梢蛇祛风通络，用于定惊及皮肤麻木不仁。九香虫通气滞、止胃痛。蟑螂破癥结行水，据《全国中草药汇编》记载治肝硬化腹水，王氏试用数例有效。其他资料说有缓癌作用，试之信然。地龙清热化痰、镇惊软坚通络，用于半身不遂，治疗胸部风湿痹痛亦有效。

王氏在临床上应用虫类药的攻坚破积、活血化瘀之功，适当配合其他行气活血化瘀药，治疗肝硬化腹水、脑垂体肿瘤伴肢端肥大症、高血压、冠心病、脑血栓所致瘫痪、视网膜静脉阻塞所致失明、乳核（乳腺小叶增生）、静脉曲张、象皮腿、白血病、阿狄森氏病、红斑狼疮、侧索硬化症、脊柱炎所致下肢萎缩等。用其息风镇痉、活血通络的作用，配伍活血、凉血、疏肝潜阳药，治疗小儿惊风、流行性乙型脑炎、脑脊髓膜炎、癫痫、子痫、夜游症、精神分裂症等，均取得一定疗效。

5. 善治内科疑难疾病

王渭川先生在治疗某些内科疑难疾病，如慢性肾上腺皮质功能减退症（又称阿狄森氏病）、肥胖病伴色素沉着、红斑狼疮等，经验丰富，颇有心得。如慢性肾上腺皮质功能减退症，属于中医学"黑疸"范畴。王氏依据临床观察，认为本病主要属虚，因其损在肾，以致影响元阴、元阳不足，从而导致其他脏腑和全身虚衰，冲任失调，脉络瘀阻。其共同特征是虚弱、消瘦和色素沉着，最常见者可分为2种类型：肾脾阳虚（脾肾阳虚）型、肾肝阴虚（肝肾阴虚或称阴虚阳亢）型，尚有阴阳皆虚混合型，但少见。王氏在治疗过程中，根据中医辨证论治的原则，主要运用固本培元（或补阴，或补阳，或阴阳两补），调补奇经（以冲、任、督三脉为主），佐以通络活血化瘀之品。

又如治疗临床少见的肥胖病伴色素沉着，此症多属于继发性肥胖，除肥胖外同时具有面部等处色素沉着。王氏据临床所见，认为本病可分为3种证型：脾肾阳虚型、阴虚阳亢型、气虚痰湿型。脾肾阳虚型治以温肾健脾，益气通络，佐以化瘀。自拟温肾益气通络汤：制附片24克（先煎2小时），肉苁蓉12克，生黄芪60克，党参60克，桑寄生15克，菟丝子15克，补骨脂12克，䗪虫9克，炒蒲黄9克，五灵脂6克，蜈蚣2条，乌梢蛇9克，随症加减。阴虚阳亢型治宜滋肾柔肝，育阴潜阳，佐以通络化瘀，以滋水清肝饮加减。气虚痰湿型治宜益气化痰，固肾活络化瘀，以补中益气汤加减。

在治疗红斑狼疮方面，王渭川先生谨遵其意，不断探索，衷中参西，颇有体会。王氏认为，此病常见"五人症状二体征"（红斑皮损、关节痛、发热、消化系统症状、疲乏无力、日光敏感、心动过速），而器官损害则多见于肾、心、肺、肝等处。系统性的损害，多有持续性或间歇性发热，热病耗气伤阴，或热毒发斑，往往形成肾阴虚、肝阳亢，而导致肝郁气滞血瘀，关节不利等，故治以清热解毒、活血化瘀，佐以养阴益气，健脾除湿。盘状型损害，常因病程日久，易致气虚，故治以除湿解毒、活血化瘀，佐以益气。

再如，王氏治疗2例肝风致病（肝风胁痛、肝风眩晕）病人，认为肝为风脏，风乃自内生，阴虚肝旺者，内风潜伏，易于触发，如感外邪，外风与内风即相搏成病。肝气横逆生风，可出现晕眩麻木等症。遇此证候，治风固然重要，但治风不宜专治风，宜以养阴息风相结合，用药宜甘寒不宜苦寒，甘寒即所以养阴，养阴即所以息风。

6. 运气学说在医学方面的应用

运气学说即"五运六气"，是古人研究自然气候变化规律对人和生物的影响的学说。其涉及天文、气象、历法等方面的知识，对古代农业和医学的发展起到一定作用。五运，就是宇宙间木、火、土、金、水五类物质元素的运行。六气，是风、寒、暑（热）、湿、火、燥六种气候。五运六气就是研究天地日月运行、五类物质元素运动所产生的六种不同的气候变化。在医学方面，运气学说主要用来预测气候的变化对人体可能产生的影响，包括生理活动、发病机理方面的影响，以作为诊断和预测疾病时的参考。

运气运行所形成的正常气候是人体所必需的，由于"天地之运，阴阳之化"而变生自然界的万物。人与自然息息相通，才得以维持正常的生命活动。正如《素问·六节藏象论》所云"气合而有形，因变以正名"；"天食人以五气，地食人以五味"，人体各组织器官的生命活动，都不能离开自然，故必须适应运气的变化。王渭川老先生认为，运气影响人体发病，主要表现为年运的太过、不及，六气司天在泉的气候变化，运气相合，客主加临，都可影响人体而发病。运气学说预测气候的目的在于事先采取措施，而防止因气候变化所致的疾病。所以，古人"春夏养阳"以预防冬天寒冷致病，"秋冬养阴"以防夏天暑热致病。治疗疾病也要根据气候的变化，《素问·五常政大论》强调"必先岁气，无伐天和"，因时制宜。另外，运气学说亦可用来预测疾病预后，如《素问·平人气象论》说："肝见庚辛死。心见壬癸死，脾见甲乙死，肺见丙丁死，肾见戊己死，是为真脏见皆死。"意思是说，五脏病，凡该脏无胃气的真脏脉出现后，就将死亡，其死亡的日期，心病死在壬日或癸日，因天干壬癸属水，水克心火之故。余仿此类推。除此之外，王氏亦指出运气学说与现代科学，如生物气候学、生物钟学说、医学气候学均有相关性。

王氏认为，历代医家在运气学说方面为我们积累了丰富的经验，研究发掘古代运气学说，对发展现代中医学将有助益。

7. 谈中医医史资料的整理

王渭川老先生认为中医学的成就，与祖国的文学史、哲学史密切相关。因此，论及中国医学史，必须联系到中国的文学史和哲学史，方可避免片面性。王氏在一次成都医史学会上，简要地讲述了中医医史与中国文学史、哲学史的密切关系。

从公元前一千多年的甲骨文上考证出来的医学记载，是我国最早的医学记录。据张介宾（景岳）《类经》序所言，我国医学之早当源于渔猎时代。早在周代之前，我国的医学史就通过文学著作的记录反映出来，如据《诗经》《周礼》和《山海经》等古代文献记载，当时我们的祖先已能运用百余种药治疗疾病，从而证明它们之间的密切关系。根据历代文献通考，均有医学方面的文字记录，足见中国文学史与中国医学史之不可分割。

联系中国的哲学史，可以说中国的医学本源于道家。道家的宗旨是"归真返璞""天人合一"，《内经》中关于"天元纪大论"等七篇，十分重视"五运六气"，亦属"天人合一"的道理。王氏特别提出了魏晋之后的那个时期，修仙、炼丹多为道士兼名医所为。如著名医家葛洪的炼丹术，便是具有一定科学依据的唯物主义的产物，但是，一如《承露盘》后滥用硫黄、雄黄等石类药物，妄想长生不老，便是虚无缥缈的唯心主义的产物了。南北朝后期，我国的医、佛、道之家合流，达到了水乳交融的程度。佛家理论对我国医学的影响是不可忽视的。另一方面，中医学亦传入外域，对世界医学的发展也做出了不可磨灭的贡献。

8. 授业传道，严谨治学

王渭川先生业医六十余载，执教临床于成都中医学院及其附属医院三十二载，教书育人，传道授业。医学是一门十分严谨的科学，王氏毕生谨遵其旨，治学严谨，其辛勤耕耘的成果为后世医者留下了宝贵的财富。

针对初学中医者，王渭川先生谆谆教诲，认为学习中医的初步，首推数大经典，如《内经》《难经》《伤寒》《金匮》等。然这些书籍都属于"秦汉文字"，无古汉语知识，则难以阅读之，故王氏提出学习医古文的重要性，"学好中医，必先学好古文，舍此莫由入也"，医古文与中医学具有相互通达的重要关系。王氏亦提出了捷径之法，即可从清代，桐城姚姬传先生所编之《古文辞类纂》一书开始选读，若能读至百余篇，对古文学就略有基础了，便可对阅读中医经典著作得心应手，实乃良法！

另外，王氏认为在吸纳前人思想经验时，需纳其精华，弃其糟粕，不可盲目遵从，囫囵吞枣。如王渭川先生对古代医家葛洪颇有研究，认为葛洪的学术成就是非常丰富而伟大的，但由于葛洪在政治上坚持贵族阶级的立场，思想上笃信儒道合一，因而在其大量学术观点中，不可避免地存留许多剥削阶级的偏见和唯心主义的倾向，要严格分清其中的精华和糟粕，且需要做大量、细致的研究工作。

二、著作

王渭川老先生的主要著作有：《王渭川临床经验选》（陕西人民出版社，1979），《王渭川妇科治疗经验》（四川人民出版社，1981），《金匮心释》（四川人民出版社，1982），《王渭川疑难病症治验选》（四川科学出版社，1984），《红斑狼疮的中医治疗》（人民卫生出版社，1984）。王氏遗留的5部医著，其学术思想和临床经验涉及妇、内、外等科，尤其以妇科、内科见长。

1.《王渭川临床经验选》

此书为王渭川老先生80岁之作。王氏当时已值垂暮之年，但仍不辞辛苦地将其毕生从医经验整理成册，以期供医务人员参阅，启发后世。书中王氏尚对当时医疗条件下所感棘手的疑难病症谈了自己治疗的心得体会，至今仍具有很大的临床参考及借鉴价值。王氏认为，辨证施治是中医学的精髓，但是中西医结合是医学发展的趋势，故本书内容也借鉴了西医诊断，中西医汇通，以提高临床疗效。本书分为上、中、下三编。上编详细论述了脏腑论治及妇科证治经验，针对脏腑论治，王氏简述了人体五脏六腑生理功能、特点及相互之间关系，列举了临床常见的五脏六腑辨证及主要处方，提出了六法（活血通络化瘀法、活血化瘀舒筋软坚法、补虚化瘀理气法、清热化湿消炎法、息风通络法、疏肝通络消胀法）通治42类疾病。在专论妇科证治部分，王氏提出以"寒、热、虚、实"四纲作为妇科疾病的辨证纲要，"温、清、攻、补、消、和"六大治法作为妇科的基本治法，提出妇科四大证（经、带、胎、产），并对妇科四大证及杂病阐释了详细的证治，并列举了王渭川老先生妇科常用的8首经验方，对其具体处方、主治、适应证做了详尽介绍。中编分别介绍了妇科、内科、外科各种疑难疾病的诊治，论后附方，辅以验案补充说明。下编为方药选要部分，王氏列举了自己临床常用的内科、外科、妇科、眼科、皮肤科等的常用方，临床运用虫类药、具有特殊功效的中草药（9种消肿中草药、8种消除病毒的中草药、血吸虫消水用药）的体会，以及常用的单味药物杂谈、药物配伍实例。此书是王氏一生临床实践心得的系统整理，内容丰富，很多经验和方药沿用至今，对川蜀中医学后世发展影响较大。

2.《王渭川妇科治疗经验》

本书系王渭川老先生根据临证经验，并参考古籍经典为佐证所著的妇科专著，分上下两篇。上篇总论，内容包括：简述中医妇科自战国秦汉时期至明清、中华人民共和国成立以来的发展简史；总结了中医妇科学的特点，指出中医妇科既要遵循中医学整体观、辨证论治的精华，又当深入了解其特有的特点，才能更好地掌握中医妇科的临床治疗；详细论述了奇经八脉及冲任督带与妇科关系；结合古代医籍及自身体会，对妇科与脏腑及各科的关系做简单的总结；提出妇科辨证要点为"寒、热、虚、实"四纲，妇科基本治法为"温、清、攻、补、消、和"六大法。

下篇各论，内容包括：月经病、胎前病、产后病、妇人杂病4章。每章按疾病论述，包括古往今来各医家的学术观点，王氏个人对病因病机的认识，及其分型论治经验，并附临证典型医案及古人验案。王氏认为月经不调的辨证，不外寒、热、虚、实、气、血六个方面，其关键根据月经的期、量、色、质，并结合病人的身体情况，进行综合分析，确定证型，再据证法遣方。在胎前病部分，王氏对常见的胎前疾病如恶阻、胞阻、流产、子痫、转胞做了详细的阐述。例如，恶阻，王氏认为其多责于妇女既妊之后，肝血转虚，阴虚则阳亢，肝旺犯胃，胃气失和，治法以调和脾胃为主。对产后病，《金匮要略》曰："新产妇人有三病：一者病痉，二者病郁冒，三者大便难。"王氏认为，分娩时耗伤气血津液，若产后调养不当则最容易发病。产后不但要注意饮食营养、起居寒暖，同时必须避免外界对精神的刺激。用药上当合形、证、脉三者细参，方不致误。产后常见疾病有胞衣不下、恶露不下、乳汁缺少、乳痈等，以及产后三大病证等。妇科杂病的分类，古籍记载各不相同，有些与内科杂病相一致，虽妇人患之，男子亦可患之，自不必强分。王氏为方便读者学习，将不孕症、带下病、癥瘕、热入血室、干血痨、脏躁、阴挺、乳癌列入妇科杂病中，而本书将带下病单独列出详述。在杂病治疗上，王氏结合古人记载，归纳认为其发病可分数种，有因先天不足者，抵抗力薄弱，而后月经不调者，其治疗当以正本清源为主，不急于调经；

也有先是经水不调，而后形成癥瘕，其治疗总以辨别病因，或通经疏肝解郁，滋肾养阴，随证施治。如癥瘕积聚者，病情各异，应究其源，随证施治。带下病，其总由冲任不固，痰湿内瘀，气虚下陷，肝木被郁，思虑伤脾，肾气不足，下元虚损，精不摄纳，带浊白淫，不同的原因，而形成不同的证候。热入血室证多由妇女行经期间，忽因伤寒或温热，而成暂时的经闭血阻。认为不孕症有生理的缺陷，有病理的变化。一般应与"调经种子"并驾齐驱，种子必先调经，治妇科病亦应兼及男科病。阴挺属于胞宫下坠阴道之外，治宜补益固纳。在处方用药方面除介绍王氏自制的经验方，还选录了部分确有实效的古方，并加以阐释。该书为王氏妇科临证数十年的精髓，书中对妇科经、带、胎、产疾病做了颇为系统全面的论述，为当时《中医妇科学》教材编写的重要参考书，亦是王渭川老先生治疗妇科疾病学术思想和临床经验的系统总结。

3.《王渭川疑难病症治验选》

王渭川老先生不仅擅长妇科，而且对内、妇、外科疑难疾病的治疗亦积累了丰富的经验。其治疗方法独到，疗效显著，特别是对当时西医治疗较棘手的红斑狼疮、阿狄森氏病、黑变病、再生障碍性贫血、精神分裂症、夜游症、静脉曲张、侧索硬化症、不孕症等疑难病症积累了不少治疗经验。本书是王氏几十年来治疗这类疑难病症的总结。本书共分三章，分别论述了内科、妇科、外科的各种疑难疾病，其中所列内科疑难疾病25种，妇科疑难疾病11种，外科疑难疾病7种。每个疑难疾病均首列概说，次列辨证论治，使读者对各病有系统的了解，然后再举病案加以印证。这样就使医论不再空而高束，疑难之案也不再玄不可辨，可谓有论有据，相得益彰。书中王氏充分运用了现代医学研究成果，衷中参西，中西医结合，以助诊断和提高疗效。此书至今仍为中西医界广大同行感到棘手的一些疑难疾病的诊治提供了思路和方法，是一本很好的疑难疾病的临证指南。

4.《红斑狼疮的中医治疗》

红斑狼疮是一种自身免疫性结缔组织疾病，其病因至今尚未完全明了。本病在王氏当时的医疗环境乃至当今都是内科一大疑难疾病。针对此病，王氏采用西医学的检查方法确诊，然后根据中医学的基本理论，审证求因，辨证施治，摸索出了治疗规律，并取得了一定的疗效。本书概述了王氏中医治疗红斑狼疮的证治思路，将本病分为盘状和系统性两类加以详细论述，并附典型病案18例加以印证。

王渭川老先生认为，本病的病因可分为外因、内因。外因是由于毒邪侵入，蕴聚于脏腑经络；内因是正气不足，情志抑郁，阴阳长期失调，气血运行失常，而有毒邪内蕴，气滞血瘀，郁结壅塞，经络阻滞，发于外则皮肤起红斑，袭于内则脏腑致病。王氏根据临床症状和外感内伤、阴阳表里和脏腑阴阳转换的特点，审证求因，进行辨证施治，常将本病分为两类三型。第一类是盘状红斑狼疮，其以局部皮肤病变为主，王氏认为此类属痒疮热证，毒热内盛，与系统类热盛型外部症状相似。第二类是系统性红斑狼疮，病情错综复杂，往往累及内脏，常伴有心、肝、脾、肺、肾五脏病症，而以肾的病变为主。王氏认为，治疗本病需遵循"治外必本其内，知其内以求其外"的原则，无论何类何型，都要内外兼顾、攻补兼施，常用清法、温补法、柔肝养阴法。盘状红斑狼疮多以清热除湿解毒、活血化瘀为治疗大法，选用清营汤合通窍活血汤加减。系统性红斑狼疮则分为热盛型、脾肾阳虚型、肝肾阴虚型分而论治。王氏治疗红斑狼疮无论盘状类还是系统类，均喜同用"8种草药"同煎，以增强解毒之功效，临床值得借鉴。本书荟萃了王渭川先生毕生致力于红斑狼疮的研究成果和临床治疗经验，对当今这类疾病的治疗仍有重要的参考价值。

5.《金匮心释》

汉代张仲景所著《金匮要略》是古代治疗杂病的典范，为中医古籍经典之一，但是由于年代久远，原书脱简错乱很多，且存在一定的历史局限，有些理论药方已不能适应医学实践的发展。因此，王氏结合个人临证经验教训，运用现代医学成果，对《金匮要略》中的精辟之处一一作解，并补充其不足之处。特别是对中风历节、血痹虚劳、痰饮咳嗽等病证论述，多有卓见。书中亦根据辨证施治原则，应用《金匮要略》之方治疗其他病症，异病同治，古为今用，收效甚著。此书立言精审，妙义无穷，其意并不重在随文释文，而是汲取仲景学说的精华，补其不足，扬其糟粕，使学者有所参照，收事半功倍之益，此非以往《金匮要略》注家所能及矣。

王渭川老先生医学渊深，经验丰富，故书中评述医典经文，能取其精华，扬其糟粕，古为今用。对于桂枝芍药知母汤，王氏认为此方用桂枝、麻黄、防风散表，知母、芍药除热，白术、附子祛湿，生姜治呕降逆，用以治疗脾肾阳虚、水湿泛滥者，属对证；若病人身体羸弱，眩晕气短，已属肝肾阴虚兼心力衰竭型，用之则不对证。可试生脉散。对于中风历节病，王氏认为食酸咸之味太过，会损伤肝肾，形成历节病。这是由于仲景受时代局限，对一些历节病如结核性风湿性关节炎、化脓性风湿性关节炎，找不出原因，才从五味方面寻求结论。其实性味嗜好全是生活习惯所形成，爱食酸咸不能推为致病因素。对于血痹虚劳，王氏认为血痹是经络瘀塞，即血管管腔变窄之变，宜投王清任通窍活血汤佐以虫类药，活血通络，才能有效。如冠状动脉硬化性心脏病、静脉曲张、无脉症、侧索硬化症、血栓性静脉炎等，上方再加麝香，每有良效。王氏还认为，血痹是虚中夹瘀。虚劳有阳虚、阴虚、阴阳俱虚等型，病情复杂，但肾为先天之本，脾为后天之本，虚劳从培补脾肾着手，乃为基本法则。仲景的大黄䗪虫丸系治虚劳兼有血瘀之方，但用于治疗输卵管囊肿、子宫肌瘤、肝硬化、脑血栓、血丝虫病引起的象皮腿、硬皮病，都有满意的疗效。对于痰饮咳嗽，王氏认为篇中所说的广义上的痰饮实际上包括各种疾病。饮病出现在消化系统，其症状与西医学所指的胃炎、胃扩张、腹水等病的症状相似；出现在呼吸系统，其症状与西医学所说的支气管炎、支气管扩张、渗出性胸膜炎、哮喘、肺气肿等病相似；出现在泌尿系统，其症状与西医学所指的慢性肾小球肾炎、尿毒症等病相似。治疗饮病应以温脾肾、理三焦为基本治法。但饮病病变错综复杂，治法也就应变无穷。本篇虽列有方剂19首，但仅从治疗大法上提出原则，至于变化运用，则有赖于学者的细心体会。而《金匮要略》之方，也可用于其他病症，如甘遂半夏汤可用于肝硬化腹水体强证实者，大青龙汤可用于眼结膜炎初起有表证者，小半夏加茯苓汤可用于恶阻等，即所谓异病同治耳。

学术年谱

王渭川

1898 年，出生在江苏丹徒县（今江苏镇江丹徒区），取名鲁殿元，号鲁同。

1900 年，未满 3 岁，丧父，由母周氏与祖父鲁直公抚育。6 岁时，由祖父亲授四书、五经、八股、韩愈集等国学基础。

1916 年，拜祖父门生袁桂生、何叶香二师学医，袁师重临床，何师精理论，学医三载，受益匪浅，凡《灵枢》《素问》《伤寒》《金匮》等无不精研。

1919 年，离袁、何师门，借何师"人文书屋"，独自设诊。后因何师哮喘频发，为何师代诊代教三月。期间细考《金匮》，读"阳毒"条文与烂喉痧相适，并创制良方。后值镇江流行烂喉痧，取其用方良效。王渭川对王清任通窍活血汤比较欣赏，在袁、何二师的指导及学习历代医家经验的基础上，开始运用虫类药物代替昂贵的麝香，在治疗各类疑难杂症方面常收到意外疗效。

1924 年，新婚芜湖，遂于芜湖开业设诊。同年参加恽铁樵等主办的"中医函授"和"诗词函授"，修习深造，学识日臻，先后在湖北麻城、汉口等地行医。

1938 年，为避战乱，西迁入蜀，客居万县，自办诊所。1956 年，至万县卫生学校担任医学史教学工作，编写《中国医学发展史概况》教材。先后任万县第一联合诊所所长、四川省万县医务工作者协会执行委员兼学术部长、万县市政协常委等职，其间荣获万县卫生局"一等卫生模范"奖状。

1956 年，调入成都中医学院（现名成都中医药大学），初任中国医学史和金匮两门课程的教学，编写《中医妇科学》和《金匮要略》教材。创"银甲合剂""银甲丸"用以治疗盆腔炎、尿道炎、宫颈炎等下焦湿热证，临床运用广泛。

1962 年，任成都中医学院附属医院妇科副主任；因发明"银甲丸"获卫生部通报嘉奖。

1973 年，任成都中医学院附属医院妇科主任。

1979 年，出版《王渭川临床经验选》。

1981 年，出版《王渭川妇科治疗经验》。

1982 年，出版《金匮心释》。

1984 年，晋升中医妇科主任医师。先后出版《王渭川疑难病症治验选》《红斑狼疮的中医治疗》两部著作。

1988 年，王渭川辞世，享年 90 岁。

参考文献

川派中医药名家系列丛书

王渭川

1. 王渭川，李友梅，林从禄，等. 王渭川妇科治疗经验［M］. 成都：四川人民出版社，1981.

2. 王渭川. 王渭川临床经验选［M］. 西安：陕西人民出版社，1979.

3. 王渭川，何焕霞，林从禄. 王渭川疑难病症治验选［M］. 成都：四川科学出版社，1984.

4. 王渭川，何焕霞. 金匮心释［M］. 成都：四川人民出版社，1982.

5. 王渭川，何焕霞. 红斑狼疮的中医治疗［M］. 北京：人民卫生出版社，1984.

6. 肖承宗，吴熙. 中医妇科名家经验心悟［M］. 北京：人民卫生出版社，2009.

7. 杨家林. 中国现代百名中医临床家丛书·杨家林［M］. 北京：中国中医药出版社，2009.

8. 周凤梧，张奇文，丛林. 名老中医之路［M］. 济南：山东科学技术出版社，2005.

9. 何焕霞. 王渭川学术思想浅述［J］. 四川中医，1993（7）：2.

10. 王渭川. 我应用虫类药的体会［J］. 成都中医学院学报，1979（4）：24.

11. 张贵清. 王渭川老中医诊治妇科病的特点［J］. 四川中医，1985（5）：9.

12. 王渭川. 中草药"银甲丸"治疗盆腔炎［J］. 新中医，1973（4）：30.

13. 王渭川. "银甲丸"治疗"慢性盆腔炎"［J］. 山东中医学院学报，1981（4）：57.

14. 王渭川. 产后痢［J］. 新中医，1981（9）：30.

15. 王渭川. 子痫前驱目血［J］. 新中医，1977（2）：16.

16. 王渭川，林从禄. 运用虫类药的经验［J］. 四川中医，1984，2（1）：14.

17. 王渭川. 肝风两例［J］. 新中医，1977（1）：20.

18. 王渭川，陈治恒. 阿狄森氏病二例治验体会［J］. 中医杂志，1964（11）：13.

19. 王渭川，赵衢春. 肥胖病伴黑色素沉着的辨证治疗［J］. 中级医刊，1980（3）：29.

20. 王渭川，赵棣华，杨梦庚. 运用中医药治疗慢性肾上腺皮质机能减退症［J］. 新中医，1974（5）：14.

21. 王渭川，赵棣华，赵希森. 中医药治疗红斑性狼疮（附31例临床分析）［J］. 新医药学杂志，1976（12）：10.

22. 王渭川 . 运气学说概要［J］. 新中医，1981（4）：50.

23. 王渭川 . 古代医家葛洪学记［J］. 成都中医学院学报，1981（2）：80.

24. 王渭川 . 林从禄 . 学习医古文的重要性［J］. 四川中医，1983（6）：41.

25. 王渭川，郭履刚 . 医史资料整理琐谈——在成都医史学会上的讲话［J］. 新中医，1982（11）：55.

26. 史梅 . 新书介绍——《王渭川疑难病症治验选》［J］. 文献研究，1984（4）：33.

27. 杨家林 . 月经产生的重要环节——肾－天癸－冲任－胞宫轴心［J］. 四川中医 .1983（2）：4.

28. 杨家林 . 四逆散在妇科临床的应用 . 四川中医［J］.1984（1）：58.

29. 杨家林 . 带下病病机及证治 . 四川中医［J］.1986（3）：7.

30. 杨家林 . 试论崩漏病程中的因果转化［J］. 四川中医 .1988（4）：6.

31. 杨家林 . 湿邪与妇科疾病［J］. 四川中医 .1991（8）：38.

32. 杨家林 . 清经颗粒治疗月经先期 100 例临床观察［J］. 成都中医学院学报 .1996，19（3）：18.

33. 杨家林 . 绝经后骨质疏松症与肾虚的关系［J］. 中国老年医学杂志 .1996，16（6）：337.

34. 杨家林 . 子宫肌瘤的中医治疗［J］. 实用妇产科杂志 .1999，15（2）：66.

35. 杨家林 . 归芍何首乌左归饮治疗外阴营养不良 64 例［J］. 辽宁中医杂志 .2008，4（35）：507.

36. 杨家林 . 补肾养血治疗卵巢早衰 54 例［J］. 辽宁中医杂志 .2013，1（40）：1.

37. 杨家林 . 菟戟归芍薏苡汤促排卵成功 36 例介绍［J］. 辽宁中医杂志 .2013，3（40）：388.